Texte und Studien zum Antiken Judentum

herausgegeben von
Martin Hengel und Peter Schäfer

43

Die Paralipomena Jeremiae

Studien zu Tradition und Redaktion
einer Haggada des frühen Judentums

von

Jens Herzer

J. C. B. Mohr (Paul Siebeck) Tübingen

BS
1830
.P23
H47
1994

CIP-Titelaufnahme der Deutschen Bibliothek

Herzer, Jens:
Die Paralipomena Jeremiae: Studien zu Tradition und Redaktion einer Haggada des frühen Judentums / von Jens Herzer.
– Tübingen: Mohr, 1994
   (Texte und Studien zum antiken Judentums; 43)
   ISBN 3-16-146307-2
NE: GT

© 1994 J. C. B. Mohr (Paul Siebeck) Tübingen.

Das Buch wurde von Gulde-Druck in Tübingen auf alterungsbeständiges Werkdruckpapier der Papierfabrik Buhl in Ettlingen gedruckt und von der Großbuchbinderei Heinr. Koch in Tübingen gebunden.

ISSN 0721-8753

Vorwort

Die vorliegende Untersuchung wurde im Wintersemester 1993 von der Theologischen Fakultät der Humboldt-Universität zu Berlin als Dissertation angenommen.

An dieser Stelle ergreife ich die Gelegenheit, meinem verehrten Lehrer Prof. Dr. Christian Wolff herzlich zu danken, der diese Arbeit angeregt und kontinuierlich mit großem Einsatz betreut hat. Den Herren Prof. Dr. Günther Baumbach (Berlin) und Prof. Dr. Nikolaus Walter (Jena) danke ich für Ihre Bereitschaft, die Korreferate zu erstellen.

Mein Dank gilt weiterhin der Studienstiftung des Deutschen Volkes, die durch ein Stipendium meine Forschung ermöglichte.

Schließlich möchte ich besonders Herrn Prof. Dr. Martin Hengel (Tübingen) danken, der meinen Weg in die Studienstiftung gefördert und zusammen mit Prof. Dr. Peter Schäfer (Berlin) die während dieser Zeit entstandene Dissertation in die Reihe "Texte und Studien zum Antiken Judentum" aufgenommen hat, sowie dem Verlag J. C. B. Mohr (Paul Siebeck) für die freundliche und effektive Zusammenarbeit während der Zeit der Drucklegung. Herrn Vikar Bernhard Schmidt danke ich für seine Mühen beim Lesen des Manuskriptes.

Gewidmet sei diese Untersuchung meiner Familie, die viel Geduld und Verständnis für meine Arbeit aufgebracht hat.

Berlin, im Juli 1994   Jens Herzer

Inhaltsverzeichnis

I. Einführung und Problemstellung

II. Der Text

III. Die literarische Struktur der ParJer

Abkürzungen

Die Abkürzungen folgen den Verzeichnissen von RGG[3] I, Tübingen 1957, S. XVIf. und S. M. Schwertner, Theologische Realenzyklopädie. Abkürzungsverzeichnis, Berlin - New York 1976. Darüber hinaus bzw. davon abweichend werden folgende Abkürzungen verwendet:

1. Allgemeine Abkürzungen

AcI	Accusativus cum Infinitivo
AcP	Accusativus cum Participio
Af.	Af'el
Akt.	Aktiv
eigtl.	eigentlich
Etpe.	Ethpe'el
Fut.	Futur
Imp.	Imperativ
Ind.	Indikativ
Plur.	Plural
Präs.	Präsens
Pt.	Partizip
Sing.	Singular
TLG	Thesaurus Linguae Graecae
u.z.	und zwar
Wz.	Wurzel

2. Schrifttum

AdvJud	Johannes Chrysostomus, Oratio adversus Judaeos
Antichr	Hippolyt, Demonstratio de Christo et Antichristo
Apol	Justin, Apologiae
Dial	Justin, Dialogus cum Tryphone
Ecl	Clemens Alexandrinus, Eclogae Propheticae
ExcTheod	Clemens Alexandrinus, Excerpta ex Theodoto
HE	Euseb, Historia Ecclesiastica
Hist	Tacitus, Historiae
HistEccl	Kallistos, Historia Ecclesiastica
HistNat	Plinius, Historia Naturalis

HistRom	Dio Cassius, Historiae Romanorum
Hom	Pseudo-Clementinische Homilien
Hom in Lev	Origenes, Homiliae in Leviticum
JerApkr	Jeremia - Apokryphon
Jos.	Flavius Josephus
Mens	Epiphanius, De Mensuris et Ponderibus
ParJer	Paralipomena Jeremiae
PraepEv	Euseb, Praeparatio Evangelica
Strom	Clemens Alexandrinus, Stromata
VitDan	Vita Danielis
VitHadr	Pseudo-Spartian, Vita Hadriani
VitJer	Vita Jeremiae
VitJon	Vita Jonae
VitProph	Vitae Prophetarum

I. Einführung und Problemstellung

1. Problemstellung

Gegenstand der vorliegenden Untersuchung ist eine den Pseudepigraphen des Alten Testaments zugehörige Schrift, die auf verschiedene Weise benannt wird: *Paralipomena Jeremiae* nach der griechischen Überlieferung[1], *Rest der Worte Baruchs* nach der äthiopischen Version[2] oder auch, vor allem im Bereich der englischsprachigen Forschung, *4 Baruch*, womit sie sich in die Reihe der Baruchschriften einordnet.[3]

Im Unterschied zu anderen apokryphen oder pseudepigraphen[4] Schriften des frühen Judentums haben die Paralipomena Jeremiae (im folgenden: ParJer) nur selten größere Beachtung in der wissenschaftlichen Forschung gefunden. Obwohl dies bereits J. R. Harris 1889 in der Einleitung zu seiner Textausgabe feststellen mußte[5], hat sich an dieser Situation bis heute nur wenig geändert.[6] Neben verschiedenen Aufsätzen und Lexikonartikeln sowie den Einleitungen zu den neueren Textausgaben der Pseud-

---

[1] Vgl. die Überschriften der Hss. *a b c*, J. R. Harris, Rest S. 47; R. A. Kraft - A.-E. Purintun, Paraleipomena S. 13; J. Riaud, Paralipomènes S. 1739. Diese Bezeichnung ist u.E. zu bevorzugen, da sie dem Charakter der Schrift am ehesten entspricht, deren Hauptperson der Prophet Jeremia ist, vgl. J. Licht, Paralipomena S. 67; J. Riaud, Paralipomènes S. 1739.

[2] Vgl. A. Dillmann, Chrestomathia S. VIII.

[3] Danach ist 1 Baruch das biblische Baruchbuch, 2 Baruch die syrische Baruchapokalypse, 3 Baruch die griechische Baruchapokalypse. Gelegentlich werden die ParJer auch als 2 Baruch (K. Kohler, Haggada passim) oder 3 Baruch (M. R. James, Apocrypha Anecdota 2, Text and Studies 5.1, Cambridge 1893 S. liii) bezeichnet, vgl. L. Vegas-Montaner, Paralipomenos S. 355. Neuerdings findet sich auch der Titel "Rest of the Words of Jeremia", vgl. R. Doran, in: R. A. Kraft - G. W. E. Nickelsburg, Judaism S. 294.

[4] Zur Problematik dieser Bezeichnungen vgl. J. Maier, Zwischen den Testamenten S. 65f., der den Begriff "Pseudepigraphen" z.B. für "unsachgemäß" hält (a.a.O. S. 66), vgl. M. E. Stone, Categorization S. 168.171f. Jedoch ist bisher keine andere, treffendere Bezeichnung für diese außerkanonischen Schriften gefunden.

[5] J. R. Harris, Rest S. 1.

[6] Vgl. die noch 1986 getroffene Feststellung von R. Doran, in: R. A. Kraft - G. W. E. Nikkelsburg, Judaism S. 294, über die ParJer: "This intriguing narrative has not yet received proper attention." Als ein Beispiel dafür sei der Aufsatz von R. Kirschner, Apocalyptic and Rabbinic Responses to the Destruction of 70, HTR 78 (1985), S. 27-46, angeführt, der noch 1985 schreiben kann: "The only other [neben Josephus, d. Vf.] Jewish documents originating in the immediate wake of the Temple's destruction are the late first- or early second-century pseudepigrapha 2 (Syriac) Baruch, 3 (Greek) Baruch, 4 Ezra, and the Apocalypse of Abraham" (a.a.O. S. 28).

epigraphen des Alten Testaments[7] gibt es bisher lediglich zwei größere Arbeiten, die sich speziell mit den ParJer beschäftigen: G. Delling, Jüdische Lehre und Frömmigkeit in den Paralipomena Jeremiae, BZAW 100, Berlin 1967, und die bisher unveröffentlichte Dissertation von J. Riaud, Paralipomena Jeremiae Prophetae. Introduction, Texte, Traduction et Commentaire, Diss. Masch., Paris 1984.[8] Neben diesen beiden Werken haben P. Bogaert, Apocalypse de Baruch. Introduction, Traduction du Syriaque et Commentaire, SC 144.145, Paris 1969, und C. Wolff, Jeremia im Frühjudentum und Urchristentum, TU 118, Berlin 1976, den ParJer einen größeren Abschnitt gewidmet.

Da alle diese Arbeiten im Laufe der Untersuchung ausführlich diskutiert werden, ist es nicht sinnvoll, sie an dieser Stelle im einzelnen zu referieren. Es gilt lediglich, auf deren Hintergrund die Fragestellung zu formulieren, die dieser Arbeit zugrunde liegt.

G. Delling ist in seinem Werk vorwiegend motivgeschichtlich vorgegangen, indem er die wichtigsten theologischen Themen- und Vorstellungsbereiche der ParJer auf dem Hintergrund des Frühjudentums und des Alten Testaments zu erhellen suchte. Sein Verdienst ist es vor allem, "auf die besondere jüdische Eigenart des Kerns der parJer hingewiesen"[9] und sie als "ein Buch der Erbauung"[10] vorgestellt zu haben.

In seiner Untersuchung zur syrischen Baruchapokalypse ist P. Bogaert im Zusammenhang der Frage nach den Quellen von syrBar auf deren Beziehung zu ParJer näher eingegangen, gleichwohl er in der später erschienenen Rezension zu G. Dellings Buch gerade das Quellenproblem der ParJer als weiterhin bestehendes Desiderat hervorhob.[11]

J. Riaud hat sich dieser Frage im Hauptteil seiner Arbeit (Kapitel III) erneut gewidmet. Im Mittelpunkt stand dabei vor allem die syrische Baruchapokalypse, deren Nähe zu den ParJer offensichtlich ist und oft festgestellt wurde, aber u.W. hatte erst P. Bogaert das Verhältnis zwischen diesen beiden Schriften im Sinne einer literarischen Abhängigkeit der ParJer von syrBar näher begründet. J. Riaud kam jedoch zu dem Ergebnis, daß es sich nicht um eine direkte literarische Beziehung handele, sondern daß vielmehr eine beiden gemeinsame Quelle ("un cycle légendaire"[12]) vorauszusetzen sei, aus der sowohl ParJer als auch syrBar schöpften und deren Elemente rekonstruiert werden könnten.

Schwerpunkt unserer Arbeit soll daher eine Prüfung der Beziehungen zwischen ParJer und syrBar sein. Dabei gilt es aber nicht nur, Berüh-

---

[7] S. Literaturverzeichnis.

[8] Einzelstudien, die zu dieser Monographie geführt haben, sind jedoch in Form von Aufsätzen zugänglich.

[9] G. Delling, Lehre S. 74.

[10] A.a.O. S. 70.

[11] P. Bogaert, Rez. G. Delling S. 346; vgl. O. Wintermute, Rez. G. Delling S. 444.

[12] Vgl. J. Riaud, Paralipomena I S. 96ff. u.ö.

rungspunkte festzustellen, sondern zum einen soll das Verhältnis beider Schriften genauer bestimmt werden und zum anderen ist danach zu fragen, ob und in welcher Weise der Verfasser geprägte Traditionen aufnimmt und wie er sie durch redaktionelle Tätigkeit gestaltet. Diese Frage wird an alle Kapitel der ParJer gestellt werden, wobei für den Aspekt der Redaktion die Kapitel, in denen die ParJer keine Parallelen zu syrBar aufweisen, insofern besonders interessant sind, als sie zeigen, wie tief der Verfasser der ParJer in den vielfältigen Traditionen des Judentums seiner Zeit verwurzelt ist.

Die Frage der Redaktion bezieht sich ferner nicht nur auf die Arbeit des Autors der ParJer selbst, sondern ist auch auf einer zweiten Ebene zu untersuchen, auf der christliche Kreise die ParJer rezipierten und ihrerseits redaktionell tätig wurden. Dies betrifft zunächst den Schluß der ParJer in 9,10-32, aber auch andere Teile, in denen Einflüsse der christlichen Redaktion vermutet werden.

Auf diesem Wege soll versucht werden, ein Gesamtbild der Arbeit des Verfassers der ParJer zu zeichnen, um schließlich die Frage zu beantworten, welche Absicht er verfolgte und welche Botschaft er vermitteln wollte. Gleiches gilt für die christliche Redaktion. Die abschließende historische Standortbestimmung der ParJer gehört u.E. insofern hinzu, als die Intention eines Werkes erst in seinem historischen Kontext verstehbar wird und seine Relevanz für den Glauben derer hervortritt, an die es sich einst richtete.

2. Methodische Überlegungen

Wenn in der Problemstellung von Tradition und Redaktion die Rede war, so bedürfen diese Begriffe nunmehr einer kurzen Präzisierung und methodischen Reflexion. Sowohl die Frage nach der Geschichte von Traditionen als auch nach dem Umgang mit ihnen durch Redaktoren ist gerade im Bereich der frühjüdischen Literatur ein immer wieder herausgestelltes Problem.[13] Die Begriffe zu präzisieren scheint auch insofern notwendig, als die Diskussion und die Begründung von traditionsgeschichtlicher und redaktionsgeschichtlicher Methodik alt- und neutestamentlicher Exegese wieder neu in Gang gesetzt ist, in Bereichen also, in denen die genannten Methoden bereits zum klassischen Handwerkszeug gehören.[14] Allerdings kann und soll in diese Diskussion hier nicht eingetreten wer-

---

[13] Vgl. z.B. O. H. Steck, Israel S. 13.

[14] Vgl. z.B. die Untersuchungen von R. Wonneberger, Redaktion. Studien zur Textfortschreibung im Alten Testament, entwickelt am Beispiel der Samuelüberlieferung, FRLANT 156, Göttingen 1992, und P.-G. Müller, Der Traditionsprozeß im Neuen Testament. Kommunikationsanalytische Studien zur Versprachlichung des Jesusphänomens, Freiburg-Basel-Wien 1982.

den, sondern sie ist lediglich Anlaß, die Problematik zu vergegenwärtigen.

Der Begriff "Tradition" kann sowohl den *Vorgang* des Überlieferns (tradere) als auch den *Gegenstand* der Überlieferung (traditum) bezeichnen.[15] Im Sinne des ersten Aspektes ist die Tatsache zu verstehen, daß der Autor eines Werkes, indem er sich auf vorgegebenen Stoff bezieht, diesen in einen neuen Überlieferungszusammenhang stellt. "Tradition" wird so auf der einen Seite bewahrt, indem sie rezipiert wird, auf der anderen Seite gleichzeitig durch ihren neuen Kontext verändert und somit neue Tradition geschaffen. Für die Aufgabenstellung dieser Arbeit ist zunächst vorrangig die Frage nach dem "traditum", dem Stoff der Überlieferung, von Bedeutung, genauer die Frage nach dem mündlichen und schriftlichen Material, das der Autor der ParJer für seine Darstellung verwendete. Die traditionsgeschichtliche Fragestellung kommt daher nicht umhin, auch motiv- und begriffsgeschichtliche Linien aufzugreifen und nachzuzeichnen, die ein Verstehen der Arbeit des Verfassers ermöglichen.[16]

Damit kommt die Problematik des Begriffes der "Redaktion" in den Blick, die sich am Beispiel der ParJer ganz anders darstellt als z.B. in der Frage nach der Redaktion des Pentateuch, wo der Redaktor im wesentlichen ein Kompilator zweier oder mehrerer gleichartiger Texte ist.[17] Wenn in dieser Untersuchung von Redaktion die Rede ist, so wird damit das Vorgehen des Autors der ParJer beschrieben, der Traditionen aufgreifend und verändernd neue Tradition schafft. Damit ist die redaktionelle Arbeit gleichzeitig als produktive charakterisiert. Dies entspricht etwa der Definition von "Redaktion" bei R. Wonneberger: "Redaktion ist die Bearbeitung schriftlicher Vorlagen zum Zweck der Anpassung an eine veränderte Umwelt oder Weltsicht."[18] Wie bereits erwähnt, geht es aber nicht nur um schriftliche Traditionen, denn auch wenn bestimmte *Motive* bzw. *mündliche* Überlieferungen aufgenommen werden, so werden sie in einen neuen schriftlichen Zusammenhang gestellt und damit zum Bestandteil der Redaktion. Insofern hat die redaktionelle Arbeit gleichzeitig kompositorischen Charakter[19], denn am Ende dieses Vorgangs steht die Gesamtkomposition eines neuen Werkes aus traditionellen und redaktionellen Bestandteilen, die schließlich als neue Tradition die eigene Botschaft ihres Autors vermittelt.

Bei der Beurteilung der Aufnahme traditionellen Materials durch einen Autor kann man u.E. folgende Kategorien unterscheiden:

---

[15] Vgl. z.B. P.-G. Müller, Traditionsprozeß S. 41-45; D. A. Knight, Tradition S. 2.

[16] Vgl. W. Harrelson, Emergence of Tradition S. 15.

[17] Vgl. z.B. R. Rendtorff, Problem passim.

[18] R. Wonneberger, Redaktion S. 43.

[19] Vgl. N. Perrin, What is Redaction Criticism? S. 1f.; W. S. Vorster, Intertextuality S. 16.

1. Direkte Bezüge. Dazu gehören wiederum verschiedene Stufen: a) Anspielungen, bei denen entweder die sinntragenden Hauptworte eines Textes aufgenommen oder mit anderen Worten die Aussage oder Aussagen eines Textes wiedergegeben werden; der vorliegende Text wird dabei als bekannt vorausgesetzt; b) Motivaufnahme, bei der ein vorgegebenes Motiv oder Thema mit eigenen Worten und Intentionen dargestellt wird; c) Zitate, in denen ein Text mit gleichem Wortlaut wiedergegeben wird[20]; d) Neugestaltung eines Textes durch Veränderung eines größeren Zusammenhanges der Vorlage, indem ein vorgegebener Text durch Aufnahme anderer Motive, Änderung von Personen und Namen u.ä. zu einem neuen Zusammenhang umgestaltet wird.

2. Indirekte Bezüge. Dazu gehören vor allem Assoziationen von Motiven und Texten, die Darstellung anderer Zusammenhänge mit Worten aus vorliegenden Texten.

Diese Differenzierungen[21] sind allerdings insofern nicht unproblematisch, als die Grenzen zwischen einzelnen Kategorien fließend sein können. Am deutlichsten wird dies am Beispiel von Zitaten, die oft im Wortlaut verändert werden und dennoch als solche gelten müssen. Die vorgenommene Einteilung ist daher als methodische Hilfe für die traditionsgeschichtliche Arbeit zu verstehen, die nicht dazu führen kann, die zu untersuchenden Texte in ein vorgegebenes Schema zu projizieren, in das sie u.U. nicht hineinpassen.

Abschließend ist nochmals hervorzuheben, daß die vorliegende Untersuchung bewußt *autororientiert*[22] angelegt ist, d.h. daß vor allem die Arbeit des Autors der ParJer nachgezeichnet werden soll, um schließlich die von ihm verfolgte Absicht zu beschreiben. Dies ist deshalb zu betonen, weil ausgehend von modernen sprachwissenschaftlichen Konzepten der *Intertextualität* die alt- und neutestamentliche Forschung verstärkt diese *intertextuelle* Methodik auf die Untersuchung biblischer Texte anwendet.[23] Dabei geht es um die Entwicklung und Anwendung einer Texttheorie[24], die das Auffinden und die Interpretation von Textbezügen methodisch reflektiert. Auf diese sich noch im Fluß befindliche Diskussion kann hier nicht näher eingegangen werden, zumal der Begriff der "Intertextualität"

---

[20] Zur Problematik der Erkennung von Zitaten vgl. M. V. Fox, Identification passim, bes. S. 417: "Quotations are words that either (1) are taken from another source but used as the speakers words or (2) are meant to be understood as belonging to a person other than the primary speaker."

[21] Vgl. zur Problematik U. Hebel, Intertextuality, Allusion and Quotation passim.

[22] Vgl. W. S. Vorster, Intertextuality S. 16.

[23] Vgl. dazu bes. S. Draisma (Hg.), Intertextuality in Biblical Writings, Essays in Honour of B. v. Iersel, Kampen 1989; A. Schart, Mose und Israel im Konflikt S. 17-23 u.a. W. S. Vorster, Intertextuality S. 15, meint sogar, von einem "paradigm shift ... in New Testament scholarship" sprechen zu können.

[24] Vgl. M. Pfister, Konzepte S. 11.

unterschiedlich bestimmt wird.[25] Versteht man unter "Intertextualität",
daß "ein Autor bei der Abfassung seines Textes sich nicht nur der Verwendung anderer Texte bewußt ist, sondern auch vom Rezipienten erwartet, daß er diese Beziehungen zwischen seinem Text und anderen
Texten als vom Autor intendiert und als wichtig für das Verständnis seines Textes erkennt"[26], so ist einerseits deutlich, daß damit Elemente der
oben beschriebenen traditions- und redaktionsgeschichtlichen Methodik
eingeschlossen sind[27], andererseits wird aber auch der Unterschied dazu
sichtbar, denn die intertextuelle Untersuchung von Texten ist vorwiegend
leserorientiert[28], insofern es in erster Linie um die Beschreibung des "Ge-
lingen(s) eines ... Kommunikationsprozesses"[29] geht. Dies ist jedoch
nicht möglich, ohne die Frage nach den Traditionen eines Werkes und
deren Bearbeitung durch seinen Autor in extenso gestellt und, so weit es
möglich ist, beantwortet zu haben.

---

[25] Vgl. U. Broich, Markierung S. 31; M. Pfister, Konzepte S. 11f.

[26] U. Broich, Markierung S. 31.

[27] Vgl. B. Schulte-Middelich, Funktionen S. 197ff.; W. S. Vorster, Intertextuality passim,
bes. S. 16-22.

[28] Vgl. W. S. Vorster, a.a.O. S. 22.

[29] B. Schulte-Middelich, Funktionen S. 205; vgl. W. S. Vorster, Intertextuality S. 26:
"Source-influence is not the focus point of intertextuality. ... While RG [sc. Redaktionsgeschichte, d. Vf.] focuses on the redactor and his activities intertextuality takes the fact that
authors produce texts seriously and that readers react to these texts by assigning meaning
to them. ... In intertextuality a text does not have meaning. Meaning is assigned to the text
by intertextual reading in accordance with the funktion of the intertexts of the focused
text." Bei dieser Beschreibung wird jedoch u.E. sowohl die Leistungsfähigkeit traditions-
und redaktionsgeschichtlicher Arbeit als auch die Tatsache unterschätzt, daß man von einem bewußten Vorgehen des Autors eines Textes auszugehen hat.

II. Der Text

1. Einführung

Die Textüberlieferung der Paralipomena Jeremiae war schon des öfteren Gegenstand wissenschaftlicher Untersuchungen[1], in denen die verschiedenen Handschriften[2] und Übersetzungen mehr oder weniger ausführlich dargestellt und einer Bewertung unterzogen wurden. Sehr übersichtlich und ausführlich ist hier vor allem die Aufstellung der Handschriften (einschließlich der zahlreichen, seit der Arbeit von J. R. Harris aufgefundenen Manuskripte) mit dem Versuch einer Klassifizierung in der Textausgabe von R. A. Kraft und A.-E. Purintun[3], die zusammen mit der Ausgabe von J. R. Harris[4] eine gute Grundlage für die Rekonstruktion des griechischen Textes der Paralipomena Jeremiae darstellt.

Wenn auch in dieser Untersuchung in eine umfassende Diskussion der Textüberlieferung der ParJer nicht eingetreten werden soll, so muß dennoch die verwendete Textgrundlage zunächst ausreichend reflektiert werden, um eine soweit wie möglich gesicherte Textbasis für die literarische Analyse zu gewinnen. Dies ist umso mehr geboten, als für die ParJer eine umfassende, autorisierte und vor allem von einem wissenschaftlichen Konsens getragene textkritische Edition bis heute aussteht.[5] Dies ist festzuhalten trotz der genannten Textausgaben der ParJer von J. R. Harris und R. A. Kraft - A.-E. Purintun, denn diese hat das Problem der

---

[1] Vgl. die Textausgaben von A. Dillmann, Chrestomathia Aethiopica, Leipzig 1866; A. M. Ceriani, Monumenta Sacra et Profana V,I, Mailand 1868, S. 9-18; J. R. Harris, The Rest of the Words of Baruch. A Christian Apocalypse of the Year 136 A.D. The Text revised with an Introduction, London 1889; R. A. Kraft - A.-E. Purintun, Paraleipomena Jeremiou, Texts and Translations I, Pseudepigrapha Series 1, Missoula 1972; E. Turdeanu, Apocryphes Slaves et Roumains de l' Ancien Testament, SVTP 15, Leiden 1981, S. 307-347.364-391 u.a.; des weiteren bes. A.-M. Denis, Introduction aux Pseudépigraphes Grecs d' Ancien Testament, SVTP I, Leiden 1970, S. 70-78; M. E. Stone, Some Observations on the Armenian Version of the Paralipomena of Jeremiah, CBQ 35 (1973), S. 47-59; J. Riaud, Paralipomena Jeremiae Prophetae. Introduction, Texte, Traduction et Commentaire (Tome I-IV), Diss. Masch., Paris 1984, Tome I. Introduction, S. 1-22.

[2] Der von J. Riaud, Paralipomena II S. 1 Anm. 1, für die verschiedenen Textausgaben verwendete Begriff "Rezension" ist sicher auch sinnvoll, weil dadurch die bewußte Arbeit, die hinter den Abweichungen zweifellos steht, zum Ausdruck gebracht wird.

[3] Paraleipomena, S. 3-5; vgl. A.-M. Denis, Paralipomènes S. 71ff.

[4] S.o. Anm. 1.

[5] Vgl. P. Bogaert, Apocalypse I S. 179; J. Riaud, Paralipomena I S. 22; O. S. Wintermute, Rez. G. Delling S. 444.

Bewertung der Textzeugen gegenüber jener aufs Neue deutlich gemacht.[6]
Dabei geht es vor allem um das Verhältnis der Handschriften *a* (Milan
Braidensis, AF IX 31, fol. 1-10, 15. Jh.)[7] und der mit *a* verwandten Handschrift *b* (Jerusalem Taphos 34, fol. 251ff., 10./11. Jh.) auf der einen und
der Handschrift *c* (Jerusalem Taphos 6, fol. 242-247[r], 10. Jh.) auf der anderen Seite als den drei Hauptzeugen für den griechischen Text der Par
Jer, und zwar der sog. "Langform". Dies gilt aber nur für *a* und *b* uneinge-
schränkt, da *c* in ParJer 8,4 die Erzählung verläßt und einen anderen,
mehr an die durch das Alte Testament überlieferten Ereignisse der Rückkehr aus dem Exil angelehnten Schluß anfügt.[8] Hinzu treten die Übersetzungen ins Äthiopische (*äth*)[9] und Armenische (*arm*, 15. Jh.)[10] sowie
die Handschrift *P* (Paris gr. 1534, fol. 159-169, 11. Jh.).[11] Die Handschrift
c ist mit dem äthiopischen Text verwandt.[12] Der Wert des Textes von *c*
und der äthiopischen Übersetzung wird im allgemeinen höher einge-
schätzt als der von *a* und *b*.[13]

---

[6] Darüber hinaus weist die Ausgabe von R. A. Kraft - A.-E. Purintun u.E. erhebliche
Mängel auf, von denen der bedeutendste wohl der ist, daß die Varianten im Apparat nur in
Englisch zitiert werden, dazu noch in einer gegenüber der Ausgabe von Harris stark reduzierten Weise. Hinzu kommen Abweichungen, die weder aus dem Apparat von Harris zu
entnehmen, noch bei Kraft-Purintun in irgendeiner Form begründet sind (s.u. z.B. zu
4,5[6].7[8]; 5,31; 9,15[17]). Dabei handelt es sich zwar um Worte, die den Sinn des Textes
kaum verändern, aber in einer wissenschaftlichen Edition müssen derartige Änderungen
zumindest begründet werden. Die vielen Druckfehler im griechischen Haupttext vor allem
hinsichtlich der Akzente seien hier nur noch am Rande erwähnt.

[7] Zu diesen Angaben vgl. vor allem P. Bogaert, Apocalypse I S. 179f.; R. A. Kraft - A.-E.
Purintun, Paraleipomena S. 3ff.; J. Riaud, Paralipomena I S. 7ff.

[8] Der Wortlaut ist abgedruckt bei J. R. Harris, Rest, S. 60f. (App.).

[9] Herausgegeben von A. Dillmann, Chrestomathia Aethiopica, Leipzig 1866; übersetzt
von E. König, Der Rest der Worte Baruchs. Aus dem Aethiopischen übersetzt und mit Er-
klärungen versehen, ThStK 50 (1877), S. 318-338.

[10] Herausgegeben von H. S. Josepheantz, Edition of Non-Canonical Jewish Texts, Venedig 1896, S. 349-377; Übersetzung bei J. Issaverdens, Uncanonical Writings S. 190-204 (J. Issaverdens, a.a.O. S. 172-189, bietet Übersetzungen zweier anderer armenischer Manuskripte); vgl. M. E. Stone, Some Observations passim; J. Riaud, Paralipomena I S. 11. Zu den
slawischen Versionen der "Langform" der ParJer vgl. vor allem E. Turdeanu, Apocryphes
S. 307-347.364-391; C. Wolff, Jeremia S. 194f., sowie die Übersetzung der slawischen Texte
bei C. Wolff, a.a.O. S. 196-237. Hingewiesen sei an dieser Stelle auf eine koptische Jere-
mia-Schrift (vgl. K.-H. Kuhn, A Coptic Jeremiah Apocryphon, Muséon 83 [1970], S. 95-135),
das in der Überschrift als "Paralipomenon Jeremias Prophetes" (ΝΕΠΑΡΑΛΥΠΟΜΗΝΟΝ
ΝΪΕΡΕΜΪΑϹ ΠΕΠΡΟΦΗΤΗϹ) benannt ist, mit dem ParJer aber nicht identisch sind, sondern
das sich vielmehr auf sie bezieht, vgl. K.-H. Kuhn, Apocryphon S. 95.101. Unter dem Titel
"Geschichte der babylonischen Gefangenschaft" ist es auch in anderen Rezensionen bekannt, vgl. G. Graf, Geschichte I S. 213f.; J. R. Harris, Apocryphon passim, vgl. unten. S. 87f.

[11] E. Schürer, Rez. J. R. Harris Sp. 81, weist auf eine "nach guter Vorlage" geschriebene
Handschrift aus dem 16. Jh. hin, die zur "εὐαγγηλικὴ σχολή zu Smyrna" gehört, die aber
nach seiner eigenen Aussage eine Änderung des von J. R. Harris wiedergegebenen Textes
nicht erforderlich macht.

[12] Vgl. J. R. Harris, Rest S. 30; E. Schürer, Rez. J. R. Harris Sp. 81; J. Riaud, Paralipomena I S. 10f.

[13] Vgl. J. R. Harris, Rest S. 29f.; E. Schürer, Rez. J. R. Harris Sp. 81.

In einem Vergleich der wesentlichen Varianten der beiden Textausgaben von J. R. Harris und R. A. Kraft - A.-E. Purintun soll die Entscheidung, welcher Text dieser Untersuchung zugrunde gelegt wird, herbeigeführt werden. In diesem Vergleich kann keinesfalls auf jedes Detail der Abweichungen eingegangen werden. Daher soll an den sowohl für den Textbestand als auch für die Verdeutlichung der Entscheidungen der Herausgeber wichtigen Punkten die jeweilige textkritische Entscheidung überprüft und gleichzeitig die Vorgehensweise der Editoren herausgearbeitet werden. Neben diesen beiden Textausgaben wird die Edition von A. M. Ceriani[14], die Übersetzung der ParJer von J. Riaud, dessen Grundlage der Text von J. R. Harris bildet[15], die Übersetzungen des äthiopischen Textes von E. König[16] und F. Prätorius[17] sowie eine Abschrift des Codex *R* (Petropolitanus XCVI, fol. 78^b-89, 12. Jh.) herangezogen.[18]

2. Kapitel 1

Obwohl in diesem ersten Kapitel die Differenzen zwischen Harris (im folgenden: H) und Kraft-Purintun (im folgenden: KP) nicht sehr groß sind, wird bereits hier ansatzweise die Tendenz der Editoren sichtbar.

V. 1 - KP fügen zweimal ein Wort hinzu, das H nicht liest: einmal entnehmen sie aus *a b* (τὸν προφήτην λέγων)[19] das Partizip λέγων und ergänzen dann zwischen ἀνάστα und ἔξελθε ein καί.

V. 3 - Mit *c* fügen KP ein οὖν hinzu und in V. 10(11)[20] in Anlehnung an *a b* (ἐὰν μήτι) ein τι. H verläßt in V. 3 an einer Stelle die Hss. *a b c* und liest mit *Menaea* und *d e* πρὸ τοῦ τὴν δύναμιν ... κυκλῶσαι für πρὸ τοῦ ἡ

---

[14] S. S. 7 Anm. 1. Diese Textausgabe stützt sich u.a. auf eine Mailänder Handschrift der ParJer aus dem Menaeum von 1609 (Venedig).

[15] J. Riaud, Paralipomènes de Jérémie, Bibliothèque de la Pléiade XVII, S. 1733-1763. Die Stellen, an denen J. Riaud von dem durch J. R. Harris edierten Text abweicht, sind als solche in dieser Ausgabe nicht gekennzeichnet.

[16] S. S. 8 Anm. 9.

[17] F. Prätorius, Das Apokryphische Buch Baruch im Äthiopischen, ZWTh 15 (1872), S. 230-247.

[18] Aus dem Nachlaß von O. v. Gebhardt, Karton XII/2 in der Staatsbibliothek Preußischer Kulturbesitz zu Berlin; vgl. ZfB 24 (1907), S. 15-25. Für den Hinweis auf diesen Text habe ich meinem Kollegen Uwe Czubatynski zu danken. Die Abschrift O. v. Gebhardts scheint von der Ausgabe A. M. Cerianis abhängig zu sein, wie der nahezu identische Anmerkungsapparat zeigt. Darüber hinaus gibt es einige selbständige Änderungen, die aber nicht von Bedeutung sind. Das Manuskript endet mit ParJer 5,34.

[19] Dem folgt A. M. Ceriani, Paralipomena S. 11; vgl. O. v. Gebhardt, Abschrift z.St.

[20] Die in Klammern angegebenen Verszahlen sind diejenigen, die durch die von H abweichende Zählung bei KP entstehen.

δύναμις ... κυκλώσει (so *a b c*), wohl weil er den AcI für korrekter hält.[21] Dies ist jedoch als Textglättung abzulehnen.

Ändert sich durch diese Abweichungen auch am Inhalt nichts, so wird doch erkennbar, daß KP dazu tendieren, den Text aus den verschiedenen Handschriften zu ergänzen.

3. Kapitel 2

V. 1 - Während H mit dem Wortlaut Ἰερεμίας[22] ... θεοῦ *c* und *äth* folgt, lesen KP am Versanfang mit *a b* einen anderen Text: Δραμὼν δὲ Ἰερεμίας ἀνήγγειλε ταῦτα τῷ Βαροὺχ καὶ ἐλθόντες εἰς τὸν ναὸν τοῦ θεοῦ.[23] Zwischen V. 1 und 2 fügen KP zusätzlich den nur von *b* gebotenen Satz διέρρηξεν ὁ Ἰερεμίας τὰ ἱμάτια αὐτοῦ καὶ ἐπέθηκεν χοῦν ἐπὶ τὴν κεφαλὴν αὐτοῦ καὶ εἰσῆλθεν εἰς τὸ ἁγιαστήριον τοῦ θεοῦ ein[24], der die Aussage von *c äth* inhaltlich wieder aufnimmt, weil sie wahrscheinlich für das Verständnis des AcP in V. 2 für wichtig erachtet wurde. Bei KP veranlaßt dieser Zusatz auch eine Änderung in V. 2, der nicht mehr, wie in *a b* eigentlich enthalten, mit καὶ ἰδών beginnen kann, sondern dessen Anfang von KP in ἰδὼν δέ geändert wird, wahrscheinlich in Anlehnung an *c*. Ist schon die Art der Rekonstruktion von KP problematisch, so ist dem hinzuzufügen, daß die bevorzugte Lesart einen Anschluß des Erzählablaufes an Kap. 1 herstellt, wo in V. 9 Jeremia beauftragt wurde, Baruch von Gottes Vorhaben zu unterrichten. Nach *c* wird dies nicht ausgeführt, sondern Jeremia kommt erst im Heiligtum mit Baruch zusammen, während *a* und *b* ein Treffen vorher voraussetzen, wie es nach 1,9 zu erwarten wäre. Gegen KP ist u.E. mit H die Lesart von *c* als lectio brevior vorzuziehen.

V. 4 - KP verändern in der Frage Baruchs mit *a b* σοι in τοῦτο.[25] Dies ist die von V. 2 abweichende Lesart und daher vorzuziehen.

V. 5 - KP ergänzen mit *a b* μᾶλλον vor σχίσωμεν.

V. 9 - KP ergänzen mit *a b* τοῦτο nach ῥῆμα.[26]

V. 10 - KP ergänzen mit *a b* ἀμφότεροι nach οὖν und am Ende den Satz καὶ ἦσαν διερρωγότα τὰ ἱμάτια αὐτῶν.

---

[21] Vgl. dagegen A. M. Ceriani, Paralipomena S. 11, und O. v. Gebhardt, Abschrift z.St.: πρὸ τοῦ ἢ (ἡ) δύναμις τῶν Χαλδαίων κυκλώσῃ αὐτήν. Auf die Übersetzung hat diese Lesart keinen Einfluß.

[22] Der spiritus lene, mit dem die Namen Ἰερεμίας und Ἰερουσαλήμ beginnen, ist sowohl in der Ausgabe von A. M. Ceriani, als auch bei J. R. Harris und R. A. Kraft - A.-E. Purintun in einen spiritus asper verändert worden, wohl weil sie es in den Manuskripten so vorfanden. Wir bevorzugen die korrekte Schreibweise.

[23] So auch A. M. Ceriani, Paralipomena S. 11.

[24] Obwohl A. M. Ceriani, ebd., am Anfang des Verses ebenfalls änderte, wird der Einschub aus *b* von ihm nicht übernommen.

[25] Vgl. A. M. Ceriani, ebd.

[26] So auch J. Riaud, Paralipomènes S. 1742.

4. Kapitel 3

V. 2 - KP ergänzen mit *a* ἰδού.

V. 4(6) - Mit *arm P äth* ändern KP καὶ εἶπε in τότε 'Ιερεμίας ἐλάλησεν λέγων.[27]

V. 7(9) - KP lesen mit *a b* τὶ θέλεις ποιήσω gegen die längere Variante von *c*.

V. 8(10) - Die Wendung καὶ τῷ θυσιαστηρίῳ lassen KP mit *a b* gegen *c* und *äth* (H) weg[28] und fügen kurz darauf gegen *a b* (H) ὁ πλάσας σε ein, einen Teil der Variante von *c*.

V. 9b(13) - Mit der Aufnahme der Worte ἐλεήσῃς αὐτὸν καί aus *a b* gehen KP[29] wiederum über H hinaus, der sie mit *äth* ausläßt. Die Hs. *c* ist an dieser Stelle unverständlich.

V. 10(14) - Indem KP mit *a b* die Wendung διὰ τοῦ ὄρους· καί von *c äth* ("Schicke ihn nach dem Weinberge des Agrippa auf dem Bergwege, und ich werde ihn verbergen, bis ich das Volk zur Stadt zurückkehren lassen werde."[30]) (H) durch καὶ ἐν τῇ σκιᾷ τοῦ ὄρους ersetzen[31], geben sie dem Text einen anderen Zusammenhang: "Schicke ihn in den Weinberg des Agrippa. Und ich werde ihn behüten im Schatten des Berges, bis ich das Volk in die Stadt zurückführen werde." Die Aussage vom "Behüten im Schatten des Berges" könnte von Kap. 5 her beeinflußt sein, wo mehrmals von der Hitze des Tages die Rede ist, vor der der "Schatten des Berges" dem Abimelech Schutz geben sollte. Von daher ist diese Variante nicht nur äußerlich als die längere Lesart, sondern auch inhaltlich als Konkretisierung der Bewahrung abzulehnen.

V. 11(15) - Die Einführung εἶπε δὲ κύριος τῷ 'Ιερεμίᾳ, die H mit *a b* liest[32], verändern KP im Anschluß an *arm P äth* in Σὺ δὲ 'Ιερεμίας, wodurch der Anschluß an den Kontext flüssiger und die Unterbrechung der Gottesrede durch die nochmalige Redeeinführung vermieden wird. Man wird daher die Lesart von *a b* als die schwierigere vorziehen müssen.

V. 14(18) - Den Satz καὶ τὰ σκεύη τῆς λειτουργίας παρέδωκαν τῇ γῇ, den H mit *c* liest, erweitern KP mit *a b* durch ἐπάραντες und αὐτά. Statt des Wortes αὔθωρον (*c*) bevorzugen KP εὐθέως mit *a b*.

V. 16(22) - Hier lesen KP wieder die von *c äth* abweichende und erweiterte Variante von *a b* (καὶ ταῦτα εἰπὼν 'Ιερεμίας ἀπέλυσεν αὐτόν. 'Αβιμέλεχ δὲ ἐπορεύθη καθὰ [sic!] εἶπεν αὐτῷ[33]).

---

27   Ähnlich übersetzt J. Riaud, Paralipomènes S. 1743: "Jérémie dit".
28   Vgl. A. M. Ceriani, Paralipomena S. 12.
29   Vgl. A. M. Ceriani, ebd.
30   Zit. nach E. König, Rest S. 322; vgl. F. Prätorius, Baruch S. 234.
31   Vgl. A. M. Ceriani, Paralipomena S. 12.
32   Vgl. A. M. Ceriani, ebd.
33   A. M. Ceriani, ebd., fügt 'Ιερεμία hinzu; vgl. auch O. v. Gebhardt z.St.

5. Kapitel 4

V. 2(3) - Statt εἰσῆλθεν (*c*, H) lesen KP mit *a b* εἰσελθέτω, und für ἠχ-
μαλώτευσαν (*c*, H) ebenfalls mit *a b* αἰχμαλωτευσάτω, rechnen also den
Satz noch zur Rede des Engels.[34] Allerdings fehlt dadurch im Fortgang die
Notiz, daß die Chaldäer Jerusalem tatsächlich eingenommen haben, wie
sie auch in syrBar an der entsprechenden Stelle zu finden ist. In ParJer
muß man es aufgrund der Lesart von *a b* erschließen. Die Entscheidung
ist hier nicht einfach, denn einerseits ist die von *a b* (KP) aus dem genannten inhaltlichen Grund die schwierigere Lesart, andererseits wird
dadurch der Imperativ aus V. 1 fortgesetzt, so daß man sie auch als Angleichung an den Kontext verstehen kann. Letzteres ist u.E. an dieser
Stelle von größerem Gewicht, so daß man mit H der Hs. *c* folgen muß.[35]
V. 5(6) - Die textkritische Entscheidung ist hier ebenfalls schwierig.[36]
Nach dem Text von H, der sich hauptsächlich an *a b* anlehnt, ist Jeremia
noch mit dem Klagen beschäftigt, während das Volk schon weggeführt
wird. Über das Weggehen Jeremias nach Babylon wird nichts mehr erwähnt. Man kann aber durchaus annehmen, daß Jeremia in dem Verb
εἵλκοντο zusammen mit dem Volk als Objekt eingeschlossen ist und während seines Klagens mit dem Volk deportiert wird. Nach KP, die sich an
äth anlehnen[37], wird Jeremia während seiner Klage mit dem Volk weggeführt. Die hier unter anderem eingefügten Worte ἐξένεγκαν αὐτόν werden von *c* bereits an den V. 4 angeschlossen, und auch das von KP verwendete εἵλκοντες statt εἵλκοντο[38] (H) findet sich in *c* wieder. So erweist
sich die von KP (*äth*) gebotene Lesart eher als eine Konstruktion, die sich
an *c* anlehnt, um die oben genannte Spannung zu beseitigen. Man wird
dies also als Konkretisierung der Variante von *a b* verstehen müssen.
V. 7(8) - Die Wendung Ἡδυνήθητε ἐπ᾽ αὐτῇ (*c*, H) lassen KP mit *a b*
weg, lesen aber dann gegen *a b*, H[39] παρεδόθη ὑμῖν für παρεδόθημεν, was
aber weder durch sie noch bei H belegt ist. Wahrscheinlich ist es aus *äth*
("ist sie euch übergeben worden"[40]) erschlossen. Die Weglassung der ersten Wendung kann man als eine Abschwächung der Aussage des Textes
auffassen, da dadurch ein Zugeständnis an die Macht der Chaldäer erfolgen würde, auch wenn es gleich darauf eingeschränkt wird.

---

[34] Vgl. A. M. Ceriani, Paralipomena S. 12.

[35] Vgl. J. Riaud, Paralipomènes S. 1746.

[36] Vgl. R. A. Kraft - A.-E. Purintun, Paraleipomena S. 21: "the textual situation here is
extremely confused and syntactically difficult".

[37] Vgl. F. Prätorius, Baruch S. 235; E. König, Rest S. 323. Weder bei KP noch bei H wird
diese Variante belegt.

[38] Vgl. A. M. Ceriani, Paralipomena S. 12, der mit *b* hinzufügt: ὑπὸ τοῦ βασιλέως τῶν
Χαλδαίων.

[39] Vgl. A. M. Ceriani, ebd.

[40] Zit. nach E. König, Rest S. 324; vgl. F. Prätorius, Baruch S. 235.

V. 10(11) - KP fügen gegen *c* nach εἰπών mit *a b* Βαρούχ und nach ἐξ-ῆλθεν ebenfalls mit *a b* ἔξω τῆς πόλεως ein.[41]

V. 11(12) - Gegen *c* (H) fügen KP hier wieder mit *a b* zwei Erweiterungen ein, πρὸς αὐτόν nach ἐρχομένων[42] und ὧν ὁ κύριος ἐμήνυεν αὐτῷ δι' αὐτῶν nach πάντων.[43] Beide erweisen sich als Erläuterungen, wobei die zweite theologischer Art ist, weil sie den göttlichen Ursprung der Engelsbotschaft betont.

6. Kapitel 5

V. 6(6) - Der Text ist hier nicht klar überliefert. H rekonstruiert die Version ἀπέλθω ... ἡμέραν, während KP mit οὐ γὰρ ... ἡμέραν *a b* den Vorzug gewähren.[44] Nach *a b* ist der Satz jedoch als Frage formuliert und erweist sich somit als Glättung des Textes: Abimelech entschließt sich, in der Hitze loszugehen, weil sie ja ohnehin jeden Tag da ist.[45] Die Rekonstruktion von H dagegen ist die schwierigere Lesart und enthält einen eschatologischen Aspekt, der in Kap. 5 am Schluß eine Rolle spielt. Wie dies zusammenhängt, wird später zu bedenken sein.[46]

V. 7 - KP ergänzen mit *a b* ἑαυτοῦ hinter τόπον (vgl. auch *äth*: "sein Haus"[47]). Dies ist aber eine Angleichung an die folgende Wendung τὸ γένος ἑαυτοῦ. Wiederum in Anlehnung an *a b* ergänzen KP den Nachsatz οὐτέ τινα τῶν γνωρίμων εὗρεν.

V. 8 - Hier ergänzen KP am Schluß mit *c* ein σήμερον.[48]

V. 8(9) - Mit *P äth* fügen KP nach ἡ πόλις gegen *a b c arm* Ἰερουσαλήμ ein.

V. 9.11(10).12(11) - KP ergänzen in diesen drei Versen diesmal mit *c* τὴν ὅδον, was aber eine Angleichung an den Kontext darstellt (vgl. V. 10 Ende bei H).

V. 30(28) - Für ὁ θεὸς δεῖξαί σοι (*c*, H) bevorzugen KP mit *a b* ὁ θεὸς ἡ ἰδεῖν σε. Herkunft und Bedeutung des Artikels ἡ ist allerdings unklar; in *a b* ist er nicht enthalten und wahrscheinlich auf einen Druckfehler bei KP zurückzuführen.

V. 31(30) - KP ergänzen nach ἐστιν mit *a b* ἅπερ λέγω σοι.[49]

---

41 So auch J. Riaud, Paralipomènes S. 1747.
42 So auch J. Riaud, ebd.; A. M. Ceriani, Paralipomena S. 13.
43 Vgl. A. M. Ceriani, ebd.
44 A. M. Ceriani, ebd., rekonstruiert: καὶ ἀπέλθω· οὐ γὰρ καῦμα ... ἡμέραν; vgl. auch O. v. Gebhardt, Abschrift z.St.
45 In diesem Sinne übersetzt auch J. Riaud, Paralipomènes S. 1748.
46 S.u. S. 110f. Anm. 355.
47 F. Prätorius, Baruch S. 236; E. König, Rest S. 325.
48 So auch J. Riaud, Paralipomènes S. 1748.
49 So auch J. Riaud, a.a.O. S. 1750.

V. 31(31) - Ohne Bezug auf einen Textzeugen ergänzen KP vor ἐφάνη gegen *a b* ein οὐκ ἔστι[50], was aber u.E. syntaktisch keinen Sinn ergibt.

V. 32(32) - Die Anrede κύριε ὁ θεὸς bei H folgt der äthiopischen Übersetzung und ist eine Zusammensetzung aus *a b* (ὁ θεός) und *c* (κύριε). Diese Verbindung findet sich sonst nicht in den Gottesanreden der Par Jer. Zweimal jedoch (1,5; 9,6) begegnet die Verbindung κύριε παντοκράτωρ, und einmal (6,9) die Wendung ὁ θεὸς ἡμῶν κύριε. Wird Gott ohne weitere Prädikate angeredet, so wird stets κύριε verwendet (vgl. 1,6; 3,4.6.9). Da aber auch in 5,32 die Gottesanrede sehr ausführlich ist ("Ich preise dich Herr, Gott des Himmels und der Erde, Ruhe der Seelen der Gerechten an jedem Ort"), ist unter Berücksichtigung vor allem der Formulierung in 6,9 die innere Wahrscheinlichkeit relativ groß, daß auch in 5,32 die Verbindung κύριε ὁ θεός zu lesen ist.[51] Dafür spricht auch, daß in den ParJer keine Gottesanrede ohne κύριε vorkommt, so daß sich schon von daher die Entscheidung von KP für ὁ θεός[52] nicht nahelegt.

V. 33(34) - Mit dem Satz Νισσάν· καὶ ἔστιν ἡ δωδεκάτη folgt H *äth* ("Der zwölfte des Monats Nisan"[53]), da in *a b* ὁ ἔστιν ὁ δωδεκάτος[54] inhaltlich falsch ist, denn der Nissan ist nicht der zwölfte Monat. So ist auch das feminine Genus bei H konsequent, denn nach ἡ δωδεκάτη ist zu ergänzen ἡμέρα. H zieht auch die von KP gebotene Lesart ὁ ἔστιν ᾿Αβιβ in Betracht.[55] ᾿Αβιβ ist eine andere biblische Bezeichnung für Nissan (vgl. Ex 13,4; 23,15; 34,18; Dtn 16,1). Dadurch aber erweist sich diese Lesart als sekundärer und erklärender Zusatz und ist somit abzulehnen, zumal sie in keinem Textzeugen belegt ist. Die Variante von *c* ist hier unverständlich.

7. Kapitel 6

V. 1(2) - KP ergänzen mit *a b* κρατήσας αὐτοῦ τῆς δεξιᾶς χειρός[56] vor ἀπεκατέστησεν[57]; εἰς τὸν τόπον vor ὅπου und καθεζόμενος nach Βαρούχ. Am Ende lassen sie mit *a b* καθεζόμενον weg.[58]

V. 2(4) - Ebenfalls mit *a b* ergänzen KP τοῖς ὀφθαλμοῖς αὐτοῦ nach Βαρούχ und hängen am Schluß mit *a b* τοῦ ᾿Αβιμέλεχ an.

50　A. M. Ceriani, Paralipomena S. 14, fügt nur οὐκ ein.

51　So auch J. Riaud, Paralipomènes S. 1750.

52　Vgl. auch A. M. Ceriani, Paralipomena S. 14.

53　Zit. nach E. König, Rest S. 327; vgl. F. Prätorius, Baruch S. 238.

54　Vgl. A. M. Ceriani, Paralipomena S. 14.

55　J. R. Harris, Rest S. 54 (App.). Dies würde sich nach R. A. Kraft - A.-E. Purintun, Paraleipomena S. 27, durch eine Konjektur der Schreibung der Zahl Zwölf als Buchstabenwert (ιβ) ergeben und ist daher spekulativ.

56　A. M. Ceriani, Paralipomena S. 14, liest: κρατήσας τῆς δεξιᾶς αὐτοῦ χειρός.

57　Vgl. J. Riaud, Paralipomènes S. 1751: "à l' endroit".

58　Vgl. A. M. Ceriani, Paralipomena S. 15.

V. 2(6) - Die Wendung Ἔστι θεός (*a b*, H) ändern KP ohne ersichtlichen Anhalt in den Textzeugen in die Anrede Σὺ ὁ θεός und ersetzen τοῖς ἁγίοις αὐτοῦ (*c*, H) mit *a b* durch τοῖς ἀγάπωσί σε.

V. 3(6) - Die Formulierung von H mit *a b* ἐκ τοῦ σκηνώματος ersetzen KP mit *c* durch ἐν τῷ σκηνώματι.[59]

V. 4(7) - H liest ἀνάψυξον ἡ παρθενική μου πίστις, wogegen KP mit *a b* die erweiterte und in der Aussage veränderte Form ἀνάψυξον ἐν τῷ σκηνώματί σου, ἐν τῇ παρθενικῇ σου πίστει vorziehen.[60] Allerdings verändern sie *a b* insofern, als sie am Ende πίστει statt ποίμνῃ lesen. Die Handschrift *c* bietet ἀνάστηθι ἀνάστρεψον εἰς τὸ ἴδιόν σου ἡ παρθενική μου πίστις. *Äth* formuliert: "Schaue auf deine Jungfräulichkeit des Glaubens."[61] P. Bogaert hat eine ähnliche Lösung vorgeschlagen.[62] Er stellt zunächst fest, daß *äth*, *a* und *b* gegen *c* darin übereinstimmen, daß sie nur einen Imperativ bieten, der daher als lectio brevior vorzuziehen ist. Andererseits sprechen *äth* und *c* gegen *a b* gemeinsam von ἡ παρθενική μου πίστις, was der Lesart von *a b* (παρθενικὴ ποίμνη) vorzuziehen sei (vgl. KP). Des weiteren müsse man, wenn man mit H aus *a b* ἀνάψυξον lese, auch ἐν τῷ σκηνώματί σου aus *a b* übernehmen, da auch *c* einen ähnlichen Ausdruck verwende. P. Bogaert schlägt daher vorzu lesen: Ἀνάψυξον ἐν τῷ σκηνώματί σου ἡ παρθενική μου πίστις.[63] Die Problematik dieser "phrase curieuse"[64] ist deutlich. Man wird zwar u.E. im Ganzen der Argumentation P. Bogaerts zustimmen, jedoch im Blick auf die Wendung ἐν τῷ σκηνώματί σου einwenden müssen, daß demgegenüber die lectio brevior (= H) vorzuziehen ist. Dafür spricht auch, daß die genannte Wendung von *a b* wahrscheinlich deswegen gebraucht wurde, um den Unterschied zwischen ἐκ τοῦ σκηνώματος in 6,3[65] und ἐν τῷ σκηνώματι in 6,4 hervorzuheben. Da die Hs. *c* bereits in 6,3 ἐν τῷ σκηνώματι las, mußte sie in 6,4 anders formulieren. Unseres Erachtens hat man deshalb in 6,4 der Textrekonstruktion von H zu folgen.

V. 8(11) - Die Lesart von H διὰ τὴν γενομένην σοι σκέπην ist so in keiner Handschrift überliefert und erweist sich als eine Zusammenstellung aus *a b* und *c*: *a b* (H, KP) - διὰ τὴν σκέπην τὴν γενομένην σοι ἐν τῇ ὁδῷ; *c* - διὰ τὴν σκέπην σου. Textkritisch muß man hier gegen H und KP der kürzeren Lesart von *c* den Vorrang geben.[66]

---

[59] Vgl. A. M. Ceriani, ebd.; J. Riaud, Paralipomènes S. 1751. Zur Diskussion der inhaltlichen Gründe s.u. S. 62ff.

[60] Vgl. A. M. Ceriani, Paralipomena S. 15.

[61] Nach F. Prätorius, Baruch S. 230. E. König, Rest S. 327, übersetzt interpretierend: "Schaue auf (sorge für) deine Jungfräulichkeit (Reinheit) des Glaubens."

[62] P. Bogaert, Apocalypse I S. 210.

[63] Ebd.

[64] A.a.O. S. 209.

[65] Dazu s.u. S. 62ff.

[66] J. Riaud, Paralipomènes S. 1752, übersetzt nach J. R. Harris.

V. 9(13) - Statt der Singularformen παρακαλῶ καὶ δέομαι, wie in *c äth* und H, lesen KP mit *a b* den Plural παρακαλοῦμεν καὶ δεόμεθα. Auch die folgenden Pluralformen in V. 10(14) (τῶν δούλων σου, ἀποστείλωμεν) lesen KP mit *a b*.[67] Da dies aber eine Angleichung der schwierigeren Lesart des Singular an den Kontext bedeutet, kann dies nur sekundäre Bedeutung haben.

V. 10(14) - Nach Βαβυλῶνα fügen KP mit *a b* τὴν φάσιν ταύτην hinzu.[68]

V. 11(15) - Nach τῷ Βαρούχ ergänzen KP mit *a b* ἅπαντας τοὺς λόγους τούτους.

V. 12(15).14(17) - Mit *a b* lassen KP in V. 12(15) die Anrede Βαρούχ und in V. 14(17) die Anrede ὦ Ἰερεμία weg.

V. 16(19) - Die voneinander verschiedenen Rekonstruktionen dieses Verses bei H und KP sind beide Kombinationen der Varianten von *a b* und *c*, wobei sich die Textaussage nicht verändert. Die bemerkenswerteste Abweichung der Hss. *a b* ist, daß sie nicht ἀγορὰν τῶν ἐθνῶν, sondern διασπορὰν τῶν ἐθνῶν[69] lesen. Der Sinn dieser Änderung ist unklar. Wahrscheinlich ist sie auf einen Lesefehler zurückzuführen.

V. 21(23) - Mit *a b* lassen KP die Worte ἐθυμώθην καί weg und fügen καὶ θυμῷ nach ὀργῇ hinzu.

8. Kapitel 7

V. 1 - Mit *c* fügen KP den Satz εὗρεν τὸν ἀετὸν καθεζόμενον ἐκτὸς τοῦ μνημείου hinzu. Während also KP wiederum *a b* und *c* miteinander kombinieren, folgt H nur *a b*.[70] Dies ist wiederum die schwierigere Lesart, da *c* offensichtlich den Adler einführen will, der in *a b* unvermittelt auftritt.

V. 11(9) - Die Wendung bei KP τοῖς σὺν αὐτῷ δεσμίοις ist wahrscheinlich eine Verbindung der beiden Überlieferungen *c* und *äth*, während H nur nach *äth* ("die, welche von Israel bei ihm sind"[71]) heraus formuliert.[72]

V. 12(10) - KP lassen zu Recht gegen H mit *a b* die von *c* und *äth* bezeugte Wendung πάντες οἱ ἐχθροὶ τῆς ἀληθείας weg[73] und lesen daher auch statt βουλόμενοι (H) mit *a b* βούλωνται.

V. 12(11) - Als sekundär ist der Zusatz anzusehen, den KP mit *a b* am Schluß des Verses anfügen: καὶ ἔσται ἡ δόξα κυρίου μετά σου ἐν πάσῃ τῇ ὁδῷ ᾗ πορεύσῃ[74], weil er die längere Lesart darstellt, aber auch den für

---

[67] Vgl. A. M. Ceriani, Paralipomena S. 15.

[68] Vgl. auch J. Riaud, Paralipomènes S. 1752.

[69] Vgl. A. M. Ceriani, Paralipomena S. 15.

[70] Vgl. A. M. Ceriani, ebd.

[71] Zit. nach E. König, Rest S. 330; vgl. F. Prätorius, Baruch S. 241.

[72] Vgl. A. M. Ceriani, Paralipomena S. 16.

[73] Vgl. A. M. Ceriani, ebd.

[74] Vgl. A. M. Ceriani, ebd.

die ParJer nicht typischen Ausdruck der δόξα κυρίου einbringt, die der bereits erwähnten δύναμις τοῦ θεοῦ noch hinzugefügt wird.

V. 13(12) - Diesmal mit *c* fügen KP ἐν τῷ τραχήλῳ αὐτοῦ hinzu, dann aber wieder mit *a b* ἐλθὼν ἀνεπαύσατο.

V. 14(13) - Mit *a b* setzen KP das erläuternde ἔξω τῆς πόλεως hinter νεκρόν hinzu.

V. 14(14) - Ebenfalls mit *a b* fügen KP hinter παρά den Zusatz τοῦ βασιλέως ein und am Schluß ebenfalls erläuternd ὁ βασιλεύς hinzu.

V. 15(16) - Nach ἀετός fügen KP mit *arm äth* μεγάλῃ φωνῇ ein[75], lassen mit *a b* ἅπαντα weg, lesen ebenfalls mit *a b* ἐλθὲ ἐνταῦθα statt ἔλθωσιν ὧδε und ersetzen τοῦ καλοῦ κηρύγματος, ὅ (*c äth*) durch ἐπιστολῆς, ἧς.

V. 18(20) - Während H am Schluß mit καὶ ἐποίησεν ... τούτου der Hs. *c* folgt, haben KP mit *a b* die kürzere Lesart καὶ νῦν ἐφάνη ἡμῖν διὰ τοῦ ἀετοῦ τούτου[76], die daher vorzuziehen ist.[77]

V. 20(22) - Mit ἐπὶ τὴν κεφαλὴν αὐτῶν folgt H dem äthiopischen Text, während KP mit *a b* den Singular in den Plural τὰς κεφαλὰς ändern und so dem Verbum angleichen.

V. 22(23) - Nach ἡμᾶς fügen KP mit *a b* ein κύριος ein.[78]

V. 24(28) - Mit KP ist die Lesart ἐνταῦθα der Hs. *c* der längeren und präziseren Variante von *äth* (H) εἰς τὴν πόλιν ταύτην vorzuziehen.[79]

Für die Verse 23-26(24-31) folgen KP im wesentlichen der Rekonstruktion von H (*äth*), bis auf einige wenige Stellen, an denen sie *c* bevorzugen, die aber inhaltlich nicht erwähnenswert sind. Der Wortlaut von *a b* weicht hier sehr stark ab.[80]

---

[75] So auch J. Riaud, Paralipomènes S. 1755.
[76] τούτου fehlt bei A. M. Ceriani, Paralipomena S. 16.
[77] So auch J. Riaud, Paralipomènes S. 1756.
[78] So auch J. Riaud, ebd.
[79] So auch J. Riaud, a.a.O. S. 1757.
[80] Der Wortlaut ist abgedruckt bei J. R. Harris, Rest S. 59 (App.): "Es schrieb aber Jeremia einen Brief nach Jerusalem an Baruch und Abimelech in Gegenwart des ganzen Volkes über die Trübsale, die über sie gekommen sind, wie sie vom König der Chaldäer gefangengenommen wurden und wie jeder seinen Vater gebunden und ein Vater sein Kind zur Peinigung übergeben sah. Die aber, die seinen Vater trösten wollten, verhüllten sein Gesicht, damit er seinen Sohn nicht gepeinigt sah. Und Gott hat auch dich und Abimelech verhüllt, damit ihr (eigtl.: er) uns nicht geschändet saht." (Übersetzung v. Vf.) Wie es zu diesem Text von *a b* gekommen ist, läßt sich nur schwer erklären. Der plötzliche Übergang vom Erzählstil in die Anredeform am Schluß des Abschnittes könnte darauf hindeuten, daß *a b* zunächst eine erzählerische Zusammenfassung dieses Briefes versucht haben, diesen Stil aber dann doch nicht durchhalten konnten, als es um den Bezug auf Baruch und Abimelech ging. Darüber hinaus stellt diese Version eine Verschärfung der Situation der Gola dar. Während im Text von *c äth* das Gleichnismotiv von dem Vater, der seinen Sohn ausgeliefert sieht, nur beispielhaft verwendet und auf das Volk als ganzes bezogen ist, wird es in *a b* so dargestellt und konkretisiert, als wäre dies *jedem* Vater und seinem Kind geschehen; vgl. unten S. 124ff.

V. 29(34) - Mit λέγομεν korrigieren KP die Variante von *c* (λέγωμεν), während H die präzisere und im Tempus korrekte Variante von *a b* (ἀντελέγομεν) vorzieht.[81]

V. 30(35) - KP ergänzen zunächst mit *a b* das Subjekt Ἰερεμίας nach ἀετοῦ und folgen dann mit ἡμᾶς ἀμφοτέρους ὁ κύριος der gegenüber *a b* (H) verdeutlichenden Variante von *c*. Allerdings verändern sie dabei das in *c* stehende ὑμᾶς (weil im Zusammenhang vom Adler *und* dem Brief die Rede ist) in das schwierigere ἡμᾶς.

V. 31(36) - Nach ἀετός fügen KP mit *a b* καὶ ἦλθεν εἰς Ἰερουσαλήμ ein, während H der kürzeren Lesart von *c* folgt. Die Wendung καὶ ἤνεγκεν ... Βαρούχ, die H wiederum mit *c* liest, ersetzen KP durch das in *a b* bezeugte καὶ ἔδωκε τὴν ἐπιστολὴν τῷ Βαρούχ, wobei sie den Artikel τῷ hinzufügen.

9. Kapitel 8

V. 1 - Für ὁ θεός (*c*, H) lesen KP mit *a b* κύριος. Dies scheint allerdings eine Angleichung an V. 2 zu sein, wo ebenfalls κύριος verwendet wird, und zwar von *a b c* und *äth*.

V. 3 - Am Schluß des Verses bevorzugen KP mit *a b* ἐκεῖ statt εἰς αὐτήν (*c äth*, H).

V. 4 - Für αὐτοῖς (*c äth*, H) lesen KP mit *a b* πρὸς τὸν λαόν.

In V. 4 bricht der Erzählfaden in der Hs. *c* ab, und sie schließt "with trivial matter chiefly taken from the Septuagint; perhaps his copy was imperfect after the word γαμησαντων".[82]

10. Kapitel 9

V. 3(4) - Mit *arm P* fügen KP περὶ τοῦ ἔλεώς σου, παρακαλῶ nach πρὸς σέ gegen *a b* (H)[83] ein (vgl. auch *äth*: "Ich flehe dich an wegen deines Volkes und ich bitte dich"[84]).

V. 5 - Nach δικαιοσύνης ergänzen KP mit *P* ὁ ἀνοίγων τὰς πύλας τοῖς δικαίοις, (vgl. auch *äth*: "ich bitte dich, daß doch ja der gesangskundige Michael - der Engel der Gerechtigkeit ist er - die Pforten der Gerechtigkeit offen halte, bis sie in dieselben einziehen"[85]).

---

[81] So auch J. Riaud, Paralipomènes S. 1757.

[82] J. R. Harris, Rest S. 60 (App.). Der Wortlaut des Schlusses der Hs. *c* findet sich bei J. R. Harris, a.a.O. S. 60f. (App.).

[83] Vgl. A. M. Ceriani, Paralipomena S. 17.

[84] Zitiert nach E. König, Rest S. 335; vgl. F. Prätorius, Baruch S. 244, wonach Michael direkt angeredet ist.

[85] Zitiert nach E. König, Rest S. 335.

V. 6 - Sowohl KP als auch H[86] lesen mit *a b arm P* κρίσις, während nach *äth* κτίσις zu lesen ist. Vom Zusammenhang her verdient inhaltlich die letztere Variante wahrscheinlich den Vorzug.[87]

V. 8 - Mit *äth P* fügen KP οὐαὶ ἡμῶν nach φωνῇ hinzu.

V. 13(14) - Ebenfalls mit *äth P* setzen KP ἐν μίᾳ φωνῇ nach θεόν hinzu. Da es sich hier bereits um den christlichen Schluß der ParJer handelt, könnte man sich aus dem christlichen Kontext heraus diesen Zusatz erklären, der die Einmütigkeit des Gotteslobes zum Ausdruck bringen soll (vgl. z.B. Apg 4,24: "οἱ δὲ ἀκούσαντες ὁμοθυμαδὸν ἦραν φωνὴν πρὸς τὸν θεόν").

V. 14(16) - H liest mit *äth* καὶ ὁ καρπὸς ... μενεῖ[88], das von KP mit *a b* wohl zu Recht weggelassen wird.[89] Das "Bleiben der Frucht" ist als ein christliches Motiv (vgl. Joh 15,16; aber auch 1Kor 3,14; 14,14) zwar innerhalb dieses christlich angefügten Schlusses denkbar, trotzdem muß man es wohl als sekundär eingetragen verstehen, da es den für die Aussage des Textes wichtigen Stichwortanschluß von V. 14 Ende (βλαστήσουσι) und V. 15 Anfang (βεβλαστηκότα) unterbricht. Hier sprechen also äußere (lectio brevior) wie innere Kriterien für die Weglassung dieser Worte.

V. 15(17) - Ohne Handschriftenbeleg fügen KP am Anfang des Verses τὰ δένδρα ein[90], wohl damit die folgenden Partizipien ein klares Bezugswort haben, das schon in V. 14(16) verwendet wurde. Für κλιθῆναι (H)[91] lesen KP mit *b* κριθῆναι. Hier hat H sicher vom Kontext her geändert, denn in das Bild von den Bäumen fügt sich κλιθῆναι besser ein. Daher ist in diesem Fall mit KP der Hs. *b* zu folgen, jedoch beinhalten beide Varianten das Motiv des Gerichtes. Die Version von *äth* stellt hier offensichtlich den Versuch einer Interpretation dieser schwierigen Passage dar. Unabhängig von diesen Überlegungen könnte man aber auch erwägen, ob nicht der ganze Teil μετὰ ... κλ(ρ)ιθῆναι mit *a* weggelassen werden muß[92], da er eine Doppelung der Aussagen darstellt (zweimal ποιήσει αὐτά + Infinitiv). Der deutlich erläuternde Charakter von V. 15b muß dagegen nicht sekundären Ursprungs sein.

V. 15(18) - KP lassen vor κόκκινον das ποιήσει mit *a b* gegen *äth* (H) weg, müssen daher auch statt des Infinitiv γενέσθαι die Indikativform γενήσεται lesen.

V. 16(18) - Nach γενήσονται ergänzen KP nach *äth* καὶ τὰ ἁλμυρὰ γλυκέα.

---

86 Vgl. A. M. Ceriani, Paralipomena S. 17.
87 So auch J. Riaud, Paralipomènes S. 1760; vgl. unten S. 153ff.
88 So auch J. Riaud, a.a.O. S. 1761.
89 Vgl. A. M. Ceriani, Paralipomena S. 18.
90 So auch J. Riaud, Paralipomènes S. 1761.
91 So auch J. Riaud, ebd.; vgl. dazu J. R. Harris, Rest S. 43.
92 Vgl. A. M. Ceriani, Paralipomena S. 18.

V. 25(26) - Mit *a b* fügen KP am Schluß den Satz ἕως ... Ἀβιμέλεχ hinzu[93], was eine Angleichung an den Kontext (vgl. V. 24) bedeutet.

V. 26(27) - Mit *a b* fügen KP die Präzisierung διὰ προστάγματος θεοῦ nach λίθος hinzu.

11. Zusammenfassung

Zusammenfassend ist nach diesem Vergleich festzustellen, daß R. A. Kraft und A.-E. Purintun an den meisten der betrachteten Stellen den von J. R. Harris edierten Text erweitern. Diese Erweiterungen und Zusätze, bei denen sie im wesentlichen den Hss. *a* und *b*, aber des öfteren auch *c* und im Schlußteil ab 8,4 auch *P*, sowie den Übersetzungen *äth* und *arm* folgen, erweisen sich aber in der Mehrzahl der Fälle als präzisierende Erläuterungen oder Angleichungen an den Kontext. Die Favorisierung der Hss. *a* und *b* ist darüber hinaus auch an den Stellen zu bemerken, an denen bei einer Alternative zwischen *a b* auf der einen und *c* auf der anderen Seite die Entscheidung meist zugunsten von *a b* ausfällt. An einigen wenigen Stellen werden sogar Varianten geboten, die durch keine in den Editionen aufgeführte Textzeugen begründet werden.

Man kommt daher zu dem Ergebnis, daß die Textedition der ParJer von R. A. Kraft und A.-E. Purintun nicht so nah an den mutmaßlich ursprünglichen Text herankommt, wie die Ausgabe von J. R. Harris. Darüber hinaus ist, wie oben schon erwähnt[94], der textkritische Apparat bei R. A. Kraft und A.-E. Purintun sehr unvollständig und aufgrund der nur in englischer Sprache gebotenen Varianten kaum von besonderem Wert.[95]

Trotz dieser Feststellungen muß man aber sagen, daß die Verschiedenheiten der beiden Textausgaben in den meisten Fällen an der inhaltlichen Aussage der ParJer nichts oder kaum etwas verändern. Allerdings macht diese Tatsache eine kritische Reflexion über die Textgestalt der ParJer keinesfalls überflüssig. Dies konnte hier nur soweit geleistet werden, wie es für das Anliegen der Untersuchung notwendig ist.

Bis auf die folgenden Stellen wird dieser Untersuchung also der Text der ParJer in der Edition von J. R. Harris zugrundegelegt werden: 1,3; 2,4; 6,8(11); 7,12(10); 7,18(20). 24(28); 9,6.14(16).15(17).

---

[93] Vgl. A. M. Ceriani, ebd.

[94] S.o. S. 8 Anm. 6.

[95] Vgl. auch das Urteil von J. Riaud, Destinée S. 257f. Anm. 1, der diese Ausgabe als "une édition éclectique provisoire" bezeichnet.

III. Die literarische Struktur der ParJer

Nachdem die Textüberlieferung der ParJer zwar nicht vollständig, aber doch für die Untersuchung hinreichend, erwogen wurde, ist nunmehr eine literarkritische Betrachtung des Textes als Voraussetzung für die Frage nach Tradition und Redaktion notwendig. Der Zusammenhang von literarkritischer Analyse und Traditionsverarbeitung liegt auf der Hand, gleichwohl diese sich nicht unmittelbar aus jener ergeben muß. Erst die Erkenntnis der literarischen Struktur eines Werkes macht es möglich, auf die Spur der aufgenommenen Traditionen zu gelangen und, wenn möglich, den Anteil der Arbeit des Verfassers bzw. späterer Redaktoren herauszuarbeiten. Nur wenn dies in ausreichendem Maße geschehen ist, kann man über etwaige Abhängigkeiten und Berührungen im Blick auf andere Werke der frühjüdischen Literatur begründete Aussagen treffen.

Gleichzeitig mit der Herausarbeitung der literarischen Struktur der ParJer sollen nicht nur und vor allem die literarkritisch problematischen Stellen des Textes, sondern auch die inhaltlich und theologisch auffälligen Passagen, Wendungen und Vorstellungen hervorgehoben werden. Für die Frage nach den aufgenommenen Traditionen werden diese keine unbedeutende Rolle spielen.

1. Kapitel 1

Das erste Kapitel der ParJer ist als ein Zwiegespräch zwischen Gott und Jeremia gestaltet. Es wird eingeleitet durch eine Zeitangabe ἡνίκα - "zu der Zeit, als", näher bestimmt als die Zeit, "als die Söhne Israels vom König der Chaldäer gefangengenommen wurden". Diese nähere Bestimmung erweist sich konkret als eine Situationseinführung, da im Fortgang der Erzählung zunächst nicht die Gefangennahme, sondern die Umstände geschildert werden, die dazu erst geführt haben. Eine Lokalisierung dieses Gespräches zwischen Gott und Jeremia erfolgt nicht.

Der Dialog beginnt mit einer Aufforderung Gottes an Jeremia, mit Baruch aus der Stadt zu gehen, weil Gott die Stadt zerstören wird (V. 1). Auffällig an diesem Satz: "Jeremia, mein Erwählter, stehe auf, gehe hinaus aus dieser Stadt, du und Baruch! Denn ich werde sie vernichten wegen der Menge der Sünden derer, die in ihr wohnen" ist, daß er eine fast wörtliche Entsprechung in V. 7 hat: "Weil du mein Erwählter bist, stehe

auf und gehe hinaus aus dieser Stadt, du und Baruch! Denn ich werde sie
vernichten wegen der Sünden derer, die in ihr wohnen."[1] Lediglich der
Anfang ist dem Kontext angepaßt worden. Während in V. 1 jedoch die
Aufforderung zum Verlassen der Stadt eine Begründung hat ("Denn eure
Gebete sind wie eine feste Säule in ihrer Mitte, und wie eine stählerne
Mauer, die sie umgibt", V. 2), kann man den in V. 8 mit γάϱ angeschlosse-
nen Satz nicht mehr als Begründung verstehen.

Eine gewisse Unausgeglichenheit besteht auch zwischen der erwähnten Aufforderung, die Stadt zu verlassen, weil Gott sie sonst nicht preis-
geben kann (V. 1-3.7) und V. 10, wo Gott Jeremia und Baruch wiederum
auffordert, auf die Mauern der Stadt zu gehen, was logisch doch nur von
innen her möglich wäre. Darüber hinaus stellt sich das Problem, ob Jeremia und Baruch auf der Mauer der Stadt nicht wiederum gerade die
Schutzfunktion wahrnehmen, wegen der sie Gott eigentlich zum Verlassen aufgefordert hatte. P. Bogaert hatte in diesem Zusammenhang darauf
hingewiesen, daß die Spannung hier darin besteht, daß die Mauern, auf
denen Baruch und Jeremia die Einnahme der Stadt miterleben, doch in
deren Zerstörung einbezogen sind.[2] Dagegen ist aber zu bedenken, daß in
den ParJer gerade nicht, wie in syrBar, die Stadt*mauern* zerstört werden,
sondern der Engel ihre *Tore* öffnet, und die Feinde ohne Zerstörung der
Mauern die Stadt einnehmen (ParJer 1,8; 4,1f.).[3] Darüber hinaus bemerkt
G. W. E. Nickelsburg zu Recht, daß Jeremia und Baruch den Einzug der
Chaldäer nicht auf der Stadtmauer verfolgen, sondern vorher (3,14) ins
Heiligtum gehen.[4]

Hervorzuheben sind in diesem Textabschnitt noch folgende Beson-
derheiten: In V. 4 fällt auf, daß Jeremia nicht einfach antwortet, sondern
zuerst um die Erlaubnis bittet, reden zu dürfen. Weiterhin ist zu bemerken, daß Gott hier zwar Baruch und Jeremia im Blick hat, Abimelech aber
nicht erwähnt wird. Und nicht zuletzt ist auch der Abschluß des Kapitels
im Blick auf die Gottesvorstellung interessant, wo es heißt, daß Gott von
Jeremia *weggeht*, also anthropomorph von Gott geredet wird. Dabei wird
nichts darüber gesagt, wohin Gott geht, weshalb wohl auch in der Handschrift *c* εἰς τὸν οὐϱανόν ergänzt wird (vgl. 3,13).

---

1 Vgl. J. Riaud, Paralipomena I S. 24f. Inwiefern ParJer 1,9 ("Stehe nun auf und gehe zu
Baruch und verkünde ihm diese Worte") eine Unterbrechung der Gottesrede an Jeremia
darstellt, wie S. E. Robinson, 4 Baruch S. 417, schreibt, ist u.E. nicht deutlich, zumal Baruch
schon in V. 7 in die Gottesrede einbezogen ist. Die Erwähnungen Baruchs in Kap. 1 betrachtet S. E. Robinson als "editorial additions" (ebd.). Dafür gibt es aber u.E. ebensowenig einen
Grund, wie für die Annahme, in Kap. 2 wäre der "subservient character" (ebd.) urprünglich
nicht Baruch, sondern Abimelech (dazu s.u. S. 25f.89ff.). So sagt S. E. Robinson auch nicht,
auf welcher Ebene die Änderung zugunsten des Baruch geschehen sein sollte.

2 P. Bogaert, Apocalypse I S. 200.

3 Vgl. G. W. E. Nickelsburg, Traditions S. 63.

4 Ebd.

2. Kapitel 2

Diesmal mit einer Ortsangabe versehen, wird die Begegnung Jeremias und Baruchs eingeführt. Jeremia kommt in das Heiligtum (τὸ ἁγιαστή-ριον, V. 1), wo er Baruch antrifft (V. 2). Der beginnende Dialog wird aber sofort in V. 3 durch einen Einschub unterbrochen, um den in V. 2 herge-stellten Zusammenhang zwischen der Sünde des Volkes und dem, daß sich Jeremia Staub auf das Haupt streut, zu erläutern. Einen solchen Zu-satz, der dem Leser ein bestimmtes Detail näher erklärt, findet man sonst in den ParJer in dieser Form nicht. Die Unterbrechung macht dann auch den V. 4 als Wiederholung der Frage des Baruch notwendig.

Am Schluß von Kapitel 2 ist bemerkenswert, daß Jeremia und Baruch nicht, wie Gott es ihnen aufgetragen hatte (1,1.7), aus der Stadt gehen, sondern sie bleiben im Heiligtum am Altar (2,10).

3. Kapitel 3

Kapitel 3 beginnt mit einem Ortswechsel vom Altar (2,10) zur Stadt-mauer. Hier kommt es wie in Kapitel 1 zu einem Gespräch Gottes mit Je-remia, in dem Jeremia im Blick auf die bevorstehende Zerstörung der Stadt zwei konkrete Dinge von Gott erfahren will: das Schicksal der Tem-pelgeräte (V. 7) und das Schicksal des Abimelech (V. 9). Es fällt auf, daß das Ergehen des Volkes hier keine vorrangige Rolle mehr spielt, sondern daß lediglich im Zusammenhang mit dem Schicksal der Tempelgeräte und des Abimelech auf die verheißene Rückkehr des Volkes aus dem Exil Be-zug genommen wird. Das Gespräch Gottes mit Jeremia wird wie in Kapi-tel 1 durch die Bitte Jeremias eingeleitet, vor Gott reden zu dürfen.

In V. 9 begegnet Abimelech zum ersten Mal in den ParJer, was inso-fern verwundert, als er für den Fortgang eine sehr entscheidende Rolle spielt (vgl. bes. Kap. 5!). P. Bogaert hatte versucht zu zeigen, daß die Verse 3,9f., in denen Abimelech zum ersten Mal erwähnt wird, interpo-liert sind, weil die Frage Jeremias nach Abimelech in V. 9 mit gleichen Ausdrücken formuliert ist, wie die erste Anfrage nach den Tempelgeräten in V. 6f. Darüber hinaus antworte Gott in V. 10f. zweimal hintereinander, ohne daß V. 11 durch eine weitere Frage motiviert wäre.[5] Dieser Vor-schlag von P. Bogaert hängt mit seiner Beurteilung der Abimelechge-schichte in Kap. 5 und den einzelnen Erwähnungen seines Namens au-ßerhalb von Kap. 5 zusammen, auf die später näher eingegangen werden soll[6], da hierzu eine Analyse von Kap. 5f. und der anderen Abimelech - Stellen notwendig ist.

---

[5] P. Bogaert, Apocalypse I S. 193f.
[6] Vgl. unten S. 89ff.115f.

V. 14 endet wie Kapitel 2 mit dem Weinen Jeremias und Baruchs über den Untergang Jerusalems. Hiermit könnte literarisch ein Abschluß des Kapitels 3 gegeben sein. Dieser Eindruck verstärkt sich insofern, als 3,15 mit der gleichen Zeitangabe wie 4,1 beginnt.[7] Daß die beiden Ereignisse, das Wegschicken des Abimelech in den "Weinberg des Agrippa" und das Umstellen der Stadt durch die Chaldäer, gleichzeitig verlaufen, ist nur schwer vorstellbar, zumal Abimelech ja *aus* der Stadt geschickt wird und damit den Feinden in die Hände fallen müßte. Eine gewisse Spannung entsteht auch zwischen 3,15 und 3,10, da die Feigen nicht in der Anweisung Gottes erwähnt sind, Abimelech in den "Weinberg des Agrippa" zu schicken.[8]

Als besonders hervorzuhebende Vorstellungen sind in diesem Kapitel die Übergabe der Tempelgeräte an die Erde (V. 8a) und die Erwähnung von "sieben Siegeln in sieben Zeiten" (V. 8b) zu nennen. Die Wendung "und danach wirst du deine Schönheit empfangen" ist im Zusammenhang der Selbstvorstellung Gottes ebenfalls auffällig, aber angeredet ist hier immer noch die Erde, und zwar unter dem Aspekt der Schöpfung ("der dich geschaffen hat im Übermaß der Wasser"). Mit der "Schönheit", die die Erde empfangen wird, könnte hier der eschatologische Aspekt der Neuschöpfung angedeutet sein, gerade im Gegenüber zur ebenfalls erwähnten Erstschöpfung der Erde. Dahin weist auch die Futurform λήψη, die sich deutlich von den auf die Erde bezogenen Imperativen abhebt. Nicht zuletzt sei nochmals die sehr konkrete Bezeichnung "Weinberg (bzw. Landgut) des Agrippa" (V. 10.15) genannt, gerade im Blick auf den Wechsel von ἀμπελών in V. 10 zu dem etwas allgemeiner gehaltenen χωρίον in V. 15. Es wurde bereits festgestellt, daß es keinen Widerspruch darstellt, wenn Abimelech in einen Weinberg geschickt wird, um Feigen zu holen, da in einem Weinberg in der Regel auch Feigenbäume angepflanzt wurden.[9] Man muß aber im Blick auf den Wechsel von ἀμπελών zu χωρίον ebenfalls beachten, daß gerade an der Stelle, wo vom ἀμπελών die Rede ist (3,10), die Feigen keine Rolle spielen. Sie kommen erst in der Aufforderung Jeremias an Abimelech in 3,15 vor. Damit in Verbindung erfolgt der Wechsel zu χωρίον, was dann weiterhin beibehalten wird (vgl. 5,25). Man könnte also durchaus vermuten, daß der Verfasser die erwähnte Spannung des Feigenholens in einem Weinberg, gleichwohl sie unbegründet ist, doch empfunden hat, und so der Wechsel von ἀμπελών

---

[7] Vgl. P. Bogaert, Apocalypse I S. 194; G. Delling, Lehre S. 7 Anm. 15; C. Wolff, Jeremia S. 46. P. Bogaert, a.a.O., schließt daraus, daß die durch beide Verse eingeschlossene Passage ein Zusatz ist.

[8] Man könnte auch fragen, warum Abimelech in einen "Weinberg" (ἀμπελών) geschickt wird, um Feigen zu holen. Aber Weinberge oder auch Ölbaumpflanzungen waren nie monokulturell bepflanzt, sondern meist mit einem gewissen Anteil Feigenbäumen durchmischt. Ein Beispiel dafür findet sich auch im Neuen Testament (Lk 13,6; vgl. dazu C.-H. Hunzinger, Art. συκῆ S. 753, weitere Belege dort).

[9] S.o. Anm. 8.

zu dem allgemeineren und über die Bepflanzung nichts aussagenden χωρίον mit dem hinzugetretenen Feigenmotiv in 3,15 zusammenhängt, also redaktionellen Ursprungs ist. Dann wäre auch deutlich, daß das Motiv des "Weinbergs des Agrippa" und das Motiv der Feigen ebenfalls redaktionell verbunden wurden und ursprünglich aus verschiedenen Kontexten stammen.

4. Kapitel 4

Wie schon erwähnt, beginnt Kapitel 4 mit der gleichen Zeitangabe wie 3,15, was den Vers 3,15 im Blick auf seine Stellung literarisch in Frage stellt. Kapitel 4 bildet als Ganzes eine relativ unproblematische Einheit, ohne Spannungen oder Widersprüche im Text. Allein zwei Vorstellungen sind hier bemerkenswert. Zum einen der Bericht über die Tempelschlüssel, die Jeremia der Sonne übergibt (V. 3f.), da dies in den vorangehenden Kapiteln nicht, wie etwa das Schicksal der Tempelgeräte, in einem Gespräch Jeremias mit Gott erörtert wurde. Das zweite ist die Notiz, daß Baruch außerhalb der Stadt in einem Grab (ἐν μνημείῳ) bleibt, wo ihm Engel begegnen und ihm das Geschehene erklären (V. 11).

5. Kapitel 5

Von der Grabhöhle nahe bei Jerusalem, in der Baruch zurückbleibt, wechselt das Geschehen nun in den Weinberg (bzw. das Grundstück) des Agrippa, wohin Abimelech von Jeremia geschickt wurde, um Feigen zu holen (3,15f.).

Wie in Kapitel 4 gibt es auch in diesem Kapitel keine literarischen Probleme innerhalb der Erzählung.[10] Auffällig ist aber, daß der bisherige Erzählfaden, in dem es hauptsächlich um das *ganze* Volk und sein Schicksal nach der Zerstörung Jerusalems ging, nach Kapitel 4 abbricht, um nunmehr sehr ausführlich über das Einzelschicksal des Abimelech und seinen 66-jährigen Schlaf zu berichten. Eigentlich hätte man an dieser Stelle den Bericht über die Deportation und die babylonische Gefangenschaft des Volkes erwartet. Diese Konzentration der Geschichte auf das individuelle Ergehen des Abimelech ist außerdem verbunden mit der Einführung eschatologischer Elemente, die für den Fortgang der ParJer wichtig sind: die Bezeichnung Gottes als "Ruhe der Seelen der Gerechten an jedem Ort" (ἡ ἀνάπαυσις τῶν ψυχῶν τῶν δικαίων ἐν παντὶ τόπῳ) in 5,32 und der Wunsch Abimelechs für den alten Mann in 5,34: "Gott möge dir den Weg leuchten in die obere Stadt Jerusalem" (εἰς τὴν ἄνω πόλιν Ἰερουσαλήμ). Vielleicht kann man auch 5,6 dazu rechnen: "Ich will dahin

---

10 Vgl. P. Bogaert, Apocalypse I S. 193.

gehen, wo weder Hitze noch Mühe ist jeden Tag"[11], gleichwohl hier die Textüberlieferung schwierig und unsicher ist.[12]

Konnte man in Kapitel 3 schon im Blick auf Abimelech gewisse Auffälligkeiten bemerken, so ist der Abbruch des Erzählfadens in Kap. 5 erst recht Anlaß gewesen, die Abimelechgeschichte literarkritisch aus den ParJer herauszulösen.[13] Ob dies möglich und notwendig oder ob das Problem dieser Spannungen auf einer anderen Ebene zu lösen ist, darauf wird später einzugehen sein.[14]

6. Kapitel 6

Kapitel 6 schließt unmittelbar an 5,34 an: Abimelech verläßt die Stadt nach dem Gespräch mit dem alten Mann (V. 1a). In einer etwas umständlichen Weise wird nun die Begegnung Abimelechs und Baruchs in dem Grab eingeleitet: Ein Engel versetzt Abimelech an den Ort, "wo Baruch war". Erst im Anschluß wird dies als das Grab näher bestimmt (V. 1c). Damit knüpft 6,1 wieder an 4,11 an, der mit der Notiz des Grabaufenthaltes von Baruch endete. Als Baruch die Feigen im Korb Abimelechs sieht, bricht er in ein jubelndes Gotteslob aus, dessen Inhalt die in Kapitel 5 begonnene individuelle Linie weiterführt: Gott hat eine Belohnung für seine Heiligen (V. 2), das Leben des Glaubens (V. 4), die Bewahrung des Gläubigen durch Gott (V. 7). Die Feigen des Abimelech sind hier zunächst Zeichen für die *individuelle* Heilshoffnung.

In 6,8 äußert Baruch die Absicht, Jeremia von der Bewahrung Abimelechs zu unterrichten, für die die Feigen das entscheidende Heilssymbol sind. Aber weder in dem, was Gott ihm durch den Engel zu schreiben aufträgt (V. 13f.) noch in seinem Brief an Jeremia (V. 17-23) ist von Abimelech oder den Feigen die Rede (vgl. bes. die Anschrift in V. 17).[15] Und auch darüber hinaus spielt Abimelech ab 6,9 keine aktive Rolle mehr. Er wird lediglich im Zusammenhang mit Baruch noch viermal erwähnt (7,15.28; 8,5; 9,7f.). Zwar ist er in 6,10 in der Pluralform ποιήσωμεν als Subjekt enthalten, aber zum einen ist hier die Textbezeugung nicht eindeutig[16], und zum anderen steht das Subjekt der folgenden und unmittelbar dazugehörenden Frage wieder im Singular (ἀποστείλω), wie auch der Kontext

---

[11] Vgl. 4Esr 7,39ff.: "Dieser Tag ist so beschaffen: Er hat nicht Sonne, nicht Mond ... nicht Sommer, nicht Frühling, nicht Hitze ..." (zit. nach J. Schreiner, Esra S. 347).

[12] S.o. S. 13; vgl. unten S. 110f. Anm. 355.

[13] Vgl. dazu vor allem P. Bogaert, Apocalypse I S. 192-195. Für die Erwähnungen des Abimelech in Kap. 3 hatte P. Bogaert ausführlich Argumente angeführt, aber den großen Abschnitt 5,1-6,8 leider ohne nähere Erörterungen nur von daher als sekundär behauptet (vgl. a.a.O. S. 194f.).

[14] S.u. S. 89ff.115f.

[15] Vgl. P. Bogaert, Apocalypse I S. 201; ähnlich J. Riaud, Destinée S. 261.

[16] S.o. S. 16 zu 6,9.

nur von Baruch spricht. Die individuell-eschatologisch ausgerichtete Linie, die für Kap. 5-6,8 festgestellt werden konnte, wird ab 6,9 wieder verlassen, und es geht abermals, wie in den Eingangskapiteln 1-4, allein um das Volk und seine bevorstehende Rückkehr aus dem Exil. Das verheißene Heil, das bis 6,7 mit den frischen Feigen verbunden war, wird nun vom Gesetzesgehorsam des Volkes abhängig gemacht, womit die Aussage aus 3,11 (vgl. 5,21) wieder aufgenommen wird, nach der Jeremia einzig zu dem Zweck nach Babylon mitgehen soll, um dem Volk das Gesetz zu lehren und sie so durch das Exil zu bewahren und für die Heimkehr vorzubereiten.

Darüber hinaus hat P. Bogaert vermutet, daß die Botschaft, die der Engel Baruch aufträgt (6,13f.), von derselben Hand interpoliert sei wie 5,1-6,8, weil sich in 6,5 und 6,13 die gleiche Art der Angabe einer Zeitdauer mit ποιεῖν findet.[17] Allerdings muß er selbst zugeben, daß dies nur ein sehr schwaches Indiz ist.[18] Dagegen könnte man eher annehmen, daß die Angabe in 6,5 von der Vorgabe in 6,13 beeinflußt wurde. Ebenso ist die merkwürdige Erwähnung der *fünfzehn* Feigen in 7,8, die ja mit der Abimelechgeschichte verknüpft sind, wahrscheinlich von der in 6,13 erwähnten Zahl der fünfzehn Tage her zu verstehen: fünfzehn Feigen, d.h. eine Feige für jeden Tag der Absonderung. Die Feigen werden so zur Hilfe für die Reinigung des Volkes und damit zur Hilfe während der Rückkehrvorbereitung.

Über die Bewertung dieser Auffälligkeiten im Text wird im Zusammenhang der Überlegungen zur Stellung und Bedeutung der Abimelechgeschichte innerhalb der ParJer zu reden sein.[19] Es wird sich zeigen, ob diese Erzählung wirklich so problemlos aus dem narrativen Konzept der ParJer herauszulösen ist, wie dies von P. Bogaert behauptet wurde.[20] Die literarkritischen Beobachtungen lassen nämlich zunächst lediglich den Schluß zu, daß die Abimelechgeschichte mit ihren Verbindungen zu Kap. 3 und den letzten Kapiteln der ParJer möglicherweise in einen übernommenen Erzählfaden eingefügt sind. Dazu ist erst die Frage nach möglichen Quellen der ParJer zu beantworten.[21]

---

17 P. Bogaert, Apocalypse I S. 195f.
18 A.a.O. S. 196.
19 S.u. S. 104ff.115f.
20 P. Bogaert, Apocalypse I S. 195, sieht in 5,1-6,8 eine geschlossene Erzählung, die ohne Schwierigkeiten aus dem narrativen Konzept der ParJer herauszulösen sei.
21 S.u. S. 33ff. (Kap. IV). Zu den Stellen in Kap. 6 (bes. 6,25), die als christliche Interpolationen angesehen werden (vgl. J. R. Harris, Rest S. 14f.; S. E. Robinson, 4 Baruch S. 415 u.a.), s.u. S. 171ff.

7. Kapitel 7

Mit einem Ortswechsel beginnt auch Kapitel 7. Baruch verläßt das Grab,
um dem Adler zu begegnen (V. 1-2). Von Abimelech wird nicht gesagt, ob
er mit aus dem Grab kommt oder dort zurückbleibt. In 7,8 bindet Baruch
den Brief an den Hals des Adlers zusammen mit 15 Feigen, die aber in
dem, was Baruch dem Adler aufträgt, nicht wieder vorkommen ("Bring
diese gute Nachricht dem Jeremia ...", V. 9.11). Man könnte nun vermuten, daß die Feigen Bestandteil der "guten Nachricht" seien, aber auch in
7,13 heißt es lediglich, daß der Adler mit dem Brief davonfliegt.[22] Für die
Legitimationshandlung des Adlers in Babylon, wo er einen Toten aufer-
weckt, spielen die Feigen, die in Kap. 5 und 6 so deutlich Zeichen des
Heils gewesen sind, erstaunlicherweise keine Rolle. Dies verwundert
umso mehr, als der Bezug zur Auferstehungshoffnung in Kap. 6 sehr klar
vorhanden war und mit den Feigen in Zusammenhang gebracht wurde
(6,3-7).

Im Antwortschreiben Jeremias sind ähnliche Beobachtungen zu machen. Nach V. 23 ist dieser Brief nur an Baruch gerichtet. Dem entspricht
dann auch V. 31, wo der Adler den Brief allein Baruch überbringt. Interessant hierbei ist, daß die Passage 23-26 in den Handschriften *a* und *b*
zum einen stark abweicht und darüber hinaus den Brief an Baruch *und*
Abimelech adressiert sein läßt, die beobachtete Spannung also besei-
tigt.[23] Die Erwähnung des Abimelech im Brief Jeremias (7,28) ist ebenfalls nicht unproblematisch, da die Prädikate dieses Satzes nur eine einzelne Person als angeredete voraussetzen (δεήθητι ... εἶ).[24] Auch der
Kontext ist in diesem Sinne gehalten. Somit ist die Wendung "du und Abimelech" zumindest als ein Nachtrag verdächtig. Ebenso verhält es sich
mit der Erwähnung des Abimelech in 7,15.

Ganz besonders und unter einem anderen Aspekt sind noch einmal V.
23f. zu erwähnen, da Jeremia hier von der Bewahrung des *Baruch* spricht
und die Bewahrung Abimelechs, auf die es Baruch nach 6,8 vor allem an-
kam, überhaupt nicht erwähnt, und das, obwohl in Kap. 3 gerade das
Schicksal und die Bewahrung des Abimelech Jeremia besonders am Herzen gelegen hatte (3,9).

Im Blick auf die Feigen ist auch V. 32 zu bedenken, in dem sich Jeremia das erste Mal auf die Feigen bezieht, als er sie den Kranken des Volkes gibt. Dies nimmt Bezug auf 3,15, wo Jeremia allerdings Abimelech
den Auftrag gab, die Feigen den Kranken zu bringen, was nunmehr allenfalls mittelbar durch Jeremia selbst geschieht. Auf ihre heilvolle Wirkung
oder Symbolkraft wird allerdings kein Bezug genommen, wie etwa durch

---

[22] Vgl. P. Bogaert, Apocalypse I S. 193.
[23] Dazu s.o. S. 17 mit Anm. 80.
[24] Die äthiopische Übersetzung ändert wohl deshalb die zweite Form in den Plural: "wo
ihr seid", vgl. E. König, Rest S. 332.

Baruch in Kap. 6. Viel wichtiger dagegen scheint hier die Gesetzeslehre des Jeremia zu sein.

Zum Schluß muß in diesem Abschnitt V. 29 kurz betrachtet werden, ein Zitat[25] aus Ps 137(136),3f., mit dem der Brief des Jeremia endet. Eben diese Stellung macht den Vers problematisch, denn als Abschluß des Briefes ist er sehr unwahrscheinlich. Dafür würde eher schon der V. 28 in Frage kommen mit der Bitte Jeremias um Fürbitte durch Baruch (und Abimelech?). Man könnte daher in V. 29 einen späteren Zusatz vermuten.

8. Kapitel 8

Kapitel 8 erzählt die Rückkehr des Volkes aus Babylon. Die "Absonderung von Babylon" (6,14) bzw. die "Verunreinigungen der Heiden Babylons" (7,32), von denen sich fernzuhalten dem Volk als Bedingung für die Heimkehr geboten war, wird nunmehr auf das Problem der Mischehen konzentriert (8,2.4f.). Dadurch ist die folgende Darstellung der Entstehung Samarias und der Samaritaner möglich. Die dafür notwendige Konkretisierung der bisher allgemein gehaltenen Gesetzespredigt des Jeremia auf das Problem der Mischehen läßt die Frage entstehen, ob hier eine besondere Tradition eingearbeitet wurde.

Auffällig ist im Zusammenhang dieser Samaria-Geschichte die Erwähnung des "Engels der Gerechtigkeit" zusammen mit der eschatologischen Bemerkung "er wird euch an euren hohen Ort führen" (8,9). Sowohl der "Engel der Gerechtigkeit" als auch das eschatologische Motiv erinnern an Kap. 5-6,8 (vgl. 5,6.34; 6,1.3.6f.), wo beides ebenfalls vorkommt im Gegensatz zu den anderen Teilen der ParJer, in denen in der Regel von Engeln (Plural!) die Rede ist (vgl. 3,2.4; 4,11). Allein in 4,1 wird einer dieser Engel als "der große Engel" bezeichnet. Aber nicht nur der Rückverweis auf Kap. 5 und 6,1-8 ist zu erwähnen, sondern auch in 9,5 begegnet beides wieder: der "Engel der Gerechtigkeit", der hier zum "Erzengel" wird und den Namen "Michael" erhält, in Verbindung mit dem Motiv des Hineinführens der Gerechten.[26]

9. Kapitel 9

Nachdem das Volk mit Jeremia zurückgekehrt ist, wird in Jerusalem ein Opferfest gefeiert. Der Ort allerdings bleibt unbestimmt, immerhin existiert der Tempel (eigentlich[27]) nicht mehr. Nur der Altar ist als Ort des

---

25 I. Taatz, Briefe S. 81, spricht von einer Anspielung, dazu s.u. S. 123f.

26 Ob sich aus diesen Beobachtungen auch für 8,9 literarkritische Konsequenzen ergeben und wenn ja, in welcher Form, wird später zu bedenken sein, s.u. S. 31f.175f.

27 Zumindest wird in ParJer nichts über einen Wiederaufbau gesagt.

Todes Jeremias von Bedeutung (V. 7). Nachdem "die des Jeremia"[28] neun Tage lang opferten, bringt Jeremia allein ein Opfer (V. 2). Die Betonung des Alleinseins Jeremias (μόνον) bei seiner Opferdarbringung steht in gewisser Spannung zu V. 7, wonach Baruch und Abimelech mit ihm am Opferaltar stehen. Dies aber ist notwendig, damit sie zu Zeugen seines Todes werden können.

Wie schon erwähnt, stellt V. 5 einen direkten inhaltlichen Bezug zu Kap. 5-6,8 her: Der in 6,6 erwähnte "Engel der Gerechtigkeit" wird in 9,5 zu "Michael, dem Erzengel der Gerechtigkeit"[29], und das Motiv des Hineinführens der Gerechten findet sich in 5,34 wieder. Auffällig ist in dem Gebet Jeremias, daß er nicht für die Rückführung aus dem Exil dankt. Auch die Tempelgeräte, denen vor der Deportation die besondere Fürsorge Jeremias galt (3,7), spielen ebenso wie die Tempelschlüssel (4,3) keine Rolle mehr.

Durch die Forschung zu den ParJer ist die literarkritische Fragestellung vorgegeben, wo der ursprüngliche Schluß der jüdischen Schrift zu finden ist, und wo der sog. christliche Schluß beginnt.[30] Während man meist davon ausgeht, daß der erste Bericht über den Tod Jeremias noch zur ursprünglichen Form dazugehörte[31], läßt J. Riaud den christlichen Schluß bereits in 9,7 beginnen[32], sieht das Ende der jüdischen Schrift also im Gebet des Jeremia. Man muß in der Tat feststellen, daß V. 9 für das Ende der ParJer nicht gerade geeignet ist, da es den vielfältigen Elementen der Hoffnung in den ParJer in keiner Weise entspricht, wenn ein solches Werk mit den Worten κλαυθμὸς πικρός abschließt. Den jüdischen Schluß später anzusetzen, ist aber dennoch kaum möglich, denn V. 10 führt eindeutig schon die Geschichte weiter und bereitet das folgende vor.[33] Besonders deutlich wird das durch den Stichwortanschluß von V. 11 an V. 10 durch die Wurzel κηδευ-: V. 10 - κηδεύσωσιν; V. 11 - μὴ κηδεύετε. Will man das jüdische Werk mit V. 6 enden lassen, umgeht man den als Schlußvers problematischen V. 9. Allerdings wirkt auch das Gebet Jeremias in gewisser Weise unabgeschlossen, da es mit einer Bitte endet,

---

[28] Dazu s.u. S. 144.

[29] Auffällig ist, daß Michael als Gegenstand der μελέτη des Propheten bezeichnet wird, was bei R. A. Kraft - A.-E. Purintun, Paraleipomena S. 45, mit "guardian" übersetzt wird, immerhin mit einem Fragezeichen, vgl. dazu die Übersetzungsvorschläge bei J. Riaud, Destinée S. 263.

[30] Vgl. P. Bogaert, Apocalypse I S. 212; G. Delling, Lehre S. 2; C. Wolff, Jeremia S. 51; anders J. Riaud, Jérémie S. 231-235.

[31] So G. Delling, Lehre S. 2.58; C. Wolff, Jeremia S. 51 u.a.

[32] J. Riaud, Destinée S. 263f. (anders jedoch in ders., Paralipomena I S. 102; vgl. ders., Paralipomena Jeremiou S. 216, wo er das Ende der ParJer im Anschluß an G. Delling, Lehre S. 13, in 9,10 sieht); vgl. G. Delling, Lehre S. 58: "Daß für uns die jüdische Darstellung mit 96 abbricht, ist gewiß nicht undenkbar. Dann wäre vollends anzunehmen, daß ihr eigentlicher Abschluß weggeschnitten ist."

[33] Auch P. Bogaert, Apocalypse I S. 212, rechnet V. 10 zum christlichen Schluß; vgl. L. Vegas-Montaner, Paralipomenos S. 356.

aber nicht konkret gesagt wird, worum er bittet. Zum anderen muß man
in Kauf nehmen, im christlichen Abschluß zwei voneinander verschiedene Traditionen vom Tod des Jeremia vorzufinden, die auf die im Text
vorgegebene Weise zu harmonisieren wären. Darüber hinaus ist J.
Riaud nur konsequent gewesen, den Schluß der ParJer in 9,6 anzusetzen, da er
in Kapitel 6 die textkritische Entscheidung für ἐν τῷ σκηνώματί σου getroffen hat und dies auf die Entrückung des Gerechten deutet, der den
Tod nicht erleben muß.[34] Dazu würde nicht passen, wenn Jeremia am
Schluß dann doch stürbe.

Einen anderen Vorschlag hat S. E. Robinson gemacht, nach dem der
von christlicher Hand angefügte Schluß bereits in 8,9 (bzw. nach seiner
Verszählung in 8,12) beginnt.[35] "The Christian redactor has changed the
original Jewish polemic against the Samaritans into a promise of exaltation by adding this vs."[36] Dagegen ist geltend zu machen, daß der Satz Jeremias in 8,9: "Kehrt um, denn es kommt der Engel der Gerechtigkeit,
und er wird euch an euren hohen Ort führen" keineswegs als eine *spezifisch* christliche Aussage angesehen werden kann. Bereits in 6,6 war
nämlich vom Engel der Gerechtigkeit die Rede, dessen Anordnung dem,
der sie befolgt, zum Auferstehungsleben verhelfen wird.[37] Diesen Vers
hatte selbst S. E. Robinson nicht zur christlichen Redaktion gerechnet.[38]
So muß man auch das μετανοήσατε keineswegs auf einen christlichen
Hintergrund zurückführen, wie es bei S. E. Robinson zwar nicht ausdrücklich gesagt, aber doch vorausgesetzt ist, sondern kann es aus dem
Kontext des Kap. 8 heraus verstehen in Verbindung mit der priesterlichen Funktion des Jeremia in den ParJer insgesamt[39], der für das Volk
eintritt und selbst die Abgefallenen nicht ohne Hoffnung läßt.[40] Auch die
Erwähnung des "hohen Ortes" (ὑψηλὸς τόπος) fügt sich gut in den eschatologischen Kontext der ParJer ein (vgl. 5,6.34). Die eschatologische
Heilsfunktion in der christlichen Redaktionsstufe hat auch nicht der Engel der Gerechtigkeit, sondern der Sohn Gottes, der durch die Apostel*(!)*
den Heiden verkündigen läßt (9,13-18). Schließlich ist die in 9,1-7 er-
zählte Opferfeier der Zurückgekehrten mit einer christlichen Intention
nicht zu vereinbaren. Darauf aber geht S. E. Robinson nicht ein.[41]

---

34 J. Riaud, Destinée S. 259f.; vgl. unten S. 62ff.
35 S. E. Robinson, 4 Baruch S. 415; vgl. unten S. 175f.
36 S. E. Robinson, a.a.O. S. 423 Anm. 8b.
37 Vgl. auch G. Delling, Lehre S. 13.
38 S. E. Robinson, 4 Baruch S. 415.
39 Vgl. dazu C. Wolff, Jeremia S. 85f.; J. Riaud, Jérémie S. 379ff.
40 Vgl. G. Delling, Lehre S. 52: "Aber die Voraussetzung dafür ist eine Umkehr, und das
heißt natürlich, eine Unterordnung unter die Vorschriften der Tora nach dem Verständnis
des streng frommen Judentums von Jerusalem." Das Wort μετανοεῖν findet sich auch in anderen frühjüdischen Schriften; vgl. z.B. Sir 17,24; 48,15; JosAs 15,7; TestRub 1,9; 4,4; Test
Sim 2,13; TestGad 6,6 u.ö.; OrMan 2,22,12-14 u.a.
41 Dazu s.u. S. 175f.

Vorausgesetzt also, daß die erste Tradition vom Tod Jeremias noch zur jüdischen Gestalt des Textes gehört, könnte man aufgrund der oben angedeuteten Schwierigkeiten des V. 9 vermuten, daß die ParJer ursprünglich einen anderen Schluß hatten, der vom christlichen Redaktor durch einen eigenen ersetzt wurde. Einen Hinweis darauf gibt vielleicht V. 10, mit dem der christliche Schluß einsetzt. Der Satz καὶ μετὰ ταῦτα ἡτοίμασαν ἑαυτούς, ἵνα κηδεύσωσιν αὐτόν läßt durch seine umständliche Formulierung vermuten, daß hier eine ursprünglich zur Aufzählung in V. 9 gehörende Notiz vom Begräbnis Jeremias aufgegriffen und für die Vorbereitung des christlichen Schlusses umgestaltet wurde.[42] Dadurch wird der Eindruck erweckt, das Begräbnis werde nur aufgeschoben. Für die Vermutung, daß V. 10 eine Wendung des ursprünglichen Schlusses aufgreift, spricht auch die Tatsache, daß in V. 10 und 11 der Stamm κηδευ- verwendet wird, in V. 32 dagegen der christliche Autor in der Formulierung seiner eigenen Version des Begräbnisses das Wort θάπτω gebraucht.[43] Die Annahme eines verlorenen bzw. umgestalteten ursprünglichen Schlusses der ParJer kann jedoch nur eine Vermutung bleiben, da ein solcher Text, der in der Aufzählung von V. 9 auch das Begräbnis Jeremias erwähnt, nicht bezeugt ist.

---

[42] Für die Verbindung von Sterben und Begrabenwerden vgl. z.B. Gen 25,8f.; 35,8.19.29; Dtn 10,6; 34,5f.; Jos 24,29f.33; Ri 2,8f.; 1Kön 2,10; 11,43; 14,31 ü.ö.; mit dem Motiv der Klage bes. 1Sam 25,1; 28,3; 2Sam 3,27-32; 1Kön 13,29; 14,13.17f. Den Hinweis auf diesen Zusammenhang verdanke ich Kolleginnen und Kollegen einer alttestamentlichen Sozietät in Berlin. In Anlehnung an Dtn 34,5f. ist auch Ps.-Philo, AntBibl 19,16, zu vergleichen: "Als Mose (das) hörte, wurde er mit Verständnis erfüllt und seine Gestalt verwandelte sich in Herrlichkeit, *und er starb* in der Herrlichkeit *gemäß der Rede des Herrn, und er begrub ihn* entsprechend (dem), was er ihm versprochen hatte" (zit. nach C. Dietzfelbinger, Pseudo-Philo S. 154).

[43] Vgl. die Formel in 1Kor 15,3f.; vgl. C. Wolff, Erster Korintherbrief S. 153-158. 160f.

IV. Die traditionsgeschichtlichen Parallelen der ParJer

Um die Beobachtungen zur literarkritischen Analyse der ParJer sinnvoll anwenden zu können, sind nun in einem weiteren Schritt die Berührungen der ParJer zu anderen Schriften des frühen Judentums zu untersuchen, und zwar sowohl in inhaltlich-wörtlicher als auch in motivgeschichtlicher Hinsicht. Durch diese Untersuchung erst wird es möglich sein, den literarischen Gestaltungsprozeß in den ParJer nachzuvollziehen, der schließlich Auskunft über die Intention und die Gedankenwelt des Verfassers geben und vielleicht auch eine genauere historische Einordnung der ParJer ermöglichen soll.

1. Die ParJer und die syrische Baruchapokalypse

Die Berührungen der ParJer mit der syrischen Baruchapokalypse (= syr Bar) müssen hier an die erste Stelle treten, weil sie besonders auffällig sind.[1] Dies ist umso erstaunlicher, als ParJer einer anderen Literaturgattung angehören als syrBar.[2] Im folgenden soll in einem Vergleich der beiden Schriften ihr Verhältnis zueinander untersucht werden. Darüber werden bisher sehr verschiedene Auffassungen vertreten[3], auf die im Anschluß daran näher einzugehen ist.

An dieser Stelle ist kurz die Problematik eines solchen Textvergleiches zu reflektieren. Eine nicht geringe methodische Schwierigkeit besteht hinsichtlich der verschiedenen Sprachen, in denen die Texte vorliegen. Für syrBar wird dieser Untersuchung der von A. M. Ceriani edierte syrische Text[4] zugrundegelegt, während die ParJer in griechischer Sprache

---

[1] Diese Tatsache hat oft zu einem sehr unbestimmten Urteil der Abhängigkeit der Par Jer von syrBar geführt, vgl. R. H. Charles, Apocalypse S. XVIII; H. Schmid, Baruch S. 64; V. Ryssel, Apokalypse, in: E. Kautzsch, Apokryphen II S. 403.

[2] S.u. S. 36ff.

[3] Vgl. dazu J. Riaud, Les Paralipomena Jeremiae dependent-ils de II Baruch? S. 105-128.

[4] Monumenta Sacra et Profana V,2, Mailand 1871; andere Editionen: M. Kmosko, Patrologia Syriaca I,2, Paris 1907, coll. 1056-1306; S. Dedering, Apocalypse on Baruch, in: The Old Testament in Syriac according to the Peshitta IV fasc. 3, Leiden 1973, S. I-IV.1-50. Als Übersetzungen vgl. B. Violet, Die Apokalypsen des Esra und des Baruch in deutscher Gestalt, GCS 32, Leipzig 1924; V. Ryssel, Die Apokalypse des Baruch, in: E. Kautzsch, Apokryphen II S. 404-446; A. F. J. Klijn, Die syrische Baruchapokalypse, in: JSHRZ V/2, Gütersloh 1976, S. 101-191. Englisch in R. H. Charles, The Apocalypse of Baruch translated from

vorliegen.[5] Da aber Syrisch nicht die Originalsprache von syrBar[6] ist, ist auch die Unsicherheit groß, in welcher Sprache das Werk ursprünglich geschrieben wurde. Neben anderen vermutet R. H. Charles[7], daß der syrische Text die Übersetzung einer griechischen Vorlage sei, die ihrerseits auf ein hebräisches (oder aramäisches) Original zurückgehe.[8] Auch für A. F. J. Klijn ist ein hebräisches Original wahrscheinlich, gleichwohl er nicht alle, vor allem von R. H. Charles[9] vorgebrachten Argumente für überzeugend hält.[10] Dagegen hat aber P. Bogaert gute Gründe für den Gebrauch des Griechischen als Ursprache von syrBar angeführt.[11] Eine der entscheidenden Überlegungen dabei ist, daß der Autor von syrBar für die Diaspora schreibt, und so das Griechische im Dienste der Absicht des Verfassers steht.[12] "La diffusion de l'apocalypse postulait une version greque."[13] Der Nachweis eines hebräischen Originals ist bisher nicht erbracht worden, gleichwohl man es letztlich nicht generell ausschließen kann.[14] Diese Diskussion über die ursprüngliche Sprache von syrBar fort-

---

the Syriac, London 1896; A. F. J. Klijn, 2 Baruch, in: J. H. Charlesworth, Pseudepigrapha I S. 621-652.

[5] Dazu s.u. S. 192.

[6] Nach der Überschrift des syrischen Textes der Mailänder Handschrift (A. M. Ceriani, Apocalypsis S. 114): ܐܘܪܚܬܐ ܐܘܚܐ ܡܢ ܐܘܡܪܐ, handelt es sich um eine Übersetzung aus dem Griechischen ins Syrische.

[7] R. H. Charles, II Baruch S. 470.472ff.

[8] Vgl. auch H. Schmid, Baruch S. 59; V. Ryssel, Apokalypsen, in: E. Kautzsch, Apokryphen II S. 410f.; G. W. E. Nickelsburg, Literature S. 287; M. Desjardins, Law S. 25; O. Eissfeldt, Einleitung S. 853; O. H. Steck, Israel S. 181; A.-M. Denis, Introduction S. 184. C. Wolff, Jeremia S. 149, stellt nach der Untersuchung der Jeremia-Stellen in syrBar fest, daß ihnen der hebräische Text des Jeremiabuches zugrundeliegt. Er zieht daraus allerdings nicht die Konsequenz, daß syrBar insgesamt hebräisch abgefaßt sein muß. Immerhin kann auch ein griechisch schreibender jüdischer Autor den hebräischen Text alttestamentlicher Bücher verwenden.

[9] R. H. Charles, II Baruch S. 472-474. Gegen R. H. Charles vgl. auch V. Ryssel, Apokalypsen, in: E. Kautzsch, Apokryphen II S. 410f.

[10] A. F. J. Klijn, Baruchapokalypse S. 110; vgl. auch P. Bogaert, Apocalypse I S. 380. Diese Kritik gilt auch für den Versuch von F. Zimmermann, Translation S. 580ff., der versucht, vor allem das dritte Argument von R. H. Charles, II Baruch S. 473, hinsichtlich der sog. "Paronomasien" in der vermuteten hebräischen Vorlage zu unterstützen, vgl. dazu P. Bogaert, Apocalypse I S. 372-376.

[11] P. Bogaert, Apocalypse I S. 353-380; vgl. auch A. Lods, Apocalypse S. 1003. Zur Verbreitung der griechischen Sprache in Palästina vgl. vor allem M. Hengel, Judentum S. 108-114.

[12] Vgl. P. Bogaert, Apocalypse I S. 378f.; vgl. auch L. H. Brockington, in: R. H. Charles, Syriac Apocalypse S. 836.

[13] P. Bogaert, Apocalypse I S. 379; vgl. auch a.a.O. S. 362 zur Bedeutung der Septuaginta für syrBar.

[14] Vgl. P. Bogaert, a.a.O. S. 379; vgl. E. Schürer, History III/2 S. 753. Anders V. Ryssel, Apokalypsen, in: E. Kautzsch, Apokryphen II S. 411: "So wird Wellhausen ... recht haben, wenn er sagt, daß durch den (von ihm gegen Lücke, Volkmar und Hilgenf. endgiltig [sic] geleisteten) Nachweis einer hebr. Urschrift des 4. Esra zugleich über die Ursprache der Baruch-

zuführen, ist hier nicht der Ort. Für die Methodik des Textvergleiches zwischen syrBar und ParJer ist festzuhalten, daß zwar eine hebräische (oder aramäische) Urfassung von syrBar möglich ist, daß aber die griechische Version wirkungsgeschichtlich von größter Bedeutung war.[15] Es wird daher an den für unser Anliegen wichtigen Stellen zu versuchen sein, vom syrischen Text auf die griechische Bedeutung der Worte zurückzugehen und für die Interpretation gegebenenfalls auch das Hebräische heranzuziehen. Diese Problematik berücksichtigend, ist ein Textvergleich des syrischen Textes von syrBar mit dem griechischen der Par Jer möglich. Für die ursprüngliche Abfassung der ParJer in Griechisch sprechen einige Hinweise, die im Laufe der Untersuchung herausgestellt werden.

Die folgende Tabelle bietet eine Übersicht der zu vergleichenden Stellen aus beiden Werken:[16]

ParJer	syrBar
1,1.3.7; 4,6	1,1 - 2,1; 77,10
1,2	2,2
1,5; 4,7	5,1; 7,1f.; 80,3
2,3	85,1-2
2,4	35,2
3,1-8.14	6,3-10; vgl. 80,2
3,11f.; 4,5	10,1-5; vgl. 33,2
4,1f.	6,1.5; 8,1-5[17]
4,3f.	10,18
4,9	11,4f.
4,11	21,1
5,21; 7,32	44,3 - 45,2
6,7	13,3; 25,1; 76,2
6,8-23	77,12-19
7,1-12	77,20-26
7,8.30	87,1

apokalypse entschieden wird." Allerdings muß man dann mit P. v. Konigsveld, Arabic Manuscript S. 14, konstatieren: "The supposed Hebrew original is lost."

[15] V. Ryssel, Apokalypsen, in: E. Kautzsch, Apokryphen II S. 410, geht davon aus, daß ParJer "auf dem verlorenen griech. Text" von syrBar basieren; ähnlich schon R. H. Charles, II Baruch S. 470.

[16] Während zum Vergleich zwischen ParJer und syrBar meist nur die markantesten Stellen verwendet werden (vgl. die von P. Bogaert, Apocalypse I S. 186-190, berücksichtigten Stellen; dazu s.a. J. Riaud, Les Paralipomena Jeremiae S. 107-113; ders., Paralipomena I S. 69-75; R. H. Charles, Apocalypse S. XIX [übernommen von V. Ryssel, Apokalypsen, in: E. Kautzsch, Apokryphen II S. 403]; G. W. E. Nickelsburg, Traditions S. 60), ist die vorliegende Liste u.E. vollständig.

[17] Vgl. G. W. E. Nickelsburg, Traditions S. 60 Anm. 4.

Vergegenwärtigt man sich diese Liste von Parallelstellen, so kann man zunächst mit P. Bogaert feststellen, daß sich die meisten Berührungen zwischen ParJer und syrBar in dem sog. "cadre narratif"[18] und dem Schluß von syrBar finden (syrBar 1-12 und 77; ParJer 1-4 und 6-7). Es gibt aber auch zahlreiche Parallelen außerhalb dieses Rahmens.[19] Im Blick auf die ParJer ist interessant zu beobachten, daß es für die Kapitel 2.5.8.9 keine oder nur sehr wenige Berührungen zu syrBar gibt, wobei selbst diese wenigen, wie sich zeigen wird, nur bis zu einem gewissen Grade als echte Parallelen angesehen werden können.

Bevor nun im Einzelnen auf die zu vergleichenden Stellen eingegangen wird, sei noch ein letzter, grundsätzlicher Unterschied zwischen ParJer und syrBar festgehalten. In syrBar 1,1 wird Baruch[20] als zentrale Figur eingeführt, zu dem Gott redet und dem er seinen Willen offenbart. In Anlehnung an das alttestamentliche Jeremiabuch (Jer 32,12.16; 36,4.8 u. ö.) wird Baruch als "Sohn Nerias" (בֶּן־נֵרִיָּה/ܒܪ ܢܪܝܐ) identifiziert und die Offenbarung Gottes an ihn sehr präzise in das 25. Jahr des Königs Jekonja[21] (= Jojachin) datiert, was alttestamentlichen Einleitungen in Prophetenbücher entspricht (vgl. Jer 1,2f.; Jes 1,1; Ez 1,1-3 u.ö.[22]). So ist syr Bar von vornherein als eine Schrift gekennzeichnet, die sich in ihrem apokalyptischen Charakter an prophetische Traditionen anlehnt.[23] Nach-

---

[18] P. Bogaert, Apocalypse I S. 186.

[19] Die Reihenfolge orientiert sich am Text der ParJer. Zu den technischen Problemen einer solchen Synopse vgl. K. Berger, Synopse S. 6ff.

[20] Zur Verwendung des Namens "Baruch" als literarisches Pseudonym vgl. P. Bogaert, Le Nom de Baruch, passim.

[21] Diese Angabe wird oft als Datierungshilfe für syrBar herangezogen, vgl. z.B. H. Schmid, Baruch S. 63; vgl. auch 4Esr 3,1.

[22] Zur Form der Berufungsberichte des Jeremia und Ezechiel vgl. D. Vieweger, Berufungsberichte S. 25-49.50-89; bes. S. 36-44.67-79.

[23] Vgl. J. Hadot, Datation S. 79; s.a. die Überschrift der Handschrift Bibliotheca Ambrosiana (A. M. Ceriani, Apocalypsis S. 144): ... ܟܬܒܐ ܕܓܠܝܢܐ ("Schrift der Offenbarung ..."). Zur Charakteristik apokalyptischer Literatur des frühen Judentums vgl. K. Müller, Art. Apokalyptik III passim; auch den Versuch einer Definition alttestamentlicher Apokalyptik von J. Lebram, Art. Apokalyptik II S. 192. Zur Problematik der Literaturgattung der Apokalypse vgl. L. Hartmann, Problem passim, bes. S. 332-336; E. P. Sanders, Genre passim, bes. S. 447-450. Der Aufbau von syrBar gibt aber Anlaß zu Differenzierungen innerhalb der Schrift selbst, in der verschiedene Stücke auch anderen Gattungen nahestehen, z.B. der des Testaments oder des Briefes (vgl. dazu vor allem P. Bogaert, Apocalypse I S. 96-126, bes. 120-126; G. B. Saylor, Analysis S. 11-39). A.-M. Denis, Genre S. 4, rechnet syrBar zur gleichen Gattung wie ParJer, und bezeichnet sie als "Apocalypses historiques"; vgl. ders., Classification S. 105: "Selon ce genre littéraire, le voyant refait l'histoire, on une partie de l'histoire, en la faisant prédire par une personnage illustre du passé. C'est en fait une philosophie de l'histoire, pour montrer les étapes graduelles vers l'achèvement final, eschatologique, voulu par Dieu des l'origine."

dem in Kap. 1,1 von Baruch in der dritten Person die Rede war, tritt das
"Ich" des "Propheten"[24] ab Kapitel 3 in den Vordergrund.

Ganz anders verhält es sich dagegen in ParJer. Hier fehlen wesentliche,
für Apokalypsen konstitutive Elemente.[25] Die ParJer konzentrieren sich
vielmehr auf die *Erzählung* eines Abschnittes der Geschichte des Volkes
Israel, in der durch die Art und Weise der Wiedergabe ihr Verfasser seine
Botschaft vermittelt. Fragt man nach der Gattung der ParJer, so könnte
man sie daher am zutreffendsten als eine Haggada bezeichnen[26], die
überlieferten Stoff aufnimmt und ihn neu konzipiert.[27] H. Bietenhard bemerkt hinsichtlich der Haggada: Sie "gibt nicht so sehr Auskunft über den
Text und seine geschichtlichen Bedingungen und Bezüge, sondern über
die Gegenwart des Auslegers ... Indem der Ausleger Geschichte erzählt,
erhellt er sich und seinen Platz in der Geschichte und verknüpft gleichzeitig seine Gegenwart und seinen Standort mit der Geschichte Gottes
mit seinem Volk; durch erzählende Auslegung wahrt er den Zusammenhang mit der Vergangenheit und mit den an das Volk ergangenen Worten
und Taten Gottes."[28] Inwiefern diese Definition von Haggada auf die Par

---

[24] Vgl. G. W. E. Nickelsburg, Literature S. 281; H. Graf Reventlow, Liturgie passim, bes.
S. 24-28.258ff.

[25] Gegen J. R. Harris, Rest passim, der ParJer als eine Apokalypse bezeichnet; vgl. auch
L. Vegas-Montaner, Paralipomenos S. 359. Zu den wichtigsten Elementen apokalyptischer
Literatur zählen u.a. ausführliche Redezyklen bzw. Visionsberichte, die himmlische Geheimnisse enthüllen, paränetische Reden, Verwendung mythischer Bildersprache, Darstellung kosmischer Zusammenhänge, Naherwartung des Weltendes, zyklische Vorstellungen
der Weltgeschichte u.a.; vgl. dazu z.B. K. Koch, Apokalyptik S. 19-31; P. Vielhauer - G. Strekker, Apokalypsen, in: W. Schneemelcher, Apokryphen II S. 494-503; K. Müller, Art. Apokalyptik III S. 223-248 u.a. Das Vorkommen *einzelner apokalyptischer Motive* in ParJer definiert sie u.E. nicht als Apokalypse, sondern hat andere Ursachen, die im Laufe der Untersuchung deutlich werden. Daß verschiedene apokalyptische Elemente in Schriften anderer
Gattungen enthalten sein können, ohne daß sie dadurch als Apokalypsen qualifiziert werden, dürfte kaum in Frage stehen, vgl. dazu u.a. M. E. Stone, List S. 440.

[26] Vgl. J. Riaud, Paralipomena I S. 120: "haggadah historique" in Anlehnung an die Definition von R. Le Déaut, Introduction S. 14, nach der die 'historische Haggada' die historischen Gegebenheiten mißachtend die Tradition idealisiert, indem sie die Lücken der historischen Berichte ausfüllt: "(A)ggadah *historique* ... qui, faisant fi des données réelles de l'histoire, idéalise la tradition, en comblant les lacunes des récits historique, établit des connec-
xions entre épisodes différents, entre divers personnages ..." Vgl. auch J. Riaud, Les Paralipomena Jeremiae S. 125-128; ders., Samaritans S. 147ff. Auf den haggadischen Charakter
der ParJer hatte schon K. Kohler, Haggada S. 407-419, hingewiesen; vgl. auch L. Vegas-Montaner, Paralipomenos S. 359; C. Wolff, Heilshoffnung S. 158. Zur Begriffsgeschichte von
"Haggada" vgl. W. Bacher, Agada I S. 451-475. E. Schürer, Geschichte III S. 393, ordnete die
ParJer zu den "heiligen Legenden"; vgl. L. Licht, Paralipomena S. 66f.; L. Vegas-Montaner,
Paralipomenos S. 355.

[27] Vgl. P. Weimar, Formen S. 125, der für diese Art von Geschichtsdarstellung in Anlehnung an J. Hempel, Die althebräische Literatur S. 185, den Begriff "Rhetorisierung" verwendet, durch die die Geschichtserzählung ergänzt wird durch Reden, Gebete oder auch
poetische Stücke, die der eigenen Erzählabsicht dienen.

[28] H. Bietenhard, Art. Haggada S. 352f.; vgl. S. Ben-Chorin, Theologie S. 13, der die
Haggada als *"narrative Theologie* des Judentums" bezeichnet, "die vor allem eschatologische

Jer angewendet werden kann und in welchem Maße andere Gattungsele-
mente eine Rolle spielen, wird die Untersuchung zeigen.

Anders als in syrBar ist die Hauptperson der ParJer nicht Baruch, sondern im Vordergrund steht der Prophet Jeremia[29], dem Baruch und Abimelech zur Seite gestellt werden. So "geschieht" das Wort Gottes in Par
Jer 1,1 nicht wie in syrBar 1,1 an Baruch, sondern an Jeremia. Ein "Ich"-
Stil der Erzählung, wie er in syrBar vorherrscht, begegnet in den ParJer
nicht.

In formaler Hinsicht ist also zunächst ein grundsätzlicher Unterschied
zwischen ParJer und syrBar festzustellen, der aber über ein wie auch immer geartetes Verhältnis der beiden Schriften zueinander noch keine
Aussage zuläßt.

Inhaltlich jedoch verhält es sich sehr viel anders. Schon die Struktur
des sog. "narrativen Rahmens" weist große Ähnlichkeiten auf. Nach der
Ankündigung der Zerstörung Jerusalems und deren Begründung mit den
Sünden des Volkes und seiner Führer (syrBar 1,1-5), wird in Kap. 2 Baruch aufgefordert, zusammen mit Jeremia und "euresgleichen" (ܐܟܘܬܟ;
2,1) die Stadt zu verlassen. Dem folgen der Einspruch Baruchs (Kap. 3)
und die Antwort Gottes (Kap. 4) mit der Wiederholung der Aufforderung,
die Stadt zu verlassen (4,8). Dann erst fügen sich Baruch, Jeremia und die
anderen in ihr Schicksal (Kap. 5). Danach wird die Eroberung der Stadt
beschrieben (Kap. 6-8). Jeremia zieht mit dem Volk nach Babylon, während Baruch in Jerusalem bleibt (10,1-5) und ein Klagelied anstimmt. Erst
jetzt folgt in syrBar auf verschiedene Weise eine sehr ausführliche Reflexion über das, was geschehen ist, durch Gebete, Klagelieder und Visionen, deren Ziel und Höhepunkt die Heilsverheißung an das Volk zur
Rückkehr nach Jerusalem ist. Diese Reflexionen bilden den Hauptteil von
syrBar (10,6 - 77,26). Die Rückkehr selbst wird jedoch nicht mehr berichtet, wohl aber die Mitteilung Baruchs an die Exulanten über das Ende des
Exils (Kap. 77ff.).

Eine ähnliche Struktur findet sich in ParJer. Nach der Einführung der
Situation erfolgt die Ankündigung und Begründung der Zerstörung Jerusalems mit der Aufforderung an Jeremia, zusammen mit Baruch die Stadt
zu verlassen (1,1-3). Dem folgt der Einspruch Jeremias (1,4-6) und die
Antwort Gottes darauf (1,7-11). Schließlich fügen sich Jeremia und Baruch in den Willen Gottes (Kap. 2). Kap. 3 und 4 schildern die Zerstörung
und Eroberung der Stadt. Daraufhin zieht Jeremia mit dem Volk nach Ba-

---

und ethische Erkenntnisse *erzählend"* formuliert. "Die Haggada ist wesensverwandt mit dem
Midrasch, der homiletischen Auslegung der Heiligen Schrift" (a.a.O. S. 14). Diese "narrative
Theologie" trägt "meditativen Charakter" (a.a.O. S. 15). "Durch das immer wiederkehrende
Erzählen, das sich nicht auf das Ablesen von Texten beschränken soll, entsteht lebendige
Heilsgeschichte" (a.a.O. S. 16).

[29] Vgl. G. Delling, Lehre S. 1; C. Wolff, Jeremia S. 46. Zum Ganzen der Person Jeremias
in den ParJer vgl. J. Riaud, La figure de Jérémie dans les Paralipomena Jeremiae, FS Cazelles, AOAT 212 (1981), S. 373-385.

bylon (3,11; 4,5), während Baruch in Jerusalem bleibt und ein Klagelied
anstimmt (4,6-11).

Um die Ähnlichkeiten im Aufbau der Rahmenhandlungen beider
Schriften zu veranschaulichen, sei folgende synoptische Zusammenstellung angefügt:

syrBar	ParJer
1,1 Einleitung: Zeitangabe, Wort des Herrn an Baruch	1,1 Einleitung: Zeitangabe, Wort des Herrn an Jeremia
1,2-5 Ankündigung und Begründung der Zerstörung	1,1 Ankündigung und Begründung der Zerstörung
2,1-2 Aufforderung zum Verlassen der Stadt	1,1 Aufforderung zum Verlassen der Stadt
3,1-9; 5,1 Einspruch Baruchs	1,4-6 Einspruch Jeremias
4,1-5; 5,2-4 Antwort Gottes	1,7-11 Antwort Gottes
5,5-6 Fügung in den Willen Gottes	2,1-10 Fügung in den Willen Gottes
6,1-8,5 Eroberung der Stadt	3,1-4,5 Eroberung der Stadt
10,5-19 Klagelied Baruchs	4,6-11 Klagelied Baruchs
77,11-87,1 Briefe Baruchs	6,8-7,32 Briefe Baruchs und Jeremias

Die Gemeinsamkeiten in der Struktur der Rahmenerzählung von ParJer
und syrBar ist aber im Blick auf die Frage nach den Abhängigkeitsverhält-
nissen nur wenig aussagekräftig und läßt im Grunde alle Möglichkeiten
offen. Deshalb ist nun im einzelnen danach zu fragen, inwieweit sich der
ähnliche Rahmenaufbau auf den Textinhalt ausgewirkt hat, zumal sich die
entsprechenden Abschnitte quantitativ z.T. erheblich unterscheiden.[30]

---

[30] Bei dem Vergleich der Texte und der Frage nach etwaigen Abhängigkeitsverhältnis-
sen gehen wir methodisch zunächst davon aus, daß es eine direkte Beziehung zwischen
ParJer und syrBar gibt, vgl. P. Bogaert, Apocalypse I S. 220f. Zur Diskussion der bisher vertretenen Auffassungen s.u. S. 72ff.

1.1. ParJer 1,1.3.7; 4,6 // syrBar 1,1 - 2,1; 77,10[31]

ParJer 1,1.3.7: (1) Es geschah, als die Kinder Israel vom König der Chaldäer gefangengenommen wurden, (da) sprach Gott zu Jeremia: "Jeremia, mein Erwählter, stehe auf, gehe aus dieser Stadt, du und Baruch, weil ich sie zerstören werde wegen der Menge der Sünden derer, die in ihr wohnen... (3) Jetzt steht auf und geht hinaus, bevor das Heer der Chaldäer sie umringt." (7) Und der Herr sprach zu Jeremia: "Weil du mein Erwählter bist, stehe auf und gehe aus dieser Stadt, du und Baruch, weil ich sie zerstören werde wegen der Menge der Sünden derer, die in ihr wohnen ..."

4,6: Baruch aber tat Staub auf sein Haupt, setzte sich und stimmte dieses Klagelied an und sprach: "Warum wurde Jerusalem verwüstet? Wegen der Sünden des geliebten Volkes wurde es in die Hände der Feinde übergeben, wegen unserer und des Volkes Sünde."

syrBar 1,1-2,1: (1,1) Und es geschah im 25. Jahre Jekonjas, des Königs von Juda, daß das Wort des Herrn geschah zu Baruch, Sohn des Neria, und zu ihm sprach: (2) "Hast du das alles gesehen, was dieses Volk mir antut, und daß der bösen Dinge, welche die zwei übriggebliebenen Stämme getan haben, mehr sind als die (Sünden) der 10 Stämme, die (schon) in die Gefangenschaft weggeführt worden sind? (3) Denn die früheren Stämme wurden von ihren Königen gezwungen zu sündigen, diese zwei aber haben selbst ihre Könige gezwungen und genötigt zu sündigen. (4) Siehe, darum werde ich Unheil über diese Stadt und ihre Bewohner bringen, und es (das Volk) soll für einen (bestimmten) Zeitraum aus meiner Gegenwart entfernt werden. Und ich werde dieses Volk unter die Völker zerstreuen, daß es den Völkern wohltun werde. (5) Und mein Volk wird gezüchtigt werden. (Und) dann wird die Zeit kommen, daß sie Zeiten ersehnen, die sie glücklich machen. (2,1) Dies nun habe ich zu dir gesagt, damit du Jeremia und allen euresgleichen sagen mögest, daß ihr euch aus dieser Stadt entfernen sollt."

77,10: "Wißt ihr es wirklich nicht? Um euretwillen, die ihr sündigtet, ist es zerstört, obschon es nicht gesündigt hat; um deretwillen, die gesündigt haben, ist das, was nicht gefrevelt hat, den Feinden überliefert."

Die Aufforderung zum Verlassen der Stadt wird in ParJer an den Beginn der Gottesrede gestellt. Jeremia soll mit Baruch aus der Stadt gehen, weil Gott sie wegen der Sünden des Volkes zerstören will (1,1.3.7; 4,6). In syrBar ist das zwar auch der Grund der Zerstörung[32], aber es erfolgt erst eine ausführlichere Darstellung der Sünden, nicht nur des Volkes, sondern auch seiner Könige (1,2-5; vgl. 77,10)[33], bevor Baruch aufgefordert wird, mit Jeremia und den anderen die Stadt zu verlassen (2,1). Neben

---

[31] Für die Wiedergabe des deutschen Textes wird weitgehend die Übersetzung von A. F. J. Klijn, Baruchapokalypse S. 123-184, verwendet. Abweichungen, die sich aus dem syrischen Text ergeben, werden als solche gekennzeichnet. Der deutsche Text der ParJer ist die Übersetzung des Vf.

[32] Vgl. F. J. Murphy, Temple S. 671f. Es handelt sich nicht lediglich um die Schuld von "jüdischen Frevlern", wie C. Thoma, Jüdische Apokalyptik S. 140, formuliert.

[33] F. J. Murphy, a.a.O., vermutet einen Bezug von syrBar 1,2ff. auf 2Kön 23,26f.; vgl. aber auch 4Esr 13,40f.

dieser Umkehrung in der Reihenfolge ist festzustellen, daß syrBar ausführlicher und differenzierter über die Sünden des Volkes spricht und einen größeren Adressatenkreis für die Gottesrede im Blick hat als die
ParJer, in denen es lediglich um Jeremia und Baruch geht. Übereinstimmungen im Wortlaut sind nicht zu bemerken, jedoch ist die Struktur von
Ankündigung der Zerstörung, Begründung der Absicht durch die Sünden
des Volkes und Aufforderung zum Verlassen der Stadt dieselbe.

1.2. ParJer 1,2 // syrBar 2,2

Interessant ist die Begründung, warum Baruch und Jeremia die Stadt verlassen sollen, denn hier ist die Formulierung sehr ähnlich:

ParJer 1,2: Denn eure Gebete sind wie eine feste Säule in ihrer Mitte, und wie eine stählerne Mauer, die sie umgibt.	syrBar 2,2: Denn eure Werke sind für diese Stadt wie eine feste Säule und eure Gebete wie eine starke Mauer.

Die Verwandtschaft beider Stellen ist durch das Vorkommen der Stichworte "feste Säule", "Gebete", "stählerne"/"starke Mauer" sowie den gemeinsamen Bezug auf die "Stadt" (in ParJer 1,2 durch die Präposition gegeben) deutlich.

Während aber syrBar von "euren Werken" (ܚܕ̈ܒܝܟܘܢ) und "euren Gebeten" (ܘܨܠ̈ܘܬܟܘܢ) spricht, geht es in ParJer nur um die "Gebete".[34] Man
könnte nun den bewußt formulierten Parallelismus membrorum in syr
Bar 2,2[35] als einen synonymen auffassen, wodurch sich die Konzentration
der ParJer auf die Gebete erklären ließe. Auf der anderen Seite erweitern
die ParJer den Spruch durch ἐν μέσῳ αὐτῆς bzw. περικυκλοῦν αὐτήν, wodurch eine gewisse Spannung entsteht, da die Gebete nun beides sind:
"feste Säule in ihrer Mitte" und "Mauer, die sie umgibt".[36] Die Beziehung
der beiden Texte aufeinander ist an dieser Stelle deutlich. Die Frage nach
der Priorität ist am wahrscheinlichsten zugunsten von syrBar zu beantworten, da die ParJer einerseits durch die Konzentration auf die Gebete
des Gerechten die Aussage von syrBar auf einen theologisch wichtigen
Punkt bringen, sozusagen den Parallelismus interpretieren, und andererseits mit den genannten Zusätzen die dadurch ersetzte Aussage in syrBar
"für diese Stadt" (ܠܡܕܝܢܬܐ ܠܗܕܐ) anschaulicher und aussagekräftiger machen. Die Beschränkung auf die Gebete in ParJer könnte zusätzlich dadurch begründet sein, daß in ParJer die Gebete der Gerechten gerade in

---

[34] Der äthiopische Text hat den Singular, beschränkt das Gebet also auf Jeremia; vgl. C.
Wolff, Jeremia S. 85 Anm. 3.

[35] Vgl. C. Wolff, a.a.O. S. 148.

[36] Den Hintergrund bildet Jer 1,18: "Denn ich will dich heute zur festen Stadt, zur eiser-
nen Säule [fehlt in LXX], zur ehernen Mauer machen im ganzen Lande gegen die Könige Judas, gegen seine Oberen, gegen seine Priester, gegen das Volk des Landes ...", vgl. E. König,
Rest S. 319 Anm. 1; P. Bogaert, Apocalypse I S. 359f., II S. 11; C. Wolff, Jeremia S. 147f.; J. Riaud, Abimelech S. 175 Anm. 12; ders., Paralipomena IV S. 9. Jer 1,18 hat jedoch zum einen

der heiligen Stadt Jerusalem eine besondere Rolle spielen[37] (vgl. vor allem 7,23.28: Baruch soll für die Exulanten beten als einer, der in Jerusalem ist, denn wirksames Gebet für das Gottesvolk Israel ist nur in Jerusalem möglich; vgl. auch 2,3[38]). Für syrBar dagegen spielen auch die Werke der Gerechten neben den Gebeten eine Rolle; vgl. 14,7: "Wenn auch andere sich frevelhaft benahmen, so hätte doch Zion vergeben werden müssen wegen der Werke derer, die gute Werke taten. Es hätte nicht versinken dürfen wegen der Werke derer, die unrecht handelten"; vgl. weiterhin 14,12; 63,3-9; 85,2).[39]

---

eine andere Ausrichtung der Schutzwirkung (gegen Könige, Priester, Volk), zum anderen ist es Jeremia *selbst*, der zur Säule bzw. Mauer *gemacht* werden soll, nicht seine (bzw. seine und des Baruch) *Gebete* oder *Werke* wie in syrBar und ParJer, wobei Gebete und Werke in Jer nicht einmal erwähnt werden, vgl. dazu S. Herrmann, Jeremia S. 81-84, bes. S. 83f.; M. Görg, Säulenmetaphorik S. 146ff. Insofern stehen syrBar und ParJer untereinander näher als beide jeweils zu Jer 1,18. C. Wolff, Jeremia S. 148, rechnet mit einer geprägten Tradition, die in syrBar 2,2 aufgenommen wurde. So erklärt sich auch der beobachtete Sachverhalt, daß ParJer in der Intention mit syrBar und nicht mit Jer 1,18 übereinstimmen. Zum Fehlen des Säulenmotivs in LXX vgl. die Varianten in der äthiopischen und arabischen Übersetzung, bei Chrysostomus, den Minuskeln 233 und 130 sowie den Randlesarten 87mg-91mg (s. J. Ziegler, Jeremia S. 152 App.), die aber alle nach MT ergänzen. Die Vorstellung vom Gerechten als Säule begegnet auch in rabbinischer Literatur, vgl. bBer 28b über R. Johanan ben Zakkai; dazu J. Neusner, Life S. 172; ShemR 2 zu 3,3 über Abraham als Säule der Welt; vgl. U. Wilkkens, Art. στῦλος S. 734. Interessant im Blick auf die Formulierung in ParJer und syrBar ist EkhaR I,5. Hier findet sich im Zusammenhang des Berichtes von der Flucht R. Johanan ben Zakkais aus Jerusalem die Vorstellung vom Gerechten als Schutzmacht für die Stadt: "He [sc. Johanan ben Zakkai, d. Vf.] sent R. Eliezer and R. Joshua to bring out R. Saddoq, whom they found at the city gate. When he came, Rabban Yohanan stood up before him. Vespasian asked, 'Are you honoring this emaciated old man?' He said to him, 'By your life, if in Jerusalem there had been one more like him, even though your army were twice as big, you would not have been able to take the city'" (zit. nach J. Neusner, Lamentations S. 144).

[37] Vgl. C. Wolff, Jeremia S. 85.

[38] Zur besonderen Bedeutung Jerusalems für die Wirksamkeit der Gebete weist C. Wolff, a.a.O. S. 86 Anm. 3, u.a. auf MTeh zu Ps 91,11 als Parallele hin: "Jeder, der in Jerusalem betet, gilt so, als bete er vor dem Throne der Herrlichkeit, denn das Thor des Himmels ist daselbst und die Thür steht offen, um das Gebet zu vernehmen" (zit. nach A. Wünsche, Tehillim II S. 71; vgl. auch N. B. Johnson, Prayer S. 44f.52).

[39] Vgl. R. H. Charles, II Baruch S. 478. Soweit wir sehen ist die Vorstellung von den *Werken* der Gerechten als "Säulen" im Judentum sonst nicht zu finden, s.o. S. 53 Anm. 36; vgl. auch G. Bertram, Art. ἔργον S. 643f. Zur symbolischen Bedeutung der "Tempelsäulen" als Ausdruck von "Beständigkeit und Dauer" im Alten Testament und seiner Umwelt vgl. W. Kornfeld, Symbolismus passim, bes. S. 56f. Interessant für das Verständnis der *Gerechten* als "Säulen" ist der Zusammenhang in syrBar 63,3-9: Hiskias *Werke* (V. 3) sind der Grund dafür, daß sein Gebet erhört (V. 5) und Jerusalem schließlich gerettet wird (V. 9). Die von J. Riaud, Abimélech S. 175 Anm. 12, angeführten Stellen ApkEl 3,76f. und Philon, Migr 124 zeigen u.E. keine deutliche Parallelität, vgl. nur den letzteren Beleg: "Laßt uns daher beten, daß, wie die Säule im Haus, der Verstand zwar in der Seele, der gerechte Mann aber im Menschengeschlecht zur Heilung von Krankheiten bleibe" (εὐχώμεθα οὖν τὸν ὡς ἐν οἰκίᾳ στῦλον νοῦν μὲν ἐν ψυχῇ, ἄνθρωπον δὲ ἐν τῷ γένει τῶν ἀνθρώπων τὸν δίκαιον διαμένειν εἰς τὴν τῶν νόσων ἄκεσιν; Text nach L. Cohn, Philonis Opera S. 292). Hier wird nicht das *Gebet* als Säule bezeichnet, sondern das Bild der Säule anthropologisch verwendet.

1.3. ParJer 1,5 // syrBar 5,1

ParJer 1,5: Und Jeremia redete und sprach: "Herr, Allherrscher, übergibst du die erwählte Stadt in die Hände der Chaldäer, damit sich der König mit der Menge seines Volkes rühme und spreche: 'Ich habe Gewalt über die heilige Stadt Gottes bekommen[40]!'?"

syrBar 5,1: Und ich antwortete und sagte: "So werde ich daran Schuld sein in Zion, daß deine Hasser an diesen Ort kommen und dein Heiligtum verunreinigen und dein Erbteil in die Gefangenschaft wegführen und herrschen über die, die du lieb hast. Und dann werden sie sich wieder davonmachen ins Land ihrer Götter und sich vor ihnen rühmen. Und was hast du damit deinem großen Namen angetan?"

Für die ParJer ist in diesem Zusammenhang auch 4,7 heranzuziehen, wo Baruch nach der Eroberung Jerusalems sagt: "Aber die Gesetzlosen sollen sich nicht rühmen und sagen: 'Wir haben Macht bekommen[41], die Stadt Gottes durch unsere Kraft einzunehmen.' Ihr hattet zwar Gewalt über sie, aber wegen unserer Sünden wurden wir ausgeliefert." Für syr Bar ist ebenfalls ein weiterer Text in 7,1ff. relevant, vor der Eroberung der Stadt: "Danach hörte ich, daß dieser Engel zu den Engeln sagte, die die Fackeln hielten: 'Fangt nun an, ihre Mauern zu zerstören und stürzt sie um bis auf die Fundamente, damit die Feinde sich nicht rühmen und sagen: »Wir haben die Mauern Zions zerstört und den Ort des mächtigen Gottes verbrannt.«!'" Schließlich muß eine Stelle aus dem Brief Baruchs in 80,3 erwähnt werden: "Und als sie das getan, überließen sie dem Feind die abgebrochene Mauer, das ausgeraubte Haus und den verbrannten Tempel und auch das überwundene Volk, denn es ist preisgegeben worden, damit die Feinde sich nicht rühmen sollen und sagen: 'Wir haben es so überwunden, daß wir sogar das Haus des Höchsten im Krieg verwüstet haben.'"

Das die ParJer und syrBar verbindende Motiv an diesen Stellen ist die Betonung dessen, daß sich die Feinde nicht ihrer eigenen Macht rühmen können, durch die sie Jerusalem erobert haben, sondern daß alles nur durch den Willen Gottes geschehen konnte, der selbst die Stadt den Feinden auslieferte.[42] Das entscheidende Stichwort ist hier "sich rühmen" (καυχᾶσθαι/ܫܒܗܪ [Etpe.]) bzw. negativ das "Sich-Nicht-Rühmen-Können" der Feinde. Die ParJer allerdings fassen dieses Motiv wieder sehr viel kürzer als syrBar, indem sie nur von der Übergabe der Stadt an die Feinde reden, während syrBar von der 'Verunreinigung des Heiligtums', der 'Wegführung des Erbteils in die Gefangenschaft' und dem Rühmen der Feinde vor ihren Götzen spricht.

---

40 ῎Ισχυσα ist hier als ingressiver Aorist zu übersetzen, anders J. Riaud, Paralipomènes S. 1741. Eine ähnliche Klage findet sich in syrBar 1,2.

41 ᾽Ισχύσαμεν ist wieder ingressiver Aorist.

42 Vgl. EkhaR I,5 (s.o. S. 41f. Anm. 36); L. Ginzberg, Legends IV S. 392f.; D. E. Gowan, Exile S. 211; C. Thoma, Jüdische Apokalyptik S. 141f.

In beiden Schriften wird aber in gleicher Weise versucht, Gott die Un-
faßbarkeit[43] eines solchen Geschehens vor Augen zu führen, worauf Gott
dann unmittelbar mit einer Erklärung reagiert (ParJer 1,7-11; syrBar
5,2-4).[44]

Literarische Verbindungen zu benennen, ist hier insofern schwierig,
als zwar die Intention der Texte die gleiche, aber der Wortlaut doch verschieden ist. Am ehesten jedoch sind die Formulierungen der ParJer im
Blick auf das, was den Feinden als Ruhm in den Mund gelegt wird (1,5;
4,7), als summarische Zusammenfassung der ausführlicheren Form der
entsprechenden Verse in syrBar zu verstehen. Diese Zusammenfassung
enthält gerade so viel, daß sie als Erklärung ausreicht auf die Frage,
warum Heiden über die heilige Stadt Macht haben können und steht damit im Dienste der Erzählabsicht der ParJer. Darüber hinaus ist in ParJer
eine Verallgemeinerung festzustellen: Während syrBar von "Zion" (5,1;
7,3), "diesem Ort" (5,1), "Heiligtum" (5,1), dem "Ort des mächtigen Gottes" (7,3), dem "Haus des Höchsten" (80,3) spricht, also speziell der
Tempel eine herausgehobene Stellung einnimmt[45], ist in ParJer umfas-
sender von der "Stadt Gottes" (1,5; 4,7) die Rede. Dies entspricht dem
Gesamtkontext der ParJer, in dem der "Stadt" ein besonderes Interesse
gilt, vor allem in eschatologischer Hinsicht (vgl. 5,32: "die obere Stadt Jerusalem"; auch 8,9: "... er [der Engel der Gerechtigkeit] wird euch an euren hohen Ort[46] führen"). Dieses theologische Interesse an der Stadt hat
u.E. zur Reduktion der Vorlage geführt. So wird auch eine Zerstörung des
Tempels in den ParJer nicht eigens berichtet, gleichwohl man sie in der
Zerstörung der Stadt impliziert sehen muß.[47]

1.4. ParJer 2,3 // syrBar 85,2

ParJer 2,3: Denn jedesmal, wenn das
Volk gesündigt hatte, streute Jeremia
(immer) Staub auf sein Haupt und betete

syrBar 85,2: Wir waren damals freilich
auch in unserem eigenen Lande, und
jene halfen uns, wenn wir in Sünde fielen

---

[43] Vgl. PsSal 7,3f.; 4Esr 5,30; 10,21f.; vgl. F. J. Murphy, Temple S. 677.

[44] Vgl. F. J. Murphy, Temple S. 678.

[45] Zur Bedeutung des Tempels in syrBar vgl. F. J. Murphy, Structure S. 71-116.

[46] Im Kontext der ParJer ist hier wahrscheinlich ebenfalls das eschatologische Jerusalem gemeint. Dafür spricht schon die parallele Formulierung zu 5,34: "die obere Stadt"/
"euer hoher Ort"; vgl. auch J. Riaud, Destinée S. 264; ders., Samaritains S. 142; C. Wolff,
Heilshoffnung S. 156; dazu s.u. S. 131.136ff.

[47] Ein ähnliches Verhältnis von Tempel und heiliger Stadt hat F. J. Murphy, Structure
S. 71 Anm. 1, im Blick auf syrBar formuliert: "The author makes no attempt to distin-
guish between the Temple and Jerusalem. The Temple defines the city." Vgl. auch ders.,
Temple S. 671: "The significance of the loss of Jerusalem is that the Temple no longer
exists."

für das Volk, bis ihm die Sünde vergeben wurde.

und taten Fürbitte für uns bei dem, der uns geschaffen hat[48], weil sie auf ihre (guten) Werke trauen konnten. Und der Allmächtige hörte sie und nahm uns unsere Schuld.

Wiederum nicht als wörtliche Parallelen, aber doch im Blick auf die Grundaussage des stellvertretenden, priesterlichen Gebetes der Propheten für andere, sind diese beiden Stellen vergleichbar.[49] In ParJer 2,3 ist es Jeremia, der Prophet, der für das Volk eintritt[50], und auch in syrBar 85,2 ist das "sie" auf Propheten bezogen, die den Vätern zu Seite standen (85,1), die es aber nun nicht mehr gibt, so daß keiner mehr Fürbitte tun kann (85,3). ParJer 2,3 erweitert das Motiv der Fürbitte vom Zusammenhang her (V. 1f.) durch das Motiv des staubbedeckten Hauptes als äußerem Zeichen der Trauer.[51] Erst dadurch wird Baruch auf das Geschehen aufmerksam und kann der folgende Dialog initiiert werden. Die erwähnte negative Pointe in syrBar 85,3 ist zwar deutlich verschieden von der in ParJer, da hier Jeremia noch lebt, der für das Volk betet, aber auch in ParJer 2 hat Jeremia keinen Erfolg mehr mit seinem Gebet. Er kann Gott nicht umstimmen, denn dessen Urteil zum Untergang der Stadt steht fest (2,5c). Darüber hinaus ist die Struktur wiederum vergleichbar: In beiden Fällen geht es um die wiederholte Fürbitte des bzw. der Propheten, und in beiden Texten wird auch das Ergebnis der Fürbitte, die Vergebung der Sünden, genannt. Während syrBar dies explizit mit Gott in Verbindung bringt, formulieren die ParJer im passivum divinum.

Hinzuweisen ist auf den unterschiedlichen Kontext: In ParJer 2 steht die Aussage innerhalb der Vorgeschichte der Deportation, während sie in syrBar 85 im Brief des Baruch an die Deportierten als Rückblick formuliert ist.[52] Dabei ist daran zu erinnern, daß der Vers ParJer 2,3 in der lite-

---

[48] Die Übersetzung von syrBar 85,2 bei A. F. J. Klijn, Baruchapokalypse S. 182: "... und jene halfen uns, wenn wir in Sünde fielen und Fürbitte für uns bei dem taten, der uns geschaffen hat...", ist nicht eindeutig, da in dieser Form der Eindruck entsteht, als täten die, die in Sünde gefallen sind, für sich selbst Fürbitte bei Gott, und die Propheten halfen ihnen dabei, wenn sie dies taten. In dem Satz: ܘܗܘܘ ܡܥܕܪܝܢ ܠܢ ܡܐ . ܕܢܦܠ ܗܘܝܢ ܘܒܥܘ ܡܢ ܗܘ ܕܒܪܐ ܠܢ ("Und jene halfen uns, wenn wir in Sünde fielen und sie baten im Hinblick auf uns bei dem, der uns geschaffen hat", vgl. auch die Übersetzungen von V. Ryssel, Apokalypsen, in: E. Kautzsch, Apokryphen II S. 445 und P. Riessler, Schrifttum S. 112; K. Berger, Synopse S. 275), sind die Propheten das Subjekt der Fürbitte.

[49] Vgl. C. Wolff, Jeremia S. 85.

[50] Vgl. J. Riaud, Jérémie S. 379ff., der mit Recht auf die ähnliche Funktion Jeremias in der biblischen Überlieferung hinweist (a.a.O. 380f.).

[51] Zu diesem Ritus vgl. Gen 37,34f.; Jos 7,6; 2Sam 13,31; Hi 2,12; Klgl 2,10; Ez 27,30; ZusEst 3,2; Apk 18,19; MartJes 1,10; bes. ausführlich beschrieben in JosAs 10,14-17.

[52] Unter der Voraussetzung der direkten Beziehung der ParJer zu syrBar zeigt sich an dieser Stelle zum einen, daß syrBar in vollständiger Form, d.h. mit diesem Baruchbrief,

rarkritischen Analyse als vermutlich erklärender Einschub aufgefallen war[53], wodurch die eigene Gestaltung des Autors unterstrichen wird.

1.5. ParJer 2,5 // syrBar 35,2

ParJer 2,5: Jeremia aber sprach zu ihm: "Hüte dich, deine Kleider zu zerreißen, sondern laßt uns (vielmehr) unsere Herzen zerreißen. Und laßt uns nicht Wasser in die Tränken[54] schöpfen, sondern laßt uns weinen und sie mit unseren Tränen füllen."

syrBar 35,2: Wehe, meine Augen, ach, daß sie doch zu Quellen würden; meine Augenlider, daß sie ein Born der Tränen würden.

Den Ausgangspunkt dieser Vorstellung von den Tränen als Quellen bildet wahrscheinlich Jer 8,23: "Ach, daß ich Wasser genug hätte in meinem Kopfe und meine Augen Tränenquellen wären, daß ich Tag und Nacht beweinen könnte die Erschlagenen meines Volkes" (vgl. Jer 9,17).[55] Das Motiv der im Überfluß fließenden Tränen ist in syrBar und in ParJer auf je eigene Weise aufgenommen. SyrBar 35,2 gestaltet es durch das Bild von den Augen, die zu "Quellen" (ܡܥܝ̈ܢܐ) werden.[56] Indem syrBar damit den Begriff מָקוֹר/πηγή von Jer 8,23 verwendet, schließt sie sich enger an die biblische Tradition an[57] als ParJer, die das Bild ihrerseits weiterführen mit dem Motiv, daß man mit den Tränen ganze Tränken füllen könnte, während auf das explizite Erwähnen der "Quellen" verzichtet werden kann. An dieser Stelle ist die traditionsgeschichtliche Weitergestaltung von Jer 8,23 über syrBar 35,2 zu ParJer 2,5 gut zu verfolgen.

Als Parallele für den ersten Teil des Verses vom Zerreißen der Herzen hat, im Anschluß an A. Dillmann[58], E. König[59] auf Joel 2,13 verwiesen: "... zerreißt eure Herzen und nicht eure Kleider."[60] Man kann wohl mit einer bewußten Anspielung der ParJer auf diese Stelle in Joel rechnen.[61] Der Verfasser erweitert und interpretiert dadurch den aus syrBar übernom-

---

vorgelegen haben muß, und zum anderen, wie frei der Verfasser der ParJer mit der Vorlage arbeiten kann, indem er einen Textzusammenhang derart verändert.

53 S.o. S. 23.

54 Das Wort ποτίστραι bezeichnet große Behälter, mit denen Tiere getränkt wurden (vgl. H. G. Liddell - R. Scott, Lexicon, s.v. ποτίστρα S. 1455; der Vorgang ist beschrieben in LXX Ex 2,16ff., wo Codex Alexandrinus in 2,16 das Wort ποτίστρα verwendet, vgl. J. W. Wevers, Exodus App. zu Ex 2,16). Allerdings kann man wohl nicht von "Teichen" sprechen (so P. Riessler, Schrifttum S. 904).

55 Vgl. P. Bogaert, Apocalypse II S. 70; C. Wolff, Jeremia S. 148f.

56 Vgl. äthHen 95,1.

57 Da in syrBar 35,2 keine wörtliche Aufnahme von Jer 8,23 festzustellen ist, vermutet C. Wolff, Jeremia S. 148f., die Verwendung einer mündlichen Tradition.

58 A. Dillmann, Chrestomathia S. 2 Anm. 3.

59 E. König, Rest S. 320 Anm. 2.

60 Vgl. auch J. Riaud, Paralipomena IV S. 16.

61 In LXX Joel 2,13 heißt es in einer Gottesrede: καὶ διαρρήξατε τὰς καρδίας ὑμῶν καὶ μὴ τὰ ἱμάτια ὑμῶν καὶ ἐπιστράφητε πρὸς κύριον τὸν θεὸν ὑμῶν.

menen Stoff. Daran wird sichtbar, daß er die aus syrBar entlehnten Motive nicht willkürlich verändert, sondern, wo es möglich ist, auf dem Hintergrund anderer Traditionen, insbesondere des Alten Testaments, gestaltet.

1.6. ParJer 3,1-8.14 // syrBar 6,3-10; 80,2

ParJer 3,1-8.14: (1) Als aber die Stunde der Nacht kam, wie der Herr zu Jeremia gesagt hatte, gingen Jeremia und Baruch zusammen auf die Mauern der Stadt. (2) Und es ertönte Posaunenschall, und Engel kamen herab vom Himmel, die trugen Fackeln in ihren Händen und stellten sich auf die Mauern der Stadt. (3) Als aber Jeremia und Baruch sie sahen, weinten sie und sprachen: "Jetzt haben wir erkannt, daß das Wort wahr ist." (4) Jeremia aber bat die Engel und sprach: "Ich bitte euch, die Stadt so lange nicht zu zerstören, bis ich ein Wort an den Herrn gerichtet habe." Und der Herr sprach zu den Engeln: "Zerstört die Stadt nicht, bis ich mit meinem Erwählten, Jeremia, geredet habe!" Und er sprach: "Ich bitte dich Herr, befiehl mir, vor dir zu reden." (5) Und der Herr sprach: "Rede, mein Erwählter, Jeremia!" (6) Und Jeremia sprach: "Siehe Herr, jetzt haben wir erkannt, daß du deine Stadt in die Hände ihrer Feinde gibst, und sie werden das Volk wegführen nach Babylon. (7) Was sollen wir (mit) deinen heiligen Dingen machen, (mit) den Geräten deines Gottesdienstes, was willst du, daß wir damit tun sollen?" (8) Und der Herr sprach zu ihm: "Nimm sie und übergib sie der Erde und dem Altar und sage dabei: 'Höre, Erde, die Stimme dessen, der dich geschaffen hat im Übermaß der Wasser, der dich versiegelt hat mit sieben Siegeln, mit sieben Zeiten; und danach wirst du deine Schönheit empfangen. Bewahre die Gefäße des Gottesdienstes bis zur Zusammenkunft des Geliebten!'" (14) Jeremia aber und Baruch gingen in das Heiligtum und übergaben die Geräte des Gottesdienstes der Erde, wie der Herr zu ihnen gesagt hatte. Und sofort verschlang sie die Erde. Die zwei aber setzten sich und weinten.

syrBar 6,3-10; 80,2: (6,3) Und siehe, plötzlich erhob mich ein kräftiger Geist empor und trug mich über die Mauer Jerusalems. (4) Und ich schaute: Siehe, vier Engel standen auf den vier Ecken der Stadt, (und) jeder von ihnen trug eine Feuerfackel in seinen Händen. (5) Ein anderer Engel stieg vom Himmel herab und sprach zu ihnen: "Haltet eure Fackeln fest und zündet sie erst an, wenn ich's euch sagen werde. (6) Denn ich bin gesandt, daß ich zuvor ein Wort zur Erde spreche und bei ihr in Verwahrung gebe, was der Höchste (Herr) mir aufgetragen." (7) Und ich sah ihn hinabsteigen in das Allerheiligste und dort mitnehmen den Vorhang, den heiligen Efod, den Sühnedeckel, die zwei Tafeln, das heilige Priesterkleid, den Räucheraltar, die 48 Edelsteine, die der Priester trug, und alle heiligen Geräte des Zeltes. (8) Und er sprach mit lauter Stimme: "Erde, Erde, Erde, höre das Wort des mächtigen Gottes und nimm die Dinge in Empfang, die ich dir anvertraue, und bewahre sie bis auf die letzten Zeiten. Alsdann sollst du sie wiederbringen, wenn es dir aufgetragen wird, damit die Fremden sie nicht rauben können. (9) Denn gekommen ist die Zeit, daß auch Jerusalem für eine Zeit soll preisgegeben werden, bis zu dem Augenblick, in dem es heißt: 'Erbaut soll es wiederum werden bis in Ewigkeit!'" (10) Und die Erde öffnete ihren Mund und verschlang sie.
(vgl. 80,2: Dagegen versteckten sie [die Engel] die heiligen Gefäße, damit der Feind sie nicht besudeln könnte.)

Die Ereignisse unmittelbar vor der Eroberung Jerusalems werden wieder auffällig parallel erzählt, allerdings mit charakteristischen Unterschieden. In ParJer 3,1 gehen Jeremia und Baruch auf die Mauern der Stadt, wie es ihnen Gott aufgetragen hatte (1,10), während es in syrBar 6,3 nur Baruch ist, der durch einen Geist (ܪܘܚܐ ܕܪܘܚܐ) über die Stadtmauer gehoben wird.[62] Baruch beobachtet auch in syrBar gleichsam als Außenstehender das Geschehen, das sich zwischen den Engeln abspielt, während in ParJer eine Interaktion zwischen Jeremia, den Engeln und Gott beschrieben wird. Im Gegensatz zu Baruch in syrBar ist Jeremia in ParJer am Geschehen entscheidend beteiligt.

Wie in ParJer 3,2, so kommen auch in syrBar 6,4 Engel auf die Mauern der Stadt, die Fackeln (λαμπάδες/ܕܢܘܪܐ ܕܠܡܦܕܐ) in ihren Händen halten. In syrBar sind es genauer vier Engel[63], für jede Ecke der Stadt einer. Die Engel haben, wie in ParJer, die Aufgabe, die Stadt zu zerstören (ParJer 3,4/syrBar 6,5). Jedoch wird ihnen zunächst Einhalt geboten, in ParJer 3,4 durch Jeremia und durch Gott, in syrBar 6,5 durch einen anderen, offensichtlich mit Befehlsgewalt ausgestatteten Engel.[64] Grund für diesen Aufschub sind in beiden Fällen die Gottesdienstgeräte, deren Schicksal noch geklärt werden muß. Interessant ist auch der Gesprächsverlauf, der zwar nicht im Wortlaut, aber doch in der Reihenfolge ähnlich ist. In Par Jer 3,4 heißt es: "Zerstört die Stadt nicht, bis ich geredet habe mit Jeremia, meinem Erwählten!" Und ähnlich in syrBar 6,5f.: "Haltet eure Fackeln fest, ... Denn ich bin gesandt, daß ich zuvor ein Wort zur Erde spreche ..." An beiden Stellen ist das Vorhaben des Redens (Gottes bzw. des Engels) der Grund dafür, daß den Engeln Einhalt geboten wird. Erst jetzt wird das Schicksal der Tempelgeräte erörtert, die in syrBar 6,7 im Unterschied zu ParJer ausführlicher aufgelistet werden. Sie werden der Erde übergeben, in ParJer durch Jeremia auf Geheiß Gottes, in syrBar durch den Engel, der seinen Auftrag dazu vorher erhalten hat (syrBar 6,6).[65] Die aus dieser Tatsache abgeleitete Schlußfolgerung, syrBar versuche, Jeremia zu eliminieren[66], kann u.E. nicht gezogen werden, da es dafür keinen plausiblen Grund gibt. Setzt man jedoch syrBar den ParJer voraus, so ist der Unterschied daraus zu erklären, daß nicht syrBar Jeremia durch den Engel ersetzt, sondern umgekehrt ParJer den Engel von syrBar durch Jeremia, der ja in syrBar ohnehin keine so große Rolle spielt.[67]

---

[62] Das erinnert sehr an Ezechiel, vgl. Ez 3,12.14. Bedenkenswert ist die von A. F. J. Klijn, Baruchapokalypse S. 126 Anm. 6,3a, erwogene Übersetzung "Wind"; vgl. auch K. Berger, Synopse S. 153.

[63] Vgl. PesR 26,XVI; s.u. S. 82f.

[64] Vgl. G. W. E. Nickelsburg, Traditions S. 64.

[65] Vgl. F. Böhl, Legende S. 68.

[66] Vgl. L. Gry, Ruine S. 220; F. Böhl, Legende S. 69.

[67] In der biblischen Überlieferung werden die Tempelgeräte nach Babylon gebracht, vgl. 2Kön 25,13ff.; Jer 52,17ff.; 2Chr 36,18f.; vgl. P. R. Ackroyd, Vessels S. 52-57; J. Riaud, Paralipomena I S. 98. Zur Bedeutung der Tempelgeräte in frühjüdischer Überlieferung vgl. K. Kohler, Haggada S. 409; C. Wolff, Jeremia S. 61-71. Die Tatsache, daß es in ParJer Jeremia

Die Worte, mit denen die Geräte übergeben werden, sind in ihrer Struktur wieder ähnlich: die Anrede an die Erde (ParJer 3,8 einmal; syr Bar 6,8 dreimal[68]), die Aufforderung zum Hören (ParJer 3,8: der Stimme; syrBar 6,8: des Wortes Gottes), der Auftrag zum Bewahren der Geräte für eine bestimmte Zeit (ParJer 3,8: "bis zur Zusammenkunft des Geliebten"; syrBar 6,8: bis sie wieder herausgefordert werden). Dabei könnte man u.E. die Formulierung in ParJer 3,8 "bis zur Zusammenkunft des Geliebten" (ἕως τῆς συνελεύσεως τοῦ ἠγαπημένου[69]) durchaus als Kon-

---

selbst ist, der die Tempelgeräte der Erde übergibt im Gegensatz zum Engel in syrBar, ist hinsichtlich 2Makk 2,4-8 interessant. Dort wird das Schicksal des Zeltes, der Lade und des Altars ebenfalls mit Jeremia verknüpft, der diese Dinge in einer Höhle verbirgt (2Makk 2,5); vgl. dazu F. Böhl, Legende S. 65ff.; R. Bergmeier, Frühdatierung S. 134f. Darüber hinaus ist bemerkenswert, daß das Verbergen der heiligen Geräte in 2Makk 2 wie in ParJer eschatologisch bestimmt ist: "Die Stelle soll unerkannt bleiben, bis Gott sein Volk wieder sammelt und ihm wieder gnädig ist" (2Makk 2,7). Es ist wahrscheinlich, daß ParJer die Tradition aus syrBar auf dem Hintergrund von 2Makk 2 oder der dahinter liegenden Tradition verändern; dazu näher S. 76f. Nach Josephus, Ant XVIII,85, ist es in der samaritanischen Tradition Mose, der mit dem Verbergen der Tempelgeräte verbunden wird, vgl. M. F. Collins, Vessels S. 106-115; F. Dexinger, Taheb S. 32; C. R. Koester, Dwelling S. 55-58. Zum Phänomen des Vergrabens heiliger Gegenstände vgl. O. Keel, Vergraben passim, bes. S. 326: "Das Vergraben oder Beisetzen von Götterbildern und Beterfiguren, von Votivgaben und Kultmobiliar aller Art an heiliger Stätte muß im ganzen alten Orient verhältnismäßig häufig vorgekommen sein." Erwähnenswert ist in diesem Zusammenhang der Text über die Tempelgeräte 3Q15, vgl. dazu J. T. Milik, Rouleau passim, sowie ders., Épigraphie S. 567-575.

[68] Diese sehr auffällige Formulierung in syrBar erinnert an Jer 22,29: "Land, Land, Land, höre des Herrn Wort." Das in syrBar verwendete Wort ܐܪܥܐ (= Land, Erde; vgl. C. Brockelmann, Lexicon S. 51) entspricht dem hebr. אֶרֶץ; vgl. syrBar 6,8: ܐܪܥܐ ܐܪܥܐ ܐܪܥܐ ܫܡܥܝ ܡܠܬܗ ܕܐܠܗܐ ܩܕܝܫܐ mit Jer 22,29: אֶרֶץ אֶרֶץ אָרֶץ שִׁמְעִי דְּבַר־יְהֹוָה. Zwar hat das zu hörende Wort in Jer 22 einen anderen Inhalt, aber der Bezug ist nicht anders zu erklären, als daß syrBar diese Stelle zum Vorbild nahm, vgl. P. Bogaert, Apocalypse I S. 361f.; G. W. E. Nickelsburg Traditions S. 65 Anm. 26. Nach C. Wolff, Jeremia S. 148, hat syrBar den hebräischen Text von Jer 22,29 gekannt. Das Motiv des Anredens der Erde begegnet auch in 4Esr 7,54, aber in einem anderen Zusammenhang, vgl. M. E. Stone, Ezra S. 227.

[69] Vgl. dazu G. Delling, Lehre S. 65-67; P. Bogaert, Apocalypse I S. 204; J. Riaud, Abimélech S. 175 Anm. 3. Zur Formulierung ἕως τῆς συνελεύσεως τοῦ ἠγαπημένου vgl. G. D. Kilpatrick, Acts S. 140ff. G. D. Kilpatrick, a.a.O. S. 144, kommt zu folgendem Ergebnis: "... ἔλευσις ... is a messianic term and nearly always appears in a certain kind of phrase which first occurs in two prophetic pseudepigrapha and probably in others now lost, where it was used to describe the coming of the Messiah." Demgegenüber muß für ParJer festgestellt werden, daß der Begriff συνέλευσις auf das Volk, und nicht auf den Messias zu beziehen ist. Der Vorschlag, ἔλευσις statt συν-έλευσις in ParJer zu lesen (a.a.O. S. 141; vgl. ähnlich G. Delling, Lehre S. 67f.), ist u.E. von dem Anliegen bestimmt, ParJer 3,8 ebenfalls messianisch interpretieren zu können. Dabei wird aber der Kontext der ParJer nicht beachtet, in welchem von einem Messias keine Rede ist, wohl aber die Rückkehr des Volkes von Kap. 6 bis Kap. 9 im Mittelpunkt steht. Deshalb ist der Begriff συνέλευσις sinnvoll und entspricht in seiner Bedeutung "Zusammenkunft" (vgl. H. G. Liddell - R. Scott, Lexicon S. 1707 s.v. 1; G. Delling, Lehre S. 65f.) dem Anliegen der ParJer. Zur Bezeichnung des Volkes als "Geliebtes" vgl. ParJer 4,6; als Hintergrund dieser Vorstellung vgl. LXX Jes 44,2; Dtn 33,5.26; weiterhin auch 2Makk 2,7, wo es im Zusammenhang des

kretisierung des "bis auf die letzten Zeiten" (ܐܬܢܝ ܐܬܕܟ ܐܡܪܚ) von syrBar 6,8 verstehen.[70] Die in syrBar 6,9 enthaltene Verheißung des Wiederaufbaus Jerusalems fehlt aber in ParJer und wird selbst am Schluß in Kap. 9 im Zusammenhang mit dem Opferfest in Jerusalem nicht erwähnt. Man könnte das von der bereits genannten eschatologischen Intention der ParJer her verstehen, in der das *himmlische* Jerusalem eine Rolle spielt.[71] Dafür ist nun eine sehr ausführliche Gottesbezeichnung hinzugekommen: "... der dich geschaffen hat im Überfluß der Wasser, der dich versiegelt hat mit sieben Siegeln, mit sieben Zeiten ..."[72] SyrBar 6 endet schließlich in V. 10 damit, daß die Erde die Geräte verschlingt. Das ist aber in ParJer noch nicht möglich, denn hier war die Übergabe der Geräte zunächst als *Auftrag* Gottes an Jeremia formuliert. Der Grund dafür ist die in ParJer 3,9-13 verhandelte Frage nach dem Schicksal des Abime-

---

Schicksals des Tempelinventars ebenfalls um die Rückführung des Volkes geht (vgl. L. Ginzberg, Legends VI S. 410; G. Delling, Lehre S. 65; C. Wolff, Jeremia S. 66f. Anm. 1; ders., Heilshoffnung S. 157; J. Riaud, Paralipomènes S. 1744 Anm. 8; C. R. Koester, Dwelling S. 54; s.u. S. 58f.). M. F. Collins, Vessels S. 103, sieht in der Wendung "'until the coming of the Beloved One'" in ParJer 3,8 eine christliche Hand am Werk, die auf der Basis von 2Makk 2,7 interpoliert oder zumindest verändert hat; vgl. S. E. Robinson, 4 Baruch S. 419. Dabei wird aber ebenfalls die beschriebene Bedeutung von συνέλευσις nicht beachtet. Darüber hinaus läßt diese Wendung keine spezifisch christliche Herkunft erkennen.

[70] Vgl. C. Wolff, Jeremia S. 65. Nach syrBar 6,8 ist der Grund für das Verbergen der Geräte ausdrücklich erwähnt: Sie dürfen nicht in die Hände der Feinde geraten. Dies ist in ParJer 3 allenfalls implizit enthalten, vgl. F. J. Murphy, Temple S. 679.

[71] S.o. S. 44 Anm. 46; vgl. unten S. 104ff.

[72] Die Wendung ἐν ἑπτὰ σφραγῖσιν, ἐν ἑπτὰ καιροῖς ist als Parallelismus aufzufassen: Die sieben Siegel sind die sieben Zeiten. Daß *äth* diese Worte wegläßt, könnte in Verständnisschwierigkeiten seinen Ursprung haben, vgl. dazu unten S. 162ff. Man wird ParJer 3,8 in dem heilsgeschichtlichen Schema von Schöpfung und Neuschöpfung ("... bis zur Zusammenkunft des Geliebten") zu verstehen haben: Der von Gott geschaffene Erde ist von ihm mit sieben Zeiten versiegelt bis zur endzeitlichen Neuschöpfung (vgl. TestLev 8,15; VitDan 14; auch 4Esr 6,20, wo vom Versiegeln des vergehenden Zeitalters die Rede ist, vgl. M. E. Stone, Ezra S. 169f.). J. Riaud, Paralipomènes S. 1744 Anm. 8, vertritt dagegen die Auffassung, daß "les 'sept sceaux' et les 'sept moments' désigneraient la semaine de la crèation". Das ist aber nicht überzeugend, denn der Schöpfungsgedanke ist nur im Blick auf die endzeitliche Neuschöpfung mit der Metapher der "sieben Siegel" verbunden und nicht in Bezug auf die erste Schöpfung (vgl. dazu auch die Bedeutung der Siebenzahl in der Johannes-Apokalypse; s.a. das Motiv der sieben Zeiten für die Welt bei Joh. v. Damaskus, De fide orthodoxa II,1). Daß hier der beschriebene Bogen von der ersten bis zur endzeitlichen Schöpfung gespannt wird, zeigt sich auch in dem Nachsatz: "und danach wirst du deine Schönheit empfangen", den J. Riaud, ebd., auf den Tempel bezieht, was jedoch mit dem Gedanken nur an die erste Schöpfung nicht zusammenpaßt. G. Delling, Lehre S. 40f., vermutete in den Worten ἐν ἑπτὰ καιροῖς eine Randglosse, "die nicht in die Richtung des ursprünglichen Sinnes des Glossierten weist" (a.a.O. S. 41). Die sieben Siegel meinen nach ihm eine sichere Befestigung der Erde, die in der Siebenzahl Vollständigkeit bezeichne. Diese Verknüpfung der sieben Siegel mit der schöpfungsmäßigen Befestigung der Erde ist aber u.E. ebenfalls unwahrscheinlich; die von G. Delling herangezogene Belegstelle JosAs 12 ist kein geeigneter Vergleichstext, da dort von *Steinen*, nicht von Siegeln die Rede ist und auch die Siebenzahl nicht vorkommt.

lech, der bisher keine Rolle spielte und erst an dieser Stelle in die Handlung eingeführt wird, was in syrBar nicht enthalten ist. Man kann beobachten, wie der Handlungsablauf in ParJer bewußt unterbrochen wird, um eine neue Person vorzustellen, die eine wichtige Funktion im weiteren Handlungsablauf einnimmt, um danach den Erzählfaden wieder aufzunehmen. Erst in V. 14 wird schließlich die Übergabe der Tempelgeräte geschildert, die wie in syrBar von der Erde verschlungen werden (καταπίνειν/ܒܠܥ). Zu erwähnen bleibt, daß in ParJer die Geräte nicht nur der Erde übergeben werden, sondern, im Unterschied zu syrBar, die Stelle der Übergabe durch die Lokalisierung am "Altar" (καὶ τῷ θυσιαστηρίῳ) präzisiert wird.[73] Dabei ist bemerkenswert, daß nach der Rückkehr des Volkes in Kapitel 9 zwar die Tempelgeräte nicht mehr erwähnt werden, auch nicht der Tempel selbst, wie es z.B. nach syrBar 6,9 mit der Verheißung des Wiederaufbaus Jerusalem verbunden werden könnte, wohl aber der erwähnte Altar in ParJer 9,7 als Ort des Todes des Jeremia wieder eine herausgehobene Rolle spielt.[74] Auch hier ist zu beobachten, wie der Verfasser ein Detail einfügt, das für ihn, im Unterschied zu syrBar, später eine bestimmte Bedeutung hat. Diese Umgestaltung zeigt das eigene Interesse des Autors der ParJer.

Schwierig zu beantworten ist die Frage, warum die ParJer die offensichtliche Bezugnahme von syrBar auf Jer 22,29[75] nicht übernehmen, obwohl sonst für ParJer wichtige Motive aus dem Jeremiabuch eine Rolle spielen (vgl. nur 3,9 [Jer 38,10-13]; 5,18 [Jer 36,6]). Man kann jedoch zwei mögliche Gründe anführen. Zum einen ist der Zusammenhang etwas anders. In syrBar 6,8 ist es Baruch, der diese Worte bei der Übergabe spricht, in ParJer 3,8 dagegen ist es Gott selbst, der Jeremia erst aufträgt, was er zu sagen hat. Zum anderen muß man bedenken, daß das Gewicht der Aussage von syrBar in der Anrede an die Erde zuerst auf dem "Wort des mächtigen Gottes" liegt, das durch die Anspielung auf Jer 22,29 noch mehr Gewicht erhalten soll. In ParJer dagegen steht die hinzugefügte und sehr ausführliche *Gottesprädikation* im Vordergrund, weshalb der Verfasser ohne größere Schwierigkeiten diese Anspielung auslassen kann.

Im Zusammenhang von ParJer 3,8 ist schließlich noch auf eine interessante Stelle in syrBar 21,21+23 aufmerksam zu machen:

syrBar 21: (21) "Und zeige es denen, die nicht wissen, noch gesehen haben, was uns und unsere Stadt betroffen hat bis jetzt, gemäß der Langmut deiner Macht; denn du hast uns genannt 'Geliebtes	ParJer 3,8: "Höre, Erde, die Stimme dessen, der dich versiegelt hat mit sieben Siegeln, mit sieben Zeiten; und danach wirst du deine Schönheit empfangen. Bewahre die Geräte des Gottesdien-

---

73 Das καί ist explikativ zu verstehen, vgl. F. Blass - A. Debrunner - F. Rehkopf, Grammatik § 442,6 S. 368.
74 S.u. S. 144.
75 S.o. S. 49 Anm. 68.

Volk' um deines Namens willen. (23) Schilt darum auch den Todesengel, laß deine Herrlichkeit erscheinen, erkennen (jetzt) die Größe deiner Schönheit, und laß das Totenreich versiegelt sein, daß es von nun an keine Toten mehr empfange. Die Schatzkammern der Seelen sollen wiedergeben die, die noch darin verschlossen sind."

stes bis zur Zusammenkunft des Geliebten."

Obwohl diese beiden Texte in unterschiedlichen Kontexten zu finden sind und von daher nicht als Parallelen aufgefaßt werden können, haben sie in auffälliger Weise drei Stichworte gemeinsam: "versiegeln", "Geliebtes (Volk)" und "Schönheit". Der Vers in ParJer 3 war schon mit seiner Aussage innerhalb der ParJer in der literarischen Analyse hervorgehoben worden.[76] Es stellt sich die Frage, warum eine solche endzeitlich-apokalyptische Vorstellung in einen Erzähltext wie ParJer aufgenommen wird, obgleich sie durchaus ohne diese hätte auskommen können. Setzt man aber syrBar als Vorlage für ParJer voraus, wie es sich bereits von einigen Bezügen her als wahrscheinlich angedeutet hat, dann läßt sich auch diese Frage hinreichend beantworten. Im Blick auf den Anfang der Worte, die Gott Jeremia an die Erde in ParJer 3,8 aufträgt, wurde festgestellt, daß ParJer den Bezug von syrBar 6,8 zu Jer 22,29 möglicherweise deshalb weglassen, weil das Gewicht der Aussage nicht zuerst auf "dem Wort des mächtigen Gottes" (syrBar 6,8) liegt, sondern auf der Gottes*prädikation*. Die aus syrBar 21 angeführte Stelle findet sich nun im Kontext eines Gebetes Baruchs nach der Zerstörung Jerusalems[77], das mit einer sehr ausführlichen Gottesanrede beginnt (syrBar 21,4-6). Das erste Prädikat Gottes ist hier ähnlich wie in ParJer 3,8 auf das Schöpfer-Sein Gottes bezogen:

syrBar 21,4: "O du, der du die Erde geschaffen hast, höre mich!"

ParJer 3,8: "Höre, Erde, die Stimme dessen, der dich geschaffen hat ..."

Dies ist ein weiteres Indiz dafür, daß der Formulierung in ParJer 3,8 wahrscheinlich syrBar 21 zugrundeliegt, obwohl der Zusammenhang ein anderer ist. ParJer greifen Elemente dieses Gebetes heraus, um eine neue Rede zu formulieren, mit der die Gottesdienstgeräte übergeben werden sollen. Die Versiegelung des Totenreiches in syrBar 21,23 wird in ParJer 3,8 zur Versiegelung der geschaffenen Erde und mit der apokalyptischen Siebenzahl präzisiert, was möglicherweise eine indirekte Antwort gibt auf die in syrBar in diesem Zusammenhang gestellte Frage nach der Länge der Zeit (vgl. syrBar 21,19: "Wie lange noch wird das Vergängliche bestehen?" - das Vergängliche ist ja die Schöpfung, der - so die Par

---

[76] S.o. S. 24.

[77] Zu syrBar 21 vgl. auch J. Licht, An Analysis of Baruch's Prayer (Syr.Bar. 21), JJS 33 (1982), S. 327-331.

Jer - sieben Zeiten gesetzt sind); die "Schönheit" Gottes (ܝܘܦܪܐ) aus syr
Bar 21,23 wird zur "Schönheit" (ὡραιότης), die die Erde nach diesen sieben Zeiten von Gott empfangen wird, wohl durch die Neuschöpfung; und
schließlich wird die Wiedergabe der Toten aus den Gräbern (ܐܘܨܪܐ
ܕܢܦ̈ܫܬܐ)[78]) übertragen auf das "Zusammenkommen des Geliebten", nämlich des Volkes[79], das von Gott als geliebtes benannt ist (syrBar 21,21:
ܟܢܫܐ ܚܒܝܒܐ).[80]

1.7. ParJer 3,11f.; 4,5 // syrBar 10,1-5

ParJer 3,11f.: (11) Es sprach aber der
Herr zu Jeremia: "Gehe mit deinem Volk
nach Babylon und bleibe bei ihnen und
sage ihnen die gute Botschaft, bis ich sie
in die Stadt zurückführen werde! (12)
Lasse aber Baruch hier, bis ich mit ihm
reden werde!"
4,5: Als Jeremia noch das Volk beweinte,
wurden sie nach Babylon verschleppt.

syrBar 10,1-5: (1) Und es geschah nach
sieben Tagen: Das Wort Gottes kam über
mich und sprach zu mir: (2) "Sage Jeremia, daß er hingehe und den Gefangenen
des Volkes beistehe bis hin nach Babel.
(3) Doch du bleib hier in der Verwüstung
Zions, so tu ich dir nach diesen Tagen
kund, was sich am Ende der Tage ereignen wird." (4) Und ich sagte zu Jeremia,
wie der Herr mir befohlen hatte. (5) So
ging er nun fort mit dem Volke.

Entgegen der biblischen Überlieferung, nach der Jeremia nach Ägypten
verschleppt wurde (Jer 43,1-7)[81], stimmen ParJer und syrBar darin über-
ein, daß Jeremia mit dem Volk auf den Befehl Gottes hin nach Babylon
geht, während Baruch, ebenfalls auf Gottes Geheiß, in beiden Schriften
ausdrücklich in Jerusalem bleiben soll (ParJer 3,12; syrBar 10,3).[82] Das
Weggehen Jeremias mit den Exulanten wird ParJer 3,11 damit begründet,
daß er ihnen "die gute Botschaft sagen" (εὐαγγελίζεσθαι), d.h. wohl im
Zusammenhang der ParJer, das Gesetz lehren und die Heilsbotschaft[83]

---

[78] Wörtlich: "Speicher der Seelen", vgl. C. Brockelmann, Lexicon S. 44 s.v. ܐܘܨܪ; vgl. 4Esr
7,32.
[79] Vgl. oben S. 49f. Der Motivzusammenhang von Toten(gebeinen) und der Wiederherstellung Israels ist aus Ez 37 bekannt.
[80] Vgl. 2Makk 2,7; vgl. S. 48ff. Anm. 67.69; dazu G. Delling, Lehre S. 65 Anm. 63; G. W.
E. Nickelsburg, Traditions S. 64; zur Kritik der Schlußfolgerungen G. W. E. Nickelsburg's
s.u. S. 76f.
[81] Vgl. E. Turdeanu, La Légende S. 312f.; J. Riaud, Jérémie S. 381: "Si l'auteur des Paralipomena ne tient pas compte de ces données, c'est sans aucun doute parce qu'il est incon-
cevable à ces yeux, que Jérémie ne soit pas là où est le peuple: l'ἐκλεκτὸς τοῦ θεοῦ, le
παῖς θεοῦ doit se trouver au milieu du peuple."
[82] Vgl. SOR 26,1, wonach Jeremia und Baruch nach Babylon gegangen sind; vgl. H. H.
Mallau, Art. Baruch S. 272.
[83] Zum Zusammenhang von Verheißung und Gesetz im Alten Testament vgl. z.B. O.
Procksch, Art. λέγω S. 98. J. Riaud, Paralipomènes S. 1745, übersetzt εὐαγγελίζεσθαι in
ParJer 3,11: "annoncer des prophéties consolantes"; R. A. Kraft - A.-E. Purintun, Paraleipomena S. 19, übersetzen: "preaching".

verkündigen soll (vgl. 5,21[84]; 7,32). Nach syrBar 10,2 soll Jeremia dem Volk "beistehen" bzw. es "aufrichten" (ܣܘܡ Af.; vgl. 33,2); ein konkreter Bezug fehlt hier. Die Aussage der ParJer kann daher als Präzisierung des in syrBar erwähnten Beistandes Jeremias verstanden werden, der in Form der Gesetzeslehre *und* der Verheißung des Heils der Rückkehr geschieht.

Erwähnenswert ist auch, daß die Begründung für das Zurückbleiben Baruchs in Jerusalem nahezu gleich ist, nämlich weil Gott mit ihm reden will (ParJer 3,12; syrBar 10,3). Während dies aber in syrBar durch die Visionen wirklich geschieht, bleibt das direkte Reden Gottes zu Baruch in ParJer aus. Wohl deshalb wird auch in ParJer die Wendung "was sich am Ende der Zeiten ereignen wird" aus syrBar 10,3 weggelassen, denn mit ihr wäre die erwähnte Spannung noch verstärkt. Diese Unausgeglichenheit in ParJer kann als eine (nicht konsequente) Bearbeitung von syrBar verstanden werden.

Die Priorität von syrBar ist an dieser Stelle wiederum wahrscheinlich. Darüber hinaus ergibt sich ein gutes Beispiel dafür, wie die ParJer einerseits die Vorlage von syrBar konkretisieren, andererseits aber konkrete Dinge weglassen können, wenn sie nicht in das eigene Konzept passen. Durch eine nicht bis ins Detail konsequente Bearbeitung entstehen schließlich Spannungen, die ebenfalls die Vorgehensweise des Autors der ParJer erkennen lassen.

1.8. ParJer 4,1f. // syrBar 6,1.5; 8,1-5

ParJer 4,1f.: (1) Als es aber Morgen geworden war, siehe, da umringte das Heer der Chaldäer die Stadt. Der große Engel aber stieß in die Posaune und sprach:

syrBar 6,1: Und es geschah am folgenden Tage: Siehe, das[85] Heer der Chaldäer umzingelte die Stadt. 6,5: Ein anderer Engel stieg vom Himmel herab und sprach zu ihnen: "Haltet eure Fackeln fest und zündet sie erst an, wenn ich's euch sagen werde."
8,1-5: (1) Die Engel taten, wie er ihnen befohlen hatte. Als sie nun die Ecken der Mauer auseinandergeschlagen hatten, vernahm man eine Stimme mitten aus dem Tempel, nachdem die Mauer gefal-

---

[84] Κατηχῆσαι τὸν λόγον bedeutet an dieser Stelle primär "das Gesetz lehren", vgl. G. Delling, Lehre S. 21f.25; J. Riaud, Jérémie S. 381f. In der LXX kommt dieser Ausdruck nicht vor (vgl. H. W. Beyer, Art. κατηχέω S. 638); er ist aber in verschiedenen Targumim belegt, vgl. P. Stuhlmacher, Evangelium S. 178 Anm. 2. In ParJer 5,21 ist auf den neben κατηχῆσαι verwendeten Begriff εὐαγγελίσασθαι zu achten. Das beide verbindende καί hat vom Zusammenhang her keinen rein explikativen Charakter (gegen P. Stuhlmacher, a.a.O.; vgl. unten S. 61). Zum Zusammenhang von Gesetz und Teilhabe am Heil in apokalyptischer Literatur vgl. z.B. D. Rössler, Gesetz S. 101.

[85] A. F. J. Klijn, Baruchapokalypse S. 126, übersetzt "ein", aber das Heer wird durch den Eigennamen "Chaldäer" determiniert, vgl. syrBar 8,4.

"Geht hinein in die Stadt, Heer der Chaldäer, denn siehe, das Tor ist euch geöffnet worden." (2) Also ging der König mit
seiner Menge hinein, und sie nahmen
das ganze Volk gefangen.

len war. Sie sagte: (2) "kommt herein,
ihr Feinde, und kommt, ihr Widersacher,
nun herbei! Denn Er, der das Haus bewahrte, hat es verlassen." (3) Und ich,
Baruch, ging fort. (4) Und dann geschah
es: Das Heer der Chaldäer hielt Einzug.
Und sie nahmen das Haus und seine
ganze Umgebung ein. (5) Und sie führten das Volk in die Gefangenschaft, man-
che aber töteten sie. Dann fesselten sie
den König Zedekia und sandten ihn zum
König von Babel.

In ParJer 4,1a steht die Notiz über das Umringen der Stadt durch die
Chaldäer, wie sie auch bei syrBar in 6,1 zu finden ist, vor dem Verhandeln
über die Tempelgeräte. Diese Stellen sind zwei von den wenigen, wo es
Übereinstimmungen zwischen ParJer und syrBar bis in den Wortlaut hinein gibt. Die folgenden Verse jedoch gehen auseinander. Während in Par
Jer 4,1 das Umzingeln der Stadt und die Aufforderung zur Einnahme der
Stadt unmittelbar aufeinander folgen, ist dies zwischen syrBar 6,1 und
8,1ff. unterbrochen durch die Geschichte von den Tempelgeräten und
den Bericht von der Zerstörung der Mauern der Stadt durch die Engel
(7,1-3). In den ParJer jedoch konnte 4,1a nicht vor 3,1 stehen, da sich die
Zeitangaben an beiden Stellen widersprechen würden.
    In syrBar 8,1 ist es eine "Stimme mitten aus dem Tempel" (ܡܠ ܡܢ ܓܘ
ܗܝܟܠܐ), die die Feinde zum Hereinkommen auffordert[86], während in Par
Jer 4,1 "der große Engel" (ὁ μέγας ἄγγελος; vgl. 8,9; 9,5) diese Aufgabe
wahrnimmt.[87] Mit "der große Engel" wird in ParJer 4,1 der "andere Engel" (ܡܠܐܟܐ ܐܚܪܢܐ) aus syrBar 6,5 präzisierend übernommen und durch
diese Präzisierung schließlich die Identifizierung mit dem Erzengel[88]
möglich gemacht (vgl. ParJer 8,9 und 9,5). Die Begründung für das Hereinkommen der Feinde ist verschieden: In ParJer 4,1 können die Feinde
in die Stadt kommen, weil das Tor geöffnet wurde, in syrBar 8,2 dagegen,
weil Gott das Haus verlassen hat.[89] Schließlich wird auch die Einnahme

---

[86] G. W. E. Nickelsburg, Literature S. 282, verweist auf ein ähnliches Phänomen, das bei
Josephus, Bell VI,299ff., berichtet wird (vgl. auch A. F. J. Klijn, Sources S. 64; F. J. Murphy,
Temple S. 679, erwähnt eine vergleichbare Passage bei Tacitus, Hist 5,13). Man muß aber
beachten, daß zwar das Stimmen-Motiv aus dem Tempel bzw. im "inneren Vorhof" (so bei
Josephus) ähnlich ist, daß aber zum einen bei Josephus von einem "vielstimmigen Ruf"
(φωνὴ ἀθρόας) die Rede und zum anderen der Inhalt des Rufes verschieden ist (vgl. O. Michel - O. Bauernfeind, Josephus II/2 S. 185 Anm. 142), vgl. dazu auch Ez 10,5: "Und man
hörte die Flügel der Cherubim rauschen bis in den äußeren Vorhof wie die Stimme des all-
mächtigen Gottes, wenn er redet."
[87] Und nicht ebenfalls eine Stimme aus dem Tempel, wie G. W. E. Nickelsburg, Traditions S. 63, behauptet.
[88] Vgl. J. Riaud, Destinée S. 260.
[89] Vgl. Ez 11,22f. F. J. Murphy, Temple S. 679, sieht eine direkte Abhängigkeit des Motivs in syrBar 8,2 von Ez 11,23.

der Stadt in syrBar ausführlicher und konkreter geschildert[90] (vgl. z.B. die Erwähnung des Königs Zedekia 8,5). Trotz dieser markanten Unterschiede ist aber wiederum die Struktur der Geschichte gleich: Die Aufforderung an die Feinde (ParJer 4,1b; syrBar 8,2a), die Begründung der Möglichkeit der Eroberung (ParJer 4,1c; syrBar 8,2b), die Einnahme der Stadt (ParJer 4,2a; syrBar 8,4) und die Gefangennahme des Volkes (ParJer 4,2b; syrBar 8,5). Schließlich sei der beiden gemeinsame Ausdruck "Heer der Chaldäer" (ἡ δύναμις τῶν Χαλδαίων/ܠܚܝܠܐ ܕܟܠܕܝܐ) erwähnt.

Durch den Vergleich dieser Textstellen wird ein weiterer Aspekt der Bearbeitung von syrBar durch den Verfasser der ParJer deutlich. Es fällt hier nämlich auf, daß er auf die in syrBar 7,1-8,1a erwähnte Verwüstung der Stadt durch die Engel nicht eingeht, obwohl er sich sonst, wie gezeigt, an die Struktur seiner Vorlage hält, wenn er sie auch nicht wortgetreu übernimmt. Offensichtlich hat er es als anstößig empfunden, daß die Engel (und damit ja als deren Auftraggeber Gott) selbst Hand anlegen, die heilige Stadt Gottes zu verwüsten.[91] Zwar hat auch nach den ParJer Gott die Stadt preisgegeben (vgl. 4,1c: "das Tor ist euch geöffnet worden"), aber die *Zerstörung* bleibt das Werk der feindlichen Frevler.

1.9. ParJer 4,3f. // syrBar 10,18

ParJer 4,3f.: (3) Jeremia aber nahm die Schlüssel des Tempels, ging hinaus vor die Stadt und warf sie vor die Sonne und sprach: "Dir sage ich, Sonne, nimm die Schlüssel des Tempels Gottes und bewahre sie bis zu dem Tage, an dem dich der Herr nach ihnen fragen wird. (4) Denn wir wurden nicht für würdig befunden, sie zu bewahren, weil wir trügerische Haushalter geworden sind."

syrBar 10,18: Ihr Priester, nehmt die Schlüssel des Heiligtums und werft sie in des Himmels Höhe; gebt sie dem Herrn zurück und sprecht: 'Bewach du selbst dein Haus, denn siehe, wir sind als trügerische Haushalter erfunden worden'.

Die in ParJer im Anschluß an die Eroberung Jerusalems stehende Schilderung der Übergabe der Tempelschlüssel[92] an die Sonne ist in syrBar 10,18 in Form einer Aufforderung an die Priester innerhalb der Klage Baruchs über den Untergang der Stadt zu finden.[93] Was hier die Priester tun sollen, das führt in ParJer 4,3 Jeremia aus[94]; er übernimmt also die Funk-

---

[90] Vgl. J. Riaud, Paralipomena II S. 17 Anm. 8.

[91] An dieser Stelle sei nochmals auf die oben erwähnte Tatsache (s.o. S. 44) hingewiesen, daß die ParJer im Zusammenhang mit der Zerstörung Jerusalems im Gegensatz zu syrBar den Tempel nie ausdrücklich erwähnen, sondern immer von "der Stadt" reden.

[92] Zu dieser Vorstellung vgl. ySheq 7,2; bTaan 29a; WaR 19,6; PesR 26,XVI; vgl. M. Hengel, Zeloten S. 228; C. Wolff, Jeremia S. 76-79; J. Riaud, Abimelech S. 174 Anm. 1; ders., Paralipomena I S. 78f.100f.; s.u. S. 83f.

[93] Vgl. P. Bogaert, Apocalypse I S. 236; F. J. Murphy, Temple S. 681.

[94] Vgl. J. R. Harris, Rest S. 23, der darin einen Einfluß makkabäischer Tradition vermutet (vgl. 2Makk 2,5); dazu s.u. S. 101f.; vgl. oben S. 48ff. Anm. 67.69.

tion der Priester (vgl. ParJer 5,18, wonach Jeremia Priester ist und auch 9,2, wo er als Hoherpriester allein das Opfer bringt).[95] Die "Himmels-höhe" (ܪܘܡܗ ܕܫܡܝܐ) in syrBar 10,18 wird in ParJer 4,3 konkreter mit "Sonne" (ὁ ἥλιος) beschrieben, und die Zeitangabe, während der die Schlüssel bewahrt werden sollen ("bis zu dem Tage, an dem der Herr dich nach ihnen fragen wird"), fehlt in syrBar. Zu erwähnen ist noch, daß der Wortlaut der Rückgabe eine verschiedene Intention hat: In syrBar 10,18 werfen die Priester zwar die Schlüssel "in des Himmels Höhe", aber schließlich ist es der Herr selber, der die Schlüssel bewachen soll. In Par Jer 4,3 aber ist es nicht Gott, sondern die Sonne, die zur Bewahrung auf-gefordert wird. Warum hier die Sonne erwähnt wird, ist unklar.[96] Der Grund für die Schlüsselübergabe ist jedoch an beiden Stellen wiederum gleich: Die bisher Verantwortlichen haben sich als "trügerische Haushal-ter" (ܪ̈ܒܝ ܒܬܐ ܕܟܕܒܘ, syrBar 10,18c bzw. ἐπίτροποι ψεύδους[97], ParJer 3,4) erwiesen.

Die Frage nach einer gegenseitigen Abhängigkeit ist u.E. dahingehend zu beantworten, daß syrBar 10,18 wiederum die Vorlage für ParJer 4,3f. bildet, die jene kurze Notiz in ihrem Sinne erweitern. Daß Jeremia die Funktion der Priester übernimmt, ist nur zu verständlich, da er auch sonst in den ParJer priesterliche Funktionen wahrzunehmen hat (vgl.

---

[95] Zu Jeremia als Priester vgl. C. Wolff, Jeremia S. 48; J. Riaud, La figure de Jérémie S. 378f. Die priesterliche Funktion Jeremias ist wahrscheinlich aus Jer 1,1 abgeleitet (vgl. C. Wolff, Jeremia S. 48.150; J. Riaud, La figure de Jérémie S. 378ff.), wonach Jeremia einem Priestergeschlecht entstammt, vgl. auch Josephus, Ant X,80. Josephus erwähnt hier Jere-mia neben Ezechiel als von priesterlicher Abstammung. Von Ezechiel wissen wir recht genau, daß er Priester war, vgl. Ez 1,3 sowie sein Interesse am Tempel bzw. seine Kenntnis der Tempelanlage z.B. in 1,4ff.; 8,1ff.; 10,1ff. u.ö.; dazu s. W. Zimmerli, Ezechiel S. 24ff.; zur Person Jeremias im Alten Testament vgl. W. Rudolph, Jeremia S. III-VIII; R. Liwak, Prophet S. 58-78, bes. 74f. W. Rudolph, a.a.O. S. 3, schreibt: "Daß Jeremia selbst jemals als Priester gewirkt hatte, ist nicht anzunehmen, steht auch nicht im Text (freilich auch nicht das Ge-genteil ...)." Gerade deshalb aber war die spätere Charakterisierung Jeremias als Priester möglich.

[96] Die Verwendung des Bildes der Sonne statt der "Himmelshöhe" aus syrBar könnte zunächst daher zu verstehen sein, daß ParJer den impliziten Bezug der "Himmelshöhe" auf Gott selbst (vgl. die Wendungen in syrBar 10,18: "Gebt sie dem Herrn zurück ... Bewache Du selbst dein Haus ...") konkreter fassen wollten. Schon im Alten Testament wird in Ps 84,12 die Sonnensymbolik zwar singulär aber sehr eindeutig auf Gott angewedet; zu dieser Stelle s. H.-P. Stähli, Solare Elemente S. 41ff.; B. Langer, Gott als "Licht" S. 34ff.144ff. Zur Über-tragung solarer Motive auf Gott vgl. auch Jes 60,1ff.; Mal 3,20; Sir 42,16; 50,7; vgl. J. Maier, Sonne S. 354; M. S. Smith, Solar Language passim, bes. S. 30-34. In rabbinischen Schriften findet sich jedoch auch die Vorstellung, daß die Sonne als Gabe an die Schöpfung der Schöp-fung dient, vgl. WaR 35,8; J. Maier, Sonne 352.406 (weitere Belege dort); vgl. auch P. Maser, Sonne und Mond S. 47ff. Dieser Aspekt der Indienstnahme der Sonne steht auch in ParJer im Vordergrund, wenn sie mit der Aufbewahrung der Tempelschlüssel beauftragt wird, "bis zu dem Tage, an dem dich der Herr nach ihnen fragen wird" (4,3). Hier ist der direkte Be-zug auf Gott gerade vermieden.

[97] Dies ist als genitivus qualitatis zu verstehen, vgl. F. Blaß - A. Debrunner - F. Rehkopf, Grammatik S. 136f. § 165.

bes. 2,3; 5,18; 9,2.8; aber auch z.B. 7,14.32). Auch die Form des Verses
4,4 läßt sich gut als eine Umgestaltung von syrBar 10,18c verstehen. Besonders auffällig ist in diesem Zusammenhang die Tatsache, daß in Par
Jer Jeremia in der Anrede Gottes den Plural gebraucht, obwohl er allein
die Schlüssel übergibt: ʺἡμεῖς οὐχ εὑρέθημεν ...ʺ[98] Dies ist erneut ein
wichtiges Indiz für eine nicht ganz konsequenten Überarbeitung der Vorlage aus syrBar. Ferner entsteht durch die nahezu wörtliche Übernahme
der Aussage über die ʺtrügerischen Haushalterʺ und deren Verbindung
mit Jeremia (und Baruch) eine gewisse Spannung, denn Jeremia und Baruch sind in den ParJer nicht als solche aufgetreten, die in dieser Hinsicht
Schuld auf sich geladen hätten. Von Schuld ist nur im Blick auf das Volk
die Rede (vgl. 1,1.7.; 2,2.3). Von daher gibt es in den ParJer im Grunde
keinen Anlaß, warum Jeremia sich und Baruch als ʺtrügerische Haushalterʺ bezeichnen sollte. Auch diese Spannung läßt sich am ehesten erklären, wenn man syrBar 10,18 als Vorlage von ParJer 4,3f. ansieht, die hier
in der Bearbeitung nicht konsequent genug vorgehen.

G. W. E. Nickelsburg hatte aus der oben erwähnten Tatsache, daß die
ParJer diese Episode in narrativer Form, syrBar dagegen in Form einer
Aufforderung darstellen, die Schlußfolgerung ziehen wollen, daß die Par
Jer hier die frühere Traditionsstufe repräsentieren und daher nicht von
syrBar abhängig sein können.[99] Dagegen ist aber einzuwenden, daß sich
die unterschiedliche Erzähl*form* der Episode aus dem jeweiligen Kontext
ergibt und somit keinen Aufschluß über Abhängigkeiten zuläßt.

1.10. ParJer 4,6 // syrBar 21,21[100]

ParJer 4,6: Baruch aber tat Staub auf sein Haupt und setzte sich und weinte diese Klage und sprach: ʺWarum wurde Jerusalem verwüstet? Wegen der Sünden des geliebten Volkes wurde es in die Hände der Feinde übergeben, wegen unserer Sünden und (denen) des Volkes.ʺ	syrBar 21,21: Und zeige es denen, die nicht wissen, doch gesehen haben, was uns und unsre Stadt betroffen hat bis jetzt, gemäß der Langmut deiner Macht; denn du hast uns genannt 'Geliebtes Volk' um deines Namens willen.

Diese beiden Stellen seien hier kurz aus folgendem Grund erwähnt: In
ParJer fällt an verschiedenen Stellen auf, daß das Volk, wegen dessen
Sünden die Stadt untergehen mußte und das insofern negativ belastet ist,
dennoch als das von Gott geliebte Volk ausdrücklich bezeichnet wird (vgl.
3,8.10: das ʺGeliebteʺ, auf dessen Rückkehr bereits vor der Zerstörung
Jerusalems geblickt wird; 6,12ff.: das Volk, dem die Heilsbotschaft der

---

[98] Vgl. P. Bogaert, Apocalypse I S. 238.

[99] G. W. E. Nickelsburg, Traditions S. 63. Gleichzeitig kritisiert er, daß P. Bogaert
diese Schlußfolgerung vermeidet (a.a.O. Anm. 21), was aber P. Bogaert u.E. völlig zu Recht
tut.

[100] Zu syrBar 21,21ff. vgl. oben S. 51f.

Rückkehr gilt; 7,11: das erwählte Volk, das von Gott durch Jeremia aus der Gefangenschaft geführt wird). Diese Spannung gipfelt sehr deutlich in der Aussage von 4,6: "Wegen der Sünden des geliebten Volkes wurde sie (= die Stadt) in die Hände der Feinde übergeben ..." Und eben dieser Ausdruck "geliebtes Volk" (ܚܒܝܒܐ ܥܡܐ) findet sich wörtlich in syrBar 21,21 wieder und wird, wenn auch in einem anderen Zusammenhang, so doch immerhin in Verbindung mit der Erwähnung des Untergangs der Stadt (syrBar 21,21a) und dazu als Eigenname verwendet.

1.11. ParJer 4,9 // syrBar 11,4ff.

ParJer 4,9: Selig sind unsere Väter Abraham, Isaak und Jakob, denn sie gingen aus dieser Welt und sahen nicht den Untergang dieser Stadt.

syrBar 11,4ff.: (4) Unsere Väter sind ohne Schmerzen zur Ruhe gegangen, und siehe, die Rechtschaffenen, sie schlafen ruhig in der Erde.
(5) Sie kannten ja diese Trübsal nicht, noch haben sie gehört, was uns getroffen hat. (6) Hast Ohren du, o Erde, und hast ein Herz du, Staub, dann macht euch auf und kündet es im Totenreich und sagt zu den Toten: "Viel glücklicher seid ihr als wir, die wir hier leben!"

Im Blick auf das Klagegebet Baruchs, das im Inhalt zwischen ParJer und syrBar sehr stark differiert, ist zunächst seine Stellung innerhalb des Kontextes hervorzuheben. Wie in ParJer 4,6 setzt die Klage in syrBar 10,6 ein, als Jeremia mit dem Volk nach Babylon gezogen war (ParJer 4,5; syrBar 10,5). Dem eigentlichen Klagelied in syrBar 10,6 - 12,5 folgt dann mit 13,1 - 20,6 ein längerer Abschnitt einer Zwiesprache zwischen Baruch und Gott. Kapitel 21 beginnt in V. 1 mit der Erwähnung einer Erdhöhle (ܡܥܪܬܐ ܕ݁ܐܪܥܐ), in die sich Baruch danach zurückzieht, und die im Kidrontal lokalisiert wird. In ähnlicher Weise verfahren die ParJer. Nach dem (wesentlich kürzeren) Klagelied Baruchs steht in 4,11 die interessante Notiz, daß Baruch in einem Grab (μνημεῖον) sitzt, wo ihm Engel das Geschehen um Jerusalem deuten, und das als Konkretisierung der "Erdhöhle" aus syrBar 21,1 verstanden werden kann.[101] Eine Engelbegegnung

---

[101] C. Wolff, Heilshoffnung S. 155; vgl. dazu Gen 49,29, wo in der syrischen Übersetzung ܡܥܪܬܐ (Höhle) für das hebr. מְעָרָה (LXX: σπήλαιον) verwendet wird. Im Zusammenhang geht es aber um das Begräbnis des Jakob. Die Höhle diente also auch hier als Grab (vgl. auch H. G. Liddell - R. Scott, Lexicon, s.v. σπήλαιον 1 S. 1627, unter Hinweis auf Joh 11,38, wo μνημεῖον parallel zu σπήλαιον gebraucht wird). H. Schmid, Baruch S. 64, geht (u.E. jedoch zu Unrecht) sogar so weit, das "Grab" von ParJer 4,11 ebenfalls im Kidrontal zu lokalisieren (K. Kohler, Haggada S. 410: "in the neighbourhood of Hebron [?]"; vgl. P. Bogaert, Apocalypse I S. 328ff.). L. Gry (zit. bei P. Bogaert, Apocalypse II S. 48) hatte vorgeschlagen, den als Pleonasmus empfundenen Ausdruck ܡܥܪܬܐ ܕ݁ܐܪܥܐ in "Höhle des Schweigens" zu ändern, indem er, den griechischen Text voraussetzend, statt ἡ ὀπὴ τῆς γῆς die Wendung ἡ ὀπὴ σιγῆς lesen will. Folgt man dieser Konjektur, ließe sich die Verwendung

ist in syrBar 21,1 nicht erwähnt, wohl aber bemerkt, daß Baruch sich dort durch Fasten heiligte (ܘ‎. ܚ‎ܕܩ‎ ‎ܐ‎ܠ‎ ‎ܩܕ‎ܫ‎ ‎ܡ‎ܪ‎ܡ‎ ‎ܒܥ‎ܡ‎ ‎ܢܦܫ‎). Insgesamt kann man erkennen, daß die ParJer sich hier im äußeren Aufbau des Textes an die Struktur von syrBar anlehnen, inhaltlich jedoch starke Änderungen vornehmen, insbesondere im Blick auf den Umfang des Textes, wobei das erwähnte Motiv der "Erdhöhle" bzw. des "Grabes" besonders hervortritt. Aufgenommen ist weiterhin die oben zitierte Seligpreisung der verstorbenen Väter, die den Untergang der Stadt nicht miterleben müssen. Par Jer 4,9 konkretisieren jedoch die in syrBar 11,4+5 recht allgemein gehaltenen Aussagen. SyrBar 11,4 spricht von den "Vätern" (ܐ‎ܒ‎ܗ‎ܐ‎), bzw. den "Rechtschaffenen" (ܟܐܢ‎ܐ‎), während ParJer 4,9 die "Väter" mit Namen nennt: Abraham, Isaak und Jakob. Diese Namen tauchen in syrBar 21,24 ebenfalls im Zusammenhang mit dem "Schlafen in der Erde" auf. Ähnlich wie syrBar 21,21-23 in Verbindung mit ParJer 3,8[102], wird hier syrBar 21,24 zur Ausgestaltung und Erweiterung der in ParJer 4,9 aufgenommenen Stelle syrBar 11,4f. verwendet.[103] Damit ist auch die Diskrepanz zu erklären, die sich mit der Erwähnung der Erzväter ergibt, daß sie (historisch gesehen) eigentlich nicht zu Jerusalem passen. Hier steht die Anschaulichkeit der Aussage mehr im Vordergrund als die historische Richtigkeit, die auch an anderen Stellen vernachlässigt wird.[104] Die "Trübsal" (ܐ‎ܠ‎ܨ‎ܢ‎) aus syrBar 11,5 präzisieren die ParJer und reden vom "Untergang dieser Stadt". Die ausdrückliche Seligpreisung, die in syrBar erst danach in 11,6 erfolgt, setzen die ParJer bereits an den Anfang von 4,9. Daß die ParJer hier syrBar als Vorlage verwenden, zeigt sich auch daran, daß sie die recht freie Formulierung des Makarismus in syrBar 11,6 in die formgeschichtlich korrektere Form bringen.[105] Die Ableitung von ParJer 4,9 aus syrBar 11,4ff. ist also wiederum wahrscheinlicher als der umgekehrte Vorgang.

---

von μνημεῖον in ParJer 4,11 noch besser erklären, denn die "Höhle des Schweigens" wäre mit dem Ausdruck "Grab" anschaulich konkretisiert. Aber für diese Konjektur gibt es keine hinreichenden Gründe. Der Pleonasmus läßt sich anders begründen; s. P. Bogaert, Apocalypse II S. 49.

102 S.o. S. 51f.

103 Es legt sich die Vermutung nahe, daß ParJer syrBar 11,4f. auf dem Hintergrund von syrBar 21,24 interpretieren, also Exegese betreiben und als Ergebnis einen neuen Text formulieren.

104 Vgl. z.B. den Sachverhalt, daß Jeremia in ParJer mit nach Babylon zieht (vgl. 3,11; 4,5; 5,21; vgl. oben S. 53f.; unten S. 61f.) und nicht gewaltsam nach Ägypten verschleppt wird (Jer 43).

105 Zur Form von Makarismen vgl. F. Hauck, Art. μακάριος S. 366ff.: "Am häufigsten findet sich die Formel μακάριος ὅς (τις)..." (a.a.O. s.v. B S. 366); zum Ganzen vgl. auch E. Lipiński, Macarismes et psaumes de congratulation, RB 75 (1968), S. 321-367. Im Alten Testament vgl. vor allem die Form der Makarismen in den Psalmen (Ps 1,1; 2,12; 32,1f.; 34,9 u.ö.), im Neuen Testament Mt 5,3-10; Joh 20,29; Jak 1,12; 1Pt 4,14; Apk 1,3; 14,13 u.ö.

1.12. ParJer 3,11; 5,21; 7,32 // syrBar 44,3.7; 45,1-2

ParJer 3,11: Es sprach aber der Herr zu Jeremia: "Gehe mit deinem Volk nach Babylon und bleibe bei ihnen, indem du ihnen die gute Botschaft sagst, bis ich sie in die Stadt zurückführen werde!"

5,21: ... Denn sie wurden gefangengenommen vom König Nebukadnezar, und bei ihnen ist Jeremia, um ihnen die gute Botschaft zu sagen und sie das Wort zu lehren.

7,32: ... Und er fuhr fort, sie zu lehren, sich von den Verunreinigungen der Heiden Babylons fernzuhalten.

syrBar 44,3.7: (3) Ihr aber sollt nicht abweichen vom Weg des Gesetzes! Bewahrt es und mahnt das Volk, das noch übriggeblieben ist, daß sie nicht abweichen von den Anordnungen des Mächtigen... (7) Denn wenn ihr beharrt und bleibt in seiner Furcht und nie vergeßt sein Gesetz, dann werden die Zeiten sich für euch wieder zum Heil wenden, ihr aber werdet des Trostes Zions teilhaftig werden.

45,1f.: (1) Ihr darum, ermahnt das Volk, soviel ihr könnt! Denn das ist unsere Arbeit hier. (2) Denn wenn ihr sie belehrt, so macht ihr sie lebendig.

Die mehrmalige Erwähnung, daß Jeremia mit dem Volk ins Exil gegangen sei[106], "um ihnen die gute Botschaft zu sagen und sie das Wort zu lehren" (ParJer 5,21; vgl. 3,11; 4,5; 7,32), erinnert an syrBar 44,3 - 45,2, wo Baruch sich an das Volk wendet und es ermahnt, den "Weg des Gesetzes" (ܐܘܪܚܗ ܕܢܡܘܣܐ) zu befolgen (44,3), woran das Heil des Volkes geknüpft wird (44,7; 45,2).[107] "Das Wort lehren" ist auch nach den ParJer als Lehre des Gesetzes zu verstehen, an dessen Befolgung das Heil der Rückkehr gebunden ist (vgl. bes. ParJer 6,21f.; vgl. auch 8,3).[108] Der Auftrag des εὐαγγελίζεσθαι des Jeremia hat also zwei Aspekte: die Lehre des Gesetzes und die Verheißung der Rückkehr (vgl. bes. 3,11, aber auch 7,11.15). Das eine ist an das andere gebunden, aber nicht mit ihm identisch.[109]

Was nach syrBar 44,1 den Ältesten des Volkes gesagt wird, ist an den

---

[106] S.o. S. 53f.

[107] Vgl. H. Schmid, Baruch S. 63: "Bei aller Determination ist aber die Weltzeit zugleich Entscheidungs- u. Bewährungszeit auf Grund der Thora, die in sB. Apc. Grundlage und Richtschnur allen Handelns und Verstehens sein soll." R. H. Charles, II Baruch S. 478: "Here we have decidedly orthodox Judaism." Zur Bedeutung des Gesetzes im Blick auf das Heil in syrBar vgl. W. D. Davies, Torah S. 39-49; M. Limbeck, Ordnungen S. 102-107; M. Desjardins, Law, passim, bes. S. 27-31; W. Harnisch, Verhängnis S. 180-229, bes. S. 183f.: "... (N)icht schon das Erdulden der Übel dieses Äons, sondern erst ein streng am Willen Gottes orientierter und auf die radikale Erfüllung des Gesetzes bedachter Existenzvollzug (garantiert) den Erwerb des eschatologischen Heils ..." Zum alttestamentlichen Bezug dieser Vorstellung auf Dtn 30,19 vgl. a.a.O. S. 201ff. Den interessanten Zusammenhang zwischen Dtn und syrBar hat F. J. Murphy, Structure S. 120-133, hervorgehoben, wenn auch nicht eingehend erörtert.

[108] Zu Jeremia als Lehrer des Gesetzes vgl. G. Delling, Lehre S. 21f.; P. Stuhlmacher, Evangelium S. 177f.; C. Wolff, Jeremia S. 49 Anm. 2; vgl. oben S. 54 Anm. 84.

[109] Gegen P. Stuhlmacher, Evangelium S. 178 Anm. 2, der diese Identifizierung vertritt. Trotz der Bedeutung des Gesetzes in ParJer schreibt G. B. Saylor, Analysis S. 141, zu Unrecht: "... the Paraleipomena of Jeremiah does not emphasize that the Torah is the basis of the community's continued existence."

genannten Stellen der ParJer, ähnlich wie bei syrBar 10,18 in Bezug auf
die Priester, wiederum auf Jeremia bezogen (vgl. 2Makk 2,1-3!). Die Aufgabe Jeremias in Babylon ist nach syrBar 10,2, dem Volk "beizustehen"
(so die Übersetzung nach A .F. J. Klijn; ܣܡ [Af.] eigtl.: "aufrichten"; V.
Ryssel: "sorgen"). Nach syrBar 33,2 soll Baruch im Auftrage Jeremias
nach dem in Jerusalem zurückgebliebenen Volk "sehen" (ܠܡܐ).[110] Als Ort
der "Volksbelehrung" ist in syrBar Jerusalem vorausgesetzt, in ParJer jedoch Babylon, was auch nicht anders möglich und durch den Bezug auf
Jeremia zu ändern notwendig war.

1.13. ParJer 6,7 // syrBar 13,3; 25,1; 76,2

ParJer 6,7: Der den Feigenkorb be-wahrte, er wird auch dich bewahren durch seine Kraft.	syrBar 13,3: Weil du dich wundertest wegen dessen, was Zion traf, wirst du gewiß bewahrt werden bis ans Ende der Zeiten, daß du zum Zeugnis werden sollst ...
	25,1: Da antwortete er und sprach zu mir: "Auch du wirst aufbewahrt für jene Zeit, zu jenem Zeichen, das der Höchste wirken wird für die Bewohner dieser Erde am Ende aller Tage."
	76,2: Zwar wirst du sicher abscheiden von dieser Erde, doch nicht zum Tod; vielmehr wirst du bewahrt (fürs Ende) der Zeiten.

Für das Anliegen des Verfassers der ParJer ist der Abschnitt 6,1-7 von
entscheidender Bedeutung, in dem es um das Heilsergehen des einzelnen
Frommen geht.[111] Das Gebet Baruchs endet mit der zitierten Aussage in
V. 7 von der Bewahrung durch Gottes Kraft, hier von Baruch sich selbst
zugesprochen im Zusammenhang mit der Deutung des Feigenwunders.
Von solcher Bewahrung des Einzelnen ist in syrBar an verschiedenen
Stellen die Rede, und, wie die zitierten Belege zeigen, immer auf Baruch
bezogen. Er soll bewahrt werden "bis ans Ende der Zeiten" (ܠܥܠܡܐܘ
ܘܙܒܢܐ, 13,3), "für jene Zeit" (ܙܒܢܐ ܗܘ ܠܗ; ܘܠܙܒܢܐ; 25,1) bzw. "(fürs Ende) der
Zeiten" (ܘܙܒܢܐ ܠܚܪܬܐ ܐܠܐ [eigtl.: "sondern zur Beobachtung der Zeiten"- und
eben in dieser Funktion wird er nicht den Tod sehen: ܠܡܘܬܐ ܗܘ ܠܐ];
76,2).[112] Mit dieser Bewahrung des Baruch ist jeweils ein bestimmter
Zweck verbunden: Er soll zum Zeugnis dafür werden, was Jerusalem ge-

---

[110] Vgl. dazu P. Bogaert, Apocalypse II S. 68. G. Delling, Lehre S. 21, vermutet, daß
εὐαγγελίζεσθαι in ParJer im Sinne dieser Begriffe aus syrBar zu verstehen sei.
[111] Vgl. unten S. 112ff.
[112] Die Übersetzung von A. F. J. Klijn "fürs Ende" in syrBar 76,2 ist u.E. nicht korrekt;
vgl. auch V. Ryssel, Apokalypsen, in: E. Kautzsch, Apokryphen II S. 440 z.St., der sich in der
Übersetzung an 13,3 anlehnt. Zur Bedeutung von ܢܛܪ s. C. Brockelmann, Lexicon, S. 426
s.v.

schehen ist (13,3), in 25,1 zum Zeugen der "großen Drangsal" (25,3f.).
An der Stelle syrBar 76,2 ist bemerkenswert, daß die Bewahrung hier
verknüpft ist mit der Verheißung eines "Abscheidens (bzw.
Gehens) von dieser Erde" (ܐܪܥܐ ܗܕܐ ܡܢ ܕܢܐܙܠ), das wiederum mit dem Tod bzw. dem
Nicht-Sterben und der Bewahrung in Verbindung gebracht wird. Ein ähnliches Problem findet sich auch in ParJer 6,1-7, wo in V. 3 die Lesart ἐκ
τοῦ σκηνώματός σου von der Handschrift c und verschiedenen Interpre-
tatoren[113] in ἐν τῷ σκηνώματί σου geändert wird. Diese Intention erinnert
an syrBar: Baruch wird den Tod nicht sehen, sondern bewahrt werden bis
zu den "letzten Zeiten" (13,3; 76,2). Von einer "Entrückung" Baruchs ist
jedoch nichts gesagt. Vielmehr rechnet syrBar auch mit dem Tod des Baruch (vgl. 78,5; 84,1). In syrBar 46,7; 48,30 ist von einem Weggenom-
men-Werden Baruchs die Rede. Dennoch muß hier nicht unbedingt an
eine Entrückung gedacht sein, denn die an beiden Stellen verwendete
Form ܡܬܕܒܪ (Etpe. Pt. der Wz.: ܕܒܪ - nehmen) kann auch im Sinne von
"sterben" verstanden werden[114], was in den Kontext von syrBar paßt.[115]
Die erwähnte Textänderung in ParJer 6,3 läßt sich aus verschiedenen
Gründen nicht halten.[116] Einer der wesentlichsten dürfte wohl im Schluß
der ParJer zu finden sein, wo Jeremia tatsächlich stirbt (9,7-9). Die frischen Feigen waren also im Blick auf ihn nicht Symbol der Unsterblich-
keit (vgl. auch 6,17), wie J. Riaud meint.[117] Aber auch ParJer 9,3-7 interpretiert J. Riaud als Geschichte der Entrückung des Gerechten[118], weil
hier das Verb ἀναλαμβάνεσθαι verwendet wird (9,3). Doch die Tatsache
des Todes des Jeremia in 9,10 macht deutlich, daß gerade hier nicht daran
zu denken ist und ἀναλαμβάνεσθαι an dieser Stelle eine andere Intention
enthält.[119] Daher hatte J. Riaud vorgeschlagen, dieses Ende der ParJer literarkritisch abzutrennen.[120]
Von Bedeutung ist in diesem Zusammenhang ferner das Wort αἴρω,
das von Baruch in ParJer 6,3 verwendet wird, im Gegensatz zu ἀναλαμβάνεσθαι in 9,3. War hier der Gedanke an eine Entrückung zwar von
der Wortbedeutung her möglich, aber vom Kontext her nicht aufrechtzuerhalten, so muß man letzteres hinsichtlich 6,3 erst recht sagen. Das
Wort αἴρω hat nämlich noch deutlicher die Bedeutung "wegnehmen" in

---

[113] So J. Riaud, Destinée S. 259f.; R. A. Kraft - A.-E. Purintun, Paraleipomena S. 28f.

[114] Vgl. P. Bogaert, Apocalypse II S. 84. Auch das hebräische Äquivalent לקח hat im
Nifal eine ähnliche Zweifachbedeutung von "entrückt werden" und "hinweggerafft werden"
(z.B. Ez 33,6; vgl. W. Gesenius, Handwörterbuch S. 390 s.v. לקח Ni.; vgl. auch G. Delling,
Lehre S. 57 Anm. 15; A. Schmitt, Entrückung S. 232f.).

[115] Zum Problem des Sterbens des Gerechten in syrBar vgl. W. Harnisch, Verhängnis
und Verheißung S. 80-87.

[116] Vgl. dazu G. Delling, Lehre S. 55f., und vor allem jetzt ausführlich C. Wolff, Heilshoffnung S. 150-153.

[117] J. Riaud, Destinée S. 260.

[118] A.a.O. S. 263.265; s.u. S. 151 Anm. 575.

[119] Vgl. G. Delling, Lehre S. 57f.

[120] J. Riaud, Destinée S. 264, vgl. dazu oben S. 29f.

Verbindung mit dem Tod[121], so daß in ParJer 6,3, wie in syrBar, nicht von einer Entrückung die Rede ist, sondern mit dem Tod real gerechnet wird.[122] Wohl nicht zuletzt deshalb ist in ParJer 6,7 als Subjekt der Bewahrung Gott ausdrücklich genannt, während an den genannten Stellen aus syrBar lediglich passivisch formuliert wird, was allerdings als passivum divinum aufzufassen ist; somit stellt die Aussage in ParJer 6,7 wiederum eine Konkretisierung dar.

1.14. ParJer 6,8-23 // syrBar 77,11-19

ParJer 6,8-23: (8) Als Baruch dies gesprochen hatte, sagte er zu Abimelech: "Stehe auf und laß uns beten, damit der Herr uns wissen lasse, wie wir die Nachricht dem Jeremia nach Babylon senden können wegen deiner Bewahrung." (9) Und Baruch betete und sprach: "Unsere Kraft, unser Gott, Herr, erlesenes Licht, das aus seinem Munde kam, ich rufe (dich) auf und bitte deine Güte, großer Name, den keiner kennen kann, (10) höre die Stimme deines Knechtes und gib Erkenntnis in mein Herz. Was willst du, sollen wir tun? Wie soll ich zu Jeremia nach Babylon senden?" (11) Während aber Baruch noch betete, siehe, da kam ein Engel des Herrn und spricht zu Ba-

syrBar 77,11-19: (11) Und das ganze Volk antwortete und sprach zu mir: "An alle Wohltaten, die der Mächtige an uns getan hat und an die wir uns erinnern können, wollen wir gedenken; das aber, woran wir uns nicht mehr erinnern können, weiß er in seiner Gnade. (12) Aber tu dies doch für uns, dein Volk: Schreib auch an unsere Brüder nach Babel: einen Brief der Unterweisung und ein Schreiben der Hoffnung, daß du sie auch stärkst, bevor du von uns gehst! (13) Denn die Hirten Israels sind umgekommen, die Lampen, die uns Licht gaben, sind erloschen, und die Quellen haben ihre Ströme zurückgehalten, von denen wir zu trinken pflegten. (14) Wir sind

---

[121] Vgl. W. Bauer - K. u. B. Aland, Wörterbuch s.v. αἴρω 4 Sp. 46; auch J. Jeremias, Art. αἴρω 3 S. 185: "schwerlich Entrückung". Daß in ParJer gerade nicht an eine Entrückung gedacht ist, hat auch Bedeutung für die Absicht des Verfassers (vgl. unten S. 157f., gegen J. Riaud, Destinée S. 265).

[122] Bemerkenswert ist im Blick auf ParJer 6,3 eine Stelle aus DER 1, wo Abimelech neben anderen als einer genannt wird, der zu Lebzeiten ins Paradies entrückt worden sei: "Neun gingen lebendig ins Paradies ein, nämlich Chamoch, Sohn Jered's, Elijahu, der Messias, Elieser, der Knecht Abraham's, Chiram aus Zor, Ebed Melech, der Kuschi, Jaboz, der Sohn des R. Jehuda Hanasi, Serach, die Tochter Ascher's und Bathia, die Tochter Pharao's" (zit. nach J. Winter - A. Wünsche, Literatur S. 636; vgl. 2. Alphabet des Ben Sira 28b; vgl. dazu L. Ginzberg, Legends V S. 95f.; zur Vorstellung der Entrückung ins Paradies vgl. bHag 14b; 2Kor 12,4, vgl. dazu P. Lenhardt - P. v. d. Osten-Sacken, Akiva S. 124-137; C. Wolff, Zweiter Korintherbrief S. 244f.). Würde man voraussetzen, daß die Tradition über Ebed-Melech der zitierten Stelle aus Derek Erez Rabba dem Verfasser der ParJer bekannt gewesen sei, so müßte man u.E. feststellen, daß er bewußt gegen diese Tradition formuliert, denn die gegen eine Entrückungsvorstellung in ParJer angeführten Argumente werden dadurch nicht entkräftet. Wenn man von einer Beziehung beider Texte sprechen kann, so scheint eher Derek Erez Rabba und 2. Alphabet des Ben Sira 28b von einer Tradition über Ebed-Melech beeinflußt zu sein, die in Kreisen ihren Ursprung hat, aus denen auch eine Interpretation wie die der Hs. *c* hervorgegangen ist. Hinzuweisen ist ferner auf VitAd 37, wo der Erzengel Michael den **toten** Adam (31f.) ins Paradies erheben soll, wo er bis zum Gericht bleiben wird, beschrieben ebenfalls mit dem Wort αἴρω: "ἆρον αὐτὸν εἰς τὸν παράδεισον ..." (37,5; vgl. 37,6; Zählung und Zitation nach A.-M. Denis, Concordance S. 817).

ruch: (12) "Baruch, Ratgeber des Lichtes! Sorge dich nicht darum, wie du zu Jeremia senden sollst. Denn morgen bei Sonnenaufgang kommt ein Adler zu dir, und du wirst (ihn) zu Jeremia schicken. (13) Schreibe also im Brief: 'Sage den Söhnen Israels: Wer unter euch ein Fremder wurde, der sondere sich ab, und sie sollen 15 Tage vergehen lassen. Und danach werde ich euch in eure Stadt führen, spricht der Herr. (14) Wer sich nicht absondert von Babylon, Jeremia, kommt niemals in die Stadt. Und ich bestrafe sie, daß sie in Zukunft nicht von den Babyloniern aufgenommen werden, spricht der Herr." (15) Und als dies der Engel gesagt hatte, ging er von Baruch weg. (16) Baruch aber schickte auf den Markt der Heiden, ließ Papier und Tinte bringen und schrieb einen Brief folgenden Inhalts: (17) "Baruch, der Knecht Gottes, schreibt an Jeremia: Der du in der Gefangenschaft Babylons bist, freue dich und juble, denn Gott ließ es nicht zu, daß wir aus diesem Leib betrübt ausziehen um der verwüsteten und geschändeten Stadt willen. (18) Deswegen hat sich der Herr erbarmt über unsere Tränen und sich des Bundes erinnert, den er mit unseren Vätern Abraham, Isaak und Jakob geschlossen hat. (19) Denn er sandte zu mir seinen Engel, und er sprach zu mir diese Worte, die ich zu dir gesandt habe. (20) Dies sind also die Worte, die der Herr sprach, der Gott Israels, der uns aus dem Land Ägypten geführt hat, aus dem großen Schmelzofen: (21) 'Weil ihr nicht meine Rechtssatzungen gehalten habt, sondern euer Herz hochmütig wurde und ihr vor mir halsstarrig wart, wurde ich zornig, und im Zorn übergab ich euch dem Schmelzofen nach Babylon. (22) Wenn ihr nun auf meine Stimme hört, spricht der Herr, aus dem Munde Jeremias, meines Knechtes: Derjenige, der (sie) hört - ihn werde ich aus Babylon heraufführen. Wer (sie) aber nicht hört, wird ein Fremder in Jerusalem und in Babylon werden.' (23) Du aber wirst sie prüfen mit dem Wasser des Jordan. Wer nicht hört, wird offenbar werden. Dies ist das Zeichen des großen Siegels."

nun in der Finsternis und im dichten Wald und in der Dürre der Wüste zurückgelassen worden." (15) Und ich antwortete und sagte zu ihnen: "Hirt und Lampen und Quellen: sie stammen aus dem Gesetz; wenn *wir* auch fortgehen, so bleibt doch das Gesetz bestehen. (16) Schaut ihr darum auf das Gesetz und behaltet die Weisheit im Auge, so wird es nicht an einer Lampe fehlen, der Hirt wird nicht weichen, und die Quelle wird nimmermehr austrocknen. (17) Dennoch will ich, wie ihr zu mir sagtet, an eure Brüder nach Babel schreiben und will (diesen Brief) durch einen Menschen senden. Den neuneinhalb Stämmen will ich gleichfalls schreiben und (diesen Brief) durch einen Vogel senden." (18) Und am 21. Tage des achten Monats kam ich, Baruch, hin und setzte mich unter die Eiche in den Schatten der Zweige.

In ParJer 6,8 ergreift Baruch, nachdem er die Zeichenhaftigkeit der Bewahrung Abimelechs erkannt hatte, die Initiative, um diese von ihm so verstandene Heilsbotschaft nach Babylon zu übermitteln. Er bittet Gott, ihm einen möglichen Weg dafür zu zeigen (6,8-10). In syrBar 77,12 dagegen ist es das Volk, das Baruch erst dazu auffordert, den Exulanten in Babylon einen Brief zu schreiben.[123] Während als Adressat hier das Volk in Babylon vorausgesetzt werden muß, ist es in ParJer dagegen *Jeremia*, den der Brief erreichen soll (6,8.10.12.14), durch den allerdings auch das Volk die Heilsbotschaft erfährt (6,11). Anders als syrBar können die Par Jer an dieser Stelle die Bedeutung der Person des Jeremia nicht übergehen, so daß er zum Mittler des Briefes wird. In syrBar geht Baruch schließlich auf die Bitte des Volkes ein, will aber nicht nur einen, sondern zwei Briefe schreiben, den einen durch (drei) Menschen nach Babel, den anderen durch einen Vogel an die "neuneinhalb Stämme". Der "Vogel" wird kurz darauf mit dem "Adler" konkretisiert. Dieses Motiv der Briefüberbringung durch einen Adler findet sich in ParJer 6,12 wieder. Der Brief, den der Adler in syrBar überbringen soll, ist jedoch der einzige, den Baruch tatsächlich schreibt.[124] In ParJer soll der Adler Baruch's Brief nach Babel bringen, wohin in syrBar die drei Menschen gesandt werden.[125] Zu bemerken ist auch, daß das Motiv des Lichtes, in syrBar 77,13 als nicht mehr bestehende Möglichkeit im Zusammenhang mit den "Hirten" gebraucht, in der Gottesprädikation ParJer 6,9 ebenfalls vorkommt, hier allerdings als real noch bestehende Möglichkeit und auf Gott bezogen.

Wiederum muß man feststellen, daß die Ähnlichkeit der beiden Texte hinsichtlich der Situationsschilderungen von syrBar und ParJer zwar auf der Hand liegt, daß der Wortlaut aber erheblich abweicht. Wie schon des öfteren deutlich wurde, lassen sich auch hier die Veränderungen in ParJer gegenüber der Parallele in syrBar aus der unterschiedlichen Konzeption der ParJer heraus verstehen: die Reduktion der zwei Briefe auf einen[126], der dann nicht von den Menschen, sondern durch den auch in syrBar erwähnten Adler überbracht wird, und schließlich auch die ausführliche Einbeziehung Gottes in das Geschehen der Briefschreibung. Diese Theologisierung ist verständlich, wenn man syrBar als Vorlage der ParJer auch an dieser Stelle annimmt. Umgekehrt ist es wohl kaum wahrscheinlich, daß syrBar die theologischen Aspekte derart vernachlässigt haben sollte

---

123 Zum Brief Baruchs vgl. J. R. Michaels, Letters S. 269f., und jetzt ausführlich, bes. hinsichtlich der formgeschichtlichen Fragestellung, I. Taatz, Briefe S. 64-76; s.u. S. 116-122.

124 Vgl. J. R. Michaels, Letters S. 270.

125 I. Taatz, Briefe S. 63 Anm. 259, zieht eine Parallele zu Jer 29,3, wo von einer Gesandtschaft Zedekias die Rede ist, die den Brief Jeremias überbracht hat, die allerdings nur aus zwei Personen bestand. Schon P. Bogaert, Apocalypse I S. 80, verwies auf biblische Tradition, aber auf das Buch Baruch (LXX).

126 In syrBar werden zwar zwei Briefe angekündigt, aber letztlich nur einer wirklich formuliert (78-86) und abgeschickt (77,20ff.; 87,1), und zwar der mit dem Adler (77,20), was für die Reduktion in ParJer von besonderer Bedeutung ist, vgl. dazu unten S. 67f. Zum Problem der "lettre perdue" vgl. P. Bogaert, Apocalypse I S. 78ff.

und an der Stelle Gottes nunmehr das Volk für den Inhalt der Briefe[127] verantwortlich sein ließe.

1.15. ParJer 7,1-12 // syrBar 77,20-26

Bevor auf die wichtigen Parallelen in diesem letzten Abschnitt eingegangen wird, muß zunächst festgehalten werden, daß äußerlich die Reihenfolge zwischen Entschluß, Briefschreiben und Absenden in ParJer und syrBar recht unterschiedlich sind. In ParJer 6,8-12 steht der Entschluß Baruchs, einen Brief zu schreiben, für den Gott den Inhalt aufträgt (V. 13-15). Daraufhin läßt Baruch Papier und Tinte holen (V. 16) und schreibt schließlich den Brief (V. 17-23). Danach kommt der Adler, und Baruch schickt durch ihn den Brief zu Jeremia (7,1-12). Diesem zeitlich geordneten und einfachen Nacheinander steht das etwas kompliziertere Geschehen in syrBar gegenüber. Baruch wird vom Volk aufgefordert, einen Brief zu schreiben (77,12-14) und entschließt sich, dies zu tun (77,15-18). Danach folgt der Hinweis, daß er zwei Briefe geschrieben hat (77,19), von denen er einen mit dem Adler abschickt (77,20-26). Erst dann folgt in 78-86, gleichsam als Nachtrag, der Wortlaut des Briefes[128], weshalb schließlich in 87,1 nochmals das Abschicken durch den Adler erwähnt wird, so daß eine gewisse Doppelung eintritt. Vergegenwärtigt man sich diese äußere Struktur, so legt sich auch in dieser Beziehung der Schluß nahe, daß die ParJer die kompliziertere und nicht ohne Spannungen[129] verlaufende Darstellung von syrBar vereinfachen und in ein logisches Nacheinander ordnen. Die Beschränkung der ParJer auf einen Brief wird

---

[127] Zur Bedeutung des Gesetzes in beiden Briefen vgl. W. Harnisch, Verhängnis und Verheißung S. 212ff.

[128] G. B. Saylor, Promises S. 98-102, hält den Brief Baruchs in syrBar 78ff. für einen späteren Zusatz; vgl. J. R. Michaels, Letters S. 270; dagegen vgl. aber P. Bogaert, Apocalypse I S. 76ff.; F. J. Murphy, Structure S. 28f.; ders., 2 Baruch S. 666. Zur Einheitlichkeit von syr Bar vgl. auch W. Harnisch, Verhängnis und Verheißung S. 14; A. Lods, Apocalypse S. 1000f.; F. J. Murphy, Structure S. 11-29; I. Taatz, Briefe S. 59. Die Einheitlichkeit von syrBar schließt die Benutzung verschiedener Quellen nicht aus, vgl. A. F. J. Klijn, Sources passim, der allerdings die von syrBar verwendeten Quellen nicht näher benennt. Für das Anliegen unserer Arbeit ist eine Entscheidung der Frage nach der Zugehörigkeit von Kap. 78-86 zu syrBar nicht von wesentlicher Bedeutung. Wenn diese Kapitel ein späterer Zusatz sein sollten, dann müßte er schon vor der Abfassung von ParJer hinzugekommen sein. Da aber zwischen syrBar und ParJer der zeitliche Abstand nicht sehr groß sein dürfte, ist die von G. B. Saylor vorgetragene These unwahrscheinlich. P. v. Konigsveld, Arabic Manuscript S. 206, hält den Brief Baruchs ebenfalls für einen späteren Zusatz, weil er im arabischen Text mit einer Formel beginnt, die am Beginn nahezu jedes Stückes arabischer Literatur zu finden sei und die Funktion habe, eine neue Einheit anzuzeigen. Dagegen ist einzuwenden, daß erstens nicht genau feststeht, ob jenes arabische Manuskript wirklich syrBar wiedergibt (vgl. a.a.O. S. 205), und zweitens, daß es als arabische Übersetzung von syrBar ohnehin sekundären Charakter hat, durch den eine derartige Formel begründet werden kann; vgl. auch F. J. Murphy, Structure S. 29.

[129] Diese hängen mit der problematischen literarischen Geschichte des Schlusses von syrBar zusammen, vgl. dazu P. Bogaert, Apocalypse I S. 78ff. und II S. 164.

nicht zuletzt auch dadurch verständlich, daß in syrBar 77,17-19 zwar zwei Briefe angekündigt werden, dann aber nur ein Brief im Wortlaut wiedergegeben wird, und zwar nicht der nach Babel, wie vom Volk gefordert (77,12), sondern der an die nicht näher lokalisierten neuneinhalb Stämme (78,1).[130]

ParJer 7,1-12: (1) Und Baruch stand auf und ging aus dem Grab. (2) Und der Adler antwortete mit menschlicher Stimme und sprach: "Gegrüßt (seist du) Baruch, Haushalter des Glaubens!" (3) Und Baruch sprach zu ihm: "Du bist erwählt, der (du) redest, von allen Vögeln des Himmels, denn durch den Glanz deiner Augen ist es offenkundig. (4) Zeige mir nun, was tust du hier?" (5) Und es sprach zu ihm der Adler: "Ich wurde hierher gesandt, damit du jede Nachricht, die du willst, durch mich sendest." (6) Und Baruch sprach zu ihm: "Kannst du diese Nachricht dem Jeremia nach Babylon bringen?" (7) Und der Adler sprach zu ihm: "Dazu bin ich ja gesandt." (8) Und Baruch nahm den Brief und 15 Feigen aus dem Korb Abimelechs, band sie an den Hals des Adlers und sprach zu ihm: (9) "Dir sage ich, König der Vögel: Gehe hin in Frieden und Gesundheit und bringe mir[131] die Nachricht! (10) Werde nicht dem Raben gleich, den Noah aussandte und der nicht mehr zu ihm in die Arche zurückkehrte, sondern sei der Taube gleich, die beim dritten Mal dem Gerechten Nachricht brachte. (11) So auch du: Bring diese gute Nachricht dem Jeremia und denen, die bei ihm sind, damit dir Gutes geschehe; bring dieses Papier dem erwählten Volk Gottes! (12) Falls dich alle Vögel des Himmels umringen und mit dir streiten wollen, (dann) kämpfe! Der Herr gebe dir Kraft. Und weiche nicht ab zur Rechten noch zur Linken, sondern wie ein Pfeil, der geradeaus fliegt, so gehe hin in der Kraft Gottes!"

syrBar 77,20-26: (20) Und ich rief den Adler herbei und sagte zu ihm folgendes: (21) "Dich hat der Höchste so geschaffen, daß du alle anderen Vögel überragen solltest. (22) So geh jetzt hin und halte dich an keinem Orte auf! Laß nicht auf ein Nest dich nieder, setz dich auf keinen Baum, solange du die Breite der großen Wasser des Euphratstromes nicht überflogen hast und zu dem Volke gekommen bist, das dort wohnt. Wirf ihnen diesen Brief hier zu! (23) Erinnere dich auch, daß Noah in der Zeit der Sintflut von einer Taube des Ölbaums Frucht empfing, als er sie aus der Arche fortgeschickt hatte. (24) Und auch die Raben dienten dem Elia, als sie ihm Speise brachten, wie es ihnen aufgetragen war. (25) Und einen Vogel befahl Salomo zur Zeit seiner Königsherrschaft, wohin er auch immer schicken wollte, und wenn er etwas brauchte; und der war ihm gehorsam, wie er ihm befohlen hatte. (26) Nun laß dich's nicht verdrießen und weiche nicht ab nach rechts und links! Fliege und gehe geradewegs, damit du des Mächtigen Auftrag beachtest, so wie ich dir gesagt habe!"

---

[130] Vgl. G. Delling, Lehre S. 6f. Anm. 12; I. Taatz, Briefe S. 62f. R. Kabisch, Quellen S. 68, vermutete, daß nach syrBar 77,9 "ursprünglich noch ein vierter Theil gefolgt ist, einen Brief Baruchs an die Gefangenen in Babylon enthaltend".

[131] Der Dativ μοι ist als dativus commodi aufzufassen: "in meinem Interesse", vgl. F. Blass - A. Debrunner - F. Rehkopf, Grammatik § 188 S. 152.

Während nach syrBar 77,20 der Adler von Baruch herbeigerufen wird, begegnet er ihm in ParJer 7,1f., nachdem Baruch aus dem Grab gekommen war. Der Adler in syrBar kann im Gegensatz zu seinem Artgenossen in ParJer nicht reden; die ParJer gestalten hier also in der Weise einer Fabel den Stoff aus syrBar um.[132] Die Worte, mit denen Baruch den Adler begrüßt, unterscheiden sich in syrBar und ParJer wieder stark im Wortlaut, aber die Intention ist die gleiche: Der Adler ist von Gott selbst "erwählt" (ParJer 7,3 = passivum divinum) bzw. von Gott geschaffen (ܐܬܒܪܝ, syrBar 77,21a), was ihn in eine besonders hervorgehobene Stellung rückt vor anderen Vögeln.[133] Daß in ParJer statt von dem Geschaffensein des Adlers von dessen Erwählung durch Gott geredet wird, deutet wiederum daraufhin, daß die ParJer das Motiv aus syrBar weiterführend gedeutet haben.[134] Nach der Begrüßung des Adlers wird in ParJer ein Gespräch zwischen Baruch und dem Adler berichtet, in dem es um den Auftrag des Adlers geht (7,4-7). In syrBar dagegen folgt auf die Begrüßung des Adlers sogleich die Sendung durch Baruch (77,21b). Obwohl die Worte Baruchs beim Wegschicken des Adlers wieder verschieden sind (ParJer 7,9-12; syrBar 77,21b-26), gibt es auch markante Berührungspunkte.[135] In beiden Texten wird zunächst an Noah erinnert (syrBar 77,23; ParJer 7,10) und daran, daß er, wie es jetzt Baruch mit dem Adler tut, Vögel aussandte, von denen syrBar nur die Taube erwähnt, die Boten für das Ende der Katastrophe sein sollten. Jedoch ist das Motiv verschieden gestaltet. In syrBar 77,23-25 werden drei positive Beispiele angeführt, in denen Vögel dienstbar waren: die Taube, die Noah den Ölzweig brachte (77,23; vgl. Gen 8,10f.), die Raben, die Elia zu essen brachten (77,24; vgl. 1Kön 17,4-6), und schließlich die Botenvögel Salomos (77,25 [ohne biblischen Beleg]). Die dienstbaren Vögel in syrBar sind also nicht nur Boten für das Ende einer Katastrophe. Dagegen wird in ParJer 7,10 dem Adler lediglich das Beispiel der Vögel des Noah vor Augen gestellt: der Rabe, der nicht wieder zurückkam, als negatives Beispiel, und die Taube, die die gute Nachricht des Endes der Flut brachte, als positives Vorbild.[136] An dieser

---

[132] Man könnte hierbei erwägen, ob nicht das Fabelmotiv des sprechenden Adlers ursprünglicheren Charakter habe, aber da der Adler in ParJer ausdrücklich als *Gesandter Gottes* gekennzeichnet wird (7,5.7), liegt u.E. der Schluß näher, daß ParJer den Monolog des Baruch von syrBar in einen Dialog zwischen Baruch und dem Adler als Gottes Gesandten umgestalten, der Baruch als οἰκονόμος τῆς πίστεως begrüßt. Umgekehrt wäre es schwer erklärbar, warum ein ursprünglicher Dialog in einen Monolog verändert werden sollte. Zur Gattung der Fabel vgl. R. Dithmar, Fabel S. 99ff.

[133] Zum Adler als göttlichem Vogel bzw. auch als Symbol Gottes selbst vgl. T. Schneider - E. Stemplinger, Art. Adler Sp. 87-94; zur positiven Symbolik des Adlers im Alten Testament vgl. bes. Ex 19,4; Dtn 32,11; Ps 103,5; Jes 40,31; Ez 17,7.

[134] Zum Zusammenhang von Schöpfung und Erwählung in der prophetischen Tradition vgl. vor allem Jes 43,1-7; 44,24; Jer 10,16; 51,19 (vgl. K.-H. Bernhardt, Art. ברא IV,2 Sp. 775f.).

[135] Vgl. P. Bogaert, Apocalypse I S. 190ff.

[136] Zur Symbolik der Vögel im Alten Testament vgl. O. Keel, Vögel passim. Zum altorientalischen Hintergrund der Taube als Göttervogel vgl. U. Winter, in: O. Keel, a.a.O. S.

Stelle ist gut nachzuvollziehen, wie die ParJer die drei Beispiele aus syr
Bar auf eines reduzierten, offensichtlich in Kenntnis der biblischen Geschichte: Die Raben des Elia werden, obwohl positiv in syrBar, assoziiert
mit dem Raben bei Noah, der nunmehr in den ParJer als Negativfolie
dient[137], um den positiven Dienst der Taube verstärkt zur Geltung zu bringen. An ihr, und nicht an dem Raben, soll sich der Adler ein Beispiel nehmen, und wie sie hat auch er eine "gute Nachricht" (7,11: καλὴ φάσις)[138]
zu überbringen, nämlich die vom Ende der Katastrophe. Vielleicht ist
auch dieser Inhalt der Botschaft ein Motiv dafür gewesen, daß die ParJer
die Vogelbeispiele aus syrBar auf das eine Beispiel der Vögel des Noah
reduzierten. Damit erweisen sich die ParJer wieder als von syrBar abhängig, weil die in ParJer erwähnten Vögel als Boten für das Ende der Heim-
suchung Gottes besser der zu beschreibenden Situatiuon angepaßt wurden, während in syrBar eher eine Sammlung von Beispielen vorliegt, in
denen Vögel unter dem positiven Aspekt des Gehorsams aufgelistet werden. Daß in ParJer auf die "Botenvögel Salomos" kein Bezug genommen
wird, liegt wohl daran, daß der Verfasser dieses Motiv nicht kannte.

Erwähnenswert sind schließlich die abschließenden Mahnungen an
den Adler in syrBar 77,26 und ParJer 7,12: "Weiche nicht ab zur Rechten
noch zur Linken, sondern wie ein Pfeil, der geradeaus fliegt, so gehe ..."
(ParJer 7,12); "Weiche nicht ab nach rechts und links! Fliege und gehe geradewegs ..." (ܠܐ ... ; syrBar
77,26b). Der erste Teil aus ParJer 7,12: καὶ μὴ ἐκκλίνῃς εἰς τὰ δεξιὰ μήτε
εἰς τὰ ἀριστερὰ ἀλλ'... ὕπαγον ... kann hier als wörtliche Entsprechung

---

38-78. Zum Verhältnis von Rabe und Taube schreibt O. Keel, a.a.O. S. 90f.: "Wenn bei der
Uebernahme der babylonischen Sintflut in den kanaanäischen Raum der Rabe seinen Vor-
zugsplatz der Taube abtreten oder dieser sogar ganz weichen musste, so vielleicht deshalb,
weil die Taube in Syrien-Palästina als Vogel der Anat/Astarte sich grosser Beliebtheit er-
freute ... oder eventuell noch genauer, weil in Palästina-Syrien die Taube als Botenvogel bekannt war, als ein Vogel, der - z.B. in Form eines Olivenblattes - gute Nachrichten bringt."
Vgl. auch E. M. Dörrfuß, Überlegungen S. 9.

137 Vgl. P. Bogaert, Apocalypse I S. 191f. Nach P. Bogaert, a.a.O. S. 191, verwendet syrBar
das negative Beispiel des Raben aus Gen 8 nicht, weil nicht mit Feinden für den Adler gerechnet wird, wie in ParJer 7,12. Der Gegensatz zwischen Rabe und Taube in ParJer 7 ist für
P. Bogaert eine Bestätigung der dualistischen Ausrichtung der ParJer und durch Reflexion
auf Gen 8,7-11 entstanden (ebd.). Allerdings wird der Rabe in ParJer nicht als *Feind*, weder
der Taube noch des Adlers dargestellt, wie das nach P. Bogaerts Auffassung zu erwarten
wäre. Der entscheidende Punkt, der hier für die Priorität von syrBar spricht, ist die Beschränkung der ParJer auf *ein* Beispiel, das auf dem Hintergrund von Gen 8,7ff. reflektiert
wird. Auf das letztere hatte P. Bogaert mit Recht hingewiesen. Aber veranlaßt ist dies nicht
aus der Intention eines Dualismus heraus, sondern hier liegt ein weiteres Beispiel für die
schon beobachtete Vorgehensweise des Verfassers der ParJer vor, der oft bemüht ist, eine
Aussage zu konzentrieren. Setzt man diese Tendenz zur Konzentration voraus, so ist die
Assoziation des Noah-Raben aufgrund des Beispiels der Elia-Raben gut zu erklären. In der
Noah-Geschichte aber ist der Rabe negativ dargestellt, und das verwenden die ParJer, um
die positive Aufgabe des Adlers noch stärker als in syrBar hervorzuheben, indem sie ihn
(den Adler) mit der (Noah-)Taube vergleichen.

138 Vgl. oben S. 69f. Anm. 136.

zur syrischen Version gelten.[139] Die in syrBar 77,26 enthaltene Fortsetzung ܟܠܠܝܐ ܕܟܐܘܬܐ ܘܙܠ ("und gehe auf dem Weg der Richtigkeit") wirkt
schon im syrischen Text sehr unbeholfen. Daher kann man annehmen,
daß die Wendung ὡς βέλος ... ὀρθῶς in ParJer 7,12 eine bildliche Konkretisierung jener Worte ist. Mit diesem Vergleich wird auch die parallele
Aneinanderreihung der Worte ܦܪܚ (fliegen) und ܐܙܠ (gehen) vermieden.
Die vorangehende Aufforderung an den Adler, es sich nicht verdrießen zu
lassen (syrBar 77,26a), ist in ParJer ausgeweitet zur Aufforderung, sich
unter Umständen auch einem Kampf zu stellen, wenn andere Vögel ihn
bedrohen (7,12a).[140] Von diesem Kampfmotiv aus läßt sich die bildliche
Aussage ὡς βέλος in ParJer 7,12 noch einmal gut verstehen.

Die in ParJer 7,8 eingeschobene Notiz, daß Baruch den Brief an den
Hals des Adlers band, findet sich in dem vergleichbaren Zusammenhang
von syrBar (77,20-26) nicht, sondern ist dort erst am Schluß in 87,1 angefügt. Der Wortlaut ist wiederum recht verschieden, und die ParJer ändern
erneut in der ihnen eigenen Weise:

ParJer 7,8: Und Baruch nahm den Brief und 15 Feigen aus dem Korb Abime-lechs, band (sie) an den Hals des Adlers und sprach zu ihm ...	syrBar 87,1: Und als ich alle Worte des Briefes beendet und ihn sorfältig zu Ende geschrieben hatte, faltete ich ihn zusammen, siegelte ihn behutsam und band ihn an den Hals des Adlers. Und ich entließ ihn und schickte ihn (damit) fort.

Die Betonung der Sorgfältigkeit ("falten", "behutsam versiegeln") im
Umgang mit dem Brief fehlt in ParJer, dafür werden die 15 Feigen aus
dem Korb Abimelechs erwähnt, die zusammen mit dem Brief abgeschickt
werden. An dieser Stelle wird wieder die Umgestaltung der Vorlage nach
den eigenen Motiven in ParJer sehr gut deutlich, denn die 15 Feigen stellen einerseits die Verbindung zur Abimelechgeschichte her und werden
andererseits später wieder eine Rolle spielen (7,32).

Abschließend sei nochmals hervorgehoben, daß in syrBar weder Abimelech noch die Feigen vorkommen. Wenn die ParJer, wie es von den untersuchten Stellen her als wahrscheinlich gelten kann, syrBar als Quelle
verwendet haben, so kann dies keinesfalls die einzige gewesen sein. Hinzu kommt, daß syrBar mit dem Brief des Baruch endet, während die Par
Jer bis zur Rückkehr des Volkes und dem Ende des Jeremia berichten.[141]
Die darin einbezogenen Erzählungen über die Samaritaner (Kap. 8) und

---

139 Zum Motiv vgl. auch Dtn 2,27; 2Chr 34,2.
140 Vgl. 4Esr 11,6: "Ich sah, wie ihm [sc. dem Adler, d. Vf.] alles, was unter dem Himmel
ist, unterworfen war, und niemand widersprach ihm, auch nicht eines von den Geschöpfen
auf der Erde" (zit. nach J. Schreiner, Esra S. 384). In 4Esr repräsentiert der Adler jedoch
die Macht des Bösen, vgl. 11,36-46; vgl. M. E. Stone, Ezra S. 348-352. Zur textkritischen
Problematik von ParJer 7,12 s.o. S. 21.
141 Vgl. G. B. Saylor, Analysis S. 140 Anm. 45.

das Opferfest in Jerusalem (9,1-6) haben, wie die Abimelechgeschichte, keinerlei Anhaltspunkte in syrBar.

Schon in diesem ersten Vergleich der ParJer mit syrBar wird daher das eigenständige Konzept der ParJer erkennbar, das sich bereits durch die Verwendung einer von syrBar verschiedenen Literaturgattung angedeutet hatte.[142]

1.16. Zusammenfassung: Die literarische Verbindung von ParJer und syrBar

Nach dem eingehenden Vergleich zwischen ParJer und syrBar ist zusammenfassend das Verhältnis der beiden Schriften darzustellen und nochmals die Frage der Abhängigkeit der ParJer von syrBar im Zusammenhang zu entfalten.

Daß in dieser Frage recht unterschiedliche Auffassungen vertreten werden, wurde bereits erwähnt.[143] J. Riaud hat die Lösungen des Problems in vier Möglichkeiten zusammengefaßt:[144] 1. ParJer sind früher als syrBar und werden von ihr benutzt;[145] 2. syrBar ist früher und wird von ParJer verwendet;[146] 3. syrBar benutzt eine frühere, uns nicht mehr bekannte Form der ParJer;[147] 4. syrBar und ParJer schöpfen aus einer gemeinsamen Quelle.[148]

Die erste These der Abhängigkeit der syrBar von ParJer hat K. Kohler vertreten[149], ohne dies jedoch in irgendeiner Form zu begründen.[150] J. Riaud hatte diese Hypothese mit dem Hinweis auf die frühere Entstehungszeit von syrBar entkräften wollen.[151] Dies jedoch reicht angesichts der umstrittenen Datierungsfrage von syrBar nicht aus, für die eine Zeitspanne zwischen 63 v. Chr.[152] und dem Bar Kochba-Krieg (132-135 n. Chr.)[153]

---

142 S.o. S. 36ff.

143 S.o. S. 33 Anm. 1.

144 J. Riaud, Les Paralipomena S. 106; vgl. ders., Paralipomena I S. 68-89.

145 J. Riaud, Les Paralipomena S. 106f.; vgl. ders., Paralipomena I S. 76.

146 J. Riaud, Les Paralipomena S. 107-113; vgl. ders., Paralipomena I S. 76-85.

147 J. Riaud, Les Paralipomena S. 113ff.; vgl. ders., Paralipomena I S. 86-89.

148 J. Riaud, Les Paralipomena S. 115-125; vgl. ders., Paralipomena I S. 88f.

149 K. Kohler, Haggada S. 408; vgl. J. Riaud, Les Paralipomena S. 106.

150 Vgl. J. Riaud, ebd.

151 A.a.O. S. 106f.

152 So J. Hadot, Datation S. 94f. J. Hadot vertrat die Auffassung, syrBar spiegele die Ereignisse der Eroberung Jerusalems durch Pompeius (63 v. Chr.) wider: "... il est nécessaire de montrer que le contenu de notre ouvrage répond jusque dans ses moindres détails aux événements que se sont produits autour de 63 av. J.-C. au sein du peuple juif ..." (a.a.O. S. 95). Den Erweis dessen bleibt J. Hadot allerdings schuldig. Ohne dies weiter ausführen zu können, scheint gegen diesen Vorschlag schon die einfache Tatsache zu sprechen, daß in syrBar bei der Einnahme Jerusalems die Mauern der Stadt zerstört werden (syrBar 7,1ff.; 8,1), während Pompeius mit seinem Heer in die Stadt einziehen konnte, ohne ihre Mauern zu zerstören, vgl. Josephus, Ant XIV,54-63; vgl. dazu P. Bogaert, Le Nom S. 57.

153 Vgl. vor allem F. J. Murphy, 2 Baruch S. 668; auch H. Schmid, Baruch S. 63, nennt 132-135 als terminus ad quem; so schon O. Eissfeldt, Einleitung S. 853.; vgl. A. F. J. Klijn, Baruchapokalypse S. 114: nach 100 n. Chr. und vor 130 n. Chr.

vorgeschlagen wird. Selbst P. Bogaert, der zunächst für das Jahr 96 n. Chr. plädiert hatte[154], hat später den gesamten Zeitraum von 70 n. Chr. (post quem) bis 135 n. Chr. (ad quem) angegeben.[155] Damit besteht zunächst die Möglichkeit, daß die ParJer und syrBar zeitlich sehr nahe beieinanderliegen. Die Entscheidung der Abhängigkeit muß daher von diesem Gesichtspunkt aus offenbleiben. Sie wird sich letztlich nur auf literarischem Weg treffen lassen, indem die Abhängigkeit eines Werkes vom anderen erwiesen wird. Somit hat schließlich auch die literarische Analyse Einfluß auf die Sicherheit bei der Frage der Datierung.[156]

Nach einem weiteren von J. Riaud referierten Lösungsvorschlag sind ParJer von syrBar abhängig.[156] Neben anderen[158] hatte vor allem P. Bogaert diese Lösung vertreten und als einziger ausführlicher begründet.[159] In seiner Kritik bezieht sich J. Riaud jedoch nur auf folgende drei Parallelen: ParJer 1,6//syrBar 4,2; ParJer 4,3-4//syrBar 10,18; ParJer 7,8-12//syr Bar 77,20-26.

Die erste Stelle in ParJer 1,6//syrBar 4,2, die P. Bogaert nur im Kommentar erwähnt[160], ist keine echte Parallele, da der Gegenstand, um den es in syrBar 4,2 geht, das *himmlische* Jerusalem ist, das in ParJer 1,6 noch keine Rolle spielt. Insofern muß auch die Aussage P. Bogaerts: "*Par. Jer.* I,6 paraissent n'avoir pas reconnu la citation d'Isaïe dans leur source"[161], relativiert werden. Auch an anderer Stelle haben die ParJer ein offensichtliches biblisches Zitat nicht übernommen, weil es nicht in den Zusammenhang paßte.[162]

Die zweite, von J. Riaud kritisierte Parallele ist ParJer 4,3-4//syrBar 10,18, die Episode der Übergabe der Tempelschlüssel.[163] In der Untersuchung dieser Stellen haben wir versucht zu zeigen, daß es an dieser Stelle

---

154 P. Bogaert, Apocalypse I S. 295; ders., Le Nom S. 58; vgl. R. H. Charles, II Baruch S. 470; L. Rost, Einleitung S. 97; J. Riaud, Les Paralipomena S. 107; G. B. Saylor, Analysis S. 103ff.

155 P. Bogaert, Le Nom S. 58; vgl. I. Taatz, Briefe S. 60.

156 Zur Datierungsfrage der ParJer s.u. S. 177-192.

157 J. Riaud, Les Paralipomena S. 107-113.

158 Vgl. J. R. Harris, Rest S. 20; R. H. Charles, Apocalypse S. 18f.; V. Ryssel, Apokalypsen in: E. Kautzsch, Apokryphen II S. 503; B. Violet, Apokalypsen S. LXIVf.; G. Delling, Lehre S. 4ff.; A.-M. Denis, Introduction S. 75; C. Wolff, Jeremia S. 45f.; A. F. J. Klijn, Baruchapokalypse S. 113 u.a.; vgl. J. Riaud, Les Paralipomena S. 105 Anm. 2.

159 Allerdings kritisiert G. W. E. Nickelsburg, Traditions S. 62 Anm. 15, daß P. Bogaert nur zweimal speziell auf die Benutzung von syrBar durch ParJer verweisen kann. J. Riaud, Les Paralipomena S. 107, bemerkt mit Recht, daß die meisten sich mit der Feststellung der Abhängigkeit der ParJer von syrBar begnügen.

160 P. Bogaert, Apocalypse II S. 14.

161 Ebd.; vgl. J. Riaud, Les Paralipomena S. 110, dessen Argumentation aufgrund der Bedeutung des Wortes ἀφανισμός jedoch nicht recht einleuchtet.

162 S.o. S. 49 Anm. 68 und S. 51f. zu ParJer 3,8//syrBar 6,8 hinsichtlich des Zitats aus Jer 22,29.

163 Vgl. J. Riaud, Les Paralipomena S. 107f.; ders., Paralipomena I S. 78f.; G. W. E. Nikkelsburg, Traditions S. 63.

in der Tat am wahrscheinlichsten ist, daß ParJer syrBar benutzt haben und veränderten[163], ähnlich wie auch PesR 26.[165] Das einzige Gegenargument, das J. Riaud anführte, war die Tatsache, daß syrBar die Form eines Gebetes hatte und s.E. die narrative Form eine frühere Tradition repräsentiert.[166] Dabei wird jedoch die Funktion, die die Passage im Kontext hat, nicht ausreichend gewürdigt.[167]

Die letzte Stelle, auf die J. Riaud hinweist, ist ParJer 7,8-12//syrBar 77,20-26. Er macht mit Recht darauf aufmerksam, daß sich in ParJer kein Dualismus äußert, den der Autor durch die Aufnahme von Taube und Raben hervorheben will[168]; jedoch geht es u.E. auch nicht darum, daß Jeremia keinen geringeren Platz einnehmen konnte als Elia[169], sondern die Reduktion der ParJer steht an dieser Stelle ganz im Dienste der Absicht des Verfassers.[170]

Die Argumente, mit denen J. Riaud die These P. Bogaerts von der Abhängigkeit der ParJer von syrBar entkräften wollte, sind u.E. nicht überzeugend. Abgesehen davon, daß sich auch P. Bogaerts Ausführungen nicht in jeder Hinsicht als ausreichend und zwingend erwiesen haben, ist die Grundthese u.E. dennoch richtig. Der oben vorgenommene, detaillierte Vergleich der beiden Schriften hat gezeigt, daß sich durch die Annahme der Abhängigkeit der ParJer von syrBar am besten sowohl die Gemeinsamkeiten als auch die Unterschiede zwischen beiden Werken erklären lassen. Dies zeigte sich u.a. auch daran, daß es eine Reihe von anderen Stellen gibt, die bisher nicht beachtet wurden, und die doch einige Aufschlüsse über das Verhältnis beider Schriften zueinander geben. Zwar ist der Bezug der ParJer auf syrBar nicht an jeder Stelle in gleichem Maße deutlich, und vielfach wird man das eine oder andere Argument, besonders wenn es um die Frage von Kürzungen, Erweiterungen o.ä. geht, auch anders bewerten können. Dabei ist aber festzuhalten, daß man *alle* Parallelpassagen und deren Beurteilung in ein Gesamtbild einfügen muß, von dem aus letztlich auch die weniger deutlichen Stellen zu beurteilen sind.[171] Auch der letzte Aspekt, den J. Riaud anführte, ändert u.E. an diesem Ergebnis nichts, denn daß die ParJer über syrBar z.B. durch die Abimelechgeschichte hinausgehen[172], ist kein Argument gegen eine Benutzung von syrBar durch ParJer, weil sich gerade darin die eigenständige

---

[164] S.o. S. 56ff.

[165] S.u. S. 83f.

[166] J. Riaud, Les Paralipomena S. 110f.; ders., Paralipomena I S. 82f.

[167] Auch gegen G. W. E. Nickelsburg, Traditions S. 63.

[168] J. Riaud, Les Paralipomena S. 111; ders., Paralipomena I S. 80f.; s.o. S. 70 Anm. 137.

[169] J. Riaud, Les Paralipomena S. 111.

[170] Vgl. oben S. 70.

[171] Ein wichtiges Beispiel dafür ist z.B. die für ParJer festgestellte Tendenz zur Konzentration auf das für ihr Anliegen Wesentliche, s. z.B. oben S. 92f.

[172] J. Riaud, Les Paralipomena S. 112f.

Weise des Umganges des Verfassers der ParJer mit den aufgenommenen Traditionen sowie die konkrete Zielsetzung seiner Arbeit zeigt.

Die dritte These, die J. Riaud reflektiert, die ParJer stellten in einer früheren, primitiveren Form die Vorlage von syrBar dar, wurde von L. Gry vorgetragen.[173] Dessen Hauptansatzpunkt war die Tatsache, daß Jeremia in syrBar eine untergeordnete Rolle spielt.[174] Daß der Schüler hier eine größere Bedeutung hat als der Meister, zeige, daß syrBar später ist.[175] Dagegen weist J. Riaud mit Recht darauf hin, daß Jeremia auch in syrBar eine Rolle spielt[176], obgleich man einräumen muß, daß sie keineswegs so bedeutend ist, wie J. Riaud herausstellen möchte. Gerade die Tatsache, daß Jeremia in ParJer anders als in syrBar eine so große Rolle spielt, spricht dafür, daß sich die ParJer auf syrBar beziehen, indem sie das hier dargestellte Verhältnis zwischen Baruch und Jeremia zugunsten des Jeremia bewußt korrigieren.[177] Im anderen Fall könnte man kaum erklären, warum syrBar bewußt versucht hätte, *Jeremia* zu eliminieren. So bleibt die Existenz einer "Urform" der ParJer zweifelhaft, nicht zuletzt auch deshalb, weil es keinerlei Hinweise auf solch einen Text gibt.[178]

Schließlich ist der letzte, von J. Riaud im Anschluß an J.-M. Rosenstiehl[179] vertretene Vorschlag zu prüfen, ob man statt der Abhängigkeit der ParJer von syrBar nicht eine gemeinsame Quelle bzw. mehrere Quellen annehmen muß, von der beide Schriften abhängen.[180] Diese Quellensammlung bezeichnet J. Riaud als "un cycle légendaire de Jérémie"[181] und beschreibt, welche Elemente der Autor der ParJer daraus entnommen habe.[182] Diese Darstellung jedoch charakterisiert nur einen Teil dieses Zyklus und läßt ihn im Ganzen undeutlich bleiben. Es ist deshalb nicht möglich, diese Hypothese detailliert zu beurteilen. Macht schon die ein-

---

173 L. Gry, La Ruine S. 220; vgl. J. Riaud, Les Paralipomena S. 113; ders., La figure de Jérémie S. 373. Eine ähnliche Möglichkeit hat S. E. Robinson, 4 Baruch S. 416f., erwogen, wonach es eine von syrBar unabhängige Urform der ParJer gegeben habe, die später, nach dem Erscheinen von syrBar von einem jüdischen Redaktor mit syrBar harmonisiert worden sei.

174 L. Gry, La Ruine S. 220: "L'auteur de Bar.^syr., [sic] on le sait, cherche à éliminer la personnalité trop importante du Jérémie." Vgl. auch G. W. E. Nickelsburg, Traditions S. 66.

175 L. Gry, La Ruine S. 220.

176 J. Riaud, Les Paralipomena S. 114.

177 Gegen G. W. E. Nickelsburg, der diese Erklärung zwar auch erwähnt (Traditions S. 66), sie jedoch selbst ablehnt. Zur Bedeutung der Person des Jeremia in ParJer vgl. J. Riaud, La figure de Jérémie passim.

178 Vgl. J. Riaud, Les Paralipomena S. 115; auch gegen G. W. E. Nickelsburg, Traditions S. 66.

179 Zit. bei J. Riaud, Les Paralipomena S. 115; vgl. ders., Paralipomena I S. 96-112. Die unveröffentlichte Arbeit von J.-M. Rosenstiehl, Histoire de la Captivité de Babylone, Bd. I-VI, Diss. Masch., Paris, war bis zum Zeitpunkt der Fertigstellung unserer Untersuchung leider nicht zugänglich.

180 J. Riaud, Les Paralipomena S. 115ff.; ähnlich S. E. Robinson, 4 Baruch S. 417, der seine Überlegungen allerdings selbst als "speculative suggestions" bezeichnet (ebd.).

181 J. Riaud, Les Paralipomena S. 115ff. passim.

182 Vgl. ausführlich J. Riaud, Paralipomena I S. 96-112.

fache Feststellung, daß dieser "Legendenzyklus" lediglich hypothetisch bleibt, seine Existenz unwahrscheinlich, so kommen noch zwei Überlegungen hinzu. J. Riaud nennt als Motive, die der Autor dem Legendenzyklus entnommen habe, im Grunde nur Parallelstellen, die zeigen, daß ähnliche Vorstellungen sich auch in anderen Werken frühjüdischer Literatur finden (Jeremia als neuer Mose[182], Jeremia als Fürsprecher[184], Jeremia und die Tempelgeräte[184], Jeremia und die Tempelschlüssel[186], Jeremia und das Opfer am Jom Kippur[186], der Tod des Jeremia[188], der Schlaf des Abimelech[189]). Daraus aber einen Legendenzyklus zu postulieren, ist u.E. nicht möglich. Die zweite Überlegung bezieht sich auf syrBar, die ja nach J. Riauds These ebenfalls aus diesem Zyklus geschöpft hat.[190] Man müßte dann nämlich auch erklären, warum syrBar den Jeremia derart hinter Baruch zurücktreten läßt[191], obwohl jener nach den genannten Themenkreisen im "Legendenzyklus" die wesentliche Figur gewesen sein dürfte.[192]

Ein Argument, das G. W. E. Nickelsburg angeführt hatte, und von J. Riaud nicht berücksichtigt wurde, ist die Parallele zwischen ParJer 3,8; 2Makk 2,7 und VitJer 12 hinsichtlich der Tempelgeräte.[193] In allen drei Fällen gilt, wie G. W. E. Nickelsburg mit Recht bemerkt: "(T)he eschatological terminus at which the vessels will be restored is the 'gathering together' of God's people."[194] Aus der Übereinstimmung mit 2Makk 2,7 folgert G. W. E. Nickelsburg: "(T)he author of Par Jer knows a form of this tradition which dates back at least to the 1st century B.C. In this respect, he has preserved elements of the tradition more primitive than those in 2 Baruch."[195] Jedoch bleibt G. W. E. Nickelsburg die Beweisführung für diese Behauptung schuldig; der bloße Hinweis auf die Parallele in 2Makk

---

[183] J. Riaud, Les Paralipomena S. 116-120; ders., Paralipomena I S. 96ff.; vgl. C. Wolff, Jeremia S. 79-83.

[184] J. Riaud, Les Paralipomena S. 120f.; vgl. C. Wolff, Jeremia S. 83-89.

[185] J. Riaud, Les Paralipomena S. 122f.; ders., Paralipomena I S. 98f.; vgl. C. Wolff, Jeremia S. 61-71.

[186] J. Riaud, Les Paralipomena S. 123f.; ders., Paralipomena I S. 100f.; vgl. C. Wolff, Jeremia S. 76-79.

[187] J. Riaud, Paralipomena I S. 101.

[188] J. Riaud, Les Paralipomena S. 124f.; ders., Paralipomena I S. 102ff.; vgl. C. Wolff, Jeremia S. 89-95.

[189] J. Riaud, Paralipomena I S. 104-112.

[190] J. Riaud, Les Paralipomena S. 115.125.

[191] Vgl. dazu P. Bogaert, Apocalypse I S. 100-119; s.o. S. 75.

[192] Vgl. J. Riaud, Les Paralipomena S. 125, selbst zu syrBar: "Baruch est le personnage principal de son œuvre, et Jérémie, son comparse muet."

[193] G. W. E. Nickelsburg, Traditions S. 64. Nach F. Böhl, Legende S. 66, ist VitJer von 2Makk 2 abhängig.

[194] G. W. E. Nickelsburg, Traditions S. 64; vgl. F. Böhl, Legende S. 66ff.

[195] G. W. E. Nickelsburg, Traditions S. 64; vgl. schon J. R. Harris, Rest S. 23; auch S. E. Robinson, 4 Baruch S. 417; C. R. Koester, Dwelling S. 50.

2,7 reicht dazu nicht aus.[196] Demgegenüber muß festgehalten werden, daß der Wortlaut an beiden Stellen sehr verschieden ist.[197] Das wichtige Stichwort in ParJer 3,8 "ἠγαπημένος" fehlt in 2Makk 2,7, während die Anklänge an syrBar 21 gerade an dieser Stelle sehr markant waren.[198] Nach G. W. E. Nickelsburg ist auch die Tatsache, daß in syrBar 6,8 sowohl die Geräte als auch die Einrichtungsgegenstände des Tempels (wie in 2Makk 2,4f.) erwähnt sind, während es in ParJer nur um die Geräte geht, Beweis dafür, daß syrBar wie ParJer auf eine frühere Tradition zurückgreifen.[199] Aber auch hier kann man sich nur schwer vorstellen, wie diese von G. W. E. Nickelsburg postulierte Tradition ausgesehen haben könnte. Gerade im Blick auf das Verhältnis zwischen syrBar 6,3-10 und ParJer 3,1-8 sind die Beziehungen derart deutlich geworden[200], daß die Abhängigkeit der ParJer von syrBar hier ebenfalls die wahrscheinlichere Lösung darstellt, die ohne zusätzliche Hypothesen auskommt.[201] Die Tradition von 2Makk 2 hat u.e. für ParJer den Ausgangspunkt dafür geboten, das Verbergen der Tempelgeräte mit Jeremia zu verbinden.

So muß also zum Schluß dieses Abschnittes noch einmal festgehalten werden, daß nach eingehender Analyse der zu vergleichenden Stellen aus syrBar und ParJer die wahrscheinliche literarische Beziehung dahingehend zu beschreiben ist, daß die ParJer syrBar zur Vorlage hatten. Sie haben nicht nur den "cadre narratif"[202], sondern auch andere Inhalte aus syrBar übernommen, nach eigener Intention verändert und in die Gesamtkonzeption eingefügt. Auf die dahinter stehende Absicht wird später näher einzugehen sein. Wie sich die Aufnahme des Stoffes aus syrBar im einzelnen vollzogen hat, wurde zu zeigen versucht. Daß die ParJer in ihrem Material über syrBar hinausgehen, spricht in keiner Weise gegen dieses Ergebnis, sondern zeigt nur noch deutlicher die Verwurzelung der ParJer in den alttestamentlichen und frühjüdischen Traditionen auf der einen Seite, aber andererseits auch die Souveränität im Umgang mit ihnen.

---

[196] Zu Unrecht verweist G. W. E. Nickelsburg auf G. Delling, Lehre S. 65 Anm. 63, der zwar auch auf 2Makk 2,7 aufmerksam macht, daraus aber keine Schlußfolgerungen für die ParJer ableitet.

[197] Das muß auch G. W. E. Nickelsburg, Traditions S. 64 Anm. 25 einräumen.

[198] Dazu s.o. S. 49.51ff.

[199] G. W. E. Nickelsburg, Traditions S. 64f. Zur Verwendung von 2Makk 2,4ff. in VitJer 9ff. vgl. A. M. Schwemer, Septuaginta S. 79.

[200] S.o. S. 49ff.

[201] Nach der sehr eindrücklichen Argumentation G. W. E. Nickelsburgs für die Abhängigkeit der ParJer und syrBar von einer gemeinsamen früheren Tradition ist der Schlußsatz seiner Arbeit unverständlich (Traditions S. 68): "That the author of Par Jer knew of an apocalyptic Baruch tradition is evident from 4:11 ..., and it is not impossible that he knew 2 Baruch. However, we have argued above that our author also knew some older Jeremiah traditions ..." Auch die Annahme von S. E. Robinson, 4 Baruch S. 417, daß ein späterer jüdischer Redaktor ParJer und syrBar harmonisieren wollte, ist nicht zu halten. Dagegen spricht schon die Eigenständigkeit, die die ParJer in der Unterscheidung von syrBar an den Tag legen und die nichts von einer Harmonisierungstendenz spüren läßt.

[202] P. Bogaert, Apocalypse I S. 186.

2. Die ParJer und die Pesiqta Rabbati[203]

Nachdem die Ähnlichkeiten zwischen ParJer und syrBar Anlaß zur Untersuchung ihres Verhältnisses waren, soll dies nun auch mit ParJer und
dem 26. Kapitel der Pesiqta Rabbati (im folgenden: PesR) geschehen,
denn auch hier gibt es einige Stellen, die eine große Ähnlichkeit zueinander aufweisen. Da wir von der Untersuchung der literarischen Beziehung
zwischen ParJer und syrBar ausgehen, wird es nötig sein, darauf immer
wieder Bezug zu nehmen.

Noch ein anderer Gesichtspunkt muß bedacht werden. Aufgrund des
relativ jungen Alters der Endfassung der PesR, die wahrscheinlich im 9.
Jh. anzusetzen ist[204] und somit etwa 700 Jahre nach ParJer entstand,
könnte man die Frage nach einer literarischen Beziehung der beiden
Werke als nicht relevant ansehen. Die festgestellte literarische Abhängigkeit der ParJer von syrBar könnte ebenfalls dazu veranlassen. Hinzu
kommt, daß PesR 26 eine andere Struktur und Absicht hat als die ParJer.
PesR ist "eine Sammlung von Homilien für besondere Sabbate"[205] und
hat ihren Sitz in liturgischen Zusammenhängen. Durch ihren Charakter
als Sammlung von midraschartigen[206] Texten ist aber deutlich, daß darin
ältere Traditionen aufgenommen sind. Insofern ist die Frage nach der Beziehung zwischen ParJer und PesR einschließlich der Texte aus syrBar
durchaus sinnvoll, können doch auch in späten Sammlungen alte, möglicherweise noch vor syrBar anzusetzende Traditionen erhalten sein.[207]

In Kap. 26 erzählt PesR in einzelnen Episoden das Leben des Jeremia
von seiner Geburt bis nach der Zerstörung Jerusalems und unterscheidet
sich dadurch von anderen Teilen der PesR, wo in der Regel ein biblischer
Vers den Ausgangspunkt einer Auslegung bildet.[208] Die Deutung des ganzen Lebens des Jeremia auf dem Hintergrund der Zerstörung Jerusa-

---

[203] Der deutsche Text der Pesiqta Rabbati wird der Ausgabe von L. Prijs, Die Jeremia-
Homilie Pesikta Rabbati Kapitel 26. Eine synagogale Homilie aus nachtalmudischer Zeit
über den Proheten Jeremia und die Zerstörung des Tempels. Kritische Edition nebst Übersetzung und Kommentar, Stuttgart - Berlin - Köln - Mainz 1966, S. 25-77, entnommen; der
hebräische Text ist a.a.O. S. 81-96 abgedruckt (= Codex Parma Nr. 1240[3122]; s. L. Prijs,
a.a.O. S. 14ff.; K.-E. Grözinger - H. Hahn, Textzeugen S. 91-95); vgl. auch L. Nemoy (Hg.), Pesikta Rabbati. Discours for Feasts, Fasts and special Sabbaths, translated from the Hebrew
by W. G. Braude, YJS XVIII, New Haven - London 1968, S. 525-538. Zur Problematik der
Beurteilung der Textzeugen der Pesiqta Rabbati vgl. K.-E. Grözinger - H. Hahn, Textzeugen
passim.

[204] L. Prijs, Homilie S. 11 Anm. 1, vermutet die 2. Hälfte des 9. Jh. als Entstehungszeit
der PesR; vgl. zu den Einleitungsfragen bes. H. L. Strack - G. Stemberger, Einleitung S.
273ff. Zur Textgeschichte vgl. L. Prijs, Homilie S. 11-19.

[205] L. Prijs, Homilie S. 11.

[206] Vgl. a.a.O. S. 11.20f.

[207] Vgl. ebd. Anm. 3.

[208] Vgl. a.a.O. S. 21. H. L. Strack - G. Stemberger, Einleitung S. 274, vermuten aus diesem Grund einen anderen Ursprung von PesR 26.

lems[209] endet schließlich in einer Vision des Propheten. Es wird dadurch
ein weitaus größerer Rahmen gespannt als in den ParJer. Aber hier wie
dort ist Jeremia die Hauptfigur der Handlung, ein Sachverhalt, der beiden
Schriften gegenüber syrBar gemeinsam ist. Baruch, der in den für den
Vergleich relevanten Stellen der ParJer einbezogen wird, kommt hingegen in PesR nicht vor. Die Untersuchung konzentriert sich auf Teile des
Abschnittes XVI und XVIII von PesR 26.[210]

2.1. PesR 26,XVI // ParJer 1,1-3; 4,1f.7; 3,1-3; // syrBar 1,1f.; 2,1; 6,1.5; 8,1.2.4; 7,1; 6,3f.

PesR 26,XVI:	ParJer 1,1-3:	syrBar 1,1f.:
Zu jener Zeit sagte der Heilige, gelobt sei er, zu Jeremia: Mach dich auf, geh nach Anatoth und kaufe das Feld von deinem Onkel Hananel; denn du hast das Recht der Einlösung. Zu jener Zeit dachte Jeremia in seinem Herzen: Vielleicht gibt er (Gott) den Ort (wieder) seinen Eigentümern, und man kann (somit) wiederum in ihm Handel treiben, da Gott mir sagt: Geh hin, kaufe dir das Feld!?	(1) Es geschah, als die Söhne Israels vom König der Chaldäer gefangengenommen wurden, (da) sprach Gott zu Jeremia: "Jeremia, mein Erwählter, stehe auf, gehe aus dieser Stadt, du und Baruch, weil ich sie zerstören werde wegen der Sünden derer, die in ihr wohnen. (2) Denn eure Gebete sind wie eine feste Säule in ihrer Mitte, und wie eine stählerne Mauer, die sie umgibt. (3) Jetzt steht auf, geht hinaus, bevor das Heer der Chaldäer sie umringt!" (vgl. 1,7)	(1) Und es geschah im 25. Jahre Jekonjas, des Königs von Juda, daß das Wort des Herrn geschah zu Baruch, Sohn des Neria, und zu ihm sprach: (2) "Hast du alles gesehen, was dieses Volk mir antut, und daß der bösen Dinge, welche die zwei übriggebliebenen Stämme getan haben, mehr sind, als die (Sünden) der 10 Stämme, die schon in die Gefangenschaft weggeführt worden sind?" (2,1) "Dies nun habe ich zu dir gesagt, damit du Jeremia und allen euresgleichen sagen mögest, daß ihr euch aus dieser Stadt entfernen sollt. (2) Denn eure Werke sind für diese Stadt wie eine feste Säule und eure Gebete wie eine starke Mauer."
Nachdem Jeremia Jerusalem verlassen hatte, kam ein Engel vom Himmel herab, setzte seine Füsse auf die Mauer Jerusalems und durchbrach sie. Er rief aus: "Es mögen kommen die Feinde und eindringen in das Haus, in dem der Besitzer sich nicht (mehr)	(4,1) Als es aber Morgen geworden war, siehe, da umringte das Heer der Chaldäer die Stadt. Der große Engel aber stieß in Posaune und sprach: "Geht hinein, Heer der Chaldäer, denn siehe, das Tor ist euch geöffnet worden." (2) Also ging der König mit	(6,1) Und es geschah am folgenden Tage: Siehe, das Heer der Chaldäer umzingelte die Stadt ... (8,1) Als sie [die Engel] nun die Ekken der Mauer auseinandergeschlagen hatten, vernahm man eine Stimme im Tempel, nachdem die Mauer gefallen war. Sie

---

[209] Vgl. ebd.
[210] Die Abschnittseinteilung ist von L. Prijs übernommen.

befindet; sie mögen es plündern und zerstören. Sie mögen in den Weinberg dringen und dessen Reben abhauen, da der Hüter ihn im Stich gelassen hat und weggegangen ist.

seiner Menge hinein und nahm das ganze Volk gefangen.

sagte: (2) "Kommt herein, ihr Feinde, und kommt, ihr Widersacher, nun herbei! Denn Er, der das Haus bewahrte, hat es verlassen."... (4) Und dann geschah es, das Heer der Chaldäer hielt Einzug. Und sie nahmen das Haus und seine ganze Umgebung ein. Und sie führten das Volk in die Gefangenschaft ...

Ihr sollt nicht ein Loblied anstimmen und sagen, ihr habt sie (die Stadt) eingenommen. Eine (bereits) eroberte Stadt habt ihr erobert; ein erschlagenes Volk habt ihr erschlagen." Die Feinde kamen nun und stellten ihren Richtersitz auf dem Tempelberg auf. Dann gelangten sie bis zum mittleren Richtersitz, auf dem der König Salomo gesessen war und sich mit den Ältesten beraten hatte. An dem Ort, an dem der Tempel ... vollendet wurde, ebendort sassen die Feinde und ratschlagten, wie man den Tempel verbrennen könne. Während sie sich noch berieten, erhoben sie ihre Augen, und siehe vier Engel kamen herab und in ihren Händen vier Feuer-Fakkeln. Sie legten sie an die vier Ecken des Heiligtums, und so verbrannten sie es.

(4,7) Aber die Gesetzlosen sollen sich nicht rühmen und sagen: 'Wir waren stark (genug), die Stadt Gottes durch unser Heer einzunehmen. 'Ihr hattet zwar Gewalt über sie, aber wir wurden wegen unserer Sünden ausgeliefert.

(7,1) Fangt nun an, ihre Mauern zu zerstören und stürzt sie um bis auf die Fundamente, damit die Feinde sich nicht rühmen und sagen: 'Wir haben die Mauern Zions zerstört und den Ort des mächtigen Gottes verbrannt.'" (vgl. 80,3)

(3,1) Als aber die Stunde der Nacht kam, wie der Herr zu Jeremia gesagt hatte, gingen Jeremia und Baruch zusammen auf die Mauern der Stadt. (2) Und es ertönte Posaunenschall, und Engel kamen herab vom Himmel, die trugen Fackeln in ihren Händen und stellten sich auf die Mauern der Stadt.

(6,3) Und siehe, plötzlich erhob mich ein kräftiger Geist empor und trug mich über die Mauer Jerusalems. (4) Und ich schaute: Siehe, vier Engel standen auf den vier Ecken der Stadt, (und) jeder von ihnen trug eine Feuerfackel in seinen Händen.

In ParJer 1,1ff. beginnt die Geschichte der Zerstörung der Stadt damit, daß Jeremia und Baruch aufgefordert werden, die Stadt zu verlassen, weil ihre Gebete das Gericht Gottes aufhalten. Ähnlich hatte auch syrBar begonnen.[211] In der PesR wird Jeremia ebenfalls aufgefordert, die Stadt zu verlassen, diesmal aber mit dem Auftrag, einen Acker in Anatoth zu kau-

---

[211] S.o. S. 40ff.

fen. Diese Geschichte lehnt sich eng an Jer 32,7ff. an.[212] Ein unmittelbarer Zusammenhang zwischen dem Verlassen der Stadt und ihrer Zerstörung, wie in ParJer und syrBar, wird in PesR nicht hergestellt[213], gleichwohl er sich in PesR 26,VIII im Zitat von Jer 20,7 andeutet.[214] Aber damit wird das erreicht, was in den ParJer unerwähnt bleibt und daher zu einer gewissen Unausgeglichenheit geführt hat[215], daß nämlich Jeremia in PesR nun tatsächlich die Stadt verläßt und so ihren Untergang nicht erleben muß. In ParJer dagegen waren ja Jeremia und Baruch nicht aus der Stadt gegangen, sondern auf ihre Mauer gestiegen, von wo aus sie die Einnahme durch die Feinde miterlebten (3,1). Auch in syrBar haben Baruch und Jeremia zusammen mit anderen die Stadt wirklich verlassen (5,5f.).

L. Prijs hatte auf das Problem hingewiesen, daß der Bericht über Jeremias Reise nach Anatoth nur schwer mit dem biblischen Bericht zu vereinbaren sei, nach dem Jeremia während der Eroberung der Stadt im Gewahrsam in der Stadt saß (Jer 38,13.28).[216] Er hatte diese Abweichung von der biblischen Überlieferung theologisch begründet: "(D)er Wegzug Jeremias, des Propheten Gottes, (soll) den Wegzug von Gott selbst symbolisieren."[217] Der Ruf des Engels, nachdem Jeremia die Stadt verlassen hatte, verdeutlicht dies: "Es mögen nun kommen die Feinde und eindringen in das Haus, in dem der Besitzer sich nicht (mehr) befindet." Zieht man aber eine Verbindungslinie zu syrBar, so wird das Vorgehen des Verfassers noch deutlicher. Von dort aus ist Jeremias Verlassen der Stadt in das Kidrontal vorgegeben (syrBar 5,5f.). PesR ändert diese konkrete Vorgabe in einer eigenen Intention, die auch L. Prijs gesehen hat[218], und verwendet für diese Änderung den aus der biblischen Jeremia-Überlieferung bekannten Ort Anatoth. Wie unten zu zeigen ist, kann man dieses Vorgehen der PesR, die Änderung bzw. Harmonisierung der von der biblischen Überlieferung abweichenden Vorgaben auf dem Hintergrund der biblischen Motive, auch an anderen Stellen finden.[219]

Nachdem Jeremia nach Anatoth gezogen war, beginnt in PesR die Übergabe der Stadt an die Feinde, wie in ParJer 4,1f., so auch hier durch einen Engel. Dieser Engel zerstört in PesR die Mauer der Stadt, so daß

---

212 Vgl. L. Prijs, Homilie S. 64f.
213 Vgl. P. Bogaert, Apocalypse I S. 230.
214 Vgl. L. Prijs, Homilie S. 72 mit Anm. 191.
215 S.o. S. 22.
216 Vgl. L. Prijs, Homilie S. 65.
217 A.a.O. S. 66.
218 A.a.O. S. 65.
219 Ähnliches hat auch L. Prijs, a.a.O. S. 67, beobachtet, allerdings ohne dies mit Überlieferungen wie syrBar oder ParJer in Verbindung zu sehen, durch die das Vorgehen der PesR noch verständlicher wird. Daher kann er folgendermaßen formulieren: "Obwohl die ganze Reise nur in der Pesikta erwähnt ist, sucht die Pesikta, um den Wert der Schilderung zu erhöhen, Anknüpfungspunkte im Bibeltext, sozusagen realen Boden, von dem aus sie sich auf den Flügeln der Agada emporschwingen kann."

die Feinde eindringen können. In ParJer hingegen werden ihnen die *Tore*
geöffnet (4,1). Aber auch in syrBar 7,1 werden die Mauern der Stadt zerstört, allerdings durch die vier Engel mit den Fackeln, die aber auf Befehl
eines anderen Engels handeln. Bemerkenswert sind hierbei auch die
Worte, mit denen die Stadt ausgeliefert wird. In ParJer 4,1f. wird der König aufgefordert, mit seinem Heer in die Stadt einzuziehen. Die PesR dagegen bietet eine Begründung, die sich schon in syrBar 8,2 findet:

PesR: Es mögen kommen die Feinde und   syrBar 8,2: Kommt herein ihr Feinde,
eindringen in das Haus, in dem der Be-   und kommt ihr Widersacher, nun herbei.
sitzer sich nicht mehr befindet.   Denn er, der das Haus bewahrte, hat es
                                                verlassen.

Die Aussage, daß Gott selbst sein Haus (ﺣـﻤ/בית) verlassen hat, ist für
die Frage nach den literarischen Zusammenhängen zwischen ParJer und
PesR ein entscheidender, wenn auch negativer Hinweis. Daß diese Worte
nicht in ParJer enthalten sind, ist ein wichtiges Indiz dafür, daß die PesR
wahrscheinlich nicht von der durch ParJer geprägten Tradition, sondern
von der Überlieferung der syrBar abhängig ist. Anders läßt sich diese auffällige Parallele zwischen beiden nicht erklären, die sie gegen ParJer gemeinsam haben.[220]

Hinzu kommen aber weitere Hinweise. Die vier Engel, die in syrBar
7+8 auf Befehl des anderen, hervorgehobenen Engels die Mauern zerstören, begegnen in diesem Zusammenhang in der PesR nicht, sondern hier
handelt der einzelne Engel allein. Erst später, als es um das Niederbren-
nen der Stadt geht, kommen auch die anderen Engel mit ihren Fackeln
zum Einsatz. Neben der genauen Angabe, daß es vier Engel sind, die
PesR mit syrBar (6,4) gegen ParJer gemeinsam hat[221], ist die erwähnte
Aufteilung der Taten der Engel hervorzuheben: Der eine zerstört die
Mauern, damit die Feinde einziehen können, und die anderen vier verbrennen schließlich den Tempel. Damit hat der Verfasser der PesR eine
Doubleïte geschaffen, die zweifach begründet sein kann. Zum einen läßt
er die Episode um die Tempelgeräte weg, die zwischen dem Erscheinen
der Engel und der tatsächlichen Zerstörung sowohl in ParJer (3,4-8.14)
als auch in syrBar (6,5-10) eingeschoben wird[222], und für das in syrBar
der erste Engel eigentlich gesandt war (6,6). Da er dies aber weggelassen
hat, hat der erste Engel aktiv nichts mehr zu tun, was wiederum durch die
genannte Aufgabenteilung korrigiert wird. Die zweite Begründung dieser
Doppelung liegt darin, daß die Feinde sich nicht selbst der Einnahme der
Stadt rühmen können, weil ihre Mauern durch den ersten Engel und damit durch Gott selbst zerstört wurden. Nun beratschlagen sie, wie sie wenigstens den Tempel selbst zerstören können. Aber auch dessen sollen

---

220 Vgl. P. Bogaert, Apocalypse I S. 232f.; A. F. J. Klijn, Sources S. 70.
221 Vgl. P. Bogaert, Apocalypse I S. 232.
222 Vgl. a.a.O. S. 230f.

sie sich nicht rühmen, und so wird der Tempel schließlich von den vier
Engeln und damit letztlich wieder von Gott selbst verbrannt. Diese Änderung des Erzählverlaufs könnte von dem Satz in syrBar 7,2f. her motiviert
sein: "Fangt nun an, ihre Mauern zu zerstören und stürzt sie um bis auf
die Fundamente, damit die Feinde sich nicht rühmen und sagen: 'Wir haben die Mauern Zions zerstört und den Ort des mächtigen Gottes verbrannt.'" In syrBar waren diese beiden Dinge, das Zerstören der Mauern
und das Verbrennen des Tempels, *ein* Geschehen. In PesR wird dies bewußt zu zwei aufeinanderfolgenden Episoden ausgestaltet, und dazu mit
gleichen Termini: zerstören (פרץ/ﺲﻣ) und verbrennen (שׂרף/ﻭﺍ). P. Bogaert sieht in dieser Zweiteilung eher einen Rückgriff auf die tatsächlichen Ereignisse bei der Zerstörung der Stadt, wie sie etwa durch Josephus überliefert sind (Bell VI,93-176 bzw. VI,220-270).[223] Allerdings ist in
PesR kein sonderlich großes Interesse an historischen Details festzustellen, insofern sie nicht durch biblische Überlieferung vorgegeben sind.
Das wird durch den großen zeitlichen Abstand auch verständlich. Selbst
P. Bogaert mußte daher einräumen: "l'auteur de la *Pesiqta* devait avoir
également sous les yeux une source de charactère apocalyptique." Er
zieht daher als mögliche Quelle die Esra-Apokalypse und "aussi d'autres
œuvres de genre apocalyptique centrées sur la défaite de 70 et qui ne
nous sont pas parvenues", die der Autor der PesR gekannt haben soll.[224]
Ist schon die letzte Bemerkung dieser Annahme nicht verifizierbar, so
muß darüber hinaus festgestellt werden, daß weder an den von Josephus
genannten Stellen noch in der Esra-Apokalypse die Ereignisse um die
Eroberung Jerusalems in ähnlicher Weise erzählt werden, wie in PesR.
Da man aber die Gestalt der PesR an dieser Stelle, wie oben dargestellt,
gut aus syrBar ableiten kann, ist eine solch hypothetische Annahme anderer Quellen nicht nötig.

Eine eingehendere Behandlung der Beziehungen zwischen PesR und
syrBar ist hier aber weder möglich noch notwendig. Es kam vielmehr darauf an zu zeigen, daß der primäre Zusammenhang zwischen PesR und
syrBar sehr viel wahrscheinlicher ist, als ein Bezug jener auf die ParJer.

2.2. PesR 26,XVI // ParJer 4,3f. // syrBar 10,18

PesR 26,XVI: Als der Ho-hepriester sah, dass der Tempel niederbrannte, nahm er die Schlüssel und warf sie himmelwärts. Er öffnete seinen Mund und sagte: "Hier sind die	ParJer 4,3f.: (4,3) Jeremia aber nahm die Schlüssel des Tempels, ging hinaus vor die Stadt und warf sie vor die Sonne und sprach: "Ich sage dir, Sonne, nimm die Schlüssel des Tempels	syrBar 10,18: (10,18) Ihr Priester, nehmt die Schlüssel des Heiligtums und werft sie in des Him-mels Höhe; gebt sie dem Herrn zurück und sprecht: 'Bewach du selbst dein

---

[223] A.a.O. S. 233.
[224] Ebd.

Schlüssel deines Hauses; ein ungetreuer Verwalter war ich in ihm." Er ging hinaus und wollte seines Weges gehen, da fassten ihn die Feinde und machten ihn neben dem Altar nieder, dem Ort, an dem er die ständigen Opfer dargebracht hatte."

Gottes und bewahre sie bis zu dem Tage, an dem dich der Herr nach ihnen fragen wird. (4) Denn wir wurden nicht für würdig befunden, sie zu bewahren, weil wir trügerische Haushalter geworden sind."

Haus, denn siehe, wir sind als trügerische Haushalter erfunden worden.'

Eine weitere Erzählung, die syrBar, ParJer und PesR gemeinsam haben, ist diese von der Übergabe der Tempelschlüssel. In ParJer wirft Jeremia die Schlüssel vor die *Sonne* (4,3). Dagegen fordert Baruch in syrBar 10,18 die Priester auf, die Schlüssel in den *Himmel* zu werfen. In PesR ist aus den Priestern die eine, aber markante Persönlichkeit des Hohenpriesters geworden. Es ist hier also eine ähnliche Vorgehensweise wie in ParJer zu entdecken, daß die unbestimmte Angabe von *Priestern* aus syrBar 10,18 zu einer konkreten und bedeutenden Person gemacht wird. Der umgekehrte Vorgang wäre wohl kaum denkbar.[225] Bemerkenswert ist, daß in ParJer Jeremia auch als (Hoher-)Priester verstanden wird (vgl. 5,18; 9,2).[226] Er kann aber in PesR keine Rolle spielen, weil er sich, wie in syr Bar, nicht in der Stadt befindet. Und wie in syrBar, so wirft der Hohepriester in PesR die Schlüssel in den Himmel (םימשׁל/ﻟﺴﻤﻴﺎ؛ ﻣﺴﻤﻴﺎ)[227], und nicht zur Sonne, wie in ParJer. In allen drei Texten aber wird die Schlüsselübergabe gleichermaßen begründet: Die bisherigen Verwalter haben sich als "trügerische Haushalter" (רקשׁ לשׁ סופורטופא/אֱ ﻛﺎﻞ ؛ﺫﺏ/ ἐπίτροποι ψεύδους) erwiesen.[228] Auch an dieser Stelle wird wieder deutlich, daß zwischen ParJer und PesR Verbindungen unwahrscheinlich sind. Darüber hinaus ist erwähnenswert, daß der Fortgang der Erzählung in PesR mit der Ermordung des Hohenpriesters sich an biblischer Überlieferung orientiert (Jer 52,24-27; 2Kön 25,18-21).[229]

---

[225] Gegen P. Bogaert, a.a.O. S. 239, der an dieser Stelle auch die Formulierung von syr Bar für sekundär hält und als ursprüngliche Hauptperson den Hohenpriester im Auftrage der anderen Priester ansieht.

[226] Zu Jeremia als Hoherpriester in ParJer vgl. vor allem C. Wolff, Jeremia S. 48; J. Riaud, Jérémie S. 378f.; vgl. oben S. 57 Anm. 95.

[227] Vgl. P. Bogaert, Apocalypse I S. 237; vgl. oben S. 56ff. An dieser Stelle ist auch der Wortlaut übereinstimmend.

[228] In den anderen Überlieferungen über die Tempelschlüssel findet sich dieses Motiv ebenfalls wieder, vgl. C. Wolff, Jeremia S. 48. Da der in PesR verwendete Ausdruck ein Lehnwort aus dem Griechischen darstellt, hat P. Bogaert, Apocalypse I S. 236f. Anm. 1, die Möglichkeit in Betracht gezogen, der PesR habe ein griechischer Text von syrBar vorgelegen; zur Problematik der Ursprache von syrBar s.o. S. 34f. Mehr als eine Vermutung kann dies jedoch nicht sein, da weitere Hinweise dieser Art in PesR nicht zu finden sind; vgl. dazu auch C. Wolff, Jeremia S. 77 Anm. 4, der aufgrund der durch andere Motive stark erweiterten Form von PesR eine direkte literarische Abhängigkeit von syrBar für unwahrscheinlich hält.

[229] Vgl. L. Prijs, Homilie S. 67.

2.3. PesR 26,XVIII // ParJer 4,5; 3,11f. // syrBar 10,1-5

PesR 26,XVIII: Jeremia verliess Anatoth, um nach Jerusalem zu gelangen ... Er kam (näher) und verweilte oberhalb der Mauer und sah den Tempel zu einzelnen Steinschichten werden und die Mauer Jerusalems zerstört. Da hub er an zu wehklagen und rief aus ...: "Du hast mich beredet, o Gott, und ich liess mich bereden, du hast mich angegriffen und hast die Oberhand gewonnen." Er ging auf den Wegen umher und begann zu wehklagen und rief aus: "Auf welchem Weg sind die Sünder gegangen? Auf welchem Weg sind die Exulanten gegangen? Auf welchem Weg sind die Verlorenen gegangen? Auch ich will hingehen und mit ihnen zugrunde gehen ..."
Als er zu den Exulanten gelangte, umarmte und küsste er sie. Er weinte ihnen gegenüber und sie ihm gegenüber. Er hub an und sprach zu ihnen: "Meine Brüder, mein Volk, all dies ist euch widerfahren, weil ihr nicht den Worten meiner Prophetie gehorcht habt." Als er (Jeremia) am Euphrat angelangt war, hub an Nebusaradan und sprach zu ihm ...: "Wenn es gut scheint in deinen Augen, mit mir nach Babylon zu kommen (so komme etc.)." Da erwog Jeremia in seinem Herzen: Wenn ich mit ihnen nach Babylon gehen würde, wer würde die zurückbleibenden Exulanten trösten? Da ging er weg. Die Exulanten erhoben ihre Augen und sahen, dass sich Jeremia von ihnen trennte ...

ParJer 4,5: Als Jeremia noch das Volk beweinte, wurden sie nach Babylon verschleppt.

(3,11) Es sprach aber der Herr zu Jeremia: "Gehe mit deinem Volk nach Babylon und bleibe bei ihnen und sage ihnen die gute Botschaft, bis ich sie in die Stadt zurückführen werde! (12) Lasse aber Baruch hier, bis ich mit ihm reden werde."

syrBar 10,1-5: (1) Und es geschah nach sieben Tagen: Das Wort Gottes kam über mich und sprach zu mir: (2) "Sage Jeremia, daß er hingehe und den Gefangenen des Volkes beistehe bis hin nach Babel. (3) Doch du bleib hier in der Verwüstung Zions, so tu ich dir nach diesen Tagen kund, was sich am Ende der Tage ereignen wird." (4) Und ich sagte zu Jeremia, wie der Herr mir befohlen hatte. (5) So ging er nun fort mit dem Volke.

Abschließend sei eine letzte Gemeinsamkeit angeführt, die wiederum in allen drei Schriften zu finden ist (ParJer 3,11; syrBar 10,1-5; PesR 26,XVIII). Als Jeremia in PesR aus Anatoth zurückkommt und die zerstörte Stadt sieht, entschließt er sich, mit dem bereits auf dem Wege sich befindenden Volk nach Babylon zu ziehen. Es wurde schon in einem anderen Zusammenhang festgestellt[230], daß diese Tradition der biblischen Überlieferung widerspricht, nach der Jeremia nach Ägypten verschleppt wurde (Jer 43,1-7). Umso bemerkenswerter ist es, daß sie sich auch in PesR wiederfindet, die sich sonst an der biblischen Jeremia-Tradition orientiert. Allerdings gestaltet die PesR diese Sonderüberlieferung anders als syrBar und ParJer, indem sie gleichsam einen "Kompromiß" formuliert: Nachdem Jeremia zunächst die Exulanten nach Babylon begleitet, kehrt er wieder nach Judäa zurück (vgl. PesR 26,XVIII Ende und XIX).

Ziel dieser Überlegungen zum Verhältnis von ParJer, PesR und syrBar war es, die Herkunft der Parallelen zu erhellen, die speziell zwischen ParJer und PesR bestehen. Es hat sich gezeigt, daß hierbei mit einer direkten Verbindung nicht zu rechnen ist. Vielmehr scheinen sich die Übereinstimmungen durch den gemeinsamen Bezug auf syrBar erklären zu lassen[231], die sowohl die PesR als auch die ParJer in je eigener Weise verwenden. Ob die Abhängigkeit der PesR von syrBar allerdings direkter literarischer Art ist, oder in einer mittelbaren Weise, kann und braucht hier nicht entschieden zu werden.[232] Die in dieser Hinsicht bisher vertretenen Auffassungen sind sehr hypothetisch und rechnen fast immer mit Zwischengliedern, für die es keine Belege gibt.[233] Wichtig ist aber die Beobachtung, daß die PesR, anders als die ParJer, sich sehr stark an der biblischen Überlieferung orientiert und versucht, die abweichenden Sonderüberlieferungen aus syrBar damit zu harmonisieren. Zumindest in dem hier betrachteten Abschnitt der PesR können die Abweichungen von syr Bar aus dieser Tendenz heraus erklärt werden.

---

230 S.o. S. 53f.
231 Vgl. L. Gry, La Ruine S. 200.
232 Zum Einfluß apokalyptischer Ideen auf rabbinisches Schrifttum vgl. L. Gry, La Ruine passim; C. Thoma, Jüdische Apokalyptik S. 138f.; B. Ego, Himmel passim.
233 Vgl. dazu die Zusammenfassung bei P. Bogaert, Apocalypse I S. 240f.

3. Die ParJer und das Jeremia-Apokryphon

An dieser Stelle ist die Beziehung der ParJer zum sog. Jeremia-Apokry-phon[234] (= JerApkr) zu erwägen, da diese für J. Riaud in Anlehnung an J.-M. Rosensthiel ein weiterer Grund dafür war, einen Legendenzyklus über Jeremia als gemeinsame Quelle zu postulieren.[235] Nachdem anhand der Untersuchung des Verhältnisses der ParJer zu syrBar und PesR ge-zeigt werden konnte, daß die Annahme einer "Jeremia-Quelle" unbegrün-det ist, können hier die Überlegungen auf einige kurze Beobachtungen beschränkt werden.

Ähnlich wie PesR spannt das JerApkr einen sehr viel ausführlicheren Rahmen der Geschichte Jeremias, als es in ParJer der Fall ist, insbeson-dere hinsichtlich des Wirkens Jeremias vor der Zerstörung Jerusalems.[236] Es lehnt sich dabei ebenfalls vor allem an alttestamentliche Traditionen an, denen Elemente für die Erzählung zur Ausgestaltung entnommen werden, vgl. z.B. die langen Auseinandersetzungen mit Zedekia, zu dem Jeremia gesandt wird, und das Wirken des Abimelech (150,1-160,2 pas-sim[237]), die Auseinandersetzung mit Hananja (152,4-18) u.a.[238] So erhält z.B. auch der Erzengel Michael, in ParJer erst in 9,5 ausdrücklich mit Na-men benannt, im JerApkr von Gott die Aufgabe, Nebukadnezar zur Er-oberung Jerusalems aufzufordern (161,26-163,19), nachdem die Sünden des Königs Zedekia ausführlich beschrieben wurden (159,18ff.).

Innerhalb dieses Erzählrahmens gibt es einige Berührungen des Jer Apkr mit den ParJer, die jedoch nicht ausführlich erörtert werden sol-len.[239] Besonders auffällig ist im Unterschied zu syrBar und PesR, daß das Jeremia-Apokryphon mit ParJer die Abimelechgeschichte gemeinsam hat (ParJer 5,1-6,8; vgl. JerApkr 167,3-30; 185,8-187,26).[240] Anders jedoch als in ParJer wird diese Geschichte zweigeteilt, damit zwischen dem Ein-

---

[234] Das Jeremia-Apokryphon ist eine in Garshuni (= arabische Sprache in syrischen Schriftzeichen) überlieferte Schrift, die in der, wahrscheinlich sekundären, koptischen Ver-sion die gleiche Bezeichnung trägt wie ParJer; s.o. S. 8 Anm. 10. Die Garshuni-Version ist mit einer englischen Übersetzung herausgegeben von A. Mingana, A Jeremiah Apocryphon, WoodSt I, Cambridge 1927, S. 149-191.192-233 (mit einer Einleitung von J. R. Harris, a.a.O. S. 125-138); die koptische Version hat E. Amélineau unter dem Titel "Histoire de la Captivité de Babylone", Contes et Romans de l'Égypte Chrétienne II, Paris 1888, S. 97-151, publiziert; vgl. auch K. H. Kuhn, A Coptic Jeremiah-Apocryphon, Le Muséon 83 (1970), S. 106-135. 291-326. Die urprüngliche Sprache ist vermutlich das Griechische, vgl. J. R. Harris, Intro-ductions I, in: A. Mingana, Apocryphon S. 127; A. Mingana, Apocryphon S. 149; C. Wolff, Je-remia S. 53.

[235] Vgl. J. Riaud, Paralipomena I S. 90-94.

[236] Vgl. C. Wolff, Jeremia S. 54f.; J. Riaud, Paralipomena I S. 90.

[237] Die Zählung erfolgt nach Seiten- und Zeilenzahl der Ausgabe von A. Mingana (s.o. Anm. 234).

[238] Vgl. weiterhin C. Wolff, Jeremia S. 54ff.

[239] Vgl. die Auflistung bei C. Wolff, Jeremia S. 53 Anm. 7; J. Riaud, Paralipomena I S. 90f.

[240] Vgl. J. Riaud, Paralipomena I S. 91.

schlafen des Abimelech und seinem Erwachen die Geschichte der Eroberung Jerusalems, Deportation, Gefangenschaft und Rückkehr des Volkes
erzählt werden kann (167,31-185,7).[241] In ParJer wird dies jedoch bewußt
weggelassen[242], wodurch eine Erzähllücke entsteht, die das Apokryphon
ausführlich und wiederum in Anlehnung an biblische Tradition (bes. Esr/
Neh; vgl. 176,21ff.) füllt.

Die zahlreichen Unterschiede zwischen ParJer und JerApkr waren für
J. Riaud Anlaß, eine gemeinsame Quelle zu vermuten. Doch schon an
dem gegebenen Überblick wird sichtbar, daß dies nicht notwendig ist. Es
ist deutlich, daß der Verfasser des JerApkr sehr frei mit den aufgenommenen Traditionen des Alten Testaments umgeht. In ähnlicher Weise ist
u.E. auch der Bezug zu ParJer zu verstehen, die wahrscheinlich nicht literarische Vorlage waren, sondern bekannte Tradition, die der Verfasser
des Apokryphons frei gestaltet und mit anderen verbindet. Aus dem
"Weinberg des Agrippa" (ParJer 3,10.15; 5,25[243]) wird z.B. "the garden of
his master" (167,8.11 u.ö.), wahrscheinlich weil für den Verfasser des Jer
Apkr die Angabe aus ParJer nicht mehr verständlich war. Angedeutet ist
der Bezug auf den "Weinberg" jedoch dadurch, daß Abimelech nicht nur
Feigen, sondern auch Weintrauben pflückt (167,10.23; 185,10.18 u.ö). Die
66 Jahre des Schlafes in ParJer werden in 70 verändert, weil dies der biblischen Tradition entspricht.[244] Darüber hinaus gibt es u.E. Anhaltspunkte dafür, daß dem Verfasser neben ParJer 5 noch andere Schlafge-
schichten bekannt gewesen sein müssen, aus denen er einzelne Motive
übernimmt, vgl. z.B. das Motiv des Berges, der Abimelech verbirgt ("co-
vered"; 167,25f.) mit bTaan 23a[245] oder auch die Angabe, Abimelech habe
geschlafen "till the time, when Jerusalem was destroyed and then rebuilt
afresh" (167,28f.[246]) mit yTaan 3,9,IV,B: "He remained asleep for seventy
years, until the Temple was destroyed and it was rebuild a second
time."[247]

Somit kann u.E. auch das Jeremia-Apokryphon nicht für die Hypothese einer Jeremia-Quelle in Anspruch genommen werden. Die Übereinstimmungen und Unterschiede hinsichtlich der ParJer lassen sich gut
durch die Annahme deren Kenntnis (neben anderen Traditionen) durch
JerApkr erklären.[248]

---

241 Zur Abimelechgeschichte der ParJer s.u. S. 89ff.
242 S.u. S. 115f.
243 S.u. S. 100ff.
244 S.u. S. 95 Anm. 273.
245 Vgl. C. Wolff, Jeremia S. 56 Anm. 3; s.u. S. 92ff.
246 Vgl. den Widerspruch dazu in 185,21f. und die versuchte Lösung in 185,26-30.
247 Zit. nach J. Neusner, Taanit S. 226; s.u. S. 93ff.
248 Vgl. J. R. Harris, Introductions I, in: A. Mingana, Apocryphon S. 133; P. Bogaert,
Apocalypse I S. 180; C. Wolff, Jeremia S. 53; H. H. Mallau, Art. Baruch S. 272; L. Vegas-Montaner, Paralipomenos S. 360. Dafür spricht auch die wahrscheinlich erst im 3./4. Jh. anzusetzende Datierung des JerApkr, vgl. A. Mingana, Apocryphon S. 149; A. Marmorstein,
Quellen S. 337; H. Schützinger, Jeremia-Erzählung S. 11; C. Wolff, Jeremia S. 54.

4. Die Geschichte vom Schlaf des Abimelech (ParJer 5,1-6,7)

Die Geschichte vom 66-jährigen Schlaf des Abimelech hatte bei der literarkritischen Betrachtung einige Auffälligkeiten gezeigt, die P. Bogaert dazu veranlaßten, sie literarisch aus den ParJer herauszulösen.[249] Es handelt sich um folgende Texte: 5,1-6,7 als Haupterzählung, die Verse 3,9f.15f.; 7,8.15.28.32; 8,5; sowie die Erwähnungen Abimelechs in 9,7-32. Zwar hatte P. Bogaert erkannt, daß der "récit du sommeil d' Abimélech ... occupe la partie central de l'œvre"[250], nimmt aber dennoch an, daß die Geschichte mit ihren Verbindungen in die vorderen und letzten Kapitel von späterer Hand eingetragen ist.[251] An dieser Stelle ist in Auseinandersetzung mit P. Bogaerts Argumenten der Frage nachzugehen, ob die Zuweisung der Geschichte vom Schlaf des Abimelech an eine sekundäre Bearbeitung zwingend ist, oder ob es nicht eine andere, wahrscheinlichere Erklärung gibt. Dabei ist als Voraussetzung folgendes festzuhalten: Da, wie gezeigt wurde, ParJer von syrBar abhängig ist, und Abimelech in syrBar nicht vorkommt, muß sich die Zusammenfügung beider Stoffe einem redaktionellen Vorgang verdanken. Die Frage ist also, auf welcher redaktionellen Stufe man die Verbindung anzusetzen hat. Dabei spielt gleichzeitig die Frage nach der Absicht des Redaktors bzw. Interpolators eine große Rolle, denn falls die Abimelechgeschichte von zweiter oder gar dritter Hand eingetragen wurde (wie P. Bogaert dies annimmt), könnte man vermuten, daß auch verschiedene Intentionen zu erheben wären: die des ursprünglichen Verfassers und die des Interpolators.

Man muß zunächst feststellen, daß die Abimelechgeschichte literarisch in der Mitte der ParJer plaziert ist. Sie steht an der Stelle des Berichtes über den Aufenthalt des Volkes im Exil[252], den man nach Kap. 4 eigentlich erwartet hätte, nachdem in 4,5 die Deportation berichtet wurde. Bedenkt man, daß ParJer syrBar verwendeten, syrBar aber mit dem Brief Baruchs endet, ebenfalls nur die Deportation berichtet und vom Exil und vor allem dessen Ende nichts erwähnt, so setzen die ParJer mit der Abimelechgeschichte genau das fort, was in syrBar nicht mehr enthalten ist. Von daher bestätigt sich die Schlußfolgerung, daß mit der Fortsetzung des aus syrBar übernommenen Erzählfadens durch die Abimelechgeschichte ein bewußter kompositorischer Vorgang gegeben ist. Unter welcher Absicht dies geschah, darauf wird später zurückzukommen sein.[253]

---

249 P. Bogaert, Apocalypse I S. 192-195; vgl. oben S. 23.25f.
250 P. Bogaert, Apocalypse I S. 192; zur Bedeutung dieser Episode innerhalb der ParJer vgl. J. Riaud, Abimélech, passim, der Abimelech als "personnage-clé" der ParJer bezeichnet.
251 P. Bogaert, Apocalypse I S. 194f.196. In Anlehnung an P. Bogaert formuliert H. H. Mallau, Art. Baruch S. 272: "Die Legende vom Schlaf des Ebedmelech ... ist wohl erstmalig auf Abimelech übertragen in die *Paralipomena Jeremiae* hineinkomponiert worden ..."
252 Vgl. J. Riaud, Abimélech S. 168f.; ders., Paralipomena I S. 43.
253 S.u. S. 115f.

Im folgenden soll zunächst versucht werden zu erhellen, woher der Verfasser der Abimelechgeschichte[254] den Stoff für die Erzählung vom 66-jährigen Schlaf des Abimelech bezog oder ob es nur einzelne, traditionelle Motive gab, aus denen er selbständig diese Episode formte.

Die wichtigste Quelle, die über einen Abimelech/Ebed-Melech[255] in Verbindung mit Jeremia handelt, ist das biblische Jeremiabuch.

Mit dem Satz Jeremias in ParJer 3,9: "Ich bitte dich, Herr, zeige mir, was ich mit Abimelech, dem Äthiopier, tun soll; denn viele Wohltaten hat er deinem Volk getan und deinem Knecht Jeremia, denn er hat mich aus der Schlammgrube gezogen", nehmen die ParJer ausdrücklich Bezug auf Jer 38,6ff., wo die Geschichte von der Rettung Jeremias aus der "Schlammgrube" bzw. aus einer Zisterne[256] und seiner Rettung durch Ebed-Melech ausführlich erzählt wird. Die Reminiszenz an Jer 38,6ff. in ParJer 3,9 dient also dazu, den *Abi*melech der ParJer als den biblischen *Ebed*-Melech des Jeremiabuches zu identifizieren. Da der Verfasser der ParJer entgegen seiner Vorlage syrBar Jeremia zur Hauptperson seines Werkes gemacht hat und durch die biblische Überlieferung der Zusammenhang von Jeremia und Ebed-Melech vorgegeben war, ergab sich daraus ein erster Ansatzpunkt zur Fortsetzung der Erzählung. Hinzu kommt aber ein weiterer und weitaus entscheidender Gesichtspunkt. Nach Jer

---

[254] Mit dieser Formulierung wird zunächst offen gelassen, ob der Verfasser der Abimelechgeschichte mit dem Verfasser der ParJer identisch ist.

[255] Zur Namensform ᾿Αβιμέλεχ in ParJer vgl. G. Delling, Lehre S. 7 Anm. 16; P. Bogaert, Apocalypse I S. 182 Anm. 4; J. Riaud, Abimélech S. 163. G. Delling, a.a.O., vermutet, daß diese Namensform erst durch die Übersetzung der ParJer ins Griechische zustande kam, da er als Ursprache der ParJer "eine der palästinischen Landessprache(n)" (a.a.O. S. 72) annimmt, wozu er aber offensichtlich das Griechische nicht rechnet (vgl. J. Riaud, Paralipomena I S. 174; dazu i.s.u. S. 192 mit Anm. 100). Die Septuaginta verwendet die Namensform ᾿Αβδεμελεχ als Übersetzung des hebräischen עֶבֶד־מֶלֶךְ (LXX Jer 45,7.10f.; 46,16; vgl. G. Delling, a.a.O. S. 7 Anm. 16). Interessant ist, daß in LXX wie in ParJer der Zusatz ὁ Αἰθίοψ als Übersetzung des hebräischen הַכּוּשִׁי zu finden ist. P. Bogaert, Apocalypse I S. 182 Anm. 4, hat darauf hingewiesen, daß in der Handschrift 534 zu LXX Jer 45,7 und 46,6 die Form ᾿Αβιμέλεχ verwendet wurde (vgl. J. Ziegler, Jeremias, App. z. St.). Allerdings kann man diese Tatsache allenfalls als Analogie heranziehen, da sie möglicherweise eine Angleichung an die gebräuchlichere Namensform darstellt. Hinzu kommt, daß "Ebed-Melech" kein Eigenname ist, schon gar nicht für einen "Äthiopier" (vgl. E. R. Dalglish, Art. Ebed-Melech S. 259), und sich insofern der Austausch durch den biblisch bekannten Eigennamen "Abimelech" nahelegt. Ein Hinweis auf die Verwendung der LXX durch den Verfasser der Abimelechgeschichte ist daher von der Variante der Minuskel 534 aus nur bedingt gegeben. An anderen Stellen des Alten Testaments ist die Namensform "Abimelech" ebenfalls belegt (vgl. Gen 20f.; 26,1.8-11.16.26; Ri 8,31; 9,1-6.16-56; 10,1; 2Sam 11,21; 1Chr 18,16; Ps 34,1; vgl. G. Delling, Lehre S. 7 Anm. 16; V. H. Matthews, Art. Abimelech S. 20f.; B. Halpern, Art. Abimelech S. 21f.), während "Ebed-Melech" nur im Jeremiabuch begegnet. Auch in rabbinischen Traditionen ist der Name Abimelech bekannt, vgl. MTeh 34; BerR 54,4 u.ö.; vgl. G. B. Levi, Art. Abimelech S. 62.

[256] Das griechische Wort λάκκος aus LXX Jer 45,7 wird auch in ParJer 3,9 verwendet und mit dem Zusatz τοῦ βορβόρου versehen, der sich ebenfalls in LXX Jer 45,6 findet (vgl. J. Riaud, Abimélech, S. 174 Anm. 6).

39,16-18 soll Jeremia dem Ebed-Melech folgende Heilsverheißung überbringen:

(16b) "So spricht Jahwe Zebaoth, der Gott Israels: Siehe, ich will meine Worte kommen
lassen über diese Stadt zum Unheil und nicht zum Heil, und du sollst es sehen zur selben Zeit.[257] (17) Aber dich will ich erretten zur selben Zeit, spricht Jahwe, und du sollst
den Leuten nicht ausgeliefert werden, vor denen du dich fürchtest. (18) Denn ich will
dich entkommen lassen, daß du nicht durchs Schwert fallest, sondern du wirst dein Leben wie eine Beute davonbringen, weil du mir vertraut hast, spricht Jahwe."

Diese Verheißung der Bewahrung an Abimelech bildet offensichtlich den
Hintergrund der Bewahrungsgeschichte in ParJer[258], die in 3,10 mit einer
ähnlichen Verheißung beginnt, wie in Jer 39 und ebenfalls durch die Ver-
mittlung Jeremias den Abimelech erreicht: "Schicke ihn in den Weinberg
des Agrippa durch den Berg(weg). Und ich werde ihn bewahren, bis ich
das Volk in die Stadt zurückführen werde." Die Ähnlichkeit des Motivs
an beiden Stellen (Errettung bzw. Bewahrung des Abimelech vor der Zerstörung der Stadt) legt den Schluß nahe, daß die Überlieferung in ParJer
als eine Weiterbildung des biblisch vorgegebenen Motivs von Jer 39,16ff.
anzusehen ist.

Jedoch ist die Gestaltung der Abimelechgeschichte sehr eigentümlich
und als ganze nicht biblischer Herkunft. Zur Erhellung sind verschiedene
Zusammenhänge zu bedenken:

1. das Motiv des langen Schlafes,
2. der Weinberg des Agrippa,
3. die Feigen als Heilssymbol,
4. die eschatologische Ausrichtung.

4.1. Das Motiv des langen Schlafes

Die bereits erwähnte Beobachtung, daß der Schlaf des Abimelech die eigentlich zu erwartende Beschreibung des Exils ersetzt, weist darauf hin,
daß im Zusammenhang der ParJer das Exil als eine wie im Schlaf verge-
hende Zeit verstanden wird. Diese Vorstellung erinnert an Ps 126(125),1:
"Als der Herr die Gefangenschaft Zions heimführte, waren wir wie
Träumende."[259] Zwar wird dieser Vers in ParJer nicht zitiert, doch ist bemerkenswert, daß sowohl in ParJer 3,10 als auch in LXX Ps 125,1 das
Heimführen des Volkes mit demselben Wort ἐπιστρέφω beschrieben wird.

---

257 Hierbei fällt auf, daß der im masoretischen Text enthaltene Nachsatz וְהָיוּ לְפָנֶיךָ
בַּיּוֹם הַהוּא in der Septuaginta nicht zu finden ist. Auch in den ParJer wird ausdrücklich
Wert darauf gelegt, daß Abimelech das Unheil der Zerstörung Jerusalems nicht sehen soll
(3,9). Das weist erneut auf eine Verwendung der Septuaginta durch den Verfasser.
258 Vgl. G. Delling, Lehre S. 7; H. Schützinger, Jeremia-Legende S. 10; J. Riaud, Abimélech S. 163. Zum Heilswort an Ebed-Melech in Jer 39,16ff. vgl. H. Schulte, Baruch S. 259f.
259 Vgl. C. Wolff, Jeremia S. 52; ders., Heilshoffnung S. 148; J. Riaud, Abimélech S. 177f.
Anm. 35; J. Herzer, Traditionen S. 125f.

Den "Träumenden" aus Ps 126(125),1 entspricht in ParJer Abimelech, der nach seinem Schlaf unter dem Feigenbaum[260] einen "schweren Kopf" hat, was mehrfach wiederholt wird (5,2.4.10). Dieser Zustand wird als ἔκστασις bezeichnet (5,8.14.16.30). Der Vergleich mit einem "Träumenden" legt sich auch hier nahe.

4.1.1. Die Honi-Legenden in bTaan 23a und yTaan 3,9

Diese rabbinischen Traditionen zeigen, daß Ps 126(125),1 auf das Exil gedeutet wurde.[261] In bTaan 23a (vgl. auch MTeh zu Ps 126,1[262]) heißt es:[263]

"R. Joḥanan sagte: Alle seine Tage grämte sich dieser Fromme (sc. Honi der Kreiszeichner[264]) über folgenden Schriftvers: *Stufenlied. Als der Herr die Gefangenschaft Çijons zurückführte, waren wir wie Träumende*; er sprach nämlich: Giebt [sic] es denn jemand, der siebzig Jahre träumend schliefe!? Eines Tages befand er sich auf dem Weg und sah, wie ein Mann einen Johannisbrotbaum pflanzte. Da fragte er ihn: Wie viel Jahre sind es noch, bis er Früchte trägt? Dieser erwiderte: Siebzig Jahre. Jener fragte: Bist du dessen sicher, dass du siebzig Jahre leben wirst? Dieser erwiderte: Ich habe Johannisbrotbäume auf der Welt vorgefunden; wie nun meine Vorfahren für mich pflanzten, so will ich für meine Nachfahren pflanzen. Alsdann setzte er sich und speiste, wo-

---

[260] Zur Verbindung des Schutzmotives mit dem Feigenbaum vgl. 1Kön 5,5: "... und es wohnten Juda und Israel sicher, jeder unter seinem Weinstock und unter seinem Feigenbaum, von Dan bis Beersheba, solange Salomo (herrschte)"; weiterhin Mi 4,4; Sach 3,11; 1Makk 14,12; vgl. J. A. Steiger, Nathanael S. 50-61, der die prophetisch-eschatologische Aussagekraft der Wendung "unter dem Feigenbaum" hervorhebt: "Das AT spricht vom Sitzen unter dem Feigenbaum nie, ohne 'und unter dem Weinstock' hinzuzufügen. Ein Israelit (und noch nicht ganz Israel) sitzt unter dem Feigenbaum (und noch nicht unter Feigenbaum *und* Weinstock). Darin besteht die *Prolepse*" (a.a.O. S. 56). In diesem Licht erhält auch die erwähnte Problematik der Zusammenstellung "Weinberg" und "Feigen" (s.o. S. 24 Anm. 8) einen neuen Akzent, der sich in den eschatologischen Duktus der ParJer einfügt.
[261] Vgl. P. Bogaert, Apocalypse I S. 197; C. Wolff, Jeremia S. 52 Anm. 9; ders., Heilshoffnung S. 148 Anm. 5. J. Riaud, Abimélech S. 177f. Anm. 35, nennt die Abimelechgeschichte der ParJer in Anlehnung an J. Licht einen "Midrasch" zu Ps 126.
[262] MTeh ist jedoch später (vgl. H. L. Strack - G. Stemberger, Einleitung S. 294f.) und insofern vor allem als Parallele für die Wirkungsgeschichte von Ps 126 interessant.
[263] Zitiert nach L. Goldschmidt, Talmud S. 492.
[264] Gestorben ca. 65 v. Chr.; vgl. A. Büchler, Types S. 196; (H. L. Strack -) P. Billerbeck, Kommentar V/VI S. 147; O. Betz, Tod des Choni S. 62. Dieses Datum ist insofern wichtig, als ein Zusammenhang von ParJer 5 mit der Honi-Legende nur dann möglich ist, wenn es einen gewissen Zeitraum der Legendenbildung gegeben hat. Wann diese Legende entstand, ist jedoch nicht auszumachen. Wenn aber der bei Josephus, Ant XIV,22ff., erwähnte Onias mit dem Honi der talmudischen Überlieferung identisch ist (vgl. O. Betz, Tod des Choni S. 61), dann ist es wahrscheinlich, daß Josephus die in den Talmudim erhaltenen Traditionen voraussetzt, da er den Tod des Honi/Onias als Martyrium beschreibt (vgl. a.a.O. S. 65). YTaan 3 weiß dagegen noch nichts von Honis Tod zu berichten, und in bTaan 23a ist der Tod des Honi vor Gram sicher auch eine frühere Stufe. Somit ist anzunehmen, daß die Honi-Legenden spätestens bis Mitte des 1. Jh. n. Chr. entstanden, wahrscheinlich aber noch früher in der Nähe von Honis Tod. Dafür spricht auch, daß Honi/Onias nicht zu den Rabbinen zählte (vgl. O. Betz, Tod des Choni S. 61: "Charismatiker"), und daher eine späte Legendenbildung (nach ParJer) unwahrscheinlich ist.

rauf ihn ein Schlaf überfiel. Darauf umgab ihn ein Felsen, und verborgen vor jedem
Auge schlief er siebzig Jahre. Als er erwachte, sah er einen Mann von [den Früchten]
sammeln, da fragte er ihn: Bist du es, der [den Baum] gepflanzt hat? Dieser erwiderte:
Ich bin dessen Enkel. Da sprach er: Ich schlief also siebzig Jahre. Daraufhin sah er,
dass seine Eselin ganze Herden zeugte. Alsdann ging er nach Haus und fragte nach
dem Sohn Ḥoni des Kreiszeichners. Man erwiderte ihm: Dessen Sohn lebt nicht mehr,
aber dessen Enkel lebt noch. Da sprach er: Ich bin Ḥoni der Kreiszeichner. Man
glaubte ihm aber nicht. Darauf ging er ins Lehrhaus und hörte da wie die Jünger sagten:
Diese Lehre ist uns so klar, wie zur Zeit Ḥoni des Kreiszeichners, der bei seinem Eintritt ins Lehrhaus, alle Fragen, die die Jünger hatten, zu beantworten pflegte. Darauf
sprach er: Ich bin es. Sie glaubten ihm aber nicht, und erwiesen ihm nicht die ihm ge-
bührende Ehre. Da grämte er sich und bat [um den Tod], worauf er starb. Raba sagte:
Das ist es, was die Leute sagen: Entweder die Geselligkeit oder den Tod."

Die Nähe einiger Motive dieser talmudischen Überlieferung zu ParJer 5
ist oft festgestellt worden.[265] P. Bogaert hatte die Ähnlichkeiten so erklärt: "L'auteur des *Par. Jer.* avait besoin de souligner le long intervalle de
temps qui sépare la prise de Jérusalem de sa reconstruction. Ne pouvant
introduire Ḥoni dans son récit sous peine de commettre un anachro-
nisme grossier, il a remplacé ce personnage par un contemporain de
Jérémie et de Baruch, Abimélech ..."[266]

Bevor dem Zusammenhang zwischen bTaan 23a und ParJer 5 nach-
gegangen wird, ist der parallele Text aus yTaan 3,9[267] heranzuziehen.

In die Geschichte vom Regenwunder Honis des Kreiszeichners, in der
von einem Schlaf des Honi nicht die Rede war, wird in yTaan 3,9,IV folgende Geschichte über den *Enkel* von Honi dem Kreiszeichner eingefügt,
der hier den gleichen Namen trägt:

"(IV.A) Said R. Yudan Giria, ›This is Honi the circle drawer, the grandson of Honi the
circle drawer. Near the time of the destruction of the Temple, he went out to a moun-
tain to his workers. Before he got there, it rained. He went into a cave. Once he sat down
there, he became tired and fell asleep. (B) He remained sound asleep for seventy years,
until the Temple was destroyed and it was rebuild a second time. (C) At the end of the
seventy years he awoke from his sleep. He went out of the cave, and he saw a world
completely changed. An area that had been planted with vineyards now produced olives, and an area planted in olives now produced grain. (D) He asked the people of the
district, 'What do you hear in the world?' (E) They said to him, 'And don't you know what

---

[265] Vgl. die S. 92 Anm. 261 Genannten, dazu auch M. Gaster, Beiträge S. 137f.

[266] P. Bogaert, Apocalypse I S. 197f.; ähnlich schon M. Gaster, Beiträge S. 137. M. Gaster
verwendet eine Textgestalt von ParJer 5 aus der "Σύνοψις τῶν ῾Ιστοριῶν", der Chronik
des Bischofs Dorotheus von Monembasia, Venedig 1684, die an manchen Stellen umfangreicher ist als der von J. R. Harris herausgegebene Text, im Ganzen aber dennoch eine Art
Kurzfassung darstellt (vgl. dazu B. Heller, Légende S. 204 Anm. 2; M. Huber, Wanderlegende S. 409f.). Die bemerkenswerteste Abweichung ist, daß der Schlaf des Abimelech 70
statt 66 Jahre dauert (vgl. M. Gaster, a.a.O. S. 132.137). Darauf stützt M. Gaster auch sein
Hauptargument hinsichtlich der Parallele zu bTaan 23a. Vgl. dazu auch die slawische Rezension T1 (übersetzt bei C. Wolff, Jeremia S. 228-237), wo ebenfalls von 70 Jahren die Rede
ist. Der sekundäre Charakter dieser Abweichung als Angleichung an die traditionelle Zahl
der Exilsjahre (s.u. S. 95 Anm. 273) ist deutlich.

[267] Die Zählung und die Zitation erfolgen nach der Ausgabe von J. Neusner, Taanit S.
226.

the news is?' (F) He said to them, 'No.' (G) They said to him, 'Who are you?' (H) He said to them, 'Honi, the circle drawer.' (I) They said to him, 'We heard that when he would go into the Temple courtyard, it would be illuminated.' (J) He went in and illuminated the place and recited concerning himself the following verse of Scripture: 'When the Lord restored the fortune of Zion, we were like those who dream'‹ (Ps. 126:1)."

Vergleicht man diese Geschichte mit der aus bTaan 23a, stellt man u.a. zwei Gemeinsamkeiten fest: den 70-jährigen Schlaf und den Bezug auf Ps 126,1. Deutlicher aber sind die Unterschiede: In yTaan 3,9 ist auf die Zeit der Tempelzerstörung ausdrücklich Bezug genommen, was dagegen in bTaan 23a keine Rolle spielt. Ebenso wird in yTaan 3,9 die Rekonstruktion des Tempels erwähnt, nicht aber in bTaan 23a. Auch der Berg, zu dem Honi in yTaan 3,9 geht, findet sich nicht in bTaan 23a; allenfalls ist dieses Motiv durch den Felsen angedeutet, der Honi auf wunderbare Weise umgibt. Ps 126,1 ist hier der Ausgangspunkt der Behandlung einer Auslegungsfrage, in yTaan ist er die Pointe am Schluß. In bTaan 23a schläft Honi unter freiem Himmel, umgeben von jenem Felsen, in yTaan 3,9 dagegen in einer Höhle, in die er sich zum Schutz vor dem Regen zurückzieht. YTaan 3,9 betont einen für den Vergleich mit ParJer wichtigen Sachverhalt, daß sich die Welt völlig verändert habe, was dagegen in bTaan 23a nicht reflektiert wird. Und nicht zuletzt ist zu erwähnen, daß in bTaan 23a Honi aus Gram über den Unverstand seiner Anhänger stirbt[268], während in yTaan 3,9 gleichsam ein Beweis für seine Identität und damit für das wunderbare Geschehen seiner 70-jährigen Bewahrung erbracht wird. Daß hier zwei verschiedene Überlieferungen über Honi den Kreiszeichner (bzw. seinen Enkel gleichen Namens) vorliegen, ist deutlich.[269] Unterstützt wird dies durch die Tatsache, daß in MTeh zu Ps 126,1 beide Erzählungen hintereinander gestellt sind. Man hat bisher vor allem die Erwähnung eines 70-jährigen Schlafes als Vergleichspunkt herangezogen[270], ohne daß die Unterschiede der beiden talmudischen Traditionen hinreichend beachtet wurden.

Mit bTaan 23a hat ParJer 5 nur zwei Aspekte gemeinsam: das Motiv des langen Schlafes und den individuellen Bezug der Gesamtintention auf Ps 126,1, der in bTaan 23a zitiert wird. Die Unterschiede dagegen sind gewichtig: bTaan 23 hat keine parakletische und heilsverheißende Absicht, wie dies in ParJer 5,1-6,7 vor allem am Ende von Kap. 5 und in 6,1-7 der Fall ist, sondern es geht um die Erörterung der Frage, wie jemand 70 Jahre schlafen kann, die an Ps 126,1 aufbricht. Die Honi-Erzählung dient als Beispiel dafür, daß dies möglich ist. Eine heilvoll bewahrende Funk-

---

[268] J.-M. Rosenstiel hat in diesem Schluß eine Parallele zum gewaltsamen Tod Jeremias gesehen (zit. bei J. Riaud, Paralipomena I S. 107f.); vgl. P. Bogaert, Apocalypse I S. 199.

[269] Wahrscheinlich handelt es sich um zwei Legenden von ein und derselben Person, vgl. bTaan 23a, wo als Enkel Honis des Kreiszeichners ein "Abba-Hilqija" genannt ist; vgl. D. Correns, Taanijot S. 84f. App.

[270] P. Bogaert, Apocalypse I S. 197; G. Delling, Lehre S. 54 Anm. 2.

tion des Schlafes ist nicht intendiert[271], vielmehr endet die Honi-Erzählung sogar negativ mit dem Tod des Honi. Im Gegensatz zu bTaan 23a
sind die Gemeinsamkeiten zwischen ParJer 5 und yTaan 3,9 weitreichen-
der: 1. Der Bezug auf die Zeit der Zerstörung des Tempels (vgl. ParJer
4,4; 5,30); 2. die Erwähnung eines Berges (vgl. ParJer 3,10; 5,9)[272]; 3.
die Betonung der Veränderung der Welt (vgl. ParJer 5,7.12); 4. der 70-jäh-
rige Schlaf (vgl. ParJer 5,1.30)[273]; 5. die Erwähnung von Weinbergen (vgl.
ParJer 3,10.15); 6. das Gespräch über die Veränderungen der Welt mit
den Einwohnern (vgl. ParJer 5,17-34), und schließlich sei 7. auch das Motiv der Erleuchtung genannt (yTaan 3,9,IVIJ), das an den Wunsch Abimelechs an den alten Mann erinnert: "Gott möge dir den Weg *erleuchten*

---

271 Vgl. M. Gaster, Beiträge S. 138: "Besser motiviert erscheint der schützende Schlaf
des Abimelech, als Lohn für die Rettung des Jeremia, als der des Choni, dessen Neugierde
blos [sic] befriedigt wird."
272 Vgl. P. Bogaert, Apocalypse I S. 197.
273 In ParJer schläft Abimelech nur 66 Jahre. Zu dieser auffälligen Veränderung der traditionellen 70 Jahre für die Dauer des Exils (Jer 25,11; 29,10; Sach 1,12; 7,5; Dan 9,2; 2Chr
36,21; Jos., Ant X,184; XI,2; XX,233; Bell V,389; bTaan 23a; yTaan 3,9; MTeh zu Ps 126,1
u.a.; s. dazu C. Wolff, Jeremia S. 113-116; vgl. auch die Änderung der 66 Jahre in 70 Jahre in
der slawischen Version der ParJer T1 [s.o. S. 93 Anm. 266]) gibt es verschiedene Erklä-
rungsversuche. G. Delling, Lehre S. 9, versteht die 66 als "runde Zahl, wie bei der Ankündigung einer Exilierung für 'ungefähr 77 Jahre' in ass Mos 314"; so auch J. Riaud, Abimélech
S. 177 Anm. 32. G. Delling verweist auf die in 1Kön 10,14 begegnende Zahl 666, die s.E.
ebenfalls eine runde Zahl sei und eine große Menge angebe (a.a.O. S. 9 Anm. 23). Dagegen
ist aber einzuwenden, daß eher die 70 eine 'runde Zahl' darstellt (vgl. G. Delling selbst, ebd.;
C. Wolff, Jeremia S. 115), gerade weil sie hinsichtlich des Exils traditionell vorgegeben ist;
vgl. ähnlich J. Riaud, La figure de Jérémie S. 383 Anm. 1. Die '77' in AssMos 3,14 könnte daher eher als eine Betonung dieser traditionellen Zahl zu verstehen sein, als eine Abrundung
derselben. C. Wolff, Jeremia S. 115f., sieht in der 66 eine bewußte Änderung des Verfassers,
da nach Darstellung der ParJer noch eine gewisse Zeit bis zur endgültigen Heimkehr des
Volkes verstründe. Er rechnet mit einer Vorlage, die die Zahl 70 enthielt (a.a.O. S. 116, in Anlehnung daran J. Riaud, Paralipomena I S. 66f.). Unter Vorraussetzung der bewußten Änderung von 70 in 66 bleibt die Deutung der 66 dennoch problematisch. Eine endgültige Erklärung des Problems scheint daher offen bleiben zu müssen. Der Vorschlag von J. R. Harris,
Rest S. 13ff., die 66 sei ein Datierungshinweis der ParJer (66[Schlaf des Abimelech] +
70[Jahr der Zerstörung Jerusalems] = 136 [Datum der Abfassung der ParJer]) ist schwierig
(vgl. dazu C. Wolff, Jeremia S. 115; s.u. S. 177f.). Die Zahl 66 (griech.: ξς) gematrisch zu verstehen, ist u.E. auch nicht möglich, gibt es doch kein Wort oder Namen, das bzw. der im Zusammenhang der ParJer von Bedeutung wäre und den Zahlenwert 66 hätte. Am interessan-
testen zur Deutung der 66 ist eine Stelle aus Pseudo-Hekataios (Fragment bei Josephus,
Ap I,187), wo das Alter eines Mannes mit ὡς ἑξήκοντα ἓξ ἐτῶν angegeben wird: "Einer von
ihnen war - *so sagt er* - Ezekias, ein Hoherpriester der Juden, ein Mann von *etwa* 66 Jahren,
von hohem Ansehen bei seinen Landsleuten ..." (zit. nach N. Walter, Fragmente S. 154; Her-
vorhebung v. Vf.; zur Person Ezekias vgl. a.a.O. S. 146f. Anm. 15; vgl. ders., Aristobulos S.
187-194; C. R. Holladay, Fragments S. 325f. Anm. 11.12). Daß hier die 66 als *ungefähres* Alter
stehen kann, weist im Blick auf diese Zahl in ParJer in Richtung des Deutungsversuches
von C. Wolff. Neben ParJer 5 und AssMos 3,14 ist auch EpJer 2 ein interessanter Beleg für
eine Veränderung der 70 Jahre des Exils: "... bis zu sieben Generationen"; vgl. dazu W. Naumann, Untersuchungen S. 53; C. Wolff, Jeremia S. 113; A. H. J. Gunneweg, Brief S. 186; I.
Taatz, Briefe S. 58.

(φωταγωγήσει[274]) in die obere Stadt Jerusalem" (ParJer 5,34). Diese zuletzt erwähnte Stelle in yTaan lokalisiert das Geschehen im Gegensatz zu
bTaan23a und in Übereinstimmung mit ParJer ausdrücklich in Jerusalem.

Stellt man die Frage, woraus der Verfasser die Motive für die Geschichte der Bewahrung des Abimelech geschöpft hat, so kommt u.E. vor
allem die Episode über den Enkel Honis des Kreiszeichners in Frage, wie
sie in yTaan 3,9 überliefert ist.[275] Die zahlreichen Konkretionen und Aus-
gestaltungen (in beiden Fällen wird durch die Zahl der Jahre auf die
Dauer des babylonische Exils Bezug genommen[276]; aus den Weinbergen
in yTaan 3,9,IVC wird ein konkreter "Weinberg des Agrippa"; aus den
"Leuten der Gegend" [yTaan 3,9,IVD] wird ein alter Mann; die Veränderung der Welt [3,9,IVC] wird zu einer ausführlichen Beschreibung der
Veränderung Jerusalems[277]; die 70 Jahre [3,9,IVBC] werden in 66 geändert; das Motiv der Erleuchtung [3,9,IVIJ] wird eschatologisch ausgestaltet) weisen ebenfalls in diese Richtung. Besonders deutlich wird dies an
der Änderung der 70 Jahre in 66, die offensichtlich ganz bewußt vorge-
nommen wurde, sowie an der eschatologischen Ausrichtung der Abimelechgeschichte in den ParJer. Es handelt sich jedoch wahrscheinlich
nicht um eine literarische Abhängigkeit, wie sie für das Verhältnis von
ParJer zu syrBar festgestellt werden konnte, sondern der Verfasser der
Abimelechgeschichte kannte vielmehr diese Tradition des palästinischen
Judentums, und aus dieser Kenntnis heraus übertrug er deren Züge auf
den Abimelech seines Werkes. Der Umstand, daß es sich bei der Honi-
Legende um eine sehr eindrückliche Geschichte handelt, die erst relativ
spät literarisch bezeugt ist und daher auf eine mündliche Tradition zurück-
reichen muß, unterstützt diese Deutung.

---

[274] Zu diesem Terminus s.u. S. 109f. Anm. 351.

[275] Vgl. M. Huber, Wanderlegende S. 420.422. Dafür spricht auch die wahrscheinliche
Priorität der Jeruschalmi-Version gegenüber der des babylonischen Talmud, die vor allem
aus dem unterschiedlichen Ausgang zu erheben ist: Jeruschalmi kennt die Todesumstände
Honis noch nicht, vgl. P. Schäfer, Bar Kokhba S. 94. Auch M. Gaster, Beiträge S. 79, hält
yTaan 3,9 für die ältere Fassung, die bTaan 23a vorgelegen habe. Dagegen ist B. Heller,
Légende S. 206, vom Gegenteil überzeugt, da "(l)e Babli est mieux instruit qu'il connaît un-
véritable petit-fils d'Onias: Abba Hilquiya". Dabei werden aber die literarischen Beobachtungen zu wenig beachtet, die für eine Priorität der Jeruschalmi-Tradition sprechen. B. Heller
vermutet hinsichtlich der ParJer, daß deren Abimelechgeschichte als eine jerusalemer Tradition in die palästinische Version der Onias (= Honi)-Legende eingedrungen ist (a.a.O.).

[276] Vgl. M. Gaster, Beiträge S. 80, zu yTaan; M. Huber, Wanderlegende S. 418.

[277] Diese Mitteilung in yTaan 3,9B, daß der Tempel wieder erbaut sei, ist wahrscheinlich auf die Projektion der Ereignisse in die Zeit des ersten Exils zurückzuführen, an dessen Ende der Bau des zweiten Tempels stand. Diese Notiz ist insofern verständlich, als zum
Zeitpunkt der Entstehung der Legende um Honi (gest. ca. 65 v. Chr.) der Tempel wohl noch
existierte; s.o. S. 92 Anm. 264.

4.1.2. Die Legende vom Schlaf des Epimenides

Die behandelten rabbinischen Traditionen sind nicht die einzigen, die das Motiv eines langen Schlafes aufgreifen. Schon M. Gaster hatte von einem "innigen Zusammenhange"[278] der Abimelechgeschichte mit einer Schlaflegende über Epimenides[279] gesprochen, die durch Diogenes Laertius I,X,109-110, überliefert ist:[280]

"Epimenides war, wie Theopompos und viele andere behaupten, ein Sohn des Phaistios, nach anderen des Dosiades und nach noch anderen des Agesarkos. Er stammte aus Kreta, und zwar aus Knossos. Lang herabwallendes Haupthaar gab seinem Aussehen etwas fremdartiges. Er wurde einst von seinem Vater aufs Feld (εἰς ἀγρόν) geschickt zur Aufsicht über die Schafherde; in der Mittagszeit bog er vom Wege ab und fiel in einer Grotte (ὑπ' ἄντρῳ) in einen siebenundfünfzigjährigen Schlaf. Endlich erwacht, suchte er nach seiner Herde, des Glaubens, er habe nur kurze Zeit geschlummert (νομίζων ἐπ' ὀλίγον κεκοιμῆσθαι). Als er sie nicht fand, ging er nach dem Felde hin und traf hier alles in verändertem Zustand und den Acker im Besitz eines andern. So kehrte er denn von schweren Gedanken geängstigt wieder in die Stadt zurück. Als er dort in sein Haus eintrat, traf er auf Leute, die ihn fragten, wer er wäre. Endlich fand er seinen jüngeren Bruder, der schon ein alter Mann war (ἤδη γέροντα ὄντα); von ihm erfuhr er die ganze Wahrheit."

Die Parallelen dieser Geschichte zu ParJer 5 sind weniger deutlich als vielmehr zur Tradition über Honi den Kreiszeichner in yTaan 3,9. Wie hier Honi, so sucht auch Epimenides in einer Höhle Schutz, allerdings

---

[278] M. Gaster, Beiträge S. 368.

[279] Er lebte in der Zeit kurz nach den Perserkriegen um 500 v. Chr., vgl. O. Kern, Art. Epimenides Sp. 174; nach M. Huber, Wanderlegende S. 387, u.a., zwischen 660 und 510 v. Chr. Zur Verbreitung des Schlafmotives in der antiken Literatur vgl. M. Huber, Wanderlegende S. 378-390; zur Epimenides-Legende S. 387ff.

[280] Zit. nach O. Apelt, Diogenes S. 54f. (griechisch nach H. S. Long, Diogenes S. 50). Diogenes Laertius verfaßte die Vitae Philosophorum gegen Ende des 3. Jh. n. Chr., vgl. H. Dörrie, Art. Diogenes 11 Sp. 45, wobei er jedoch sehr wahrscheinlich alte Traditionen verarbeitete (vgl. ebd.; M. Huber, Wanderlegende S. 389), denn schon Plinius (s.u. in dieser Anm.) kannte diese Legende über Epimenides in der Mitte des 1. Jh. n. Chr., vgl. K. Sallmann, Art. Plinius Sp. 928ff., der die HistNat des Plinius im Jahr 77 n. Chr. ansetzt (a.a.O. Sp. 932). M. Gaster, Beiträge S. 368, bietet eine andere Version, wobei deren Ursprung und Verhältnis zur Ausgabe von O. Apelt unklar bleibt: "Epimenides ging einst ein verlorenes Schaf suchen und vom Regen überrascht ging er in eine diktäische Höhle ..., wo er in einen betäubenden Schlaf fiel. In diesem Zustande blieb er nach Einigen vierzig, nach Anderen fünfzig Jahre. Bei seinem Erwachen war er voll Bestürzung, daß sich alles in seiner Vaterstadt verändert hatte und man wollte ihn sogar von seinem väterlichen Hause als Betrüger fortjagen, bis er Mittel fand, durch unwiderlegliche Beweise darzuthun [sic], daß er der eigentliche Besitzer desselben sei. Ja sogar sein Bruder erkannte ihn anfänglich nicht." (Vgl. dazu J. Riaud, Paralipomena I S. 106ff.) Wie schon erwähnt bietet auch Plinius, HistNat VII,53(175), eine Version dieser Legende: "Solche Fabelei vernehme ich in ähnlicher Weise auch bei Epimenides aus Knossos. Als Knabe soll er, von einer Wanderung in der Hitze ermüdet, in einer Höhle 57 Jahre geschlafen haben; beim Erwachen wunderte er sich nicht wenig über die veränderte Gestalt der Dinge, als sei er schon am nächsten Tage aufgewacht; von da an wurde er in ebensovielen Tagen ein alter Mann ..." (zit. nach R. König, Plinius S. 125).

nicht mit der Begründung des plötzlich einsetzenden Regens[281] (vgl.
yTaan 3,9,IVA). Das Motiv der Veränderung der Gegend und die Frage
nach seiner Identität findet sich auch in yTaan 3,9. Die Beziehungen zwischen yTaan 3,9 und ParJer machen eine direkte Verbindung der ParJer
zur Epimenides-Tradition unwahrscheinlich. Trifft dies zu, so wird man
yTaan 3,9 als eine Zwischenstufe anzusehen haben, die beide Traditionen verbindet. Vergleicht man diese drei Versionen des einen Motivs, so
läßt sich gut eine kontinuierliche Aus- und Weitergestaltung je unter dem
eigenen Interesse feststellen. Die in der Jeruschalmi-Version faßbare
Tradition hat z.B. die 57 Jahre der Epimenides-Legende auf die 70 Jahre
des Exils erweitert, die ParJer jedoch haben die 70 Exiljahre bewußt
wieder verändert in 66. In yTaan wird hinzugefügt, was sich während des
Schlafes ereignete (3,9,IVB), und schließlich die Frage nach der Identität
des Epimenides auf dem Hintergrund von Ps 126,1 umgestaltet.[282] Wie
die ParJer die Jeruschalmi-Motive weiterführten, wurde bereits dargestellt.[283] So kann man hier einen interessanten Vorgang von Traditionsverarbeitung verfolgen, der darüber hinaus ein Beleg für die Kenntnis
griechisch-antiker Traditionen und deren Aufnahme in jüdischen Kreisen
ist.[284]

4.1.3. Die Siebenschläfer-Legende

Eine weitere Überlieferung, die M. Gaster in diesem Zusammenhang angeführt hatte[285], ist die "Siebenschläfer-Legende"[286], die allerdings
christlichen Ursprungs ist und deren Handlung zur Zeit des Kaisers De-

---

[281] Vgl. jedoch die Version bei M. Gaster (s.o. S. 97 Anm. 280). Aufgrund der überein-
stimmenden Motive mit yTann 3,9 scheint die von M. Gaster wiedergegebene Tradition von
der des Jeruschalmi beeinflußt zu sein.

[282] Vgl. auch die Version bei M. Gaster (s.o. S. 97 Anm. 280).

[283] S.o. S. 94ff.

[284] J.-M. Rosenstiehl (ref. bei J. Riaud, Paralipomena I S. 105ff.) hatte die Legende über
Epimenides als Vorlage für yTaan 3,9 und das Jeremia-Apokryphon vermutet. Die Unterschiede zwischen diesen beiden Texten zeigten jedoch, daß es eine Zwischenstufe gegeben
haben müsse, eine Legende über Jeremia, aus der das Jeremia-Apokryphon geschöpft habe
(a.a.O. S. 106.109). "Le long sommeil d'Epiménide a servi de modèle au long sommeil d'Abimelech dans une légende de Jérémie. Cette légende est la source l'*Histoire de la Captivité de
Babylone* ainsi que la modèle du sommeil de Honi-Onias du Talmud de Jérusalem. Cette
même légende de Jérémie, augmentée déjà de la fin tragique prêtée au prophète et revue à
travers l'écran que constituait la dramatique histoire d'Onias le juste, nous a donné le récit
des Paralipomènes de Jérémie et celui du Talmud Babylone" (a.a.O. S. 109). An dieser
Stelle wird u.E. die Unwahrscheinlichkeit und der spekulative Charakter der Jeremia-Quel-
lenhypothese sehr deutlich. Obwohl J. Riaud ihr grundsätzlich zustimmt (ebd.), kann er die
Ausweitung auf die Epimenides-Legende jedoch nicht nachvollziehen und weist sie zu Recht
ab.

[285] M. Gaster, Beiträge S. 368ff.

[286] Nach M. Huber, Wanderlegende S. 553, ist Jakob von Sarug der erste, der um 520 n.
Chr. über die sieben Männer schreibt, und zwar in Syrisch; vgl. a.a.O. S. 1-17.

cius (249-251 n. Chr.) spielt.[287] Sieben junge Männer, die sich der Verfolgung entziehen wollen und in eine Höhle flüchten, fallen dort in einen tiefen Schlaf. Die Länge des Schlafes wird nicht genannt, wohl aber vermerkt, er habe bis zur Regierungszeit Theodosius des Jüngeren gedauert (wahrscheinlich Theodosius II. [408-450 n. Chr.]).[288] Tatsächlich gibt es einige bemerkenswerte Berührungspunkte dieser Siebenschläfer-Legende mit ParJer 5: 1. Wie Abimelech in ParJer davor bewahrt wird, die Zerstörung Jerusalems zu erleben, so werden auch die "sieben Schläfer" durch ihren Schlaf in der Höhle vor der Verfolgung des Decius bewahrt. 2. Wie Abimelech, so gehen auch die Männer aus der Stadt zu einem Berg (vgl. ParJer 3,15f.). 3. Als die "sieben Schläfer" erwachten, sind sie wie Abimelech in ParJer überzeugt, nur ganz kurz geschlafen zu haben (vgl. ParJer 5,2.4.10.26). 4. Sie wundern sich über das veränderte Aussehen der Stadt (vgl. ParJer 5,7-16). 5. Sie fragen einen vorbeikommenden Mann nach dem Namen der Stadt, wie Abimelech den Greis (vgl. ParJer 5,17). 6. Schließlich wird, wie in ParJer 5,28ff., die wundersame Bewahrung offenbar.[289]

Aufgrund dieser Ähnlichkeiten zwischen der Abimelechgeschichte der ParJer und der Siebenschläfer-Legende legt sich die Vermutung nahe, daß hier eine literarische Beziehung vorliegt. Die Geschichte vom Schlaf des Abimelech in ParJer hat wahrscheinlich der Siebenschläfer-Legende als eine wichtige Vorlage gedient. Anders wird man den genannten Über-

---

[287] Zu dieser Legende vgl. J. Koch, Siebenschläferlegende passim; B. Heller, Légende passim; M. Huber, Wanderlegende passim, bes. S. 552-567. Zu den Texteditionen s. B. Heller, a.a.O. S. 190f. Anm. 1.

[288] Vgl. H. Donner, Pilgerfahrt S. 220 Anm. 96; gegen K. Rudolph, in: Der Koran S. 263 App., der Theodosius den Großen (379-395 n. Chr.) nennt; vgl. auch B. Heller, Légende S. 215. Diese Legende ist auch in die islamische Tradition aufgenommen worden: Koran, Sure 18,8-25. Nach 18,24 schliefen sie 300 Jahre. An dieser Stelle sei auf eine weitere Koran-Tradition hingewiesen, die von H. Schützinger näher untersucht wurde (H. Schützinger, Jeremia-Erzählung passim; vgl. schon M. Gaster, Beiträge S. 78-80.372; M. Huber, Wanderlegende S. 335-354). In Sure 2,259 heißt es: "Or like the man who passed by a town whose roofs had caved in. He said: 'How will God revive this following its death?' God let him die for a hundred years; then raised him up again. He said: 'How long have you been waiting here?' He said: 'I've been waiting a day or a part of a day.' He said: 'Rather you have stayed here a hundred years. Yet look at your food and drink: they have not yet even become stale! And look at your donkey. We will grant you it as a sign for mankind. Look how we set its bones together, then clothe them with flesh!' When it was explained to him, he said: 'I know that God is capable of everything!'" (zit. nach T. B. Irving, Qur'an S. 22; vgl. dazu M. Huber, Wanderlegende S. 426ff.; D. Masson, Coran S. 442f.). Die Identität des Mannes, von dem hier erzählt wird, ist nicht deutlich, vgl. F.-M. Abel, Deir S. 67, der ihn mit Esra identifiziert. Die Kenntnis und Verarbeitung der Abimelechgeschichte in islamischer Tradition ist hier jedoch wahrscheinlich (vgl. J. R. Harris, Rest S. 39-42; W. R. Smith in: A. Mingana, Jeremiah Apocryphon S. 135). H. Schützinger, Jeremia-Erzählung S. 9-13, macht aber darauf aufmerksam, "daß in Sure 2,259 keine Namen genannt sind" und daher die Frage nach Abhängigkeiten vorsichtig beantwortet werden muß (S. 13; vgl. S. 19). Das Motiv des Esels findet sich z.B. auch in bTaan 23a, s.o. S. 93. Weiterhin ist deutlich, daß zumindest Elemente aus Ez 37 eine Rolle spielen (vgl. a.a.O. S. 10).

[289] Vgl. B. Heller, Légende S. 213; M. Huber, Wanderlegende S. 422.

einstimmungen nicht gerecht werden können.[290] Daß die ParJer christlich rezipiert wurden, wird durch Kap. 9 deutlich.[291] Auch in mittelalterlicher Zeit sind sie in der christlichen Tradition bekannt, wie ein Psalter aus dem 11. Jahrhundert zeigt, wo Motive aus den ParJer zur Illustration von Ps 33 verwendet wurden.[292] Auch Theodosius kennt diese Geschichte.[293] In die Reihe christlicher Rezeptionen der ParJer fügt sich schließlich die Siebenschläfer-Legende als ein weiteres Beispiel ein. Die Abimelechtradition der ParJer stellt damit das Bindeglied zwischen der rabbinischen Honi-Tradition und der christlichen Siebenschläfer-Legende dar.

4.1.4. Zusammenfassung

Die Geschichte vom 66-jährigen Schlaf des Abimelech in ParJer 5 ist ein Erzählstoff, mit dem ParJer über das hinausgehen, was sie aus syrBar übernommen haben. Die Verknüpfung beider Erzählkomplexe ist durch die literarkritische Analyse sichtbar geworden.[294] Es hat sich gezeigt, daß die Abimelechgeschichte literarisch mit der rabbinischen Tradition über den Enkel Honis des Kreiszeichners verwandt ist, wie sie in yTaan 3,9 bzw. MTeh zu Ps 126,1 überliefert ist. Dabei kann man wahrscheinlich nicht mit einer literarischen Vorlage rechnen, wie es hinsichtlich syrBar der Fall ist, sondern wird eine mündliche Tradition dieser Legende vorauszusetzen haben, aus der der Verfasser der ParJer die Motive entnahm, die er dann zu einer neuen Geschichte mit einer klaren individuellen, eschatologischen Ausrichtung formte.[295] Innerhalb der verschiedenen Überlieferungen hat man u.E. die ParJer zwischen der talmudischen Tradition und der christlichen Rezeption in der Siebenschläfer-Legende einzuordnen. Der talmudischen Tradition voraus liegt wahrscheinlich die Epimenides-Legende oder eine Überlieferungsstufe davon, die sehr eng mit ihr verwandt ist.

4.2. Der Weinberg des Agrippa

Die wiederholte Erwähnung des "ἀμπελών (bzw. χωρίον)[296] τοῦ Ἀγρίππα" (ParJer 3,10.15; 5,25) hat des öfteren dazu geführt, dem Verfasser der ParJer eine gute Ortskenntnis zuzusprechen und die ParJer insgesamt

---

290 Vgl. M. Gaster, Beiträge S. 368f.; B. Heller, Légende S. 214. M. Huber, Wanderlegende S. 422, kann sogar schreiben, "dass die Siebenschläferlegende nichts anderes ist als die *Abimelechgeschichte in christlichem Gewande.*"

291 Dazu näher unten S. 159ff.

292 Vgl. dazu vor allem J. Riaud, Abimélech S. 171f.

293 Theodosius, De situ terrae sanctae 5,6; Text bei H. Donner, Pilgerfahrt S. 205f. (Stellenangaben nach H. Donner). "Theodosius" (zur unsicheren Verfasserfrage s. H. Donner, Pilgerfahrt S. 191f.) schreibt im 6. Jh.; vgl. unten S. 101f.

294 S.o. S. 23ff.25f.52f.89.

295 S.u. S. 104ff. Zur chronologischen Problematik s.o. S. 92 Anm. 264.

296 Zur Verwendung von ἀμπελών und χωρίον s.o. S. 24f.

als in Jerusalem verfaßt anzusehen.[297] Man muß sich in der Tat fragen,
warum der Autor eine solch konkrete Angabe in seinem Werk gemacht
hat, obwohl selbst in der rabbinischen Tradition, auf die er sich bezieht,
sehr viel allgemeiner über die Lokalitäten geredet wird.[298] Er muß hier
also wiederum ganz bewußt gestaltet haben. Möglicherweise setzte er
voraus, daß dieses Grundstück des Agrippa auch bei seinen Lesern bekannt war, sonst hätte die Angabe keinen rechten Sinn. Verschiedentlich
wurde versucht, näher zu bestimmen, was mit dem Grundstück des
Agrippa bzw. welcher König dieses Namens, der in der jüdischen Tradition mehrfach vorkommt[299], gemeint sei. J. R. Harris hatte für die "Zi-
sternen Salomos" plädiert, die sich südöstlich von Bethlehem befinden.[300] Das ist u.E. wenig wahrscheinlich, weil dieser Ort von Jerusalem
relativ weit entfernt ist (ca. 11 km). Es gibt darüber hinaus keinen Beleg,
daß er unter dem Namen des Agrippa bekannt gewesen sein könnte, unter dem ihn die Leser der ParJer offensichtlich identifizieren sollten. P.
Bogaert[301] hatte sich der Auffassung von F.-M. Abel[302] angeschlossen, der
sich auf Theodosius, De situ terrae sanctae 5,6 bezieht, wo der Schlaf
Abimelechs erwähnt ist:

"De monte Oliueti usque in uico Hermippo ..., ubi dormuit Abimelech sub arbore ficus
annis XLVI ..., miliario uno, qui Abimelech discipulus fuit sancti Hieremiae; ibi fuit Ba-
ruc propheta ..."[303]

Dabei müßte man "Hermippo" als "déformation du nom d'Agrippa"[304]
verstehen, was jedoch problematisch erscheint.[305] Nach P. Bogaert führt
das Itinerar des Theodosius in den Südosten des "Berges des Ärgernis-
ses".[306] Das jedoch dürfte kaum richtig sein, denn in ihrem Kontext ist
die "Erzählrichtung" des Theodosius von West nach Ost gerichtet: Jerusalem - Ölberg - Hermippo.[307] Deshalb hatte G. Dalman, der sich ebenfalls

---

[297] Vgl. J. R. Harris, Rest S. 12; K. Kohler, Haggada S. 409; E. Turdeanu, Légende S.
306.
[298] Vgl. aber den Bezug zur Erwähnung des Weinbergs in yTaan 3,9.
[299] Einen guten Überblick über die bisher vertretenen Deutungen gibt J. Riaud, Abimélech S. 174 Anm. 9; vgl. auch P. Bogaert, Apocalypse I S. 328ff.
[300] J. R. Harris, Rest S. 12; vgl. ders., Introduction I, in: A. Mingana, Jeremiah Apocryphon S. 136.
[301] P. Bogaert, Apocalypse I S. 329; vgl. auch J. Riaud, Abimélech S. 174 Anm. 9.
[302] F.-M. Abel, Deir Senneh ou le domaine d'Agrippa, RB 44 (1935) S. 61-68.
[303] Zit. nach P. Bogaert, Apocalypse I S. 328.
[304] A.a.O. S. 329; vgl. schon F.-M. Abel, Deir S. 64 Anm. 1.
[305] Vgl. aber auch F.-M. Abel, Deir S. 64 Anm. 1; H. Donner, Pilgerfahrt S. 206f. mit
Anm. 44: "Hermippo ist aus chorion tu Agrippa ... entstellt." An diesem Problem wird u.E.
deutlich, daß "Theodosius" mit der Angabe "Weinberg/Grundstück des Agrippa" nichts
mehr anzufangen wußte. Bei "Theodosius" handelt es sich um den sog. "Archidiakonus",
der im 6. Jh. n. Chr. schrieb, vgl. W. Enßlin, Art. Theodosius Sp. 1951.
[306] P. Bogaert, Apocalypse I S. 329; vgl. F.-M. Abel, Deir S. 64.
[307] Problematisch an der Darstellung F.-M. Abels ist u.E. auch, daß er hervorhebt, in
der von ihm favorisierten Gegend von Deir Senneh befänden sich zahlreiche Höhlen, die
man sich als Behausung des *Baruch* vorstellen könne (a.a.O. S. 65). Nach ParJer 4,11 jedoch

auf Theodosius bezieht, Hirbet Ibke'dan (nord)östlich von Jerusalem vor-geschlagen, das auf einem alten Weg nach Jericho liegt.[308] Gleichwohl dies auch nur eine Vermutung bleiben kann, hat sie doch u.E. die größte Wahrscheinlichkeit für sich. Nicht zuletzt auch durch die Formulierung der ParJer bezüglich des Weges, auf dem Abimelech den Weinberg er-reicht: "διὰ τῆς ὁδοῦς τοῦ ὄρους" - durch den Weg des Berges (ParJer 3,15; 5,9), bzw. "διὰ τοῦ ὄρους" (3,10). Zwar würde man dieser Wendung in der Regel keine besondere Bedeutung beimessen, aber im Zusammen-hang mit der konkreten Bezeichnung "Weinberg/Grundstück des Agrippa" fällt sie doch aufgrund der dreimaligen Wiederholung und der Determination des Berges durch die Verwendung des Artikels auf. Zieht man nun zusätzlich die zitierte Stelle aus Theodosius heran, so könnte man vermuten, daß mit dem derart determinierten Berg der Ölberg ge-meint sei. Somit ergäbe sich ein schlüssiges Bild und eine Erklärung da-für, warum die ParJer hinsichtlich der Ortsbestimmungen so konkret sind. Der Ort, an dem sich Abimelech aufgehalten hätte, läge damit hin-reichend weit von Jerusalem entfernt, um die Zerstörung der Stadt nicht sehen zu können. Bei allen anderen Ortslagen ergäbe sich diese Schwie-rigkeit, abgesehen von dem Vorschlag von J. R. Harris.[309] Darüber hinaus hat die West-Ost-Richtung, in der dann Abimelech die Stadt verlassen hätte, nicht zuletzt eine theologische Bedeutung, betrachtet man sie auf dem Hintergrund der Prophetie Ezechiels, nach welcher Gott den Tempel vor der Zerstörung Jerusalems ebenfalls in Richtung Osten zum Ölberg hin verläßt (Ez 11,23).[310]

Abschließend sei auf den Vorschlag K. Kohlers eingegangen, der auf eine Stelle bei Josephus, Bell V,172ff., hingewiesen hat.[311] Hier ist von

---

sitzt Baruch in einem Grab; vgl. auch syrBar 21,1: Kidrontal! Darüber hinaus ist ParJer nicht zu entnehmen, daß Baruch und Abimelech zum selben Ort gingen, wie das nach F.-M. Abel vorauszusetzen wäre.

308   G. Dalman, Jerusalem S. 39.

309   S.o. S. 101; vgl. F.-M. Abel, Deir S. 63.

310   In diesem Zusammenhang sind einige Stellen des Alten Testaments erwähnens-wert: 2Kön 25,4; Neh 3,15; Jer 39,4; 52,7f. In 2Kön 25,4, wozu Jer 39,4 und 52,7f. zu ver-gleichen sind, wird von der Flucht Zedekias vor Nebukadnezar berichtet: "Der König aber und alle Kriegsleute machten einen Ausfall und entflohen bei Nacht durch das Tor zwischen den beiden Mauern, das am Garten des Königs lag ... und sie nahmen den Arabah-Weg (דרך הערבה/ὁδὸν τὴν Αραβα)." Man vermutet, daß sich jener "Garten des Königs" (κῆπος τοῦ βασιλέως; 2Kön 24,5) "außerhalb der Stadtbegrenzung an der Vereinigung des Kidrontals mit dem Hinnomtal" befand (M. Rehm, Könige S. 241; vgl. G. Dalman, Jerusalem S. 168; E. W. Cohn, Topography S. 12.21; W. L. Holladay, Jeremiah S. 292). Es ist zwar un-wahrscheinlich, daß ParJer auf dieses Gebiet Bezug nehmen, aber bemerkenswert ist im-merhin, daß Zedekia bei seiner Flucht vor Nebukadnezar ebenfalls nach Osten geflohen ist (der Araba-Weg "is the road from Jerusalem down to Jericho"; T. R. Hobbs, 2 Kings S. 363; vgl. J. Wilkinson, Road passim), wohl weil dies bei einer Belagerung die einzige Möglichkeit war. Das würde die Deutung unterstützen, daß auch Abimelech in ParJer in Richtung Osten die Stadt verläßt. Vielleicht kann man sogar soweit gehen, den biblischen Araba-Weg mit dem "Weg des Berges" der ParJer zu identifizieren.

311   K. Kohler, Haggada S. 409.

Parkanlagen des Agrippa die Rede, auf die nach K. Kohler sich die Notiz vom "Weinberg des Agrippa" beziehen soll.[312] Allerdings befand sich dieser Park *innerhalb* der Stadt. Aus diesem Grund dürfte er kaum in Frage kommen, da Abimelech dann nicht vor der Zerstörung Jerusalems verschont geblieben wäre. In Bell V,142-183 (vgl. Ant XIX,326f.) aber beschreibt Josephus sehr ausführlich eine nördliche Mauer, die Agrippa I.[313] zu bauen begann, und die ein beträchtliches Gelände nördlich von Jerusalem einschloß.[314] In der Tat scheint dies das einzige Gelände zu sein, das (nach der Überlieferung des Josephus) mit dem Namen "Agrippa" (Herodes Agrippa I.) verbunden ist und schon vor Agrippa I. als "עֵמֶק הַמֶּלֶךְ" - "Königsebene" bekannt war (2Sam 18,18; Jos., Ant VII, 243).[315] Dieser Sachverhalt könnte dafür sprechen, das Gelände nördlich von Jerusalem mit dem "Weinberg/Grundstück des Agrippa" in Verbindung zu bringen. Aber Josephus beschreibt diesen Teil als ein Siedlungsgebiet, das zu Jerusalem gehört und von daher kaum für die Bewahrung des Abimelech geeignet gewesen wäre. Hinzu kommt, daß der wichtigste Wall des Titus während der Belagerung Jerusalems sich gegenüber diesem Gelände befand (Jos., Bell V,47-97).[316]

Aufgrund der Unsicherheiten, die sich letztlich bei jedem Versuch einer genaueren Bestimmung dieser hier offensichtlich verwendeten Lokaltradition finden, ist eine endgültige Entscheidung kaum zu treffen. Man kann auch mit J. Riaud an eine bewußte literarische Historisierung des Autors denken.[317] Aber selbst dabei bleibt die Frage ungeklärt, welchen Sinn eine derart konkrete Historisierung hätte, wenn die Leser nicht einen bestimmten, ihnen bekannten Ort damit verbinden konnten. Für die Absicht des Verfassers hätte wohl auch eine allgemeinere Formulierung wie z.B. in den talmudischen Traditionen ausgereicht.

---

312 Ebd. Zur Beschreibung dieser großen Anlage vgl. G. Dalman, Jerusalem S. 94-99.

313 Daß es sich hier um Agrippa I. handeln muß, geht aus Bell V,152 hervor, wo Josephus den "Vater des jetzt lebenden Königs, der gleichfalls Agrippa hieß", erwähnt. Der "jetzt lebende König" kann aber nur Herodes Agrippa II. sein, der ca. 93 n. Chr. gestorben ist (vgl. P. Schäfer, Geschichte S. 129; H. Donner, Geschichte S. 459 rechnet mit 100 n. Chr.; vgl. auch M. Hengel, Judentum S. 183 Anm. 323). Sein Vater, Herodes Agrippa I. starb bereits 44 n. Chr. (Ant XIX,343-352; vgl. G. Baumbach, Art. Herodes S. 160f; D. R. Schwartz, Agrippa S. 107-111.203-207; zur Geschichte der Herodesfamilie vgl. A. Schalit, Herkunft passim). Dessen Bautätigkeit in Jerusalem war so eifrig, daß er befürchten mußte, den Verdacht von "Abfall und Anmaßung" beim Kaiser zu erregen (Bell V,152; vgl. Ant XIX,326f.; vgl. dazu E. Schürer, Geschichte I S. 466; D. R. Schwartz, Agrippa S. 140f.).

314 Vgl. D. R. Schwartz, Agrippa S. 140-144.

315 Vgl. G. Dalman, Jerusalem S. 91ff.

316 Vgl. dazu a.a.O. S. 44. Erwähnt sei an dieser Stelle eine Bemerkung in yTaan 4,5 im Zusammenhang mit dem Fall Bethars (ca. 10 km sw. von Jerusalem) während des Bar Kochba-Krieges: "The evil Hadrian had a large vineyard, eighteen *mil* by eighteen *mil*. It was of the dimension of the distance from Tiberias to Sepphoris. They surrounded it by a wall made of [the bones of] those who were slain in Bethar ..." (zit. nach J. Neusner, Taanit S. 278).

317 J. Riaud, Abimélech S. 174 Anm. 9.

4.3. Der Feigenkorb des Abimelech

Auf den Zusammenhang der Abimelechgeschichte mit dem Heilswort an Abimelech in Jer 39,16-18 wurde bereits hingewiesen.[318] Als in ParJer 3 Jeremia den Abimelech auf Gottes Geheiß hin in den Weinberg des Agrippa schickt, fügt er dem ursprünglich an ihn ergangenen Gotteswort (3,10) den Auftrag hinzu, Feigen für die Kranken des Volkes zu holen (3,15). Wirkt es in diesem Vers fast wie ein Vorwand, den Abimelech zum Weggehen zu bewegen, so sind die Feigen im Fortgang der Erzählung in zweifacher Hinsicht ein wichtiges Heilssymbol.[319] Sie sind Zeichen für die bevorstehende Rückkehr des Volkes (7,8.28-32), gleichzeitig aber auch deutliches Symbol für das individuelle Heil des Einzelnen (5,34; 6,2-7).[320] Das Motiv der Feigen als Symbol des Heils erinnert an die Vision Jeremias von den zwei Feigenkörben in Jer 24,1-10.[321] Jeremia sieht zwei Feigenkörbe vor dem Tempel stehen, einen mit guten frischen Feigen und einen zweiten mit verdorbenen. Diese Vision wird ihm ausgelegt: Die guten Feigen sind Zeichen für das deportierte Volk, das Gott wieder zurückführen wird (Jer 24,5ff.)[322], die schlechten jedoch stehen beispielhaft für das Königshaus und die Oberen des Volkes samt denen, die im Lande geblieben sind. Sie sollen aus dem Land vertrieben und vernichtet werden (Jer 24,8ff.).[323] In ParJer ist nur der erste Teil der Vision über die guten Feigen als Heilssymbol für die Rückkehr aufgegriffen worden, die in ParJer die gleiche Funktion haben, wie in Jer 24. Das negative Symbol der schlechten Feigen wird bewußt weggelassen, weil es für das Anliegen des Verfassers keine Rolle spielt.[324]

4.4. Die eschatologische Perspektive und die Individualisierung des Heils (ParJer 5,32-34; 6,1-7)

Diese beiden letzten hier zu erörternden Aspekte der Abimelechgeschichte sind mit dem Motiv der Feigen eng verbunden. Die Feigen sind im Zusammenhang der Geschichte vom Schlaf des Abimelech das Bindeglied zwischen der Hoffnung auf nationale Restauration und individueller

---

[318] S.o. S. 90f.

[319] Vgl. C. Wolff, Jeremia S. 150; ders., Heilshoffnung S. 148f. 155; J. Riaud, Abimélech S. 171 mit S. 177 Anm. 34.

[320] Vgl. G. Delling, Lehre S. 55f.; C. Wolff, Heilshoffnung S. 149f.153; J. Riaud, Abimélech S. 177 Anm. 34. Den Zusammenhang zwischen nationaler und individueller Heilshoffnung in den ParJer hat vor allem C. Wolff, Heilshoffnung passim, herausgearbeitet.

[321] Vgl. P. Bogaert, Apocalypse I S. 183 Anm. 1; J. Riaud, Paralipomena I S. 57; C. Wolff, Jeremia S. 150; ders., Heilshoffnung S. 148. Zu Jer 24,1-10 vgl. z.B. H. Graf Reventlow, Liturgie S. 87-94; W. Rudolph, Jeremia S. 157ff.; W. L. Holladay, Jeremia I S. 654-660.

[322] Vgl. H. Graf Reventlow, Liturgie S. 91f.: "Das Schicksal, nicht die Qualität der Gola ist entscheidend"; s.a. W. Rudolph, Jeremia S. 158; W. L. Holladay, Jeremiah I S. 658.

[323] Vgl. H. Graf Reventlow, Liturgie S. 92.

[324] Vgl. C. Wolff, Heilshoffnung S. 148 Anm. 7.

Heilshoffnung des Einzelnen.[325] Die Symbolkraft der Feigen im Blick auf die Rückführung des Volkes ist deutlich: Nachdem Baruch von der wunderbaren Bewahrung Abimelechs erfahren hat (6,1-7), will er sogleich Jeremia und den Exulanten davon berichten (6,8). Als Zeichen der Bestätigung schickt Baruch durch einen Adler[326] mit dem Brief zusammen 15 Feigen nach Babylon (7,8), eine Zahl, die den 15 Tagen der Reinigung entspricht, die das Volk einhalten soll (6,13).[327] Diese 15 Tage der Reinigung aber sind die unmittelbare Voraussetzung für die Rückkehr nach Jerusalem (6,13f.). Mit der Notiz, daß Jeremia die Feigen den Kranken des Volkes gibt (7,32), wird schließlich jener Erzählkreis geschlossen, der in 3,15 mit der Aufforderung Jeremias an Abimelech begann: "Nimm den Korb und gehe in den Weinberg des Agrippa durch den Bergweg, bringe einige Feigen und gib sie den Kranken des Volkes."[328]

Die auf das Heil des Volkes bezogene Symbolkraft der Feigen wird durch einen zweiten, individuellen Aspekt ergänzt. Dieser setzt sich aus drei unterschiedlichen individuellen Heilsaussagen zusammen. Die erste findet sich in 5,30-32. Nachdem Abimelech verwirrt das Ende seiner Verzückung (ἔκστασις[329]) abwarten will (5,15f.)[330], begegnet ihm ein alter

---

[325] Vgl. J. Riaud, Abimélech S. 177 Anm. 34; C. Wolff, Heilshoffnung S. 155. Für die Parallelisierung zwischen Abimelech und dem Volk gibt es auch in anderen frühjüdischen Traditionen interessante Belege. In PRE wird die Tatsache, daß Abimelech als "Kuschite" näher charakterisiert wird, mit Am 9,7 in Verbindung gebracht, wo die Israeliten mit den Kuschiten verglichen werden: "Rabbi Tachanah said: The Israelites also are called Cushites, as it is said, ›Are ye not as the children of the Cushites unto me, o children of Israel?‹ (Amos ix.7). Just as the body of this Cushites is different from all creatures, so do the Israelites differ from all the nations of the world in their ways and by their good deeds; therefore are they called Cushites. One Scripture saith, ›And Ebedmelech, the Cushite, said‹ (Jer xxxvii.12). Was it Ebed? Was he not Baruch, son of Neriah? But just as this Cushite is different in his Body from all other people, so was Baruch, son of Neriah, different in his deeds and good ways from the rest of the sons of men. Therefore was he called Cushite" (zit. nach G. Friedlander, Rabbi Eliezer S. 430f.). Vgl. auch bMQ 16b: "Desgleichen heisst es: *Und Êbed-Melekh, der Kušite hörte*; hiess er denn Kušite, er hiess ja Çidqija!? - allein: wie der Kušite durch seine Hautfarbe ausgezeichnet ist, ebenso war auch Çidqija durch seine [guten] Handlungen ausgezeichnet. Desgleichen heisst es: *Ihr seid mir ja wie die Kušiten, Kinder Jisraél*; Hiessen sie denn Kušiten, sie hiessen ja Jisraéliten!? - allein: wie der Kušite durch seine Hautfarbe ausgezeichnet ist, ebenso sind auch die Jisraéliten durch ihre [guten] Handlungen von allen Völkern ausgezeichnet" (zit. nach L. Goldschmidt, Talmud III, S. 729; vgl. auch SifBam 99,3 zu 12,1).
[326] Zur Symbolik des Adlers vgl. C. Wolff, Heilshoffnung S. 155; s.u. S. 122 mit Anm. 419; vgl. oben S. 69-71.
[327] C. Wolff, Heilshoffnung S. 144.
[328] Zur heilenden Wirkung von Feigen vgl. 2Kön 20,7; Jes 38,21.
[329] Vgl. dazu J. Riaud, Abimélech S. 176 Anm. 28.
[330] Trotz seiner Ratlosigkeit dankt Abimelech Gott für diese ἔκστασις (3,15); vgl. mBer 9,5, wonach der Mensch Gott ebenso für das Schlechte wie für das Gute preisen soll; vgl. yBer 9,5: "A person is obligated to recite a blessing over bad fortune, just as he recites a blessing over good fortune" (zit. nach J. Neusner, Berakhot S. 342).

Mann, der gerade vom Acker (ἐξ ἀγροῦ) kommt (5,17).[331] Im Verlauf des
Dialogs mit dem alten Mann erfährt Abimelech, was geschehen ist. Die
frischen Feigen in seinem Korb jedoch hindern ihn zunächst daran, dem
Mann zu glauben (5,26f.). Als dieser den Korb mit den frischen Feigen
sah, erkannte er, was mit Abimelech geschehen war: "O, mein Sohn, du
bist ein gerechter Mann, und Gott wollte dir die Verwüstung der Stadt
nicht zeigen, denn Gott brachte diese Verzückung über dich. Denn siehe,
heute sind es 66 Jahre, seitdem das Volk nach Babylon gefangen weggeführt wurde. Und damit du lernst, Kind, daß es wahr ist, blicke hin zu dem
Acker und sieh, daß das Sprossen der Früchte begonnen hat. Sieh auch
die Feigen, daß es ihre Zeit (noch) nicht ist, und erkenne!" (5,30f.) Erst
jetzt kommt auch Abimelech zur Einsicht: "Ich will dich preisen, Herr,
Gott des Himmels und der Erde, Ruhe der Seelen der Gerechten an jedem Ort" (5,32). Diese Aussage über Gott als die "Ruhe (ἀνάπαυσις) der
Seelen der Gerechten" wird mit einem Lobpreis eingeleitet, wie er in
gleicher oder ähnlicher Form vor allem in den Psalmen (vgl. Ps 63[62],5;
145[144],2 u.ö.; vgl. auch 1Kön 8,56)[332], aber auch in den Hodajoth von
Qumran zu finden ist.[333] Fortgesetzt wird der Lobpreis Gottes durch zwei
Prädikationen, von denen die zweite die eigentliche Heilsaussage darstellt. Die erste Aussage "Gott des Himmels und der Erde" ist eine im Alten Testament und im frühen Judentum verbreitete Gottesbezeichnung
(vgl. Gen 24,3[334]; 2Chr 36,23; Esr 1,5; 5,11 u.ö.; Neh 1,4f. u.ö.; Ps
136,26; Dan 2,18f. u.ö.; Jdt 5,7; 9,12; Tob 12,7). Gott ist der Gott des
Himmels und der Erde, weil er beide geschaffen hat (vgl. Gen 1,1; Ps
115,15; 121,2 u.ö.). Gott, der "im Himmel wohnt" (vgl. Dtn 26,15; 1Kön
8,30; Jes 63,15; 2Chr 30,27 u.ö.), erweist sich als der Mächtige gegenüber dem Menschen, bis in den persönlichen Glauben hinein.[335] Auf diesem biblischen Hintergrund ist es wohl kaum zufällig, daß hier von Abimelech gerade diese Gottesanrede gebraucht wird. Er dankt dem Gott,
der Schöpfer des Himmels und deshalb mächtig ist, solche Bewahrung zu
vollbringen.[336]

---

331 J. Riaud, Abimélech S. 177 Anm. 29, hat auf die Parallele in der Passionsgeschichte
Mk 15,21 hingewiesen.
332 Vgl. G. Delling, Lehre S. 71; J. Riaud, Paralipomena IV S. 41.
333 Vgl. dazu bes. G. Morawe, Aufbau S. 29f.
334 Gegen G. Delling, Lehre S. 30 Anm. 4, sei auf diesen Beleg aus der sog. jahwisti-
schen Schicht hingewiesen, der zeigt, daß diese Wendung nicht nur "in späteren Schriften
des Alten Testaments" (ebd.) belegt ist.
335 Vgl. Ps 113(112),5f.: "Wer ist wie Jahwe, unser Gott, der in der Höhe wohnt und der
auf die Geringen herabsieht im Himmel und auf Erden, der den Armen von der Erde erhebt
und aus dem Dreck den Bedürftigen erhöht ..." Vgl. dazu G. v. Rad, Art. οὐρανός S. 503-507,
bes. S. 506f.; vgl. dazu auch ParJer 9,6!
336 Zur Verbindung der beiden Motive von Jahwe als dem Gott des Himmels (und der
Erde) und der persönlichen Bewahrung des Frommen im Alten Testament vgl. bes. Ps
121(120); 1Sam 2,8b-9; Ps 108(107); 146(145),5-9 u.ö.

Im Gegensatz zu diesem bekannten Gottesprädikat ist die Anrede
"Ruhe (ἀνάπαυσις) der Seelen der Gerechten an jedem Ort" in dieser
Form singulär.[337] Im Zusammenhang der ParJer steht sie zunächst in

---

[337] Vgl. dazu G. Delling, Lehre S. 31; O. Hofius, Katapausis S. 73; C. Wolff, Heilshoffnung S. 149. Die Bezeichnung Gottes als ἀνάπαυσις findet sich auch in gnostischen Schriften, z.B. in den Pseudo-Clementinen, Hom XVII,10,1: "αὐτὸς γάρ ἐστιν ἡ τῶν ὅλων
ἀνάπαυσις", und Hom III,72,1f.: "δέσποτα καὶ κύριε τῶν ὅλων, ὁ πατὴρ καὶ θεός, ... σὺ
ἡ πρόφασις, ... ἡ ἀνάπαυσις ..." (zit. nach P. Vielhauer, ΑΝΑΠΑΥΣΙΣ S. 224 Anm. 46). In
den gnostischen Thomas-Akten ist sie häufig Christusprädikat (s. a.a.O. S. 225) und wird
oft als "spezifisch gnostischer Begriff" bezeichnet (vgl. a.a.O. S. 281; vgl. ähnlich G. Thei-
ßen, Untersuchungen S. 128f.; G. Strecker, Gnosis S. 278; V. Arnold-Döben, Bildersprache S.
80; s.a. J. Helderman, Anapausis S. 12 Anm. 5, der schließlich ebenfalls zu diesem Ergebnis
kommt [a.a.O. S. 337]). J. Helderman hat die gnostische Vorstellung von ἀνάπαυσις (kopt.:
ᴍᵀⲞⲚ/ⲀⲚⲀⲠⲀⲨⲤⲓⲥ, s. J. Helderman, Anapausis S. 16f. mit S. 39 Anm. 137) sehr ausführlich untersucht auf der Grundlage der in Nag Hammadi gefundenen, koptisch-gnostischen
Schriften, "die aus dem dritten Viertel des 4. Jahrhunderts datieren" (a.a.O. S. 1). J. Helderman hat dabei aber in seiner interessanten Darstellung bewußt auf die Untersuchung traditionsgeschichtlicher Linien der Ruhevorstellung verzichtet (a.a.O. S. 17), allerdings nicht
ohne "Material der *geistigen Umwelt* zum Vergleich heranzuziehen" (ebd.). Die vorgenommene Differenzierung von "Parallelität" und "Vergleichbarkeit" (a.a.O. S. 18) ist bei diesem
Vergleich methodisch sinnvoll und erleichtert das Verständnis. Leider wurde aber der große
zeitliche Abstand der Nag-Hammadi-Texte (4. Jh.) zu dem von J. Helderman herangezogenen
"Material der *geistigen Umwelt*" (nach J. Helderman die "hellenistische Epoche - also vom 3.
Jhdt. vor bis zum 3. Jhdt n. Chr." [a.a.O. S. 47]), das z.T. aus einer viel früheren Zeit
stammt (vgl. a.a.O. S. 47-84), methodisch u.E. nicht hinreichend reflektiert. Besonders
deutlich wird die methodische Problematik am Beispiel des Johannesevangeliums. Zwar
wird durchaus festgestellt, "dass die ἀνάπαυσις im Johannesevangelium *fehlt*" (a.a.O. S.
60), aber dies ist kein Hinderungsgrund, die, im Anschluß an R. Bultmann, Johannesevangelium S. 399 Anm. 2, vorausgesetzte Verbindung des Johannesevangeliums mit gnostischen Vorstellungen dennoch aufrechtzuerhalten: "Haben wir es hier vielleicht mit einer bewußten Reserve seitens des Autors des vierten Evangeliums zu tun? Weil bei den Hörern
bzw. Lesern irgendwelche 'gnostische' Assoziationen hervorgerufen werden könnten? Allem
Anschein nach ist diese Vermutung gerechtfertigt" (J. Helderman, Anapausis S. 60; vgl. die
ähnliche Beurteilung von Gnosis und Johannesevangelium bei V. Arnold-Döben, Bildersprache S. 27). Der spekulative Aspekt dieser argumentatio e silentio ist u.E. unverkennbar. Der
gnostische Grundgedanke hinsichtlich der Vorstellung von der Anapausis wird von J. Helderman mit der Wendung "Der Weg zurück zur Ruhe" beschrieben (a.a.O. S. 23.
85ff.228-231 u.ö.; vgl. zum Weg-Motiv V. Arnold-Döben, Bildersprache S. 77-80). Die Ruhe
ist das Ziel des Weges des Pneumatikers "zurück in das Pleroma, wo die Ruhe herrührt"
(a.a.O. S. 23). "So haben denn diese unerschütterlichen, feststehenden Pneumatiker
schließlich den Weg zur Ruhe zurückgelegt und die Ruhe im von Ewigkeit her ruhenden,
unerschütterlichen, feststehenden Vater erreicht, sind in den Ort der Ruhe eingetreten:
diese wahrhaft letzte, endgültige *statio* des Weges zur *Ruhe*, ohne Mühe, in feiner Stille"
(a.a.O. S. 231; ähnlich hatte bereits E. Käsemann, Gottesvolk S. 40-45 u.ö., formuliert; zur
Kritik der Position E. Käsemanns vgl. H.-F. Weiß, Hebräer S. 271ff.). Für die Interpretation
der Ruhevorstellung in ParJer sind diese gnostischen Vorstellungen u.E. nicht ertragreich,
zum einen wegen der späteren Bezeugung, vor allem aber aufgrund der inhaltlichen Differenzen. Da der die Auswahl J. Heldermans leitende Gesichtspunkt war, sich auf jene Schriften zu beschränken, die "sich im Laufe der Untersuchung als zweckdienliche Fundgrube
von Vergleichsmaterial erwiesen (haben), auch im Blick auf die oben erwähnte 'Konvergenz
der Gedanken' in diesen Schriften" (a.a.O. S. 20), werden die *ParJer* als Bestandteil der hellenistischen Umwelt der gnostischen Vorstellungen von J. Helderman in seiner Untersuchung auch konsequenterweise nicht erwähnt. Bemerkt sei schließlich, daß die nach H.-M.

Verbindung mit dem Schlaf Abimelechs, der seine Bewahrung Gott verdankt.[338] Durch die Wendung "an jedem Ort" geschieht aber eine Univer-
salisierung: Gott ist "ἀνάπαυσις" für jeden Gerechten, wo auch immer er
sich befindet.[339] Im Kontext der ParJer erhält diese Aussage noch einen
besonderen Akzent dadurch, daß sich "die Gerechten" tatsächlich an sehr
verschiedenen Orten befinden: Jeremia und das Volk in Babylon, Baruch
in der Höhle, Abimelech in Jerusalem.[340] Die heilvolle Gegenwart Gottes
als ἀνάπαυσις gilt nicht nur im heiligen Land, sondern an jedem Ort der
Zerstreuung.[341]

Jedoch hat ἀνάπαυσις in ParJer 5 noch einen anderen Aspekt. Als
Hintergrund dieser Ruhevorstellung hatte G. Delling Weish 3,1 und 4,7
vorgeschlagen[342], wonach mit der Vorstellung eines *postmortalen* Ruhezu-
standes zu rechnen wäre.[343] Den Gedanken an einen solchen postmortalen Zustand legt zunächst der Kontext der ParJer nahe, wo in 5,34 vom

---

Schenke, Philippus S. 34, "besten und sichersten Kriterien für die Zuweisung eines Textes
zu einer bestimmten Gruppe von Gnostikern", nämlich die Darstellung einer "Kosmogonie"
oder auch einer "Topographie der oberen Welt" (ebd.), in den ParJer nicht zu finden sind,
eine Tatsache, die ParJer auch von der Apokalyptik unterscheidet (s.o. S. 36ff.). Zur Definition von "Gnosis", die u.E. auf ParJer nicht angewendet werden kann, vgl. auch ders., Gnosis
S. 374f.: "Die Gnosis ist eine religiöse Erlösungsbewegung der Spätantike, in der die Möglichkeit einer negativen Welt- und Daseinsdeutung in besonderer und unverwechselbarer
Weise ergriffen ist und sich zu einer konsequent weltverneinenden Weltanschauung ver-
festigt hat ... Negativ formuliert: Die Gnosis ist also *nicht* entartetes Christentum, ...; die
Gnosis ist *nicht* der Geist der Spätantike schlechthin ..." Vgl. auch K. Berger, Art. Gnosis I S.
521: "... Gnosis ist der Prototyp einer 'natürlichen' Erlösungsreligion, da das Göttliche bereits seit Anfang in den zu Erlösenden ist."

[338] Vgl. C. Wolff, Heilshoffnung S. 149; gegen G. Delling, Lehre S. 30f. Gott, der die
Ruhe gewährt, kann selbst als Ruhe bezeichnet werden; vgl. O. Hofius, Katapausis S. 73 mit
Anm. 438 (S. 187f.), der z.B. auf Ri 6,24: "Jahwe ist Frieden", Mi 7,8: "Jahwe ist mein Licht"
oder auch die johanneischen Selbstbezeichnungen Christi verweist.

[339] Vgl. G. Delling, Lehre S. 31: "in aller Welt".

[340] Hinzuweisen ist besonders auf ParJer 7,28, wo Jeremia in seinem Brief Baruch und
Abimelech bittet, für das Volk zu beten, "εἰς τὸν τόπον ὅπου εἶ".

[341] Die Vorstellung, daß "der Vater" die Ruhe ist, findet sich auch im Evangelium Veritatis 24,16-20: "... *(damit sie - sc. die Äonen) aufhören sich abzumühen, um nach dem Vater zu
suchen, weil sie in Ihm ruhen* (..ϮΤⲀⲚ); *weil sie wissen, dass Dieser die Ruhe* (ϮΤⲀⲚ) *ist*" (zit.
nach J. Helderman, Anapausis S. 98). Der Zusatz jedoch in ParJer "an jedem Ort" unterscheidet in seiner Bezogenheit auf die *irdische* Wirklichkeit des/der Gerechten die ParJer
u.E. grundlegend von der absoluten Definition im gnostischen Evangelium Veritatis. In
ParJer wird z.B. auch der Begriff "Vater" nicht auf Gott angewandt, sondern "Vater" ist vielmehr Jeremia für Baruch und Abimelech (ParJer 2,2.4.6.8; 5,25; 9,8; vgl. 7,23), vgl. G. Delling, Lehre S. 20; J. Riaud, La figure de Jérémie S. 376f.; ders., Paralipomena I S. 132ff.

[342] G. Delling, Lehre S. 30f. Man wird dabei zu bedenken haben, daß in Weish 3,1 und
4,7 jeweils von Verstorbenen die Rede ist: "Aber die Seelen der Gerechten (sind) in Gottes
Hand, und keine Qual wird sie (jemals wieder) berühren. In den Augen der Unverständigen
schienen sie gestorben zu sein ..., aber sie sind im Frieden" (3,1-3); "Der Gerechte aber ist,
(auch) wenn er zu früh stirbt, in der Ruhe" (4,7). In ParJer 5,32 ist der Zusammenhang aber
der, daß Abimelech durch Gott auf wunderbare Weise bewahrt und am Leben erhalten
wurde.

[343] Vgl. O. Hofius, Katapausis S. 73 mit S. 188 Anm. 439; C. Wolff, Heilshoffnung S. 149.

himmlischen Jerusalem die Rede ist. Dieser Umstand hat dahin geführt, die Ruhe-Vorstellung in 5,32 mit dem postmortalen Ruheort, nämlich den in 5,34 erwähnten himmlischen Jerusalem, zu identifizieren.[344] Die Problematik dieser Identifizierung liegt auf der Hand, denn von einem himmlischen *Ort* ist in 5,32 nicht die Rede, wie es in der Regel der Fall ist, wenn vom eschatologischen Aufenthalt der Gerechten gesprochen wird (vgl. 4Esr 7,36.121[345]; JosAs 8,10; 15,7; 22,13[346]; Hen 22,1ff. u.ö.; vgl. auch EvVer 36,35-39 u.ö.[347]). Verbreitet war auch die Vorstellung von "Seelenkammern" als Aufbewahrungsort der Frommen bis zum Gericht (vgl. syrBar 30,2; Hen 22; 4Esr 4,35ff.; 7,32.80.95.101)[348], aber nicht immer mit der Ruhevorstellung verbunden. Für syrBar ist z.B. bemerkenswert, daß sie nicht ausdrücklich von einem endzeitlichen Ruh*ort* spricht.[349] So ist in syrBar 85,11 von einem postmortalen Ausruhen (ܠܠܝܣܐ = Etpe. von ܢܚ [hebr.: נוּחַ]) der Seelen (ܢܦܫܬܐ) die Rede, ohne daß ein bestimmter Ort genannt wäre. Man wird daher auch in ParJer 5,32 zunächst eher an einen postmortalen Ruhe*zustand* denken müssen, als an einen konkreten Ort, was sich letztlich mit dem Kontext vom Schlaf des Abimelech am besten vereinbaren läßt; auch dieser Schlaf füllte eine "Zwischenzeit" aus, an deren Ende das letztgültige Heil sowohl für den Einzelnen als auch für das Volk in der Perspektive des himmlischen Jerusalem noch aussteht.[350]

Obwohl also die *Gleichsetzung* der Ruhevorstellung in ParJer 5,32 mit der Aussage vom himmlischen Jerusalem in 5,34 nicht angemessen scheint, ist deren Zusammenhang dennoch deutlich und bedarf einer Klärung. Abimelech sagt zu dem alten Mann: "Gott möge dir den Weg erleuchten[351] in die obere Stadt Jerusalem." Auch hier spielen wieder die

---

[344] Vgl. U. Fischer, Eschatologie S. 120f., offenbar in Anlehnung an O. Hofius, Katapausis S. 73; vgl. J. Riaud, Paralipomena I S. 143 mit II S. 113f. Anm. 55. Auch E. Käsemann, Gottesvolk S. 41, formulierte: "Die 'Ruhe' ist schlechterdings *eine rein lokale Größe, eine himmlische Ortsbezeichnung.*" So auch im Blick auf die Vorstellung in Hebr 3 H.-F. Weiß, Hebräer S. 268f.

[345] Vgl. M. E. Stone, Features S. 101f.; ders., Ezra S. 221f.; S. Aalen, Heilsverlangen S. 45.

[346] Die Zählung von Joseph und Aseneth erfolgt nach C. Burchard, Joseph und Aseneth S. 631-720.

[347] S. dazu J. Helderman, Anapausis S. 145-155.

[348] Vgl. P. Volz, Eschatologie S. 248; H. C. C. Cavallin, Life S. 264. Zur Vorstellung der himmlischen Welt bei den Rabbinen vgl. B. Ego, Himmel passim.

[349] Vgl. P. Volz, a.a.O. S. 260; O. Hofius, Katapausis S. 65.

[350] Zur Vorstellung der מְנוּחָה im Alten Testament als Heilszustand vgl. G. v. Rad, Ruhe passim, bes. S. 102f.107f.; O. Hofius, Katapausis, bes. S. 22-24; H.-F. Weiß, Hebräer S. 269.

[351] Ob der hier verwendete Terminus φωταγωγεῖν der Mysteriensprache entlehnt ist, wie J. Riaud, Destinée S. 261 Anm. 26, meint, ist u.E. nicht sicher. Er verweist auf 4Makk 17,5 und TestAbr II,7, aber bei keinem dieser Belege ist Gott das Subjekt des φωταγωγεῖν (vgl. dazu G. Delling, Lehre S. 59). Das Motiv, daß Gott den Weg der Frommen mit seinem Licht erleuchtet, findet sich auf vielfältige Weise schon im Alten Testament: Das Leuchten Gottes in der Feuersäule beim Auszug aus Ägypten (Ex 13,21; Ps 105[104],39); das Wort

Feigen eine Rolle, von denen Abimelech einige dem Alten gibt, gleichsam als heilsame Wegzehrung für den Weg ins "obere (= himmlische[352]) Jerusalem". Sieht man in der Ruhevorstellung von 5,32 einen postmortalen Ruhezustand angesprochen und *identifiziert* diesen mit der Vorstellung vom himmlischen Jerusalem in 5,34, so ergibt sich insofern ein Problem, als "das obere bzw. himmlische Jerusalem ... im frühen Judentum sonst nicht als zwischenzeitlicher Ort für die verstorbenen Frommen (gilt), sondern als vom Himmel her in Erscheinung tretender eschatologischer Heilsort der Auferstandenen".[353] Eine *Identifizierung* der Ruhe aus 5,32 mit dem himmlischen Jerusalem ist also auch von daher unwahrscheinlich.[354] Vielmehr wird man das Verhältnis beider Vorstellungen folgendermaßen beschreiben müssen: als Gewißheit der postmortalen Geborgenheit in der Ruhe Gottes, deren *Ziel* die Teilhabe am endgültigen Heil Gottes im himmlischen Jerusalem ist, wo sich dereinst die Gerechten zusammenfinden werden (vgl. dazu ParJer 3,8!).[355] Durch die Geschichte vom

---

Gottes als das Licht, das den Weg des Frommen erleuchtet (Ps 119[118],105; Spr 6,23) oder auch Gott selbst als das Licht, das den Frommen begleitet (2Sam 22,29 = Ps 18[17],29; Ps 4,7; 27[26],1; 89[88],16; Jes 2,5; 60,19f.; Mi 7,8; Sir 50,31; Bar 5,9). Gerade der letztgenannte Beleg Bar 5,9 ist eine interessante Parallele zu ParJer 5,34: Nachdem die Rückkehr der ins Exil Geführten angesagt wurde (Bar 5,6-8), folgt die Verheißung: "Denn Gott wird Israel mit Freuden führen (ἡγήσεται) durch das Licht (φῶς) seiner Herrlichkeit mit Barmherzigkeit und Gerechtigkeit, die bei ihm ist." In Anlehnung an Ps 119(118),105: "Dein Wort ist meines Fußes Leuchte und ein Licht für meine Wege" oder auch Spr 6,23: "Ein Leuchter ist das Gebot des Gesetzes und ein Licht, und der Weg des Lebens ist Zurechtweisung und Zucht" (vgl. Weish 18,4), wird man auch in ParJer 5,34 an das Gesetz zu denken haben, durch das Gott dem Frommen den Weg ins himmlische Jerusalem erleuchtet (vgl. G. Delling, Lehre S. 59; J. Riaud, Destinée S. 261 Anm. 26; C. Wolff, Heilshoffnung S. 156). Damit fügt sich diese Stelle gut in den Fortgang der ParJer ein, denn bei der Rückführung des Volkes spielt die Einhaltung des Gesetzes zur Reinigung des Volkes eine entscheidende Rolle (7,22.32; vgl. auch 3,11; 5,22; zur Bedeutung des Gesetzes für die Begründung der Absonderung des Volkes vgl. G. Delling, Diasporasituation passim, bes. S. 19-26). Anders interpretiert P. Volz ParJer 5,34: "Der Fromme kommt zum Licht, wird zum Licht aufgenommen ..." (Eschatologie S. 365) und übersetzt den Vers: "Gott führe dich in die obere Stadt Jerusalem zum Licht" (a.a.O. S. 375).

352 Vgl. F. Büchsel, Art. ἄνω S. 376f.

353 C. Wolff, Heilshoffnung S. 149 (Belege dort: syrBar 4,1-6; 4Esr 7,26; 8,52; 9,38-10,54; 13,36; äthHen 90,28-36; TestDan 5,12; JosAs 8,9f.; 15,7; 17,6; 22,13 [Zählung nach Batiffol]; Apk 21,2ff.); vgl. auch N. Walter, Eschatologie S. 340f. P. Bogaert, Apocalypse I S. 211f., versteht im Anschluß an K. Kohler, Haggada S. 408, ParJer 5,34 als eine christliche Wendung. Das Hauptargument für diese Annahme ist die Verbindung des Verbes φωταγωγεῖν mit dem Ausdruck "obere Stadt Jerusalem"; vgl. dazu aber oben S. 109f. Anm. 351. Hinsichtlich syrBar 4,3 schreibt F. J. Murphy, Temple S. 675: "In expecting God's protection for the earthly sanctuary, Baruch confuses the earthly city with the heavenly." Dies trifft u.E. nicht zu. Gerade der Zusammenhang von syrBar 4,3 macht deutlich, daß auch hier zwischen himmlischem und irdischem Jerusalem unterschieden wird, s. bes. 4,2; vgl. B. Ego, Himmel S. 146f.

354 Vgl. C. Wolff, Heilshoffnung S. 149.

355 In diesem Zusammenhang sei auch auf ParJer 5,6 hingewiesen: "Also will ich aufstehen und in der Hitze hingehen, und ich werde dahin gehen, wo keine Hitze, keine Mühe ist an jedem Tag." Auf die Problematik der Textbezeugung an dieser Stelle ist bereits auf-

Schlaf des Abimelech werden die Traditionen vom himmlischen Jerusalem als Ziel der Auferstehung und vom *zwischenzeitlichen* Ruhe*zustand* miteinander verknüpft.[356] Ein wichtiger Gesichtspunkt dabei ist, daß der Zwischenzustand trotz seiner langen Dauer als ein kurzer Traum beschrieben und in keiner Weise ausgemalt wird.[357]

merksam gemacht worden (s.o. S. 13). In der u.E. zu bevorzugenden Lesart der Hs. *c* (= Text bei J. R. Harris) ist der am Schluß von Kap. 5 dargestellte eschatologische Zusammenhang bereits vorbereitet. Die Überzeugung des Abimelech, dorthin zu gehen, wo weder Hitze noch Mühe ist, fügt sich gut in den Kontext der eschatologischen Aussagen ein.

[356] Damit ist u.E. auch einer der wesentlichsten Unterschiede zwischen ParJer und den (späteren) gnostischen Ruhevorstellungen beschrieben, denn in ParJer ist die Ruhe gerade nicht das letzte Ziel des Gerechten auf seinem Wege "zurück zur unwandelbaren Urruhe" (J. Helderman, Anapausis S. 69; vgl. V. Arnold-Döben, Bildersprache S. 84). Der Gerechte ist auch nicht der "unerschütterliche, feststehende Pneumatiker" (a.a.O. S. 231), sondern jemand, der auf die Einhaltung des Gesetzes Gottes auf seinem Weg zum himmlischen Ziel angewiesen ist (s.o. S. 109f. Anm. 351). Daß der Begriff der ἀνάπαυσις aus der jüdisch-christlichen Tradition für die Entfaltung der gnostischen Vorstellung von der Rückkehr des Pneumatikers aus der feindlichen Welt der Unruhe und Unstetigkeit zurück zur Ruhe des Vaters besonders geeignet war, ist von J. Helderman, a.a.O. S. 69f., zu Recht hervorgehoben worden; vgl. V. Arnold-Döben, Bildersprache S. 81 Anm. 4: "Hier [sc. in der Gnosis, d. Vf.] ist die jüdische Idee von der göttlichen Ruhe transponiert in die Vorstellung von der gnostischen Ruhe ..."; vgl. zum Einfluß jüdischer Vorstellungen auf die Gnosis A. Böhlig, Hintergrund passim, bes. S. 82f.101; R. M. Wilson, Art. Gnosis II S. 537-540; K.-W. Tröger, Gnosis passim, bes. S. 165-168; vorsichtig J. Maier, Faktoren passim, bes. S. 247-251: "Der jüdische Faktor bei der Entstehung der Gnosis dürfte also mehr als ein indirekt als ein direkt wirksamer gewesen sein, ein durch die christliche Missionswelle verbreitetes Ferment ... Ein gnostisches Judentum läßt sich nicht nachweisen, insofern trifft es gewiß zu, daß Judentum und Gnosis schlechterdings unvereinbar sind" (a.a.O. S. 257; ähnlich W. C. v. Unnik, Gnosis und Judentum passim, bes. S. 86).

[357] ParJer 5,33 verstärkt die eschatologische Ausrichtung von Kap. 5. Allerdings ist seine Textbezeugung wie in 5,6 unsicher. Der Text von *a* und *b* lautet: "Νισσὰν ὅ ἐστι δωδέκατος". Mit *äth* ist die angegebene Zahl auf den Tag des Monats zu beziehen, denn der Nissan als Monat des Gedenkens an den Auszug aus Ägypten ist nicht der zwölfte Monat, sondern der erste des jüdischen Kalenders (Ex 12,2.18; Est 3,7; Jos., Ant III,248); vgl. dazu E. Mahler, Handbuch S. 88.486.491 u.ö.; J. Riaud, Abimélech S. 174 Anm. 10 (nach Ex 13,4; 23,15 u.a. trägt der erste Monat den Namen "Abib" nach dem kanaanäischen Kalender, der sich nach dem Mondjahr richtete, vgl. J. C. Vanderkam, Art. Calendars S. 815; die hebräische Bezeichnung des ersten Monats "Nissan" entspricht dem babylonischen Kalender, vgl. a.a.O. S. 816). Vordergründig dient die Erwähnung des Monats Nissan zur Bestätigung dessen, daß es noch nicht die Zeit der Feigen ist, aber als Bindeglied zwischen 5,32 und 5,34 hat diese Datumsangabe eine besondere Bedeutung. Im Alten Testament (LXX) kommt der Monat Nissan an zwei Stellen vor (Neh 2,1 und die apokryphe Stelle ZusEst 6,1), die in einer gewissen inhaltlichen Beziehung zur Situation in den ParJer stehen. In Neh 2,1 erhält Nehemia im Monat Nissan vom persischen König die Erlaubnis, nach Jerusalem zu ziehen und für den Wiederaufbau der Stadt und des Tempels zu sorgen. Auf ähnliche Weise ist es in ParJer auch der Monat Nissan, in dem Abimelech aus seinem Schlaf erwacht und die Feigen als Zeichen der Rückführung der Exulanten gedeutet werden (6,8ff.). Nach ZusEst 6,1 wird der Traum Mardochais vom Sieg der Elenden über die Erhabenen (Stolzen) ebenfalls ausdrücklich auf den Nissan datiert. Ebenso ist in ParJer der Nissan für die Exulanten das Datum für die Überwindung ihrer Gefangenschaft. Die Angabe des zwölften Tages legt das Geschehen in die unmittelbare Nähe des Passafestes, bei dem am Abend des 14. Nissan die Passalämmer geschlachtet wurden (vgl. dazu J. Jeremias, Art. πάσχα S. 896f.). Damit ist aber gleichzeitig der Bezug zum Exodus Israels aus Ägypten gegeben, dem nach Ex 12 das Passa vor-

Die eschatologische[358] Ausrichtung von ParJer 5 wird schließlich in 6,1-7 durch einen weiteren Aspekt der individuellen Heilshoffnung fortgeführt, der sich auch hier wieder an die Feigen knüpft.[359] Nach seiner Begegnung mit dem alten Mann wird Abimelech durch einen Engel in die Grabhöhle versetzt (6,1), in die sich Baruch nach der Deportation des Volkes begeben hatte (4,11). Als Baruch die frischen Feigen in Abimelechs Korb sieht, erkennt er wie der alte Mann in Kap. 5 deren Heilssymbolik (6,2-7):

"(2) Es ist ein Gott, der eine Belohnung hat für seine Heiligen. (3) Bereite dich, mein Herz, und freue dich und juble in deinem Zelt - ich meine: deinem fleischlichen Haus -, denn dein Leid wurde in Freude verwandelt. Es kommt nämlich der Mächtige und wird dich aus deinem Zelt nehmen, denn du hattest keine Sünde. (4) Fasse neuen Mut, mein jungfräulicher Glaube, und glaube, daß du leben wirst! (5) Blicke auf diesen Korb mit Feigen, denn siehe, sechsundsechzig Jahre sind vergangen, aber sie vertrockneten nicht, sie rochen auch nicht, sondern sie triefen von Saft. (6) So wird (auch) dir geschehen, mein Fleisch, wenn du tust, was dir vom Engel der Gerechtigkeit geboten worden ist. (7) Der den Korb mit Feigen bewahrte, wird auch dich bewahren durch seine Kraft."

Baruch deutet die frischen Feigen aus Abimelechs Korb als Zeichen für die Belohnung (μισθαποδοσία) der Frommen in der Heilszeit[360], die mit der Hoffnung auf die Auferstehung konkretisiert wird: Der Gerechte hat selbst hinsichtlich seines Todes die Hoffnung auf die lebensschaffende Macht Gottes (ὁ ἱκανός[361]), denn so wie es Gott ist, der den Gerechten "aus seinem Zelt" nimmt[362], so ist es auch Gott, der ihn zur Auferstehung

---

ausging. In ähnlicher Weise ist auch in ParJer die Rückkehr der Deportierten als "neuer Exodus" verstanden (vgl. C. Wolff, Jeremia S. 50.80; J. Riaud, Abimélech S. 167; ders., Paralipomena I S. 96-98). Daß hier die Zahl 12 für das Datum verwendet wird, könnte als Ausdruck der kurz bevorstehenden Heilsvollendung zu verstehen sein, da sie gleichzeitig die Zahl der Stämme des Volkes Israel ist und dadurch Symbolwert hat; vgl. dazu jetzt U. v. Arx, Zwölfersymbolismus passim, bes. S. 194-197.

[358] Der bereits mehrfach verwendete Terminus "eschatologisch" ist in unserem Zusammenhang durch die Vorstellung vom himmlischen Jerusalem als postmortalem Ziel des Gerechten bzw. späterhin des Volkes definiert, das sowohl die individuelle als auch die nationale Heilshoffnung bestimmt. Dies ist hervorzuheben, da auch eine auf irdisch-nationale Restitution des Volkes ausgerichtete Hoffnung (s.u. S. 181ff.187) als "eschatologisch" bezeichnet werden könnte. Zur Problematik vgl. z.B. H. Wißmann, Art. Eschatologie I S. 254ff.; R. Smend, Art. Eschatologie II S. 256f.; G. Klein, Art. Eschatologie IV S. 270f.

[359] Vgl. dazu G. Delling, Lehre S. 55-58; J. Riaud, Destinée S. 238-260; C. Wolff, Heilshoffnung S. 150-153.

[360] Vgl. den Zusammenhang von Hebr 11,5f.: "... denn wer zu Gott kommen will, der muß glauben, daß er ist (ὅτι ἔστιν), und für die, die ihn suchen, zum Belohner (μισθαποδότης) wird" (vgl. auch 2,2 [negativ]; 10,35; 11,26); s. dazu H. Hegermann, Hebräer S. 228; H.-F. Weiß, Hebräer S. 578f. In LXX kommt der Begriff μισθαποδοσία nicht vor, wird aber durch das gleichbedeutende μισθός = Entschädigung, Belohnung - von Gott für die Gerechten - ersetzt, vgl. Weish 5,15; Jer 38,16; Sir 2,8; Spr 11,21. Zur Verbindung mit dem Aspekt der Heilszeit vgl. vor allem Jer 31(38),13ff.; vgl. G. Delling, Lehre S. 56f.

[361] Dieses Gottesprädikat ist in LXX die Übersetzung von שַׁדַּי, vgl. G. Bertram, ' ΙΚΑΝΟΣ passim, bes. S. 153; P. Bogaert, Apocalypse I S. 208f.

[362] Zu den Begriffen "Zelt" und "fleischliches Haus" für die Leiblichkeit vgl. C. Wolff, Heilshoffnung S. 150, der auf die Parallele zu 2Kor 5,1 hinweist; vgl. auch Weish 9,15; 2Petr

hin bewahren wird.[363] Dieser Aspekt der Bewahrung (φυλάσσειν) zur Auferstehung stellt die Verbindung zu Kap. 5 her, der Hoffnung auf den zwischenzeitlichen Ruhezustand (5,32), der zur Vollendung im himmlischen Jerusalem führt (5,34). In Kap. 6 wird daher die Frage nach der Möglichkeit einer leiblichen Auferstehung am Ende der Tage mit dem Verweis auf Gottes bewahrende Kraft über den Tod hinaus beantwortet. Dafür sind die Bewahrung des Abimelech und die frischen Feigen das Zeichen. "Der Verfasser der Paralipomena Jeremiae denkt gewiß nicht an eine Unverweslichkeit des Fleisches, sondern an eine völlige Wiederherstellung der individuellen irdischen Körperlichkeit bei der Auferstehung der Gerechten ..."[364] Neben verschiedenen anderen frühjüdischen Belegen für diese Auferstehungsvorstellung[365], findet sie sich auch in syrBar 50,1ff.[366] Aufgrund der festgestellten Verwendung von syrBar durch Par Jer ist dieser Beleg besonders interessant. Im Vergleich zu ParJer 6 gibt es markante Ähnlichkeiten.

ParJer 6,2-7: (2) Es ist ein Gott, der eine Belohnung hat für seine Heiligen. (3) Bereite dich, mein Herz, und freue dich und juble in deinem Zelt - ich meine: deinem fleischlichen Haus -, denn dein Leid wurde in Freude verwandelt. Es kommt nämlich der Mächtige und wird dich aus deinem Zelt nehmen, denn du hattest keine Sünde. (4) Fasse neuen Mut, mein jungfräulicher Glaube, und glaube, daß du leben wirst! (5) Blicke auf diesen Korb mit Feigen, denn siehe, sechsundsechzig Jahre sind vergangen, aber sie vertrockneten nicht, sie rochen auch nicht, sondern sie triefen von Saft. (6) So wird (auch) dir geschehen, mein	syrBar 50,1-4:(1) Da antwortete er und sprach zu mir: "Höre, Baruch, dieses Wort und schreibe ins Gedächtnis deines Herzens alles, was immer du erfährst! (2) Denn sicher gibt die Erde ihre Toten zurück, die sie jetzt empfängt, um sie aufzubewahren; dabei wird sich an ihrem Aussehen nichts verändern. Denn wie sie sie empfangen hat, so wird sie sie auch wiedergeben, und wie ich sie ihr übergab, so wird sie sie auch auferstehen lassen. (3) Denn dann wird's nötig sein, den Lebenden zu zeigen, daß die Toten wieder aufgelebt sind und daß die zurückgekommen sind, die einstmals weggegangen sind. (4) Und haben dann

---

1,13f. und TestHiob 43,7, wo von Elihu gesagt wird: "Seine Herrschaft ist vergangen, vermodert ist sein Thron. Und sein prächtiges Zelt ist im Hades" (zit. nach B. Schaller, Testament S. 363, der allerdings das Wort "Zelt" in Anlehnung an Jos., Ant XI,187, auf das "königliche Prunkzelt" [a.a.O. Anm. 7d] bezieht; vgl. aber M. Philonenko, Littérature S. 273f.). Gegen B. Schaller ist einzuwenden, daß Josephus hier nicht als Stütze seiner Deutung dienen kann, da der Zusammenhang ein anderer ist und lediglich ein königliches Zelt beschrieben wird. Die Aussage, ein solches befände sich im Hades, wie B. Schaller TestHiob 43,7 interpretiert, ergibt u.E. keinen Sinn, da der Hades [Straf-]Ort der Seelen ist und nicht ihrer irdischen Schätze, vgl. B. Schaller selbst, a.a.O. Anm. 7e; J. Jeremias, Art. ᾅδης S. 147.

[363] Die Beantwortung der umstrittenen Frage, ob in ParJer 6,3 vom Tod des Frommen die Rede ist, ist jeweils von der Entscheidung hinsichtlich der Handschriftenbezeugung abhängig (vgl. oben S. 15; vgl. C. Wolff, Heilshoffnung S. 150ff.). Zur Beurteilung sind jedoch vor allem inhaltliche Überlegungen heranzuziehen, s.o. S. 62ff.

[364] C. Wolff, Heilshoffnung S. 153.

[365] Vgl. vor allem 2Makk 7,11; Sib 4,178ff.; 4Esr 7,32 u.a.; vgl. M. E. Stone, Features S. 141ff.; G. Stemberger, Leib S. 82.116f.; H. C. C. Cavallin, Life passim; C. Wolff, Heilshoffnung S. 153.

[366] Vgl. G. Stemberger, Leib S. 86ff.; C. Wolff, Heilshoffnung S. 153.

Fleisch, wenn du tust, was dir vom Engel der Gerechtigkeit geboten worden ist. (7) Der den Korb mit Feigen bewahrte, wird auch dich bewahren durch seine Kraft.

die einander erkannt, die jetzt sich kennen, wird kräftig sein mein (göttliches) Gericht. Und kommen wird, was vorher ist gesagt.

Wie in ParJer 6,7 wird auch in syrBar 50,2 von der Bewahrung der Frommen bis zur Auferstehung gesprochen, und zwar mit demselben Motiv des Zwischenzustandes. In syrBar aber wird anders als in ParJer betont, daß sie sich während dieses Zwischenzustandes "in ihrem Aussehen" nicht verändern (ܡܣܟܠܐ ܚܘܝܠܬܗܘܢ ‎ܠܐ). Das erinnert an die frischen Feigen: Auch sie haben sich während der 66 Jahre nicht verändert, d.h. sie sind nicht vertrocknet oder verfault (ParJer 6,5).[367] Wie nach ParJer 6,3 Gott das Subjekt des Todes des Frommen und Garant für die Bewahrung bis zur Auferstehung ist, so ist in syrBar 50,2 auch Gott derjenige, der die Gerechten der Erde zur Aufbewahrung übergibt, bis sie zur Auferstehung wieder hervorkommen.[368] Der Tod des Gerechten ist auch hier ausdrücklich im Blick. Schließlich sei auf das Motiv des "Wiederauflebens" der Toten (ܚܝܐ ܡܝܬܐ) in syrBar 50,3 hingewiesen. Ein ähnliches findet sich auch in ParJer 6,4: "Fasse neuen Mut, mein jungfräulicher Glaube und glaube, daß du leben wirst"[369], was mit der Anrede Baruchs durch den Adler in 7,2 als οἰκονόμος τῆς πίστεως korrespondiert.

Auf dem Hintergrund der Verwendung von syrBar durch ParJer ist es wahrscheinlich, daß syrBar nicht nur hinsichtlich des Erzählfadens als Quelle für ParJer gedient hat, sondern darüber hinaus auch andere Elemente und Vorstellungen beeinflußte, die ParJer über syrBar hinaus verwenden. An diesem Beispiel wird nochmals gut sichtbar, wie frei der Verfasser der ParJer mit seiner Vorlage umgehen konnte und, von deren Aussagen angeregt, einen eigenständigen Erzähl- und Motivzusammenhang geschaffen hat.

---

[367] Der in ParJer 6,5 verwendete Ausdruck ὄζειν wird auch für die Beschreibung von Verwesungsgeruch verwendet, vgl. bes. Joh 11,39; vgl. H. G. Liddell - R. Scott, Lexicon Sp. 1200 s.v. II. In ParJer wird dieses Motiv aber nicht auf den Gerechten übertragen, sondern dient als zeichenhafter Grund für dessen *Vertrauen* in Gottes bewahrende Kraft selbst im Tode.

[368] Vgl. zu dieser Vorstellung auch äthHen 51,1: "Und in jenen Tagen wird die Erde zurückgeben, was ihr anvertraut ist, und die Unterwelt wird das zurückgeben, was sie empfangen hat, und die Hölle (oder: Vernichtung) wird zurückgeben, wozu sie verpflichtet ist" (zit. nach S. Uhlig, Henochbuch S. 593f.).

[369] Dazu s.u. S. 172f. Darüber hinaus sei darauf aufmerksam gemacht, daß in der Fortsetzung von syrBar 51,1ff. vom Tun des Gesetzes als Maßstab für die Teilhabe an der Auferstehung die Rede ist, ein Gedanke, der in veränderter Form in ParJer 6,6 aufgegriffen wird. Zur Wendung in 6,3: "Bereite dich, mein Herz und freue dich und juble ..." vgl. Ps LXX 56,8; 107,2, wo jedoch Gott zum Bereiten des Herzens des Beters aufgefordert wird; vgl. auch PsSal 6,1: "μακάριος ἀνήρ, οὗ ἡ καρδία αὐτοῦ ἑτοίμη ἐπικαλέσασθαι τὸ ὄνομα κυρίου."

4.5. Zusammenfassung

Abschließend ist auf die zu Beginn diese Kapitels aufgeworfene Frage nach der literarkritischen Beurteilung der Abimelechgeschichte einzugehen. Dafür sind verschiedene Beobachtungen von Bedeutung. Zunächst ist festzuhalten, daß die Abimelechgeschichte nicht unvermittelt in Kap. 5 einsetzt, sondern bereits ab 3,9 vorbereitet wird. In den von syrBar übernommenen Erzählfaden wird Abimelech auf dem Hintergrund der biblischen Tradition im Jeremiabuch eingeführt (ParJer 3,9f.15), um dann in 5,1ff. die Geschichte seiner Bewahrung erzählen zu können. Die dabei festgestellten literarkritischen Auffälligkeiten[370] erklären sich daraus, daß die ParJer mit der Abimelechgeschichte über den aus syrBar vorgegebenen Erzählstoff hinausgehen. Die Einfügung ist an jenen Stellen gut nachvollziehbar und durch die Absicht des Verfassers, mit der Abimelechgeschichte den Erzählrahmen von syrBar weiterzuführen, motiviert, so daß man nicht mit einer sekundären Bearbeitung rechnen muß. Hinzu kommt die erzählerische Verknüpfung von Kap. 4, das mit dem Grabaufenthalt Baruchs endete (4,11), und Kap. 6, wo das Grab wiederum als Ort der Begegnung zwischen Baruch *und* Abimelech eine Rolle spielt.

Die mit der Abimelechgeschichte verbundene Symbolik der Feigen ist für den Fortgang der Erzählung der ParJer und deren Intention von entscheidender Bedeutung. Zwar werden die Feigen erst in 3,9 zusammen mit Abimelech eingeführt, aber sie sind dann kontinuierlicher Bezugspunkt der Heilsaussagen bis hin zu Kap. 7, wo in V. 32 der in 3,10 eröffnete Kreis geschlossen wird. Daß die Feigen zum Bindeglied zwischen individueller und nationaler Heilshoffnung werden, ist u.E. ein wichtiges Indiz dafür, daß hier der Verfasser der ParJer selbst am Werk war. Indem er die Abimelechgeschichte in den Erzählfaden von syrBar einfügt und über ihn hinausgeht, verleiht er seinem Werk die spezifische Aussagekraft, die es schließlich von syrBar wesentlich unterscheidet. Dabei spielt nicht zuletzt die in 5,34 erwähnte Vorstellung vom himmlischen Jerusalem eine Rolle, die später den Hintergrund von 8,9 und 9,5 bildet.[371]

So wird man zu der Schlußfolgerung gelangen müssen, daß die Abimelechgeschichte zum ursprünglichen Bestand der ParJer gehört und vom Verfasser selbst mit dem Erzählstoff aus syrBar verflochten wurde. Weil sie für die Intention der ParJer von entscheidender Bedeutung ist, kann man sie nicht herauslösen. Der Verfasser führt mit ihr den in syrBar vorgegebenen Rahmen weiter, der über das endgültige Schicksal des Volkes nichts aussagt. Ausgehend von der Heilsverheißung an Abimelech im biblischen Jeremiabuch hat der Verfasser aus unterschiedlichen Traditionen und Motiven eine neue Geschichte komponiert, durch die er traditionelle Vorstellungen auf eine ihm eigene Art verbindet: die Hoffnung auf

---

[370] S.o. S. 23.25f.
[371] Dazu s.u. S. 136-138.151-154.

Rückführung der Diaspora mit der eschatologischen Hoffnung auf das himmlische Jerusalem, und die Vorstellung vom zwischenzeitlichen Ruhezustand mit der individuellen Auferstehungshoffnung.[372] Durch das Motiv des kurzen Traumes können die beiden letztgenannten Vorstellungen miteinander verbunden werden, ohne ausführliche Reflexionen über die Zwischenzeit. Die hier sichtbar werdende Transparenz zwischen individueller und nationaler Heilshoffnung ist das spezifische Anliegen des Verfassers der ParJer. Eine literarkritische Ausgrenzung der Abimelechgeschichte ist nicht möglich, ohne den ParJer ihre parakletische Absicht zu nehmen.

5. Die Briefe in ParJer 6,17-23 und 7,23-29

Als Baruch von der wunderbaren Bewahrung Abimelechs erfährt, will er diese gute Nachricht Jeremia und dem Volk mitteilen (6,8-10). Durch einen von Gott gesandten Adler schickt er einen Brief nach Babylon (6,11-16). Die Verbindung dieses Abschnittes über die Sendung des Briefes mit syrBar ist bereits beschrieben worden.[373] Im folgenden soll der Inhalt des Briefes Baruchs, der sich von dem in syrBar erwähnten Brief erheblich unterscheidet[374], sowie der Brief Jeremias aus dem Exil (7,23-29)[375] näher untersucht werden. In syrBar ist ein Brief Jeremias aus dem Exil nicht erwähnt, obwohl Jeremia ebenfalls mit dem Volk nach Babylon zog (10,2-5). Auch sonst ist ein solcher Brief aus der Diaspora nach Palästina nicht traditionell vorgegeben.[376]

5.1. Der Brief Baruchs nach Babylon (ParJer 6,17-23)

Der Brief, den Baruch an Jeremia und das Volk schreibt, lautet wie folgt:

"(17) Baruch, der Knecht Gottes[377], schreibt an Jeremia: Der du in der Gefangenschaft Babylons bist, freue dich und juble, denn Gott ließ es nicht zu, daß wir aus diesem Leib, betrübt wegen der verwüsteten und geschändeten Stadt, ausziehen. (18) Deshalb hat sich der Herr unserer Tränen erbarmt und sich des Bundes erinnert, den er mit unseren Vätern Abraham, Isaak und Jakob geschlossen hatte. (19) Denn er sandte zu mir

---

[372] Die Vorstellung von Gott als ἀνάπαυσις hat dabei sowohl einen Bezug auf die eschatologische Hoffnung als auch Relevanz für die (noch) irdische Wirklichkeit des Gerechten (vgl. oben S. 107ff.).

[373] S.o. S. 64-72.

[374] Vgl. dazu J. Riaud, Paralipomena I S. 147ff.; I. Taatz, Briefe S. 78-80.

[375] Vgl. I. Taatz, Briefe S. 81.

[376] Vgl. dazu I. Taatz, Briefe S. 81. Der Brief Jeremias fehlt im Codex Barberini und in der slawischen Version T1, vgl. C. Wolff, Jeremia S. 50 Anm. 2.

[377] Zu den Titeln Baruchs vgl. G. Delling, Lehre S. 25ff.; C. Wolff, Jeremia S. 46 Anm. 5.

seinen Engel und sprach zu mir diese Worte, die ich zu dir sende.[378] (20) Dies sind nun die Worte, die der Herr, der Gott Israels, sagte, der uns aus Ägypten geführt hat, aus dem großen Schmelzofen: (21) 'Weil ihr meine Rechtssatzungen nicht gehalten habt, sondern euer Herz hochmütig wurde und ihr vor mir halsstarrig wart, wurde ich zornig, und im Zorn übergab ich euch dem Schmelzofen nach Babylon. (22) Wenn ihr nun auf meine Stimme hören werdet', spricht der Herr, 'aus dem Munde Jeremias, meines Knechtes - wer (auf sie) hört, den werde ich aus Babylon führen, wer aber nicht (auf sie) hört, der wird ein Fremder werden von Jerusalem und von Babylon.'[379] (23) Du aber sollst sie prüfen mit dem Wasser des Jordan. Wer nicht gehorsam ist, wird offenbar werden. Dies ist das Zeichen des großen Siegels."

I. Taatz hat auf die "epistolographisch ungewöhnliche (...) Form" dieses Briefes hingewiesen[380], die sich zum einen durch die Verwendung der Verbform γράφει im Präskript[381], zum anderen durch den fehlenden Briefschluß ergibt.[382] Daran wird deutlich, daß es sich nicht um einen realen Brief handelt, sondern um ein literarisches Werk mit einer bestimmten Funktion innerhalb der ParJer. Unter diesem Aspekt kann sich der Verfasser auf die Angabe von Absender und Empfänger beschränken.[383]

Inhaltlich ist bemerkenswert, daß der Brief scheinbar auf Abimelech und die Feigen keinen Bezug nimmt, obwohl sie nach 6,8 Anlaß für den Brief waren.[384] Aber dem Adler werden 15 Feigen mitgegeben (7,8), die für die Kranken des Volkes bestimmt sind (7,32), und als er in Babylon ankommt, erweckt er einen Toten (7,17), wodurch der Bezug zur Auferstehungssymbolik der Feigen in Kap. 6 hergestellt wird.[385] Darüber hinaus hat der erste Satz im Brief Baruchs deutliche Anklänge an 6,3:[386] durch das Motiv des Sich-Freuens (χαῖρε [Imp.]/εὐφραίνου [Imp.]), des Jubelns (ἀγαλλιῶ [Imp.]/ἀγάλλου [Imp.]) und nicht zuletzt durch das Motiv des Ausziehens aus dem Leib, das in der negativen Formulierung auf die Bewahrung Abimelechs anspielt, für die Gott an beiden Stellen als der Urheber gilt.

---

[378] Aorist des Briefstils, vgl. F. Blaß - A. Debrunner - F. Rehkopf, Grammatik S. 273 § 334.

[379] Die Formen τῆς ' Ιερουσαλήμ und τῆς Βαβυλῶνος sind jeweils als genitivus separativus zu verstehen, vgl. F. Blaß - A. Debrunner - F. Rehkopf, Grammatik S. 146f. § 182,3.

[380] I. Taatz, Briefe S. 79.

[381] Vgl. ebd.

[382] Vgl. a.a.O. S. 80.

[383] Aus diesem Grund ist auch die Kritik M. Karrers in seiner Rezension zu I. Taatz, Briefe, in: ThLZ 117 (1992) Sp. 193f., hinsichtlich der "privaten" Züge in ParJer 6 (a.a.O. Sp. 194) zu relativieren. Der Brief Baruchs ist zwar vordergründig an Jeremia persönlich gerichtet, aber dennoch kein Privatbrief, sondern eine Botschaft an die Exulanten (6,21f.).

[384] Vgl. C. Wolff, Heilshoffnung S. 154f.

[385] Vgl. C. Wolff, a.a.O. S. 155.

[386] Aus diesem Grunde ist fraglich, ob 6,17b tatsächlich als Salutatio zu verstehen ist, wie I. Taatz, Briefe S. 79, meint. Wahrscheinlich wurde die sonst übliche Salutatio am Beginn eines Briefes vom Verfasser der ParJer bewußt so umgestaltet, daß sie mit dem Kontext korrespondiert.

Ähnlich wie hinsichtlich der Abimelechgeschichte, so nimmt der Brief Baruchs auch keinen ausdrücklichen Bezug auf das Gotteswort in 6,13f., das er eigentlich übermitteln sollte, obwohl er vorgibt, es zu zitieren (6,19f.). Die Absonderung des Volkes als Bedingung der Rückführung (6,13) spielt im Brief Baruchs keine Rolle.[387] Umgekehrt ist das Jordanwasser als Mittel der Prüfung (6,23) im Gotteswort nicht enthalten. Nur die Ankündigung der doppelten Fremdlingschaft hinsichtlich Jerusalems und Babylons für die, die sich nicht absondern (6,14) bzw. dem Wort Jeremias nicht gehorchen (6,22), findet sich in beiden Texten. Damit wird Kap. 8 vorbereitet, in dem sowohl Aspekte der Gottesrede in 6,13f. als auch aus dem Brief Baruchs in 6,17ff. aufgenommen sind, wobei das beiden gemeinsame Motiv der doppelten Fremdlingschaft[388] im Vordergrund steht (vgl. 8,5b-7).

Erwägt man die literarische Funktion von 6,13-23 für den Fortgang der ParJer, so wird man die Gottesrede und den Brief Baruchs trotz der erwähnten Spannungen nicht voneinander trennen können, sondern sie vielmehr komplementär zu verstehen haben.[389] Für den Verfasser war es hinsichtlich der Vorbereitung von Kap. 8[390] nicht erforderlich, den Wortlaut der Gottesrede im Brief Baruchs noch einmal zu wiederholen. Die literarische Absicht ist hier wichtiger als die erzählerische Konsequenz. Entscheidend war das Motiv der doppelten Fremdlingschaft, wie 8,5ff. zeigt. Somit wird man auch die Unterbrechung in 6,15f. als ein literarisches Stilmittel verstehen können[391], durch das der Hintergrund der Situation realistischer gestaltet wird.[392]

---

387 Vgl. I. Taatz, Briefe S. 80.

388 Vgl. J. Riaud, Samaritains S. 141; vgl. unten S. 131.

389 Vgl. P. Bogaert, Apocalypse I S. 206: "Cette lettre précise certaines données du message de l'ange. Elle ajoute surtout la mention du Jourdain et du scean."

390 Vgl. I. Taatz, Briefe S. 80.

391 Vgl. I. Taatz, Briefe S. 80: "Innerhalb des Buches hat der Brief die stilistische Funktion, in der Handlung von Jerusalem nach Babylon überzuleiten."

392 Zur Bezeichnung ἀγορὰ τῶν ἐθνῶν (= Markt der Heiden) vgl. J. Riaud, Paralipomena I S. 176 mit II S. 144 Anm. 29, der diesen Markt mit Mamre in Verbindung bringt; vgl. P. Welten, Art. Mamre S. 12: "Mamre dürfte spätestens seit Hadrian ein wichtiger Marktplatz gewesen sein ..." Problematisch ist der Vorschlag von J. Riaud wegen der relativ großen Entfernung Mamres von Jerusalem (ca. 30 km); sie wird aber bedeutungslos, sobald man die Erwähnung des Marktes der Heiden als erzählerisches Mittel versteht. P. Bogaert, Apocalypse I S. 324-327, verweist auf die Erwähnung einer "Eiche" in syrBar 77,18, die er ebenfalls mit Mamre identifiziert, worauf sich s.E. auch die ParJer beziehen, die diesen Ort aus syrBar entnehmen. Interessant ist ebenfalls die Parallelität zwischen der Terebinte in Mamre und der Terebinte von Sichem, vgl. H.-M. Schenke, Jakobsbrunnen S. 167. Wichtigster Beleg für die Hypothese von P. Bogaert ist ein Text aus Hieronymus, In Hieremiam 31(38),15: "Quidam Judaeorum hunc locum sic interpretantur, quod capta Jerusalem sub Vespasiano per hanc viam, Gazam et Alexandriam infinita millia captivorum Romam directa sint. Alii vero, quod ultima captivitate sub Adriano, quando et urbs Jerusalem subversa est, innumerabilis populus diversae aetatis et utriusque sexus in mercato Terebinthi venundatus sit. Et idcirco exsecrabile esse Judaeis mercatum celeberrimum visere. Dicant illi, quod volunt, nos recte testimonium sumpsisse dicemus euangelistam ..." (zit. nach MPG 24 Sp.

Aufgrund seiner kompositorisch wichtigen Funktion wird man in dem Brief Baruchs die Hand des Verfassers der ParJer am Werk zu sehen haben, der hier bewußt gestaltet. Dabei hat wiederum syrBar das Ausgangsmotiv für den Erzählrahmen geliefert.[393] Inhaltlich finden sich keine Übereinstimmungen, die auf direkte Anlehnung des Briefes selbst an syr Bar hinweisen würden. Allein das verwendete Argumentationsschema "Abfall - Strafe - Gehorsam - Errettung"[394] könnte man mit der Struktur des Briefes in syrBar vergleichen (Abfall [vgl. syrBar 79,2; 84,2.5] - Strafe [vgl. syrBar 78,5; 80,1-6] - Gehorsam [vgl. syrBar 84,6-85,4] - Errettung [vgl. syrBar 82,2-83,8; 85,9-11]).[395] Jedoch wird man dieses Schema nicht als besonders charakteristisch einschätzen dürfen, ist es doch schon im Alten Testament zu finden und dadurch traditionell vorgegeben.[396]

Zu fragen ist weiterhin, ob es eine Beziehung zwischen dem Brief Baruchs in ParJer und dem im biblischen Jeremiabuch überlieferten Brief Jeremias an die Exulanten (Jer 29,1-23)[397] gibt. Aber auch dafür finden sich keine Anhaltspunkte, denn der Inhalt des Jeremiabriefes weist in eine ganz andere Richtung: Die Weggeführten sollen Häuser bauen, Gärten pflanzen und davon leben (29,5), sie sollen sich verheiraten (29,6)[398], wobei nicht ausdrücklich verlangt wird, daß sie sich dabei von Vermischung mit den Fremden reinhalten sollen. Gerade der letzte Aspekt aus Jer 29 läßt sich scheinbar nicht mit ParJer vereinbaren. Allerdings könnte der Nachsatz in Jer 29,6c: "werdet zahlreich dort, damit ihr nicht weniger werdet", im Sinne der Reinhaltung gedeutet werden, denn auch hier geht es um den Erhalt des Volkes Israel.[399] Man muß in diesem Zusammenhang bedenken, daß in Jer 29 das Ende des Exils zwar verheißen wird (29,10.14), nicht aber - wie in ParJer 6 vorausgesetzt - schon unmittelbar

---

911). Nach 135 n. Chr. war die Paganisierung so weit fortgeschritten, daß die Juden diesen Ort mieden, weshalb nach P. Bogaert, a.a.O., Baruch auch nicht selbst ging, sondern den Proselyten Abimelech schickt (ebd.). Das aber würde voraussetzen, daß die ParJer nach 135 n. Chr. verfaßt wurden; vgl. dazu unten S. 177ff.

[393] Vgl. oben S. 64-72.

[394] I. Taatz, Briefe S. 80.

[395] D. E. Gowan, Exile S. 215, spricht von "(t)he pattern 'Sin-Exile-Restauration' which ... typically describes the pre-exilic period by a series of general references to sin without mentioning any specific historical details".

[396] Vgl. z.B. das dtr. Schema der Richterzeit, bes. Ri 2,11-18: Abfall (11-13) - Strafe (14-15) - Errettung (16.18), auch Ri 3,7-9 u.ö.; in der prophetischen Verkündigung bes. deutlich bei Joel: Abfall und Strafe (1-2,11) - Umkehr (2,12-17) - Errettung (2,18-4,21); vgl. H. W. Wolff, Kerygma S. 175ff.; zum Problem der Überlieferungsgeschichte von DtrG vgl. N. Lohfink, Kerygmata passim. Vgl. auch die Struktur des Jeremiabuches: 1-30 - Abfall und Gericht; 30-33 - Heilsverheißungen; vgl. C. R. Seitz, Mose S. 237f. Hinsichtlich des Bezuges von Jer zum DtrG vgl. H. W. Wolff, Kerygma S. 180 und passim, wonach der Aufruf zur Umkehr im Exil die zentrale Aussage des DtrG darstellt. Für ParJer ist der Aufruf zur Umkehr als Bedingung für die Rückkehr aus dem Exil ebenfalls von entscheidender Bedeutung (6,14.22; 7,32; 8,2f.; vgl. auch 8,9).

[397] Zu diesem Brief vgl. I. Taatz, Briefe S. 46-56.

[398] Vgl. a.a.O. S. 50f.

[399] Vgl. a.a.O. S. 51.

bevorsteht. Das Problem der Mischehen wird auch in ParJer 6 noch nicht konkret benannt, sondern zunächst die allgemeinere Forderung der Absonderung gestellt[400], die traditionell vor allem auf den Fremdgötterkult bezogen ist (vgl. z.B. Lev 19,4; 26,1; Dtn 27,15; Ps 96,4f.; 97,7; Jes 42,8.17 u.ö.; Jer 2,4-13; 4,1f. u.ö.). Dieser Aspekt steht auch im Antwortschreiben Jeremias im Vordergrund (ParJer 7,25f.[401]). Die Ursache aber für religiösen Synkretismus und Fremdgötterkult war oft eheliche Vermischung (vgl. z.B. Dtn 7,3f.; Ri 3,6; 1Kön 1-11). Ein direkter Zusammenhang von ParJer 6 mit den Brief Jeremias in Jer 29 ist also ebenfalls nicht erkennbar.[402]

Ein letztes Motiv ist zu bedenken, das hinsichtlich des umstrittenen Verses ParJer 6,23 interessant ist. Das hier erwähnte "Wasser des Jordan", das als Mittel der Prüfung des Gehorsams des Volkes dient, wurde des öfteren als christliche Anspielung auf die Taufe bezeichnet[403], besonders wegen des damit verbundenen Begriffes σφραγίς.[404] Das ist aber unwahrscheinlich, denn in "neutestamentlicher Zeit wird das Jordanwasser nicht als Urtyp des Taufwassers verstanden, auch die Apostolischen Väter und die Apologeten bieten dafür keinen Anlaß."[405] Ebenso ist σφραγίς kein spezifisches Wort für die *Taufe*[406], wie z.B. 1Kor 9,2 zeigt.[407] In den

---

400 Vgl. P. Bogaert, Apocalypse I S. 206.

401 Dazu s.u. S. 126f. Zur Frage der Absonderung des jüdischen Volkes vgl. vor allem G. Delling, Diasporasituation S. 9-26. Durch G. Dellings Darstellung wird die Verbreitung der Forderung nach Absonderung in der Diaspora gut herausgearbeitet. ParJer stehen also in einer breiten Tradition.

402 Aus ähnlichen Gründen ist u.E. auch eine Beziehung der ParJer zur EpJer unwahrscheinlich; zu dieser Schrift vgl. W. Naumann, Untersuchungen passim, der sie in die Zeit der Diadochen datiert (a.a.O. S. 53); vgl. C. Wolff, Jeremia S. 149f.; G. W. E. Nickelsburg, Literature S. 35-38; I. Taatz, Briefe S. 57f. u.a. In EpJer geht es vor allem um die Warnung vor heidnischer Götzenverehrung, vgl. V. 3ff.42f. u.ö.

403 So vor allem J. R. Harris, Rest S. 14; P. Bogaert, Apocalypse I S. 206f.; S. E. Robinson, 4 Baruch S. 415.

404 P. Bogaert, Apocalypse S. 207. P. Bogaert beruft sich dabei auf den Hirt des Hermas, Similitudines IX,16,3-7: ἡ σφραγὶς οὖν τὸ ὕδωρ ἐστιν; vgl. 17,4; auch VIII,2,3f.; 6,3; s. dazu G. Fitzer, Art. σφραγίς S. 952f.; L. Goppelt, Art. ὕδωρ S. 331f.

405 C. Wolff, Jeremia S. 45 Anm. 1; vgl. K. H. Rengstorf, Art. Ἰορδάνης S. 619-623: "So ist wenigstens damit zu rechnen, daß der Jordan in den liturgischen Zusammenhängen, in denen er jetzt vorkommt, gegenüber dem fließenden Wasser sekundär ist" (a.a.O. S. 622). Auch bei der von P. Bogaert angeführten Stelle aus Hermas (s. vorige Anm.) ist nicht vom Jordanwasser die Rede.

406 So auch schon P. Bogaert selbst, Apocalypse I S. 207 Anm. 1; gegen J. R. Harris, Rest S. 14, der, ohne dafür Belege zu nennen, die Wendung "Zeichen des großen Siegels" als "the conventional patristic term for baptism" (ebd.) bezeichnet. Tatsächlich ist jedoch u.W. jener "term" in dieser Form in patristischer Literatur nicht belegt, vgl. TLG.

407 ἡ γὰρ σφραγίς μου τῆς ἀποστολῆς ὑμεῖς ἐστε; vgl. G. Delling, Lehre S. 46 Anm. 23; C. Wolff, Jeremia S. 45 Anm. 1. Vgl. auch G. Fitzer, Art. σφραγίς S. 950, zu den neutestamentlichen Belegen Eph 1,13f. ([13] ἐσφραγίσθητε τῷ πνεύματι τῆς ἐπαγγελίας τῷ ἁγίῳ) und 4,3: "Eine Beziehung auf die Taufe oder auf die Beschneidung ist unmittelbar ... nicht gegeben." Zu 2Kor 1,22 (ὁ καὶ σφραγισάμενος ἡμᾶς καὶ δοὺς τὸν ἀρραβῶνα τοῦ πνεύματος), den G. Fitzer in diese Aussage einbezieht, vgl. C. Wolff, Zweiter Korintherbrief

ParJer begegnete es schon in 3,8.[408] Dort war in apokalyptischer Weise
von "sieben Siegeln" und "sieben Zeiten" die Rede. Sieht man darin eine
eschatologische Aussage[409], so wird von daher auch 6,23 erhellt. Mit
dem Durchzug durch den Jordan beginnt für das Volk die Heilszeit, die
letzte der "sieben Zeiten" und damit das "große Siegel". Dem "Siegel" der
Urzeit der Schöpfung (3,8) entspricht nunmehr das "große Siegel" der
Heilszeit (6,23). Das Wasser der Prüfung ist als σημεῖον τῆς μεγάλης
σφραγῖδος dementsprechend Zeichen für den Beginn der Heilszeit.[410]
Von daher fügt sich dieser Briefschluß gut in den eschatologischen Kontext der ParJer ein.

Daß der Jordan als Ort der Prüfung genannt wird, hat verschiedene
Gründe. Entscheidend ist zunächst, daß damit Bezug genommen wird auf
die Landnahme Israels unter Josua (Jos 3).[411] Auch hier ist dieses Ereig-
nis als Beginn einer heilvollen Zeit für Israel verstanden (vgl. Jos 1,13),
für die als Voraussetzung die "Heiligung" des Volkes verlangt wird (3,5).
Auf den Hintergrund von Jos 3 weist auch der Kontext des Briefes in Par
Jer 6. Das babylonische Exil wird in 6,20f. mit dem Ägyptenaufenthalt des
Volkes verglichen, indem für beides das Wort κάμινος verwendet wird.[412]
Wie der erste Exodus nach der Wüstenwanderung mit dem Jordandurchzug endete, so endet auch das babylonische Exil mit der Prüfung am Jordan.[413] Hinzu kommt ein weiterer Grund: In Ez 36,24f. heißt es im Blick
auf die Rückführung aus dem Exil:

(24) "Denn ich will euch aus den Völkern herausholen und euch aus allen Ländern
sammeln und euch wieder in euer Land bringen, (25) und ich will reines Wasser über

---

S. 37f. J. Riaud, Paralipomena I S. 49 (vgl. ders., Samaritains S. 139f. mit Anm. 3), deutet
σφραγίς im Anschluß an G. W. E. Nickelsburg auf die Beschneidung (G. W. E. Nickelsburg,
Jewish Literature S. 316; vgl. auch M. E. Stone, Art. Baruch S. 276). In der Tat ist im Judentum die Beschneidung als Siegel bekannt, vgl. G. Fitzer, Art. σφραγίς S. 947 (Belege dort).
Die Beschneidung war Bedingung für jemanden, der eine jüdische Frau heiraten wollte
(Jos., Ant XX,139; vgl. XVI,225; vgl. G. Delling, Lehre S. 50). Im umgekehrten Fall jedoch
kann die Beschneidung nicht Mittel zur Prüfung sein. In 8,4 aber geht es vor allem um is-
raelitische *Männer*, die fremde Frauen genommen haben. Hier kann die Beschneidung nicht
"Zeichen des Siegels" sein, denn diese Männer gehörten bereits zum Gottesvolk. Entscheidend ist daher in ParJer der Gehorsam, wie J. Riaud Paralipomena I S. 49, mit Recht betont.
Daß Gehorsam aber "les vrais circoncis" offenbart (ebd.), ist u.E. in ParJer 6,23 nicht intendiert. Darüber hinaus läge damit im ParJer 6,23 ein anderer Gebrauch des Wortes σφραγίς
vor als in 3,8.
[408] P. Bogaert, Apocalypse I S. 207 Anm. 1, hält jedoch ParJer 3,8 und 6,23 für nicht
vergleichbar.
[409] S. dazu oben S. 50 mit Anm. 72.
[410] Erwähnenswert ist in diesem Zusammenhang auch 4Esr 6,20: "... et cum supersig-
nabitur saeculum quod incipit pertransire, haec signa faciam: Libri aperientur ..." (zit. nach
A. F. J. Klijn, Apokalypse des Esra S. 40).
[411] Vgl. C. Wolff, Jeremia S. 50; anders G. Delling, Lehre S. 48.
[412] Vgl. C. Wolff, Jeremia S. 50; vgl. LXX Jer 11,4; Jes 48,10; Ez 22,17-22.
[413] Vgl. auch G. W. E. Nickelsburg, Jewish Literature S. 316, der bei seiner Interpretation von σφραγίς eine Linie zu Jos 5,2-9 zieht, aber unter dem Aspekt der Beschneidung.

euch sprengen, daß ihr rein werdet; von all eurer Unreinheit und von all euren Göttern will ich euch reinigen."

Die hier vorliegende Verbindung von Rückführung, Wasser der Reinigung[414] und Absonderung von den fremden Göttern erinnert an ParJer 6. Der Zusammenhang zwischen Fremdgötterkult und Mischehen wurde bereits erwähnt.[415] Betrachtet man Ez 36,24f. aus der Perspektive der Exulanten, so ist aus Richtung Osten kommend der Jordan das erste Wasser vor dem Betreten des Landes. Man könnte daher ParJer 6,23 als eine Auslegung dieser alttestamentlichen Vorstellung aus Ez 36 verstehen, unter dem besonderen Aspekt der Gehorsams-*Prüfung*. Das Moment der Reinigung ist in ParJer nicht mehr mit dem Jordan-Wasser verbunden.

An diesem Brief Baruchs an die Exulanten wird wieder sehr gut deutlich, wie selbständig der Verfasser der ParJer gearbeitet hat, indem er alttestamentliche Traditionen aufgegriffen, sie neu gestaltet und in den aus syrBar vorgegebenen Rahmen hineingestellt hat. Seinem eigenen Konzept folgend hat er diesen Brief selbst formuliert und damit den Fortgang seiner Erzählung vorbereitet.[416]

5.2. Der Brief Jeremias aus Babylon (ParJer 7,23-29)

Die Begegnung Baruchs und Abimelechs findet nach ParJer 6,1 in dem Grab statt, wohin sich Baruch nach der Zerstörung der Stadt begeben hatte (4,8). Erst in 7,1 kommt Baruch aus dem Grab heraus.[417] Während der Verfasser in 7,2-12 wiederum Motive aus syrBar verwendet[418], beginnt in V. 13 ein neugestalteter Abschnitt. Durch ein Auferweckungswunder legitimiert sich der Adler als göttlicher Bote[419], der mit diesem Wunder den heilvollen Inhalt seiner Botschaft vorwegnimmt. Wie schon zu 6,20f. bemerkt, so wird auch in 7,18 eine Parallele zum Exodus gezo-

---

[414] Vgl. 1QS 4,21.

[415] S.o. S. 120.

[416] Gegen P. Bogaert, Apocalypse S. 204f., der für die ursprüngliche Selbständigkeit des Briefes plädierte.

[417] C. Wolff, Heilshoffnung S. 156, weist auf die dabei verwendeten Auferstehungstermini hin.

[418] S.o. S. 67-72.

[419] Damit wird der Adler "als Symbol sich erneuernden Lebens" (C. Wolff, Heilshoffnung S. 155) seiner Symbolkraft gerecht (vgl. Jes 40,31; Ps 103,5); vgl. auch J. Riaud, Paralipomena II S. 22 Anm. 15; G. Delling, Lehre S. 11f.; P. Bogaert, Apocalypse II S. 137f. L. Ginzberg, Legends V S. 187: "In 2 Alphabeth of Ben Sira 29b and 35b-36a it is the eagle and the raven who, after leaving the ark, set an exemple of immortality and murder." Unabhängig davon weist J. Neusner, Judaism S. 176, auf Wandlungen in der Rezeption des Adler-Motivs hin: "For example, in first-century Jerusalem, Jews allegedly so hated the pagan eagle that they rioted when Roman troops carried the symbol with them into the city. Yet a century later it was common place to put eagles over synagogue doorways ..." Zur Bedeutung des Adlers vgl. auch E. Goodenough, Symbols S. 137-142.

gen: Gott hat sich in der Wüste durch Mose offenbart, nun offenbart er sich in Gestalt des Adlers, der schon beim Exodus aus Ägypten Symbol für die Bewahrung durch Gott war (vgl. Ex 19,4; Dtn 32,11).[420]

Nach der Verlesung des Baruchbriefes schreibt Jeremia seinerseits einen Brief an Baruch (7,23-29):

"(23) Mein geliebter Sohn, werde nicht nachlässig in deinen Gebeten, indem du für uns bittest, damit er unseren Weg wohl geleite, bis wir wegziehen von den Anordnungen dieses gesetzlosen Königs. Denn du wurdest als ein Gerechter befunden vor ihm, und er ließ dich nicht mit uns hierherkommen, damit du nicht die Schändung siehst, die dem Volk durch die Babylonier widerfahren ist. (24) Denn wie ein Vater, der (nur) einen einzigen Sohn hat, dieser aber zur Bestrafung ausgeliefert wurde - diejenigen nun, die seinen Vater sehen und Mitleid mit ihm haben, verhüllen sein Gesicht, damit er nicht sehe, wie der Sohn selbst bestraft wird und er (nicht) noch mehr durch die Trauer zermürbt werde. So nämlich hat sich Gott deiner erbarmt und hat nicht zugelassen, daß du nach Babylon kommst, damit du nicht die Schändung des Volkes siehst. Seit wir nämlich in diese Stadt gekommen sind, ließ die Trauer nicht von uns ab; heute sind es 66 Jahre. (25) Denn oft, wenn ich hinausging, fand ich (solche) aus dem Volk, die von König Nebukadnezar gehängt wurden, die weinten und riefen: 'Erbarme dich unser, Gott Zar!' (26) Als ich dies hörte, wurde ich betrübt und weinte eine zweifache Klage: Nicht allein, weil sie gehängt wurden, sondern (auch) weil sie einen fremden Gott anriefen und sprachen: 'Erbarme dich unser!' Ich erinnerte mich aber der Festtage, die wir in Jerusalem begingen, bevor wir in die Gefangenschaft geführt wurden. (27) Und während ich mich erinnerte, seufzte ich und kehrte in mein Haus zurück, litt Schmerzen und weinte. (28) So bitte nun an dem Ort, wo du bist, du und Abimelech, für dieses Volk, daß sie auf meine Stimme und die Urteile meines Mundes hören und von hier wegziehen (können). (29) Denn ich sage dir: Die ganze Zeit, die wir hier verbrachten, nötigen sie uns und sprechen: 'Singt uns ein Lied von den Liedern Zions, das Lied eures Gottes!' Und wir antworteten ihnen: 'Wie sollten wir euch singen, solange wir in einem fremden Land sind?'"

Auch bei diesem Brief ist die Gestaltung ungewöhnlich. Ohne sich an die übliche Form des Präskriptes zu halten, beginnt der Brief nur mit der persönlichen Anrede "mein geliebter Sohn".[421] Dies entspricht dem an verschiedenen Stellen der ParJer verwendeten Titels "Vater" für Jeremia (vgl. 2,2.4.6.8; 5,25; 9,8).[422] Ebenso auffällig wie der Beginn des Briefes ist sein Schluß, der ein fast wörtliches Zitat[423] aus Ps 137(136),3f. enthält, das durch eine Einleitung den ersten Teil von Ps 137(136),3 ersetzt und so in den Kontext einfügt:

Ps 137(136),3f.: "Die uns gefangenhielten, forderten Gesang von uns, und die uns weggeführt hatten, ein Lied: 'Singt uns ein Lied von den Liedern Zions - ein	ParJer 7,29: "Denn ich sage dir: Die ganze Zeit, die wir hier verbrachten, nötigen sie uns und sprechen: 'Singt uns ein Lied von den Liedern Zions, das Lied

---

420 Vgl. J. Riaud, Abimélech S. 176 Anm. 22; ders., Paralipomena I S. 48; C. Wolff, Heilshoffnung S. 155.

421 Vgl. I. Taatz, Briefe S. 81: "Damit trägt das Schreiben den persönlichen Charakter des Briefes eines Lehrers an seinen Schüler."

422 Vgl. G. Delling, Lehre S. 20; J. Riaud, La figure de Jérémie S. 376f.

423 Vgl. J. Riaud, Paralipomènes S. 1757 Anm. z.St. I. Taatz, Briefe S. 81, spricht dagegen von einer Anspielung; vgl. dazu J. Herzer, Traditionen S. 126f.

Lied eures Gottes!' - Wie könnten wir des Herrn Lied in einem fremden Land singen?"	eures 'Gottes!' Und wir antworteten ihnen: 'Wie sollten wir euch singen, solange wir in einem fremden Land sind?'"

Als Briefschluß ist dieser Vers kaum geeignet, nachdem in V. 28 bereits insofern ein Abschluß gegeben war, als Baruch und Abimelech von Jeremia zur Fürbitte aufgefordert wurden, wie schon zu Beginn des Briefes. Somit ergibt sich ein Rahmen, aus dem der V. 29 herausfällt. Dies könnte darauf hindeuten, daß dieser Vers als Glosse eingefügt wurde. Dafür spricht auch die Tatsache, daß es sich um ein Zitat handelt, denn wörtliche Zitate finden sich sonst in den ParJer nicht. Die bereits vorhandenen *Anspielungen* auf eine Psalmstelle (vgl. z.B. Ps 44,21 zu ParJer 7,26) könnten diese Anfügung motiviert haben.[424]

Obwohl sich der Brief Jeremias durch verschiedene Aussagen in den Kontext der ParJer einfügt (vgl. 7,23c mit 3,9f.; 5,30; die Erwähnung der 66 Jahre in 7,24 mit 5,1.30; 6,5; die Wendung εἰς τὸν τόπον ὅπου εἶ in 7,28 mit 5,32), sind doch einige Motive auffällig: 1. Das Antwortschreiben Jeremias nimmt keinen direkten Bezug auf das im Brief Baruchs verheißene Ende der Exilszeit.[425] Vielmehr ist es von tiefer Trauer um das Volk geprägt, das im Exil leiden muß und den Prüfungen nicht standhält. Man kann jedoch in den Aufforderungen zur Fürbitte (7,23-29) auch die Hoffnung auf Rückkehr impliziert finden. Baruch und Abimelech sollen für das Volk beten, "daß sie auf meine Stimme und die Urteile meines Mundes hören" (7,28).[426] Dieser Gehorsam aber ist die von Baruch in seinem Brief geforderte Voraussetzung für die Rückkehr (6,22: ἐὰν οὖν ἀκούσητε τῆς φωνῆς μου, λέγει Κύριος, ἐκ στόματος ᾽Ιερεμίου ...). 2. Der Brief Jeremias enthält in V. 24-26 Motive, die in keinem unmittelbaren Zusammenhang mit anderen Teilen der ParJer stehen. In V. 24 sieht G. Delling ein "Gleichnis, das nach Form und Inhalt jüdisch ist".[427] Hinsichtlich der

---

[424] Vgl. auch den Wortstamm χρεμ- (ParJer 7,25), der sich auch in LXX Ps 136,2 findet. Die Verbindung, die F. J. Murphy, Temple S. 673f., zwischen syrBar 3,6 und Ps 137,4 herstellt, ist u.E. nicht einsichtig. In syrBar 3,6 geht es darum, daß Baruch es für unmöglich hält, von Gott in *Preisungen* (ܬܶܫܒ̈ܚܳܬ; Wz.: ܫܒܚ [hebr.: שׁבח], vgl. W. Gesenius, Wörterbuch S. 801 s.v. I; A. F. J. Klijn, Baruchapokalypse S. 124, übersetzt: "Taten") zu sprechen, nachdem Gott Jerusalem zerstört hat; in Ps 137,4 dagegen ist es die Unmöglichkeit, in einem *fremden Land* Gottes Lieder zu singen; zur Interpretation von Ps 137,4 vgl. B. Hartberger, Psalm S. 221f. Zur Vermeidung wörtlicher Zitate in frühjüdischen Schriften vgl. A. M. Schwemer, Septuaginta S. 85f.90.

[425] Vgl. I. Taatz, Briefe S. 81.

[426] Vgl. dazu CD VIII,18-20: "Und dieser Entscheidung entsprechend ergeht es jedem, der die Gebote Gottes mißachtet und sie verläßt und die sich in der Verstocktheit ihres Herzens abwenden. Das ist das Wort, das Jeremia zu Baruch, dem Sohn des Nerija, gesagt hat ..." (zit. nach E. Lohse, Texte S. 83; vgl. H. H. Mallau, Art. Baruch S. 272).

[427] G. Delling, Lehre S. 10f. (Belege dort); hinsichtlich der Bedeutung des ὡς am Anfang als Einleitung des Rhema vgl. J. Jeremias, Gleichnisse S. 100: "Der *Kurzform des Dativanfangs* entspricht: ὡς, ὥσπερ ... Allen diesen ... Formen liegt das gleiche aramäische *lᵉ* zugrunde. Dieses *lᵉ* ist ... Abreviatur und *darf als solche* nicht übersetzt werden 'Es ist gleich

Form wird man dem sicher zustimmen können, jedoch ist inhaltlich die
Wendung μονογενὴς υἱός insofern auffällig, als sie in der christlichen
Tradition ein wichtiger Begriff ist (bes. in der johanneischen Literatur,
vgl. Joh 1,14; 3,16.18; 1Joh 4,9). Aber das Wort μονογενής wird auch in
der Septuaginta verwendet (vgl. Ri 11,34; Tob 3,15; 6,11.15; 8,17; Ps LXX
21,21; 34,17).[428] An den genannten Stellen ist μονογενής Übersetzung
des hebr. יָחִיד (= einzig, unvergleichlich[429]). Das hebräische Wort
kommt des weiteren in Gen 22,2.12.16; Jer 6,26; Am 8,10 und Sach 12,10
vor, wird aber in LXX an diesen Stellen mit ἀγαπητός wiedergegeben.[430]
In unserem Zusammenhang ist besonders Gen 22 interessant, eine
Stelle, auf die sich Josephus, Ant I,222, bezieht und abweichend von LXX
das Wort μονογενής verwendet.[431] Gerade in dieser Geschichte der Opfe-
rung Isaaks ist die wechselnde Verwendung von μονογενής und ἀγαπητός
bezeichnend: Der einzige Sohn ist gleichzeitig der geliebte. Daher können die beiden Adjektive synonym verwendet werden. In der alttestamentlich-jüdischen Tradition ist aber μονογενής/יָחִיד nicht nur auf einzelne Personen, sondern auch auf das Volk Israel bezogen. Aus dem Alten Testament ist besonders Jer 6,26 zu erwähnen, wo zur Klage um das
Volk wie um den einzigen Sohn (אֵבֶל יָחִיד) aufgefordert wird (ebenso
auch Am 8,10 und Sach 12,10). Der Vergleich des Volkes mit dem "einzigen Sohn" findet sich ferner in PsSal 18,4: "Deine Züchtigung für uns
(ist) wie (für) einen erstgeborenen, eingeborenen Sohn (υἱὸν πρωτότοκον
μονογενῆν) ..."[432], sowie in 4Esr 6,58: "Wir aber, dein Volk, das du deinen
Erstgeborenen (primogenitum), deinen einzigen Sohn (unigenitum), deinen Anhänger (aemulatorem) und Freund (carissimum) genannt hast, wir
sind in deine Hand gegeben!"[433] Auch in ParJer 7,24 wird das Volk mit
dem μονογενὴς υἱός verglichen und Baruch als dessen Vater bezeich-

---

...', sondern *muß* übersetzt werden 'Es verhält sich mit ... wie mit ...'"; vgl. yBer 2,5c; J. Jeremias, a.a.O. S. 100 Anm. 10; F. Hauck, Art. παραβολή S. 746ff.; P. Dschulnigg, Gleichnisse
S. 8.31.563f.

[428] Vgl. F. Büchsel, Art. μονογενής S. 746f.

[429] W. Gesenius, Handwörterbuch s.v. יָחִיד S. 297.

[430] Vgl. F. Büchsel, Art. μονογενής S. 747; zur Übersetzung von יָחִיד in der LXX
vgl. H.-J. Fabry, Art. יָחַד Sp. 597.

[431] Nach F. Büchsel verwendet Josephus "μονογενής in seiner ursprünglichen Bedeutung: eingeboren" (ebd.). Verschiedene Handschriften weichen ebenfalls von der LXX-Lesart
ab: in Gen 22,2 und Ps 67,7 hat A μονογενής; in Gen 22,12 liest es Σ und in Jer 6,26 A und
Σ (vgl. F. Büchsel, a.a.O. Anm. 7).

[432] Zit. nach S. Holm-Nielsen, Psalmen S. 107; vgl. PsSal 13,9: "Denn er wird den Gerechten ermahnen wie einen geliebten Sohn (υἱὸν ἀγαπήσεως), und seine Züchtigung ist
wie (die) eines Erstgeborenen." Vgl. H.-J. Fabry, Art. יָחַד Sp. 601: "Geradezu sprichwörtlich
ist die 'Trauer um den Einzigen' ('ebæl jāhîd) als Metapher für die Situation im eschatologischen Gericht (Am 8,10; Jer 6,26; Sach 12,10 ...)."

[433] Zit. nach H. Gunkel, 4 Esra, in: E. Kautzsch, Apokryphen II S. 268; lateinisch nach
A. F. J. Klijn, Apokalypse des Esra S. 43; vgl. M. E. Stone, Ezra S. 189: "This collection of
titles for Israel is notable."

net.[434] Somit knüpft dieser Vers sowohl in Form[435] als auch im Inhalt an alttestamentlich-jüdische Traditionen an. Der Vergleich des Volkes mit dem "einzigen Sohn" erhält in den ParJer durch den engen Zusammenhang von μονογενής und ἀγαπητός eine besondere Aussagekraft, denn das Volk wird in ParJer an anderer Stelle ausdrücklich als ἠγαπημένος bezeichnet (3,8).[436]

Neben dem Gleichnis in V. 24 verdienen auch die Verse 25 und 26 besondere Beachtung. P. Bogaert hatte in dem Satz: "Denn oft, wenn ich hinausging, fand ich (solche) aus dem Volk, die von König Nebukadnezar gehängt[437] wurden, die weinten und riefen: 'Erbarme dich unser, Gott Zar!'" einen Hinweis auf die marcionitische Lehre gesehen und ihn als Datierungshilfe verwendet.[438] Diese Hypothese läßt sich aber kaum halten. Auch der Vorschlag von E. König, "Zar" sei die letzte Silbe des Namens Nebukadne*zar*[439] und eine Anspielung auf den Herrscherkult, ist spekulativ.[440] Es gibt keinen Hinweis darauf, daß Nebukadnezar in irgendeiner Form göttlich verehrt wurde oder dies gefordert hätte.[441] Zwar muß man dabei beachten, daß Nebukadnezar in ParJer anstelle der römischen Kaiser steht, die Jerusalem zerstörten, aber man wird dennoch mit P. Bogaert feststellen müssen: "*Zar* est le mot hébreu correspondant à ἀλλότριος qu'on lit immediatement après."[442] Allerdings hat man dabei zu berücksichtigen, daß das in griechischer Umschrift gebotene hebräische Wort זָר in diesem Vers den Charakter eines Eigennamens angenommen hat.[443] Der Textzusammenhang der wörtlichen Rede als Anrede an den fremden Gott wird damit konsequenter durchgehalten, als es etwa durch die Wendung ὁ θεὸς ἀλλότριος möglich wäre.[444] Daß der Verfasser

---

434 Vgl. G. Delling, Lehre S. 10; C. Wolff, Jeremia S. 46 Anm. 5.

435 S.o. S. 124f. Anm. 427.

436 S.o. S. 49f. Anm. 69; S. 52. Hingewiesen sei an dieser Stelle auf eine Miszelle von M. Philonenko, Un titre messianique de Bar Kokheba, ThZ 17 (1961), S. 434f. Er hebt darin hervor, daß der Führer des zweiten jüdischen Aufstandes, Bar Kochba oder Ben Kosiba (s. auch unten S. 181ff.), in der "Syncelle" (= Corpus Scriptorum Historiae Byzantinae [1829] S. 60) mit ὁ μονογενής als messianischem Titel bezeichnet wird.

437 Vgl. dazu G. Delling, Lehre S. 52 Anm. 49; P. Bogaert, Apocalypse I S. 219 Anm. 1.

438 P. Bogaert, Apocalypse I S. 219f.; dagegen vgl. aber C. Wolff, Jeremia S. 45 Anm. 1.

439 E. König, Rest S. 332 Anm. 2, im Anschluß an A. Dillmann; vgl. J. Licht, Paralipomena S. 71.

440 Vgl. P. Bogaert, Apocalypse I S. 219 Anm. 2; J. Riaud, Paralipomena II S. 43f. Anm. 76.

441 Zur Bedeutung Nebukadnezars in der Jeremia-Tradition vgl. T. W. Overholt, Nebuchadnezzar passim.

442 P. Bogaert, Apocalypse I S. 219 Anm. 2; vgl. auch G. Delling, Lehre S. 53. Darüber hinaus ist zu bedenken, daß in ParJer die Namensform Ναβουχοδονόσορ verwendet wird und damit die Assoziation vom Namen des Gottes *Ζάρ* an den Namen des Königs nicht gelingen würde.

443 Vgl. G. Delling, ebd.

444 G. Delling, ebd., sieht darin das Werk des Übersetzers der ParJer, der an dieser Stelle das ursprüngliche hebräische Wort in griechischer Umschrift stehen ließ. Dabei ist

dafür gerade das Wort זָר verwendete, wird daher verständlich, daß es
"ein geläufiges Wort im Alten Testament, gerade auch in religiösen Zusammenhängen"[445] ist, das in der Septuaginta mit ἀλλότριος übersetzt
wird (vgl. Gen 32,16; Ps 44[43],21; Jer 3,13 u.ö.). Die Anrufung des
"fremden Gottes" in Babylon erinnert zudem an Jer 16,13: "Und ich
werde euch verstoßen aus diesem Land in das Land, von dem weder ihr
noch eure Väter etwas wußten, und ihr werdet dort anderen Göttern
(אֱלֹהִים אֲחֵרִים/θεοῖς ἑτέροις) dienen, die euch keine Gnade erweisen
werden." Zwar sind hier sowohl im griechischen als auch im hebräischen
Text andere Worte als in ParJer 7,25f. verwendet, aber die negative Intention entspricht sich: Was in Jer 16,13 noch als Unheilsansage ausgesprochen wurde, ist im Exil traurige Wirklichkeit geworden. Mit der Erinnerung an den "Festtag" in Jerusalem wird diese beklagenswerte Situation
verstärkt, denn in Jerusalem ist es der wahre Gott gewesen, der vom Volk
angerufen wurde.[446] Dadurch wird literarisch der Zusammenhang mit
dem Kontext erreicht, indem die Notwendigkeit der Forderung nach Reinigung und Absonderung des Volkes auf dem Hintergrund der Anbetung
des fremden Gottes besonders unterstrichen wird. ParJer 7,28 macht
diese Intention deutlich.[447]

Damit ist ein guter Abschluß des Briefes Jeremias gegeben. Die
schon literarkritisch beobachtete Spannung von V. 29 zu diesem Brief[448]
wird somit inhaltlich bestätigt. Deshalb muß V. 29 einer späteren Hand
zugewiesen werden.

Die das Kapitel abschließenden Verse (7,30ff.) beenden den Briefwechsel zwischen Baruch und Jeremia. Der Adler wird mit dem Antwortschreiben zurückgeschickt, begleitet von dem Wort Jeremias: "Gehe hin
in Frieden ..." (ἄπελθε ἐν εἰρήνῃ). Diese Formel war auch von Baruch verwendet worden (7,9). Zum letzten Male vor der Rückkehr des Volkes
werden in 7,32 die Feigen erwähnt, die nun, wie in 3,15 bereits intendiert, den Kranken des Volkes gegeben werden. Auf diese Weise findet
auch die Komposition der Abimelechgeschichte ihren Abschluß. Die Erwähnung des Lehrens Jeremias (ἔμεινε διδάσκων, 7,32) bereitet das
nächste Kapitel über die Rückkehr des Volkes nach Jerusalem vor, für die
das 'Sich-Fernhalten von den Befleckungen der Heiden' Bedingung ist.[449]

---

aber fraglich, ob in dem von G. Delling vermuteten hebräischen Original das Wort זָר ebenfalls als Eigenname empfunden werden konnte.

445 Vgl. G. Delling, ebd.; vgl. dazu L. A. Snijders, Art. זוּר/זָר Sp. 556-564.

446 Um welches Fest es sich hier handelt, spielt daher u.E. keine Rolle. Wichtig ist das
darin implizierte Moment des rechten Gottesdienstes und der Anbetung des wahren Gottes,
das den Kontrast zur Situation in Babylon verstärkt und deren Tragik hervorhebt.

447 Zur Aufforderung Jeremias an Baruch, für das Volk zu beten s.o. S. 42 mit Anm. 38.

448 S.o. S. 28f.

449 Dazu s.u. S. 130 Anm. 456. Zum Zusammenhang zwischen den Feigen und der
Rückkehr des Volkes vgl. Jer 24,5.7: "(5) Wie diese guten Feigen, so will ich die Verbannten
Judas ... ansehen zum Guten ... (7) Und ich will ihnen ein Herz geben, das sie erkennen läßt,
daß ich der Herr bin. Sie werden mein Volk sein, und ich werde ihr Gott sein, denn sie wer-

5.3. Zusammenfassung

Die Untersuchung der beiden Briefe in ParJer 6,17-23 und 7,23-29 hat gezeigt, daß sie keine übernommenen Einheiten sind, sondern vom Verfasser der ParJer selbst komponiert wurden. Dafür sprechen sowohl inhaltliche als auch stilistische Gründe.[450] Lediglich der Vers 7,29 fällt als vermutliche Glosse heraus.

Der Brief Baruchs hat die besondere Funktion, von der Erzählung über den Schlaf des Abimelech zur Rahmenhandlung zurückzuführen, in der das Volk und sein Schicksal wieder im Mittelpunkt steht. Ausgangspunkt dafür war die durch syrBar vorgegebene Tradition einer Korrespondenz Baruchs mit der Gola, die der Verfasser der ParJer nach seinen Gesichtspunkten neu gestaltet.

Der Brief, den Jeremia aus Babylon an Baruch schreibt, bildet zwar keine direkte Antwort an den Baruchbrief, aber durch die Schilderung der Situation im Exil unterstreicht er die Notwendigkeit der Gehorsamsforderung und der Reinigung des Volkes vor der Rückkehr. Gleichzeitig ist er die Brücke zu dem in Kap. 8 behandelten Problem der Mischehen. Obwohl dies nicht konkret angesprochen wird, läßt doch die vom Alten Testament her vorgegebene Verbindung von Fremdgötterkult und ehelicher Vermischung das Kap. 8 als inhaltlich konkretisierende Fortsetzung von Kap. 7 erscheinen. So wird dann auch in 8,1 das Ablassen von den "Werken Babylons" mit dem Entlassen der fremden Männer und Frauen parallel genannt.

Daß die Beziehungen der einzelnen Textabschnitte zueinander (die Gottesrede in 6,13f. zur Abimelechgeschichte 5,1-6,7; der Brief Baruchs in 6,17-23 zur Abimelechgeschichte und zur Gottesrede; der Brief Jeremias in 7,23-29 zum Baruchbrief) erzählerisch nicht konsequent sind, sondern komplementär angelegt wurden, zeigt, daß der Verfasser der ParJer sein Werk in einer durchdachten Struktur aufgebaut hat. Durch die Vermeidung der eigentlich notwendigen Bezugnahmen der genannten Einheiten aufeinander entstehen zwar gewisse Spannungen, die aber zugunsten der verfolgten Absicht und des Fortgangs der Geschichte in den Hintergrund treten.

---

den sich von ganzem Herzen zu mir bekehren." Vgl. zu dieser Verheißung H. Graf Reventlow, Liturgie S. 93; W. Rudolph, Jeremia S. 159; vgl. oben S. 104f.

[450] Besonders hervorzuheben ist dabei das Feigenmotiv, das sich bis 7,32 durchhält (vgl. 6,13 mit 7,8; 7,32). Erwähnenswert sind aber z.B. auch der Begriff μονογενής, der mit dem Volk verbunden wird und insofern auf 3,8 Bezug nimmt, die Bezeichnung Baruchs als "Sohn" durch Jeremia (7,23; vgl. 2,2.4.6.8; 5,25; 9,8) u.a.

6. Die Rückkehr des Volkes und die Gründung Samarias (ParJer 8)

Die Geschichte über die Entstehung der Stadt Samaria und damit der Gruppe der Samaritaner[451] ist eng mit dem Erzählfaden der Rückkehr des Volkes aus dem Exil verknüpft. Nachdem in ParJer 6 und 7 die Notwendigkeit der Absonderung von Babylon und der Trennung von den babylonischen Frauen und Männern als Voraussetzung für das Kommen nach Jerusalem betont war, schließt sich nunmehr in Kap. 8 die Antwort auf die Frage an, was mit denen geschehen sei, die den geforderten Gehorsam nicht geleistet haben. Daß als Erklärung dafür die Samaritaner herangezogen wurden, kann nur darin begründet sein, daß sie zur Zeit der Abfassung der ParJer in ihrem Verhältnis zum nach Ansicht der ParJer 'orthodoxen' Judentum eine besondere Rolle spielten, und der Verfasser an diesem Problem ein spezielles Interesse hatte.[452] Seine Darstellung der Rückkehr des Volkes wäre auch ohne die Erwähnung der Samaritaner und ihrer Stadt möglich gewesen.

Wichtig für unsere Problemstellung ist zunächst die Frage nach den Quellen dieser Samaria-Erzählung. Dazu sind als Charakteristika der Geschichte folgende hervorzuheben: Ohne über die Zeit zu reflektieren, die zwischen der Notiz in 7,32 von der andauernden Lehre des Jeremia (ἔμεινε διδάσκων)[453] und dem Tag der endgültigen Rückkehr in 8,1 liegt[454], schließt Kap. 8 in V. 2f. an Aussagen von Kap. 6 und 7 an: Jeremia soll an den Jordan ziehen (8,2a; vgl. 6,23)[455]; er soll nochmals zum

---

451 Die ParJer vermeiden eine ausdrückliche Bezeichnung für diese Volksgruppe. Sie werden aber in 8,8 als diejenigen charakterisiert, die die Stadt Samaria gründen. Zur Bezeichnung "Samaritaner" vgl. H. G. Kippenberg, Garizim S. 33f. Anm. 1. Auf das grundsätzliche terminologische Problem der differenzierten Bezeichnung der Bewohner Samarias hat in besonderem Maße R. Egger, Samaritaner passim, bes. S. 20f. u. 45ff., aufmerksam gemacht; vgl. auch H. G. Kippenberg, Garizim S. 33f. mit Anm. 1. Wir verwenden den Begriff "Samaritaner", der nach R. Egger die "Mitglieder der JHWH-gläubigen Religionsgemeinschaft" umfaßt, "die den Berg Garizim als von Gott auserwählten Ort glauben und im dortigen (einstigen) Tempel JHWH opferten und anbeteten" (a.a.O. S. 20). Diese Charakterisierung nach religiösen Kriterien ist auch in den ParJer grundlegend im Unterschied zu den "Samariern" (Σαμαρεῖς), zu denen nach R. Egger alle Bewohner Samarias gehören (ebd.).

452 Vgl. J. Riaud, Samaritains S. 150f.; anders G. Delling, Lehre S. 52.

453 Vgl. G. Delling, Lehre S. 46.

454 Das spricht z.B. auch für die Interpretation der 66 Exilsjahre durch C. Wolff, Jeremia S. 46 Anm. 1, der die zur Zahl 70 fehlenden vier Jahre mit dieser Zwischenzeit in Verbindung bringt; dazu s.o. S. 95 Anm. 273.

455 Hinzuweisen ist auch auf die Terminologie, die für diesen Anschluß verwendet wird: in 8,2 ἀνάστηθι, in 8,4.6 ἀναστάντες. Die Verwendung dieser Auferstehungstermini im Zusammenhang mit der Rückkehr des Volkes fügt sich gut in die theologische Transparenz des Werkes ein (s.o. S. 151ff.). Anders G. Delling, Lehre S. 47 Anm. 29: "ἀνάστηθι in 8₂ bzw. ἀναστάντες in 8₄.₆ meint einfach 'auf' bzw. 'sich aufmachen'". Diese Auffassung könnte man gerade von 8,6 insofern stützen, als hier das ἀναστάντες den Aufbruch nach *Babylon* meint, also negativ besetzt ist. Betrachtet man jedoch diese Terminologie im Gesamtkontext der ParJer, so ist ihre Doppeldeutigkeit in der Verbindung mit der "Zusammenkunft des

"Ablassen von den Werken Babylons" (καταλείψειν τὰ ἔργα τῆς Βαβυλῶνος, 8,2) auffordern, wie er es in 7,32 schon in ähnlicher Weise getan
hatte (ἀπέχεσθαι ἐκ τῶν ἀλισγημάτων τῶν ἐθνῶν τῆς Βαβυλῶνος[456]).
Die Werke Babylons werden aber nun konkretisiert: Es handelt sich um
die "Vermischung" zwischen Juden und Heiden.[457] Deshalb geht es dem
Verfasser der ParJer um die Trennung der Mischehen sowohl der Männer, die sich fremde Frauen genommen haben, als auch der Frauen, die
fremde Männer geheiratet haben (8,2b). Die Hälfte (τὸ ἥμισυ)[458] derer,
die solche Mischehen eingegangen waren, leistet keinen Gehorsam (8,4).
Dennoch gelangen sie nach 8,5 bis vor die Tore Jerusalems, wo Jeremia,
Baruch und Abimelech sie erst abweisen. Das Jordanwasser als Mittel der
Prüfung, wie es in 6,23 genannt ist, spielt hier keine Rolle mehr.[459] Das
ist auch nicht nötig, denn Gehorsam bzw. Ungehorsam sind bereits am

---

Geliebten" (3,8) deutlich. Daran zeigt sich, daß die Absicht des Verfassers zur Mehrschich-
tigkeit der Erzählung auch eine sachliche Inkonsequenz in Kauf nimmt.

[456] P. Bogaert, Apocalypse I S. 204, hält dies für eine christliche Formulierung, da das
Wort ἀλίσγημα ein Hapaxlegomenon ist, das nur in Apg 15,20 vorkommt. Zwar wird man
dieser Beobachtung zustimmen müssen (darüber hinaus ist die Wendung ἀπέχεσθαι ἐκ
τῶν ἀλισγημάτων in ParJer 7,32 und Apg 15,20 nahezu identisch; ἐκ fehlt in Apg), aber die
Konsequenz hinsichtlich ParJer 7,32 ist u.E. keineswegs zwingend. Vor allem wird man zu
bedenken haben, daß Apg 15,20 einem Judenchristen in den Mund gelegt wird, um das
spannungsvolle Verhältnis zwischen *Juden*christen und *Heiden*christen in der Anfangszeit
der christlichen Gemeinden zu regeln; vgl. T. Holtz, Bedeutung S. 152; J. Roloff, Apostelgeschichte S. 224f. Die Änderungen des westlichen Textes an dieser Stelle der Apostelgeschichte, der καὶ τοῦ πνικτοῦ und am Schluß καὶ ὅσα μὴ θέλουσιν ἑαυτοῖς γίνεσθαι
ἑτέροις μὴ ποιεῖτε anfügt, zeigen darüber hinaus, daß die kultische Bedeutung später in
ethischer Hinsicht abgeschwächt wurde, vgl. Y. Tissot, Prescriptions S. 327f.; J. Roloff, Apostelgeschichte S. 228; G. Schille Apostelgeschichte S. 322. Auch die Variante der Hs. *c* zu
ParJer 7,32 ändert in diesem Sinne ἀλισγημάτων in πραγμάτων; vgl. auch *äth* (s. J. R.
Harris, Rest S. 60 App. z.St.) und den ganz anderen Wortlaut in T1 (s. C. Wolff, Jeremia S.
234). Auch die anderslautenden Formulierungen in Apg 15,28f. und 21,25 deuten die Problematik des Hapaxlegomenon in 15,20 an. E. Haenchen, Apostelgeschichte S. 432 Anm. 2,
versteht ἀλισγημάτων τῶν εἰδώλων als einen "voller klingende(n) Ausdruck" für εἰδω-
λοθύτων mit Hinweis auf Apg 15,29. Zur Problematik vgl. auch G. Delling, Lehre S. 46f.,
der auf den Gebrauch des Verbums ἀλισγέω in biblischen (LXX) und frühjüdischen Schriften hinweist (Mal 1,7; Dan 1,8; Sir 40,29; Arist 142).

[457] Diese Konkretion spricht u.E. auch gegen den vermuteten christlichen Einfluß an
dieser Stelle, vgl. J. Riaud, Paraleipomena Jeremiou S. 215; L. Vegas-Montaner, Paralipomenos S. 356, der sogar von "judaismo ... manifesta" des Autors spricht, obwohl er ebenfalls
mit christlichen Interpolationen außerhalb des christlichen Schlusses zu rechnen scheint, s.
a.a.O. S. 357.

[458] J. Riaud, Samaritains S. 137 Anm. 1, vermutet hierin eine Anspielung auf Neh 13,24.
Dies ist jedoch kaum wahrscheinlich, da es dort nicht um die Hälfte derer geht, die sich
heidnische Frauen genommen haben, sondern um die Hälfte der Kinder aus Mischehen, die
nicht wie die Israeliten sprechen konnten. Vielmehr deutet dies die *Menge* derer an, die den
geforderten Gehorsam nicht leisteten: das *halbe Volk*!

[459] Dieser Umstand weist ebenfalls darauf hin, daß in 6,23 nicht an die christliche
Taufe gedacht ist. Wäre dies der Fall, so müßte man eine christliche Einfügung hinsichtlich der Taufe auch in Kap. 8 erwarten, wo sie wesentlich sinnvoller wäre (s.o. S. 120f.). Da
eine solche aber fehlt, wäre die christliche Anspielung in 6,23 derart undeutlich, daß sie
keinen Sinn hätte.

Jordan offenbar geworden (8,4). Ebenso hieß es nicht, daß die Ungehorsamen nicht das Land betreten dürften, sondern es ging speziell um das Betreten der Heiligen Stadt, das ihnen verwehrt werden soll (vgl. 6,14.22). Somit ist es folgerichtig, daß dies erst vor ihren Toren erfolgt.

Mit der Abweisung der Ungehorsamen beginnt die Geschichte Samarias und der Samaritaner. Obwohl sie in 8,4b angesichts Jerusalems von "ihrer Stadt" gesprochen haben, ändern sie nach ihrer Abweisung sehr schnell ihre Meinung und wollen nach Babylon ziehen, das sie nun ebenfalls als "ihren Ort" bezeichnen.[460] Die Wendungen ἡ πόλις ἡμῶν (8,4) und τὸ τόπος ἡμῶν (8,6)[461] sind insofern besonders interessant, als am Schluß von Kap. 8 den Bewohnern von Samaria die Verheißung gilt, im Falle ihrer Umkehr vom "Engel der Gerechtigkeit" an ihren "hohen Ort" (εἰς τὸν τόπον ὑμῶν τὸν ὑψηλόν) geführt zu werden.[462] Auch in Babylon werden sie abgewiesen, mit der Begründung, daß sie "heimlich" (κρυφῇ) weggegangen sind (8,7).[463] Damit ist das Urteil Gottes vollzogen, das bereits in 6,22 ausgesprochen wurde.[464] Der Anklang an die Fluchtgeschichte beim Auszug Israels aus Ägypten in Ex 14,5 ist an dieser Stelle deutlich, was die Auffassung des Verfassers der ParJer unterstreicht, die Rückkehr aus dem Exil als "neuen Exodus" zu verstehen.[465] Die doppelte Fremdlingschaft veranlaßt die in den Mischehen Gebliebenen, sich anderswo niederzulassen.[466] Sie taten dies "an einem einsamen Ort, fern von Jerusalem" und gründeten die Stadt Samaria (8,8).

Damit wäre die Erzählung als solche bereits zu ihrem Ziel gekommen, aber der Schlußsatz in 8,9 zeigt, daß es nicht in erster Linie um die Stadt Samaria und ihre Gründung geht, sondern daß nach wie vor das Interesse des Verfassers der Volksgruppe gilt, die sich dort "fern von Jerusalem" niedergelassen hat.[467] Trotz der scharfen Abweisung in Jerusalem

---

[460] Vgl. J. Riaud, Samaritains S. 141.

[461] Vgl. G. Delling, Lehre S. 48 Anm. 32.

[462] Vgl. K. Kohler, Haggada S. 414: τόπος ὑψηλός ist "the Septuagint translation of the name Moriah"; vgl. 2Chr 3,1, wo mit "Moriah" der Tempelberg in Jerusalem gemeint ist; vgl. auch Jes 29,1. Wenn also in ParJer 8,9 vom "hohen Ort" gesprochen wird, so geschieht damit eine Eschatologisierung dieser für das irdische Jerusalem bekannten Wendung.

[463] C. Wolff, Jeremia S. 58 mit Anm. 1, weist auf den Gegensatz zum Jeremia-Apokryphon hin, wo "die Babylonier das jüdische Volk mit wertvollen Geschenken versehen ziehen lassen".

[464] Vgl. J. Riaud, Samaritains S. 141.

[465] Dazu s.o. S. 121f.123f. Zur Vorstellung vom "Neuen Exodus" in der Prophetie der Exilszeit vgl. W. Zimmerli, Der "Neue Exodus" passim.

[466] Die Historisierung, die G. Delling, Lehre S. 48 Anm. 32, in diesem Zusammenhang vornimmt, ist u.E. nicht angemessen: "Die Rückkehr nach Babel ergibt sich wohl zunächst einfach daher, daß man dort ansässig war, die Verhältnisse kennt usw." G. Delling vermutet als negative Absicht, daß "der Verf. dadurch auch die Möglichkeit (gewinnt), die Samaritaner als Nachkommen von Leuten zu kennzeichnen, mit denen keiner etwas zu tun haben mag ..."

[467] Vgl. J. Riaud, Samaritains S. 141, der jedoch die Wendung μακρόθεν τῆς Ἰερουσαλήμ in ParJer 8,8 als ein negatives Werturteil versteht: "Les Juifs n'ont rien de commun avec les Samaritains."

läßt Jeremia ihnen die Möglichkeit der Rückkehr offen, wenn auch unter der Voraussetzung der Umkehr. Auf die Bedeutung dieser Verheißung wird später zurückzukommen sein.

Im folgenden soll versucht werden, dem Ursprung dieser Tradition über die Entstehung Samarias und damit der Volksgruppe der Samaritaner näherzukommen. Auf die terminologische Problematik der notwendigen Unterscheidung zwischen Samariern und Samaritanern bzw. denjenigen, die im Land Samaria als Fremdstämmige leben, ist am Eingang dieses Kapitels bereits aufmerksam gemacht worden.[468] In diesem Zusammenhang ist die Feststellung interessant, daß die ParJer eine direkte Namensbezeichnung der von Israel abgespaltenen Volksgruppe vermeiden. Allein die Erwähnung des Namens der Stadt Samaria läßt eine nähere Identifizierung zu. Auch die Vorgeschichte macht deutlich, wer gemeint ist: Das Verheiratetsein mit fremdstämmigen Partnern wird zu einem wesentlichen Kennzeichen dieser "Mischbevölkerung". Dazu zählen auch deren Kinder (vgl. 8,7b), die weder Israeliten noch rein Fremdstämmige sind, sondern aus der Sicht sowohl Israels als auch der fremden Völker identitätslos. Für den Verfasser der ParJer sind die Bewohner Samarias also eine jüdisch-heidnische Mischbevölkerung, die von Israel wie von den Heiden gleichermaßen abgelehnt werden, wenn auch aus verschiedenen Gründen.

Der wohl älteste Bericht über die Entstehung der Samaritaner findet sich im Alten Testament in 2Kön 17,24-41.[469] Die Geschichte der Stadt Samaria geht aber noch weiter zurück. Nach 1Kön 16,24 wurde sie von dem israelitischen König Omri (881-870[470]) erbaut[471], der von einem Mann namens "Schemer" den Berg kaufte[472], nach dem die darauf gegründete Stadt ihren Namen haben soll.[473] Omri galt als ein abtrünniger König, der Israel zur Abgötterei verführte (1Kön 16,25f.).[474] 722 v. Chr.

---

[468] S.o. S. 129 Anm. 451.

[469] Vgl. J. Riaud, Samaritains S. 136ff.; R. Egger, Samaritaner S. 28, referiert: "Coggins [R. J. Coggins, The Old Testament and Samaritan Origins, ASTI 6, Leiden 1968; d. Vf.] kommt in seiner Studie - wie auch andere Wissenschaftler - zum Schluss, 2Kön 17,24-41 sei nicht (mehr) als Erzählung zu betrachten, die über den Ursprung der Samaritaner Aufschluß gebe." Vgl. dazu auch M. Mor, Period S. 1: "The Origins and early history of the Samaritan sect is vague and problematic." Einen Überblick über die Samaritaner-Forschung bis 1976 gibt R. Pummer, Aspects of Modern Samaritan Research, Église et Théologie 7 (1976), S. 171-188; vgl. auch F. Dexinger, Eschatology S. 267-272.

[470] Nach der Chronologie von A. H. J. Gunneweg, Geschichte S. 182; vgl. S. Timm, Omri S. 22f.

[471] Vgl. A. H. J. Gunneweg, Geschichte S. 95; G. Wallis, Jerusalem und Samaria S. 489; S. Timm, Omri S. 142ff.; J. Riaud, Samaritains S. 136 Anm. 4.

[472] Vgl. S. Herrmann, Geschichte S. 257f.

[473] Vgl. Jos., Ant VIII,312. Zur Problematik dieser Namensätiologie vgl. S. Timm, Omri S. 43ff.142ff., nach dem die Ätiologie vom Kaufbericht des Berges abgetrennt werden muß (a.a.O. S. 42.145).

[474] Vgl. Jos., Ant VIII,312; S. Timm, Omri S. 30ff.40; A. H. J. Gunneweg, Geschichte S. 95ff.; S. Herrmann, Geschichte S. 259f.

wurde Samaria durch den Assyrerkönig Salmanasser V. erobert (2Kön 17,3-6).[475] Im Zuge dieser Eroberung durch die Assyrer wurde dann unter Sargon ein großer Teil[476] der Bevölkerung deportiert und durch fremde Volksgruppen ersetzt (2Kön 17,24).[477] Die Substitutionspolitik und die Vermischung unterworfener Völker war charakteristisch für die Assyrerherrschaft.[478] Im Zusammenhang dieser Maßnahmen steht nach 2Kön 17,24-41 die Entstehung des Volkes der Samaritaner, und zwar unter religiösem und nicht unter politischem Aspekt: Die Neuansiedler verehren nicht "den Gott dieses Landes" (17,26), so daß ein Priester von der deportierten Bevölkerung wieder zurückgebracht wird, der sie die Jahwe-Verehrung lehren soll (17,28).[479] Dieser Versuch scheitert (17,29-32), und so kommt es zu einem synkretistischen Kult (17,33)[480], der als Mißachtung des Gehorsams gegenüber Jahwe gewertet wird (17,34-41).[481] Der Grund für die Trennung zwischen Juden und Samaritanern ist also nach 2Kön 17 ein religiöses Problem: "Und sie waren nicht gehorsam, sondern taten nach ihren früheren Gewohnheiten" (2Kön 17,40).[482]

Vergleicht man die Überlieferungen des zweiten Königbuches (und des Josephus) mit ParJer 8, so scheint der Gedanke einer "Inspiration" des Verfassers der ParJer von der biblischen Vorlage[483] wahrscheinlich zu sein, wenn man einen freien Umgang mit den Texten voraussetzt.[484] Der Verfasser der ParJer legt die Gründung Samarias aber in anachronistischer Weise in die Zeit nach der Rückkehr aus dem babylonischen Exil.[485] Nach 2Kön 17 sind es von den Assyrern umgesiedelte Volksgruppen, also Heiden, in ParJer hingegen wird betont, daß es sich um eine jüdisch-heidnische Mischbevölkerung handelt.[486] Das Problem der Mischehen, das

---

[475] Vgl. Jos., Ant IX,277-282; A. H. J. Gunneweg, Geschichte S. 103f.; S. Timm, Omri S. 215-224; S. Herrmann, Geschichte S. 310f.; B. Becking, Samaria S. 47-56.

[476] Vgl. H. G. Kippenberg, Garizim S. 36f.; S. Herrmann, Geschichte S. 311f.

[477] Vgl. Jos., Ant IX,278f.; A. H. J. Gunneweg, Geschichte S. 104; H. G. Kippenberg, Garizim S. 35; N. Schur, History S. 20f.; B. Becking, Samaria S. 95-104. Nach Josephus waren es vor allem "Chuthäer" aus Persien, die wiederum aus fünf Völkerschaften bestanden (Ant IX,288). Josephus erläutert, daß "Chuthäer" (Χουθαῖοι) die hebräische, "Samaritaner" (Σαμαρεῖται) hingegen die griechische Bezeichnung wäre (ebd.; vgl. dazu R. Egger, Samaritaner S. 176-179).

[478] Vgl. A. H. J. Gunneweg, Geschichte S. 104.

[479] Vgl. Jos., Ant IX,289f.

[480] Vgl. dazu H. G. Kippenberg, Garizim S. 80ff.

[481] Vgl. Jos., Ant IX,289f. Josephus sieht u.E. durchaus nicht über die Fremdgötterverehrung der Neuansiedler hinweg, wie R. Egger, Samaritaner S. 178, behauptet.

[482] In LXX lautet der Text: καὶ οὐκ ἀκούσεσθε ἐπὶ τῷ κρίματι αὐτῶν, ὃ αὐτοὶ ποιοῦσιν.

[483] So J. Riaud, Samaritains S. 136.

[484] Vgl. ebd.

[485] Vgl. a.a.O. Anm. 4; S. E. Robinson, 4 Baruch S. 416.

[486] Vgl. J. Riaud, Samaritains S. 136f. Den heidnischen Ursprung der Samaritaner scheint auch Josephus anzunehmen (vgl. Ant IX,278f.288); er weist aber gleichzeitig auf die indifferente Haltung der Samaritaner hin: "Übrigens nennen sie sich, sobald sie sehen, dass es den Juden gut geht, deren Verwandte, da sie von Joseph abstammten und also gleichen

für ParJer entscheidend für die Entstehung der Samaritaner-Gruppe ist, spielt weder in 2Kön 17 noch im Bericht des Josephus eine Rolle. Erst nach dem babylonischen Exil wird unter Esra die Auflösung von Misch-ehen gefordert (Esr 9.10; vgl. Neh 13,23-31).[487]

Die Abweichung der ParJer von anderen, traditionell vorgebenen historischen Angaben konnte bereits an verschiedenen Stellen beobachtet werden.[488] Im Blick auf ParJer 8 weisen die Abweichungen darauf hin, daß sich die Geschichte über die Samaritaner nicht nur *einer* Vorlage verdankt, wie sie etwa in 2Kön 17 vorhanden war. Die Gestaltung von ParJer 8 erweist sich als vielschichtiger.

Mit der Erzählung der Gründung Samarias wird deutlich, daß das Verhältnis zwischen dem Volk der Samaritaner und den Juden dem Verfasser der ParJer besonders am Herzen lag, sonst hätte er der bleibenden Verbindung mit den Juden keinen Wert beigemessen. Dieses Anliegen war für die Komposition von Kap. 8 maßgeblich. Nur dadurch läßt sich das Vorgehen des Verfassers erklären, der verschiedene Aspekte zusammenbringen mußte. Zum einen war das chronologische Problem zu lösen. Daß dem Verfasser 2Kön 17 und auch 1Kön 16 bekannt war, wird durch verschiedene Beobachtungen deutlich.[489] Wichtigstes Indiz dafür ist u.E. der bereits zitierte[490] Satz aus 2Kön 17,40 über den Ungehorsam und das Festhalten an heidnischen Bräuchen. In gleicher Weise ist in ParJer 8 der Ungehorsam der Grund der Abweisung, der impliziert, daß man sich von den "Werken Babylons" (8,2) nicht getrennt hat.[491] Anders als in der biblischen Tradition war dem Verfasser der ParJer jedoch daran gelegen, die Samaritaner hinsichtlich ihres Ursprunges mit dem Volk der Juden in Verbindung zu bringen. Daher konnte er die Umsiedler-Theorie nicht verwenden. Seinem Anliegen kam die Tatsache zugute, daß nach Esra 9 und

---

Ursprung mit ihnen hätten. Bemerken sie indes, dass es den Juden schlecht geht, so behaupten sie, sie hätten zu ihnen keinerlei Beziehungen, weder freundschaftliche noch verwandschaftliche, sondern seien Ausländer und stammten von einem fremden Geschlechte ab" (zit. nach H. Clementz, Altertümer I/1 S. 596; vgl. zu dieser Stelle R. Egger, Samaritaner S. 176f.). Ein ähnliches Phänomen ist auch in ParJer angedeutet, wenn sich die in Jerusalem Abgewiesenen wiederum nach Babylon wenden. Im Blick auf die rabbinischen Traditionen über die Samaritaner stellt G. Alon, Origin S. 354, fest: "Rabbinic tradition in its entirety negates the Israelite origin of the Samaritans."

[487] Vgl. J. Riaud, Samaritains S. 137; M. Mor, Period S. 2. Das Verbot von Mischehen ist sehr verbreitet, vgl. TestHiob 45,3; Tob 4,12; 1Makk 1,15; TestJud 14,6; TestLev 9,10; 14,6; Jub 20,4; 22,20; 25,1-10; 30,1ff. u.ö.; JosAs 7,5; 8,5.7; Theodotus, Frgm. 4 (= Euseb, PraepEv IX,22,6, vgl. dazu R. Pummer, Polemik S. 234-237); Jos., Ant VIII, 191; XVIII, 340ff.; Philon, SpecLeg III,29; Ps.-Philon, AntBibl 9,5; 18,13f.; 21,1; 43,5; zum Problem vgl. G. Delling, Diasporasituation S. 14f.

[488] Z.B. in ParJer 4,5; 5,21 u.ö., daß Jeremia mit nach Babylon zog (s.o. S. 53f.); die Veränderung der 70 Exilsjahre in 66 (s.o. S. 95 Anm. 273).

[489] Vgl. dazu bes. J. Riaud, Samaritains S. 137.

[490] S.o. S. 133.

[491] Die Auffassung G. Dellings, Lehre S. 47 Anm. 30: "ἔργα meint die gesamte Lebensweise", ist u.E. in diesem Zusammenhang zu allgemein.

10 die Frage der Mischehen nach der Rückkehr aus dem Exil für den Neuanfang entscheidend war, allerdings ohne mit den Samaritanern im Zusammenhang zu stehen.[492] Dennoch schien die Mischehenproblematik als biblisch vorgegebenes, *nachexilisches* Thema am besten geeignet, die Verwandtschaft zwischen Juden und Samaritanern plausibel zu machen. Daß in Neh 13,26f. die Mischehen Salomos und die daraus resultierende Untreue Gott gegenüber als Grund für die Forderung nach Auflösung der Mischehen angeführt wird[493], dürfte unterstützend hinzukommen. Somit ist die Darstellung der Entstehung Samarias in ParJer zwar in *historischem* Sinne anachronistisch und vermischt ursprünglich unabhängige Zusammenhänge, aber hinsichtlich des *literarischen* Interesses des Verfassers durchaus konsequent. Er stellt sich damit in bewußten Gegensatz zu den traditionellen Vorgaben[494], indem er die Samaritaner in einem positiveren Licht als solche darstellt, die zwar ungehorsam, aber dennoch mit Israel verwandt und durch die gemeinsame Geschichte mit ihm verbunden sind.[495]

Josephus dagegen betont an verschiedenen Stellen, daß die Samaritaner den Juden feindlich gesinnt sind (Ant XI,84; vgl. XI,114ff. u.a.).[496]

---

[492] Nach Esr 9,1-4 geht es nicht nur um die Vermischung der babylonischen Gola, sondern in der Diaspora überhaupt. Das Heiraten Fremdstämmiger wird als Treuebruch gegenüber Gott verstanden (9,2.4.11f.; vgl. Neh 13,27). Die Auflösung der Mischehen in Esr 10 ist deshalb zur Wiederherstellung der Gottesbeziehung notwendig (vgl. Esr 9,9; 10,3; dazu J. Blenkinsopp, Ezra-Nehemia S. 174-195; H. G. M. Williamson, Ezra-Nehemia S. 159ff.).

[493] Vgl. J. Blenkinsopp, Ezra-Nehemia S. 364.

[494] Vgl. auch S. E. Robinson, 4 Baruch S. 416.

[495] Vgl. J. Riaud, Samaritains S. 138; G. Delling, Lehre S. 52; H. G. Kippenberg, Garizim S. 139; R. Egger, Samaritaner S. 310.

[496] Vgl. R. Pummer, Polemik S. 236; R. Egger, Samaritaner S. 54f. Obwohl Josephus bei seinem Bericht der Tradition von 2Kön 17 folgt, nach der die Samaritaner heidnischen Ursprungs sind, kann er in Bell III,307-315 die Vernichtung der Samaritaner durch die Römer als eine Art Märtyrergeschichte erzählen und sie als "vom Unglück heimgesuchte" bezeichnen. Vgl. dazu das Urteil R. Eggers, Samaritaner S. 310, die daraus ableitet, "dass Josephus die SRG [= samaritanische Religionsgemeinschaft; d. Vf.] als (ursprungsmässig) jüdische Gemeinschaft versteht. Ihre Geschichte gehört ... zur Geschichte des jüdischen Volkes." Nach R. Egger wußte Josephus wohl zu unterscheiden zwischen den Samaritanern jüdischen Ursprungs und den Ansiedlern der Meder und Perser (a.a.O. S. 312). Zur Feindschaft zwischen Juden und Samaritanern vgl. auch Sir 50,25f; Jub 30,5.7; 49,16-21; TestLev 5,3f.; 6,8-10; 7,2; Joh 4,9; vgl. H. G. Kippenberg, Garizim S. 88ff.; R. Pummer, Jubilees S. 164-178; ders., Polemik S. 225-229 (zu Jub 30 und 49); gegen R. J. Coggins, Samaritans S. 92, weist R. Pummer darauf hin, daß es in Jub 30 nicht um Polemik speziell gegen Samaritaner, sondern gegen Mischehen im Allgemeinen geht (a.a.O. S. 227). In Jdt 9,2-4 u.E. ebenfalls keine antisamaritanische Polemik zu finden; so z.B. H. G. Kippenberg, Garizim 88 Anm. 159; R. J. Coggins, Samaritans S. 89; vgl. dazu aber R. Pummer, Jubilees S. 170f.; ders., Polemik S. 229ff. G. Alon, Origin S. 360f., sieht in der TestLev 7,2 gebrauchten Wendung ἡ Σύχημα λεγομένη πόλις ἀσυνέτων (vgl. Sir 50,26: ὁ λαὸς μωρὸς ὁ κατοικῶν ἐν Σικίμοις) eine typische Bezeichnung, die in der hasmonäischen Zeit für die Samaritaner üblich gewesen sei (vgl. R. J. Coggins, Samaritans S. 91f.); vgl. aber R. Pummer, Jubilees S. 172ff. K. Kohler, Haggada S. 414, zieht eine Verbindung dieser Stellen zu ParJer 9,30. H. G. Kippenberg, Garizim S. 90f., verweist neben den genannten Stellen auf eine Besonderheit der LXX im Buch Josua hin, wonach in Jos 24,1 statt Sichem (= MT) Silo genannt ist. M. Del-

Die Feindschaft zwischen Juden und Samaritanern hat man des öfteren auch in ParJer 8 vermutet.[497] Die Entscheidung dieser Frage ist nicht nur für die Datierung der ParJer relevant.[498] Auch hinsichtlich der Intention des Verfassers bzw. seiner Gesamtkonzeption hat Kap. 8 Bedeutung. Wenn es in der Verheißung der Rückkehr nach Jerusalem um das Zusammenkommen des Volkes geht (3,8), das für ParJer nicht nur nationale, sondern auch eschatologische Bedeutung hat, dann wird mit Kap. 8 der in Samaria lebende Teil des Volkes in die eschatologische Verheißung einbezogen. Zwar mußte wegen ihres Ungehorsams eine zeitliche Trennung erfolgen, aber im Blick auf das letztgültige, eschatologische Heil bleibt auch ihnen die Möglichkeit der Umkehr und der Teilhabe daran. Die Transparenz zwischen nationaler und eschatologischer Heilshoffnung wird daher auch an dieser Stelle sichtbar. Im Falle der Umkehr und des Gehorsams erscheint mit 8,9 sogar eine Wiedereingliederung in das Gottesvolk möglich. Besonders deutlich wird die heilvolle Ausrichtung dieses Verses durch die Erwähnung des "Engels der Gerechtigkeit"[499], der in seiner heilsbringenden Funktion in 9,5 beschrieben wird: "Meine Sorge ist Michael, der Erzengel der Gerechtigkeit[500], bis er die Gerechten hineinführt" (ἕως ἂν εἰσενέγκῃ τοὺς δικαίους).[501]

Der Auffassung, ParJer seien antisamaritanisch ausgerichtet, wird man sich nach alledem nicht anschließen können. Die Einheit des Gottesvolkes steht über dem noch trennenden Ungehorsam, der angesichts der Verheißung überwunden werden kann.[502] Ohne Umkehr geht es freilich

---

cor, Hinweise passim, sah auch schon in 2Chr 13 und Sach 11,14 Hinweise auf ein Schisma zwischen Juden und Samaritanern, aber seine Argumente sind u.E. nicht überzeugend; vgl. H. G. Kippenberg, Garizim S. 49; P. Welten, Geschichte S. 173.

[497] Vgl. z.B. K. Kohler, Haggada S. 408.414; R. Meyer, Art. Paralipomena Jeremiae Sp. 103; auch G. Delling, Lehre S. 52: "Deutlich ist ... die negative Einstellung der par Jer gegenüber den Samaritanern, wenn sie auch nicht so schroffen Ausdruck findet wie bei JOSEPHUS und bestimmten Rabbinen."

[498] Dazu s.u. S. 188f.; vgl. J. Riaud, Samaritains S. 150ff.

[499] Vgl. J. Riaud, Samaritains S. 141f.

[500] Zu Michael als Engel der Gerechtigkeit vgl. äthHen 71,3: "Und der Engel Michael, einer von den Erzengeln, ... zeigte mir alle Geheimnisse der Gerechtigkeit" (zit. nach S. Uhlig, Henochbuch S. 632). Zu Michael als Schutzengel vgl. Dan 10,13.31; 12,1; 1QS 3,20; 1QM 9,14f.; 17,6; slHen 33,10. In der Reihenfolge der vier Erzengel steht Michael stets voran, vgl. S. Uhlig, Henochbuch S. 523 App., zu äthHen 9,1; vgl. auch äthHen 40,9. Michael ist im Besonderen der Schutzengel Israels, vgl. W. Lueken, Michael S. 15-18.

[501] Vgl. äthHen 20,5: "Michael, einer von den heiligen Engeln, nämlich der Heerführer über den besten (Teil) der Menschen, über das Volk ..." (zit. nach S. Uhlig, Henochbuch S. 552; vgl. auch 60,4; 68,2-4; TestDan 6,2; TestLev 5,6f.; ApkPaul 43; vgl. W. Lueken, Michael S. 46; J. Riaud, Samaritains S. 141f. Anm. 2).

[502] Vgl. J. Riaud, Samaritains S. 141: "Le fossé qui sépare Samarie de Jérusalem n'est pas infranchissable." G. Delling, Lehre S. 52: "Es ist nicht zu übersehen, daß der Autor der par Jer die Samaritaner nicht als ehemalige Heiden betrachtet - Jerusalem ist 'ihre' Stadt -, und daß er die Möglichkeit einer Wiederaufnahme der Samaritaner in die jüdische Religionsgemeinschaft nicht ausschließt (89)." Dennoch kommt G. Delling zu dem Schluß, die ParJer wären den Samaritanern gegenüber negativ eingestellt (ebd.; s.o. Anm. 497).

nicht, aber in 8,9 ist sie grammatisch nicht als *Bedingung* formuliert, sondern *geboten* (Imperativ!) im Blick auf das bevorstehende Kommen des Engels der Gerechtigkeit. Dem Verfasser der ParJer scheint angesichts dieses Geschehens (εἰσάξει - Fut. *Ind.*!) ein Nichtbefolgen des Umkehrrufes unmöglich zu sein, da keine weitere Gerichtsankündigung folgt.[503]

[503] J. Riaud, a.a.O. S. 145f., hat auf einen interessanten Zusammenhang hingewiesen: Daß Jeremia in ParJer der Titel eines Priesters zukommt (5,18; 9,8), setze voraus, er stamme wie Mose (Ex 2,1f.) aus dem Stamm *Levi* (a.a.O. S. 146; vgl. dazu VitJer 15; nach A. H. J. Gunneweg, Leviten S. 65-69, liegt in Ex 2,1f. keine historische Angabe vor, sondern eine Traditionsbildung *levitischer* Kreise, a.a.O. S. 68f.; vgl. auch A. Jepsen, Mose S. 321f.). "Une telle appartenance ne pouvait laisser indifférents les Samaritains qui faisaient descendre le Messie, non pas de la maison de David, mais de la tribu de Lévi" (a.a.O. S. 145f.; vgl. dazu J. Jeremias, Art. Σαμάρεια S. 89f.; J. Macdonald, Theology S. 198). Die Überlegung von J. Riaud verstärkt die positive Intention von ParJer 8. Im Zusammenhang der Überlieferungsgeschichte der sog. "deuteronomistischen Prophetenaussage" macht O. H. Steck, Israel S. 200 mit Anm. 4, darauf aufmerksam, daß im dtr. Geschichtsbild die Propheten als Gesetzeslehrer mit den Leviten in Verbindung gebracht und dadurch mit Mose parallelisiert werden; vgl. Hos 12,13ff.; Dtn 18,15.18; 2Kön 17,13. Zur eschatologischen Erwartung eines "Propheten wie Mose" in der *samaritanischen* Tradition vgl. J. Jeremias, Art. Μωυσῆς S. 863; H. G. Kippenberg, Garizim S. 306-327; F. Dexinger, Taheb S. 29-33; J. Fossum, Sects S. 340f. H. G. Kippenberg verweist auf Parallelen zu Qumran (a.a.O. S. 307f.): 1QS 9,11; 4QTest(= 175) 1-8; 4Q158 6.7-8, wobei 4QTest 1-8 ein Zitat aus Ex 20 des samaritanischen Pentateuch ist; vgl. dazu E. Schürer, History III/1 S. 446ff.; E. Lohse, Texte S. 297 Anm. 2 (zu 4QTest); F. M. Cross, Bibliothek S. 142 Anm. 90, und bes. F. Dexinger, Prophet passim; ders., Garizimgebot S. 129f. (zu 4Q158). Zu beachten ist dabei aber, daß in Qumran Prophet und Messias unterschieden werden (1QS 9,11: "Sie sollen sich von keinerlei Rat des Gesetzes entfernen, um in aller Verstocktheit ihres Herzens zu wandeln und sollen nach den früheren Gesetzen gerichtet werden ..., bis daß der Prophet kommt und die Messiasse Aarons und Israels" [zit. nach J. Maier, Texte I S. 39]), und "der Prophet die Funktion eines Vorläufers bekommt" (F. Dexinger, Prophet S. 101). Zur Vorstellung des "zweiten Mose" in Qumran vgl. N. Wieder, Law-Interpreter passim; A. S. v. d. Woude, Vorstellungen S. 79. Ob allerdings die Erwartung eines "Propheten wie Mose" spezifisch samaritanischen Ursprungs ist, wie H. G. Kippenberg, Garizim S. 307, meint, ist fraglich; vgl. dazu F. Dexinger, Prophet S. 101f.109ff. Einen interessanten Bezug von Dtn 18,18 auf Jeremia gibt es auch in rabbinischen Quellen, allerdings nicht eschatologisch, sondern historisch; vgl. (H. L. Strack -) P. Billerbeck, Kommentar II S. 626f.: "Geschichtlich hat man Dt 18,18 auf den Propheten Jeremia gedeutet ... P^esiq 112^a: R. Juda b. Simon (um 320) eröffnete seinen Vortrag mit Dt 18,18: 'Einen Propheten werde ich ihnen mitten aus ihren Brüdern erwecken, wie dich.' Aber es steht doch geschrieben Dt 34,10: 'Nicht mehr stand in Israel ein Prophet auf wie Mose', u. du sagst: 'wie dich'? Es ist damit gemeint, der dir gleich ist in Strafreden (d.h. Jeremia). Du findest, daß alles, was von diesem (Mose) geschrieben steht, auch von jenem (Jeremia) geschrieben steht ..." Der Vergleich mit Mose wurde auch hinsichtlich anderer Persönlichkeiten gezogen, z.B. Hillel, R. Johanan ben Zakkai, R. Akiba, so in SifDev 34,7; vgl. P. Lenhardt - P. v. d. Osten-Sacken, Akiva S. 89-95, bes. S. 94: "Die Parallelisierung der vier Lehrer scheint dabei insgesamt von dem Verständnis getragen zu sein, daß Gott je und je - seiner Verheißung Dtn. 18,15.18 entsprechend - seinem Volk einen Propheten bzw. Lehrer wie Mose zu senden vermag und auch sendet", vgl. auch a.a.O. S. 329. Zur Verbindung zwischen dem dtr. Mosebild und Jeremia vgl. auch C. R. Seitz, Mose passim, bes. S. 240f.; vgl. ders., Prophet passim; vgl. schon W. L. Holladay, Jeremiah S. 17, der sogar soweit ging, die These zu vertreten: "... Jeremiah's understanding of himself was strongly shaped by the conviction that he was the 'prophet like Mose' (Deut 18,18)."; vgl. ders., Background passim, dazu aber C. R. Seitz, Prophet S. 4 u.ö., der die Verbindung von Mose und Jeremia der dtr. Redaktion des Jeremiabuches zuschreibt. C. R. Seitz setzt darüber hinaus Baruch und Ebed-Melech

Mit der Beschreibung des Verhältnisses zwischen dem Gottesvolk und dem Teil davon, der in Samaria lebt, formulieren die ParJer im Unterschied zu anderen Überlieferungen über die Samaritaner eine eigenständige Tradition. Sie beschreiben die Samaritaner als ein mit den Juden verwandtes Volk und beziehen sie so in die Heilsverheißungen ein, die dem Gottesvolk gelten.[504] Damit stellen sich die ParJer in bewußten Gegensatz zur biblischen Überlieferung von 2Kön 17, wonach die Samaritaner heidnischen Ursprungs sind.

Aufgrund dieser eigentümlichen Abweichung von der biblischen Tradition ist die Frage zu stellen, ob sich eine solche "wohlwollende"[505] Darstellung der Samaritaner auch anderswo in frühjüdischer Literatur findet.[506] Neben 2Kön 17 wurde schon des öfteren auf Aussagen des Josephus Bezug genommen. Auf einen Abschnitt der Antiquitates ist in diesem Zusammenhang etwas näher einzugehen. Josephus bietet in Ant IX,277-291 ebenfalls einen Bericht über die Entstehung der Samaritaner. Wie in 2Kön 17 so sind auch für Josephus die Samaritaner Umsiedler, die aus Chuta[507] in Persien durch den Assyrerkönig Salmanasser im Land Sa-

---

des Jeremiabuches mit Josua und Kaleb in Beziehung (a.a.O. S. 17f.): "... Ebed-Melech and Baruch are types modelled on Caleb and Joshua in the canonical movement of the book of Jeremiah. All four figures are contrasted with the generation of which they were a part." Wenn es die "gegenseitige Beeinflussung zwischen Dtn und der Endgestalt des Jeremiabuches" (C. R. Seitz, Mose S. 243) tatsächlich gegeben hat, so sind die Aussagen rabbinischer Texte zum Verhältnis von Jeremia und Mose wie die der ParJer eine Weiterführung dieser Tradition.

[504] Vgl. G. Delling, Lehre S. 52; J. Riaud, Samaritains S. 150. An dieser Stelle ist auf eine Deutung von Jer 3,11f. hinzuweisen, die C. M. Carmichael, Marriage S. 342f., vorgeschlagen hat. In Jer 3,11f. heißt es: "Und es sprach der Herr zu mir: Das abtrünnige Israel steht gerechter da als das treulose Juda. Gehe hin und rufe diese Worte gegen Norden und sprich: 'Kehre zurück, du abtrünniges Israel', spricht der Herr, 'so will ich nicht zornig auf euch blicken ...'" C. M. Carmichael, a.a.O. S. 342, deutet diese Verse so: "Jeremiah hopes for a restoration of the Samaritans and believes that their return to the true religion is more likely than Judah's ..." Diese Interpretation von Jer 3,11f. wäre für ParJer insofern von Bedeutung, als es dann wahrscheinlich wäre, daß sich ParJer in ihrer positiven Ausrichtung den Samaritanern gegenüber auf diese Stelle stützen. Das wäre ein interessanter biblischer Hintergrund für ParJer 8. Dagegen spricht aber vor allem, daß in Jer 3 Juda und Israel, also das ganze Volk als abtrünnig verstanden ist, und nicht nur ein Teil wie in ParJer 8. Darüber hinaus ist die Deutung von Jer 3,11f. auf die Samaritaner nicht überzeugend, denn sie sind erstens nicht genannt, und zweitens geht es um den für Jer wichtigen Nord-Süd-Konflikt, der nicht spezifisch mit dem Verhältnis von Israel zu den Samaritanern verknüpft ist; vgl. z.B. J. Schreiner, Jeremia S. 27f.; J. A. Thompson, Jeremiah S. 197-201; auch H. G. Kippenberg, Garizim S. 138f. R. Pummer, Polemik S. 224, schreibt: "Neuere Arbeiten haben ergeben, daß das hebräische Alte Testament noch keine Hinweise auf ein sogenanntes 'Schisma' zwischen Juden und Samaritanern enthält."

[505] J. Riaud, a.a.O. S. 138, spricht vom "Wohlwollen" ("la bienveillance") des Verfassers.

[506] R. Pummer, Polemik S. 224f., schreibt über die allgemeine Situation: "Auf keinen Fall haben wir irgendwelche Anhaltspunkte, die darauf hinweisen, daß in der intertestamentarischen Zeit eine Atmosphäre heftiger Polemik geherrscht hätte."

[507] S.o. S. 132ff. Daher stammt auch der Name "Chuthäer" für die Samaritaner, vgl. dazu R. Egger, Samaritaner S. 176-212. Zur Erklärung der Begriffe durch Josephus s.o. S. 133 Anm. 477. An dieser Stelle ergibt sich erneut das Problem der Differenzierung, denn an

maria angesiedelt wurden und damit keine Mischbevölkerung sind, sondern allein heidnischen Ursprungs. Die Anlehnung des Josephus an 2Kön 17 ist offensichtlich, aber er schwächt dessen Aussage insofern ab, als er die massive Anklage des Polytheismus (2Kön 17,29-33) an dieser Stelle wegläßt.[508] So wird bei Josephus eine ähnliche Freiheit im Umgang mit vorgegebener Tradition sichtbar[509], wie sie auch in ParJer zu finden war. Josephus aber hält sich sehr viel genauer an den historischen Rahmen, während für den Autor der ParJer die verfolgte Intention auch historische Anachronismen zuläßt, ja geradezu notwendig macht.

Wie bereits festgestellt, legen die ParJer die Entstehung der Samaritaner in die nachexilische Zeit. Josephus war zwar mit seinem historischen Rahmen 2Kön 17 gefolgt, aber er berichtet etwas später (Ant XI,304-347) von einem Schisma zwischen Juden und Samaritanern, das ebenfalls in die nachexilische Zeit fällt.[510] Er erzählt, daß der Bruder des Hohenpriesters Jaddus, der selbst zum Priester avancierte[511], mit einer "Fremdstämmigen" (ἀλλοφύλῳ) verheiratet war (Ant XI,306). Die Ältesten aber waren der Meinung, dies würde auch andere dazu verleiten, sich Ausländerinnen als Frauen zu nehmen. Manasse, der Bruder des Jaddus, wurde zur Trennung von seiner heidnischen Frau aufgefordert. Wenn er dies nicht tue, würde er vom Altargottesdienst ausgeschlossen.[512] Manasse wollte seine Priesterwürde nicht aufs Spiel setzen und teilte das Problem dem persischen Statthalter von Samaria Sanaballetes[513] mit. Der versprach ihm, daß er Hoherpriester von Samaria in einem Heiligtum werden könnte, das Sanaballetes auf dem Garizim errichten werde.[514] Daraufhin folgte Manasse nicht der Aufforderung der Ältesten und wurde vom Gottesdienst ausgeschlossen. Damit war er aber nicht der einzige: "Da es nun noch viele Priester und Israëliten gab, die solche Ehen eingegangen waren, entstanden zu Jerusalem nicht geringe Unruhen: denn sie alle gingen zu Manasses über und wurden von Sanaballetes mit Gold, Ackerland und Bauplätzen unterstützt, weil dieser seinem

---

anderer Stelle (XI,305-328) sind die Samaritaner jüdischen Ursprungs, vgl. auch Bell III, 307-315; dazu R. Egger, Samaritaner S. 310.

[508] Er sieht jedoch nicht darüber hinweg, s.o. S. 133 Anm. 481.

[509] Vgl. dazu R. Egger, Samaritaner S. 178.

[510] Vgl. dazu H. G. Kippenberg, Garizim S. 50-57; R. J. Coggins, Samaritans S. 95f.; R. Egger, Samaritaner S. 65-71; P. Schäfer, Geschichte S. 18-21.

[511] Vgl. Ant XI,306: μετέχειν τῆς ἀρχιερωσύνης.

[512] Ebd.: ἐκέλευον οὖν τὸν Μανασσῆν διαζεύγνυσθαι τῆς γυναικὸς ἢ μὴ προσιέναι τῷ θυσιαστηρίῳ.

[513] Vgl. dazu U. Kellermann, Nehemia S. 166f.; P. Schäfer, Geschichte S. 211 Anm. 5; M. Mor, Period S. 3f. Der Name dieses Beamten ist in den Papyri aus dem Wadi ed-Daliyeh bezeugt; vgl. H. G. Kippenberg, Garizim S. 44; R. Egger, Samaritaner S. 74-77, bes. S. 75. Zum Problem der Identifizierung des bei Josephus erwähnten Sanaballetes vgl. B. Reicke, Zeitgeschichte S. 20 Anm. 18, und vor allem H. H. Rowley, Sanballat and the Samaritan Temple passim, bes. S. 248-255.

[514] Vgl. H. G. Kippenberg, Garizim S. 44-57.

Schwiegersohn gern jede Gefälligkeit erwies."[515] Die Beziehung zwischen diesem Bericht des Josephus und Neh 13,28 ist umstritten.[516] Das Hauptargument gegen die Abhängigkeit des Josephus von Neh 13 sind die Abweichungen hinsichtlich der Geneaologie[517] (vgl. Ant XI,306 und Neh 12,10f.). Den von Josephus erwähnten Bruder des Hohenpriesters, Manasse, kennt Neh 12f. nicht. Die offene Diskussion um die Quellen des Josephus kann hier nicht weiter fortgeführt werden.[518] Da eine andere Quelle als das Nehemiabuch nur postuliert werden kann[519], muß man zunächst davon ausgehen, daß Josephus tatsächlich, wie H. G. Kippenberg vermutet[520], aus verschiedenen Aspekten der biblischen Tradition eine eigene Entstehungsgeschichte der Samaritanergemeinde geformt hat, möglicherweise unter Hinzuziehung anderer Überlieferungen, die Neh nicht kannte.[521]

---

[515] Jos., Ant XI,312; zit. nach H. Clementz, Altertümer I/2, S. 51.

[516] Vgl. positiv H. G. Kippenberg, Garizim S. 52; R. J. Coggins, Samaritans S. 96. H. Donner, Geschichte S. 435: "Was Fl. Josephus, Ant XI,8,3-7 ... darüber berichtet, gehört in das Reich der Legende." P. Schäfer, Geschichte S. 19, lehnt die Auffassung H. G. Kippenbergs ab, daß Josephus aus Neh 13,28 eine "Legende über die Entstehung der samaritanischen Gemeinde" (a.a.O.) neu gestaltet habe. Vielmehr müsse nach P. Schäfer "das Verhältnis zwischen diesen beiden Quellen eine offene Frage bleiben" (ebd.). R. Egger, Samaritaner S. 66f., ist der Auffassung, daß "Josephus' Bericht ... sich nicht mit der Angabe in Neh 13,28 (deckt)" und daß ihm "eine andere Quelle als diese AT-Stelle zugrunde" liegt (a.a.O. S. 67 Anm. 161). Ob das Problem damit hinreichend beantwortet ist, bleibt fraglich. Zum Verhältnis von Neh 13,28f. zu Ant XI,302ff. vgl. auch U. Kellermann, Nehemia S. 142, der mit einer "Nehemiaquelle" als Vorlage für Josephus rechnet, die "sich als ein Midrasch zu Neh 13,28f. verstehen" läßt (die Problematik des Verhältnisses von Josephus und Neh bei U. Kellermann wird in der Rez. von J. C. H. Lebram, VT 18 [1968] S. 564-570, nicht diskutiert).

[517] Vgl. P. Schäfer, Geschichte S. 19; auch B. Reicke, Zeitgeschichte S. 21, der zwar eine Differenz zwischen Neh und Josephus hinsichtlich der Chronologie feststellt, nicht aber für die lokalen Angaben.

[518] Vgl. dazu bes. R. Egger, Samaritaner S. 65-71. Das quellenkritische Problem bei Josephus ist zu komplex und hypothetisch, als daß es hier weiter verfolgt werden könnte. Die These von A. Büchler, Josephus hätte verschiedene Traditionen einer samaritanischen Quelle aus verschiedenen Zeiten verarbeitet (1. Ant XI,317-320. 325-339; 2. Ant XI,302f.306-317.321-325.345; 3. Ant XI,340-344; vgl. A. Büchler, La Révelation de Josèphe concernant Alexandre le Grand, REJ 36 [1898] S. 1-26; H. G. Kippenberg, Garizim S. 50ff.; im Anschluß an A. Büchler argumentiert auch U. Kellermann, Nehemia S. 193f. mit Anm. 215), ist von H. G. Kippenberg, a.a.O. S. 52ff., einer überzeugenden Kritik unterworfen worden.

[519] P. Schäfer, Geschichte S. 20, rechnet mit einer "Tendenzerzählung samaritanischer Herkunft aus dem 2. Jh. v. Chr. Sein [des Josephus, d. Vf.] historischer Kern scheint in einem internen Streit der Jerusalemer Priesterschaft über die Mischehenfrage nach der Wiedererrichtung des Tempels und der Restitution des jüdischen Stadtstaates zu bestehen"; vgl. H. G. Kippenberg, Garizim S. 55, der hier speziell eine "Sichemiter-Quelle" vermutete. Die nach Jos., Ant XI,312, aus Jerusalem kommenden Priester haben sich nach XI,340 in Sichem angesiedelt: "Ansiedlung von Israeliten, Erneuerung Sichems und Tempelbau auf dem Garizim müssen als *ein* Geschehen betrachtet werden. Zeitraum dieses Vorgangs war das ausgehende 4. Jh. v. Chr." (a.a.O. S. 56f.).

[520] H. G. Kippenberg, Garizim S. 52.

[521] Vgl. ähnlich U. Kellermann, Nehemia S. 144.

Für die Frage nach dem Hintergrund von ParJer 8 ist der Text des Josephus in einer besonderen Hinsicht wichtig. Während in Neh 13,28 von einem namentlich nicht genannten Enkel des Hohenpriesters die Rede ist, der aufgrund seiner Heirat mit der Tochter des Sanaballetes verjagt wurde, bringt Josephus dieses innerjüdische Schisma mit der Gründung des Samaritanerheiligtums auf dem Garizim (Ant XI,321-328) in Verbindung.[522] Das Buch Neh dagegen endete mit der Notiz der Vertreibung der Ungehorsamen. Damit hat die Geschichte des Josephus einige Aspekte mit ParJer 8 gemeinsam: 1. Die Mischehen von Juden führen zum Schisma. 2. Die Trennung erfolgt erst, als die in Mischehen Verheirateten der Aufforderung zum Gehorsam und zur Auflösung dieser Ehen nicht folgten. 3. Die Ausgestoßenen gehen nach Samaria. 4. In Samaria findet eine lokale Neugründung statt - bei Josephus das Garizimheiligtum, in ParJer 8 die Stadt Samaria.

Man wird trotz dieser Berührungspunkte vorsichtig sein müssen, Verbindungslinien zwischen Ant XI,321-328 und ParJer 8 zu ziehen. Immerhin aber sind die Gemeinsamkeiten so auffällig, daß man sie kaum übergehen kann. Geht man davon aus, daß Josephus nicht *allein* aus Neh geschöpft hat, sondern Elemente aus anderen Traditionen verwendete, die über die Entstehung des Garizimheiligtums berichteten, so wird man aufgrund der Übereinstimmungen einen ähnlichen Vorgang auch für ParJer 8 annehmen können. Ein direkter Bezug der ParJer auf Josephus ist jedoch unwahrscheinlich, wenn auch nicht unmöglich. Gegen die Vermutung einer gemeinsamen Quelle, die natürlich nur eine sich auf Beobachtungen stützende Hypothese sein kann, könnte man einwenden, daß ParJer von einem *Heiligtum* in Samaria nicht sprechen. Das aber müßte man voraussetzen, wenn die von ihnen verwendete Tradition mit der des Josephus in Beziehung stand. Dazu ist, neben dem Hinweis auf den immer wieder festgestellten freien Umgang der ParJer mit ihren Quellen, vor allem anzuführen, daß die ParJer sicher kein Interesse an diesem Heiligtum sowie anderen Konkreta hatten, die für den historischen Bericht des Josephus noch eine Rolle spielten. Die Erwähnung des Garizim hätte die Gegensätzlichkeit zwischen Juden und Samaritanern verstärkt[523], was aber nicht in der Intention des Verfassers der ParJer lag, die auf die Rückholung und Wiedereingliederung der Ausgestoßenen gerichtet ist (vgl. bes. 8,9).[524]

---

[522] Vgl. H. G. Kippenberg, Garizim S. 56f.: "So ist der Garizim-Kult nicht das Resultat einer politischen Tat, sondern die Folge einer Verdrängung von Priestern, die sich nordisraelitischen Traditionen verbunden fühlten"; vgl. auch G. Alon, Origin S. 358f.

[523] Aus diesem Grund ist der Bericht des Josephus nicht gerade samaritaner*freundlich* zu nennen; vgl. R. J. Coggins, Samaritans S. 97.

[524] Vgl. dazu auch Traktat Kuthim 2,28 (vgl. zu dieser Schrift C. Gulkowitsch, Talmudtraktat S. 48-52, der diesen Traktat in die Zeit R. Akibas legt [S. 50], der den Samaritanern gegenüber positiv eingestellt war; vgl. G. Alon, Origin S. 357; vgl. unten S. 143 Anm. 526):

Zusammenfassend ist folgendes festzuhalten: Die Geschichte der Gründung Samarias hat sich im Blick auf die biblischen Traditionen über die Samaritaner als eine eigentümliche Neugestaltung erwiesen. Sie ist redaktionell eng in die Konzeption des Verfassers verwoben und kann nicht als eine selbständige Tradition behandelt werden.

Die wichtigsten biblischen Bezugspunkte sind 1Kön 16,24 und 2Kön 17,24-41. Es hat sich gezeigt, daß der Verfasser der ParJer hinsichtlich der historischen Gegebenheiten über die Entstehung der Stadt Samaria, die er zu berichten vorgibt, erheblich von diesen Stellen abweicht. Dies geschieht aber ganz bewußt und im Erzählfaden seines Werkes literarisch konsequent. Nach 2Kön 17 war Ungehorsam der Hauptgrund für die Trennung zwischen Juden und Samaritanern, die aber historisch schon lange vor dem Exil stattfand. ParJer bringen das Schisma mit der Mischehenfrage in Verbindung, die nach Esr/Neh ein bedeutendes nachexilisches Problem im Zusammenhang mit dem Wiederaufbau Jerusalems war. Ursprünglich hatte also die Frage der Mischehen mit dem Samaritanerproblem nichts zu tun, aber es muß in späterer Zeit eine Tradition gegeben haben, die eine Verbindung zwischen beidem herstellte. Das wird aus Jos., Ant XI,306ff., deutlich. Inwieweit dabei die Legendenbildung eine Rolle spielt oder tatsächliche historische Gegebenheiten berücksichtigt sind, ist für unsere Fragestellung nicht von Bedeutung. Man wird immerhin zu bedenken haben, daß Josephus dieses Schisma sehr ausführlich mit derart konkreten Daten berichtet, daß man nur schwer annehmen kann, er hätte diese Geschichte erfunden. Gab es aber eine dem Bericht des Josephus vorausliegende Tradition, so kann man aufgrund der Ähnlichkeiten zwischen Ant XI,306ff. und ParJer 8 annehmen, daß sich auch die ParJer auf eine solche Tradition stützen, wenn nicht gar auf die, die auch Josephus benutzte. Während aber Josephus das Schisma immerhin an seinem historischen Ort im 4. Jh. v. Chr. berichtet, gehen ParJer auch hier anachronistisch vor, indem sie es innerhalb des Erzählfadens zwar ebenfalls nach dem Exil plazieren, aber auf die Situation nach

---

"Von wann an nimmt man die S. [sc. Samaritaner; d. Vf.] als Proselyten auf? Wenn sie den Berg Garizim verleugnen u. sich zu Jerusalem u. zur Auferstehung der Toten bekennen. Von da an u. weiter gilt: Wer einen S. [sc. Samaritaner; d. Vf.] beraubt ist wie einer, der einen Israeliten beraubt" (zit. nach [H. L. Strack -] P. Billerbeck, Kommentar I S. 548f.; vgl. dazu H. G. Kippenberg, Garizim S. 138; J. Riaud, Les Samaritains S. 150 Anm. 16; R. Egger, Samaritaner S. 242 Anm. 685; F. Dexinger, Eschatology S. 282). Zur Frage der Auferstehungshoffnung der Samaritaner vgl. bSan 90b: "Der Patriarch der Samaritaner fragte den R. Meïr (um 150) u. sprach: Ich weiß, daß die Entschlafenen wieder aufleben werden ..." (zit. nach [H. L. Strack -] P. Billerbeck, Kommentar I S. 552; F. Dexinger, Eschatology S. 282; J. Macdonald, Theology S. 372-376). Hierbei muß man jedoch der Konjektur von W. Bacher, Agada II S. 68 Anm. 2, folgen, der für קלפטיא מלכתא das sinnvollere פטריקא דכותהאי liest, vgl. (H. L. Strack -) P. Billerbeck, Kommentar I S. 552 Anm. 1. F. Dexinger, Eschatology S. 281, schreibt: "It is one of the peculiarities of our inadequate knowledge of the early Samaritan creed that there is no clarity over the question of when the Samaritans began to believe in resurrection."

70 n. Chr. bezogen wissen wollen. Daran wird erkennbar, daß die Frage nach dem Verhältnis zwischen Juden und Samaritanern zur Zeit der Abfassung der ParJer ein aktuelles Problem gewesen sein muß.[525] Für die Aussagerichtung der ParJer wäre die Erwähnung Samarias nicht zwingend notwendig gewesen. Dabei ist weiterhin deutlich geworden, daß der Verfasser der ParJer eine samaritanerfreundliche Richtung vertritt, die vor allem durch die Betonung der Verwandschaft mit den Juden[526], ihrer gemeinsamen Geschichte und der abschließenden Verheißung (8,9) sichtbar wird. Die zur Zeit der ParJer herrschende Unsicherheit hinsichtlich des Ursprunges der Samaritaner, wie sie vor allem aus den unterschiedlichen Texten des Josephus, aber auch rabbinischen Quellen[527] zu ersehen ist, hat möglicherweise dazu beigetragen, daß die ParJer mit Kap. 8 auf ihre Weise zu diesem Problem Stellung nehmen konnten. Die Bedeutung dieser samaritanerfreundlichen Tendenz wird im Zusammenhang der Frage nach der genaueren historischen Einordnung der ParJer eine nicht unwesentliche Rolle spielen.[528]

---

[525] Anders G. Delling, Lehre S. 52.

[526] Daß Juden und Samaritaner zu einem Volk gehören, scheinen auch 2Makk 5,22f. und 6,1ff. vorauszusetzen (für die Zeit unter Antiochus IV. Epiphanes [175-164 n. Chr., vgl. B. Reicke, Zeitgeschichte S. 39f.]; zur Datierung von 2Makk zwischen 124 v. Chr. und 70 n. Chr. vgl. C. Habicht, 2. Makkabäer S. 176), vgl. G. Alon, Origin S. 355; R. Pummer, Polemik S. 240ff.; H. G. Kippenberg, Garizim S. 85; R. Egger, Samaritaner S. 108-113; M. Mor, Period S. 13ff.; anders R. J. Coggins, Samaritans S. 90. Besonders deutlich ist 2Makk 5,22f.: Antiochus IV. "ließ bei seinem Abzug mehrere Befehlshaber zurück, die das Volk unterdrücken sollten. In Jerusalem war es Philippus ...; auf dem Berg Garizim war es Andronikus. Dazu kam Menelaus, der sich seinen Mitbürgern gegenüber noch herrischer aufführte als die anderen, denn er haßte die jüdischen Bürger" (zit. nach W. Dommershausen, Makkabäer S. 132). Die Bewohner Jerusalems und des Garizim werden hier zusammen als "jüdische Bürger" (πολῖται ᾽Ιουδαῖοι) bezeichnet; vgl. R. Pummer, Polemik S. 241. Den Samaritanern positiv gesinnte Auffassungen gab es auch bei verschiedenen Rabbinen im 2. Jh. n. Chr. So sah z.B. R. Akiba (gest. 135 n. Chr.) in den Samaritanern "Ganzproselyten" bzw. "wahre Proselyten" (yGit 1,4; vgl. [H. L. Strack -] P. Billerbeck, Kommentar I S. 539; vgl. auch L. Gulkowitsch, Talmudtraktat S. 50, weitere Belege dort; J. Riaud, Samaritains S. 151). In ähnlicher Akzentsetzung findet sich auch bei R. Simeon ben Gamaliel (um 140) der Satz: "R. Simeon b. Gamaliel says, 'A Samaritan has the status of a Jew in every respect'" (yBer 7,1; zit. nach J. Neusner, Berakoth S. 260; s.o. S. 141f. Anm. 524 zu Kuthim 2,28).

[527] Vgl. bes. mQid 4,3; yQid 4,3: "And who are those who are of doubtful status? The 'silenced one,' the foundling, and the Samaritan" (zit. nach J. Neusner, Talmud Bd. 26 S. 229). Vgl. dazu R. Egger, Samaritaner S. 342: "Der 'Chuthäer' wird diesen beiden [sc. dem Findling und dem Verschwiegenen; d. Vf.] insofern gleichgestellt, als auch er zu den 'Zweifelhaften' (nämlich bezüglich seiner Abstammung/Herkunft) gezählt wird. Indirekt wird hier zugegeben, dass man im 2. Jh. n. nicht sicher war, woher bzw. von wem die Chuthäer (ab-) stammten. Gewisse widersprüchliche rabbinische Aussagen ... dürften also auf die damals offenbar 'zweifelhafte' Kenntnis über die Herkunft bzw. Abstammung der 'Chuthäer' zurückzuführen sein."

[528] S.u. S. 188f.

7. Das Schicksal Jeremias (ParJer 9)

Nach der Darstellung des Schicksals derer, die dem Gebot Gottes und Jeremias ungehorsam waren, wird mit ἔμειναν δὲ οἱ τοῦ ᾽Ιερεμίου der in ParJer 8,5 verlassene Erzählfaden über den Teil des Volkes wieder aufgenommen, der nach Jerusalem zurückkehren konnte.[529] "Die des Jeremia" sind nicht näher bezeichnet. Vom Kontext her ist an diejenigen zu denken, die mit Jeremia, Baruch und Abimelech in die Stadt gekommen sind, also der gehorsame bzw. der nicht in Mischehen lebende Teil des Volkes.[530] Dadurch ergibt sich auch keine Spannung zu der Aussage ἀναφέροντες θυσίαν ὑπὲρ τοῦ λαοῦ, etwa in Gestalt der Frage, wie denn das Volk für das Volk Opfer bringen könne. Es war ja eben nicht das ganze Volk, das nach Jerusalem kam, und daher ist λαός hier nicht arithmetisch, sondern als kultische Größe zu verstehen.[531] Gleichzeitig werden dadurch diejenigen, die in Samaria ansässig wurden, in die Wirkung des Opfers einbezogen: Auch für sie gelten die Verheißung (8,9) und das Opfer.

Durch diesen Anfang von Kap. 9 ergibt sich zunächst ein guter Anschluß an den bisherigen Verlauf der ParJer. Auffallend ist, daß der Tempel nicht erwähnt wird, der Leser also nicht weiß, wo das Opferfest stattfindet.[532] Schon zu Anfang des Werkes wurden zwar die Tempelgeräte (3,7f.), der Altar (3,8) sowie die Schlüssel (4,3f.) erwähnt, die Zerstörung des Tempels aber nicht eigens berichtet.[533] Allein der Altar spielt wieder in 9,7 als Ort des Todes des Jeremia eine Rolle.[534] Der Tempel als solcher scheint also für die ParJer keine spezielle Bedeutung zu haben und tritt hinter der Stadt Jerusalem zurück, die als ganze in den ParJer sowohl nationale als auch eschatologische Relevanz hat. Auch dieses Element fügt sich in den bisher beobachteten Gesamtduktus des Werkes ein.

Nachdem das Volk neun Tage Opfer dargebracht hatte, bringt Jeremia allein ein Opfer am 10. Tage (9,3). Diese genauen Zeitangaben[535] für das Opferfest können nur den Sinn haben, auf ein konkretes jüdisches Fest hinzuweisen, das Jom Kippur-Fest[536], bei dem am 10. Tag des Mo-

---

529 Vgl. G. Delling, Lehre S. 17 Anm. 60: "ἔμειναν steht im Gegensatz zu den 'Samaritanern' (88)."

530 Vgl. a.a.O. S. 16.

531 Vgl. a.a.O. S. 17 Anm. 60.

532 Vgl. C. Wolff, Jeremia S. 51 Anm. 2; J. Riaud, La figure de Jérémie S. 379 Anm. 2.

533 Vgl. C. Wolff, Jeremia S. 51 Anm. 2.

534 J. Riaud, Paralipomena IV S. 61 zu ParJer 9,7, sieht in der Erwähnung des Altars die einzige Anspielung der ParJer auf die Zerstörung des Tempels.

535 *Äth* ändert ἐννεα in ἑπτα; vgl. J. R. Harris, Rest S. 62 App. z.St.

536 Vgl. dazu bes. mYom 1-7, ein Traktat, der Zecharja ben Kebutal (1. Jh. n. Chr.; vgl. [H. L. Strack-] P. Billerbeck, Kommentar V/VI S. 249) zugeschrieben wird (mYom 1,6d); vgl. dazu S. Safrai, Versöhnungstag S. 33: "Dieser Weise lebte gegen Ende des Zweiten Tempels und diente im Tempel, wobei er offensichtlich einige den Tempel betreffende Traditionen aufzeichnete, ähnlich, wie dies auch einige andere Schriftgelehrten taten, die zur Zeit der

nats Tishri der Hohepriester das Versöhnungsopfer für das Volk dar-
bringt[537], nachdem vom 1.-9. Tishri die Opfer des Volkes geschlachtet
wurden.[538] Wie schon zu Beginn der ParJer (2,1-3), so ist Jeremia auch am
Schluß wieder in priesterlicher Weise wirksam (vgl. 9,8), diesmal aber
nicht nur im Gebet (so 2,3), sondern als Hoherpriester[539] auch mit dem
Opfer. Doch auch in diesem Zusammenhang tritt das Gebet Jeremias in
den Vordergrund, das bis zum Ende des jüdischen Werkes in Kap. 9 von
V. 3-6 den größten Raum einnimmt.[540] Die Gestaltung der Opferszene

---

Zerstörung des Tempels lebten. So beschreibt mJom das Geschehen in und um den Zweiten
Tempel gegen Ende des Zweiten Tempels ...”

[537] Lev 19,29; vgl. 23,27; Num 29,7; vgl. P. Bogaert, Apocalypse I S. 212; J. Riaud, La
figure de Jérémie S. 378; ders., Paralipomena I S. 101. Zur Problematik der Datierung des
Jom Kippur vgl. u.a. J. Morgenstern, Prophecies passim, bes. S. 39ff. Die zehn Tage zwi-
schen dem Neujahrsfest am 1. Tishri und dem Versöhnungstag galten als zehn Tage der
Reue und Umkehr; vgl. MTeh Ps 17 und 102; yRHSh 1,3,15; vgl. dazu S. Landersdorfer,
Versöhnungstag S. 44-54; I. Elbogen, Gottesdienst S. 148; W. Grundmann, Judentum S. 195;
S. Safrai, Versöhnungstag S. 54; J. Magonet, Versöhnungstag S. 138; T. Gaster, Festivals S.
147f.; J. Milgrom, Leviticus S. 1070f.

[538] Vgl. Esr 8,35: ”Zu der Zeit opferten diejenigen, die aus der Gefangenschaft gekommen waren, Brandopfer dem Gott Israels ...” (vgl. Neh 8f.). In Esr/Neh handelt es sich jedoch nicht um den Versöhnungstag, vgl. J. Meinhold, Joma S. 11f.; E. Auerbach, Versöhnungs-Fest S. 342; T. Gaster, Festivals S. 184f.; anders J. Morgenstern, Prophecies passim;
vgl. auch K. Kohler, Haggada S. 412, der ParJer mit Esr 7,9; 8,15.35 in Verbindung bringt.

[539] Vgl. auch die Änderung der Hs. *c* in 5,18; dazu J. Riaud, La figure de Jérémie S. 378.

[540] Das Opfer des Versöhnungstages wird von Gebeten begleitet, die aber in der Tora
nicht erwähnt werden, vgl. S. Safrai, Versöhnungstag S. 38. Verschiedene Arten dieser Gebete werden genannt: mYom 5,1; yYom 5,2; bYom 53b; WaR 20,3f.; PesK 26; TanB Achare §4
u.a.; vgl. S. Safrai, ebd. Daß in ParJer 9 das Gebet in den Vordergrund tritt, entspricht der
Praxis des Versöhnungstages in der Zeit nach dem zweiten Tempel, wo ebenfalls das Gebet
eine führende Rolle einnahm, weil es eine Opferpraxis nicht mehr gab; vgl. S. Safrai, Versöhnungstag S. 50f. ”Es ist in diesem Zusammenhang wichtig, darauf hinzuweisen, daß es
nicht nur keine Opfer nach der Zerstörung mehr gab, sondern daß es auch keinen wirklichen greifbaren Ersatz für das Opfer im Gottesdienst gab” (a.a.O. S. 48; vgl. H. Kosmala,
Jom S. 12). R. Johanan b. Zakkai ist der Ausspruch zuzuschreiben: ”Wehe den Völkern der
Welt, die einen Verlust erlitten haben, ohne diesen Verlust zu merken: solange der Tempel
bestanden hat, pflegte er ihnen Sühne zu verschaffen, wer aber verschafft ihnen jetzt
Sühne?” (bSuk 55b; zit. nach L. Goldschmidt, Talmud III S. 159; vgl. H. J. Schoeps, Tempelzerstörung S. 169). H. J. Schoeps, a.a.O. S. 173f., führt eine Reihe von Belegen an, daß das
Gebet an der Stelle des Opfers die bestimmende Rolle im Gottesdienst einnahm, von denen
nur einer wiedergegeben werden soll, der R. Jischaq Nappachas (um 280) zugeschrieben
wird: ”Israel spricht zu Gott: Herr der Welt, als der Tempel noch existierte, brachten wir
Opfer dar, um unsere Sünden zu sühnen, aber jetzt, da der Tempel zerstört ist - möchte er
bald in unseren Tagen wieder aufgebaut werden -, haben wir keine Opfergaben für die Vergebung unserer Sünden, wir haben nur das Gebet” (Midrasch Haseroth we Veteroth, zit.
nach H. J. Schoeps, a.a.O. S. 174; weitere Belege dort). Man kam zu der Auffassung, daß der
Versöhnungstag als solcher Entsühnung bewirkt, auch ohne Opfer, vgl. yYom 8,7: ”A strict
rule applies to the goat which does not apply to the Day of Atonement, and to the Day of
Atonement which does not apply to the goat. The Day of Atonement effects atonement without a goat, but the goat does not effect atonement without the Day of Atonement” (zit. nach
J. Neusner, Yoma S. 231f.; vgl. auch mYom 8,9; dazu H. Kosmala, Jom S. 4; S. Safrai, Versöhnungstag S. 47; J. J. Petuchowski, Dialektik S. 187). Nach H.-J. Hermisson, Sprache S. 29-64
(vgl. bes. S. 37ff.60ff.), ist die Vorstellung von der Substitution des Opfers durch das Gebet

nach der Rückkehr aus dem Exil deutet, wie schon hinsichtlich des Misch-
ehenproblems, einen erneuten Bezug zur Esra/Nehemia-Überlieferung
an. Auch in Esr/Neh wird von einem Opferfest nach dem Exil berichtet,
gleichwohl es sich nicht um den Jom Kippur handelt, sondern nach Esr
3,4 und Neh 8,13-18 um die Feier des Laubhüttenfestes.[541] Wie der Autor
der ParJer schon das Motiv der Mischehen als Thema der Rückkehr auf-
griff und neugestaltete, indem er es mit der Samaritanerfrage verband, so
geschieht dies nun mit dem von Esr/Neh vorgegebenen Opferfest, das inhaltlich mit der Feier des Jom Kippur gefüllt wird. Daß dabei vom Errichten des Altars (vgl. Esr 3,3) und der Rückgabe der Tempelgeräte nicht die
Rede ist, läßt sich auf die bewußte Gestaltung des Verfassers der ParJer
zurückführen, in der sich schon seine Auffassung über die Bedeutung des
(irdischen) Tempels und seiner Geräte andeutet.[542] Auch das Opfer selbst
wird daher nicht beschrieben, sondern besteht im Grunde aus dem Gebet
des Jeremia.[543] Im Anschluß an dieses Gebet, das im folgenden noch eingehender zu untersuchen ist, berichten die V. 7ff. den Tod des Jeremia.
Baruch und Abimelech werden als Zeugen benannt (9,7). Dies wirkt nach-
getragen, nachdem in 9,2 betont wurde, daß Jeremia allein (μόνον) war,
wie es dem Tun des Hohenpriesters am Versöhnungstag entsprach.[544]
Aber der Tod Jeremias[545] braucht Zeugen, die dem Volk Mitteilung machen (9,8f.).[546] Jeremias Sterben wird mit den Worten ἐγένετο ὡς εἷς τῶν
παραδιδόντων τὴν ψυχὴν αὐτοῦ (9,7) umschrieben.[547] Mit der Klage Ba-

---

bereits in nachexilischer Zeit entstanden; vgl. auch O. Keel, Jahwe-Visionen S. 122 Anm. 271.
H.-J. Hermisson beschreibt diesen Vorgang mit dem Begriff "Spiritualisierung des Kultes",
vgl. a.a.O. passim, bes. S. 153ff., vgl. B. Ego, Himmel S. 24.161.

[541] Vgl. K. F. Pohlmann, Studien S. 151-154. Auf die Problematik der Nichterwähnung
des Versöhnungstages bei Esr/Neh kann hier nicht näher eingegangen werden, vgl. dazu S.
Landersdorfer, Versöhnungstag S. 60-67; K. Aartun, Studien S. 94ff.; H. G. M. Williamson,
Ezra-Nehemia S. 46f.293.

[542] Dazu s.u. S. 187f.

[543] Zu Jeremia als Beter vgl. vor allem C. Wolff, Jeremia S. 83-89, zu ParJer bes. S. 85f.;
J. Riaud, La figure de Jérémie S. 379ff.; S. E. Balentine, Intercessor passim, bes. S. 169-172:
"Indeed, the language of intercession suggests that Moses, Samuel and Jeremiah were three
intercessors *par excellence* in the OT" (a.a.O. S. 169f.). In diesem Zusammenhang ist bemerkenswert, daß Jeremia im biblischen Prophetenbuch mehrfach aufgefordert wird, *nicht* für
das Volk zu beten, vgl. 7,16; 11,14; 14,11 (vgl. C. R. Seitz, Mose S. 240f.), er aber dennoch
nicht anders kann, als für das Volk einzutreten, vgl. 14,7ff.19-22 u.ö. Zum Unterschied zwischen Fürbitte und Interzession vgl. R. Zorn, Fürbitte S. 30f. und passim. Daß Jeremia in
ParJer als Interzessor für das Volk dargestellt wird, verstärkt die Parallelität zwischen Jeremia und Mose; zu Mose s. L. Perlitt, Mose S. 599ff.

[544] Lev 16,17.32f.; mYom 3,4f.; yYom 5,2.6; vgl. S. Safrai, Versöhnungstag S. 36f.

[545] Auf die Bedeutung des tatsächlichen Sterbens des Jeremia für die Interpretation
von ParJer 6,3 ist bereits hingewiesen worden (s.o. S. 62ff.); vgl. G. Delling, Lehre S. 59; anders J. Riaud, Destinée S. 263.

[546] MYom 4,2f.; 5,1; 6,3 erwähnen neben dem Hohenpriester andere Priester mit Hilfs-
funktionen; vgl. S. Safrai, Versöhnungstag S. 37.

[547] Zur Wendung (παρα)διδόναι τὴν ψυχήν als Umschreibung des Sterbens vgl. Vit
Ad 31,4 (ἀποδιδόναι τὸ πνεῦμα); 42,8 (ἀποδιδόναι); TestAbr II,10,3 (ἀποδιδόναι);
4Makk 12,20 (καὶ οὕτως ἀπέδωκεν); Joh 19,30 (παραδιδόναι τὸ πνεῦμα); Apg 15,26 (πα-

ruchs und Abimelechs über den Tod Jeremias sowie der Klage des Volkes enden die ParJer.[548]

7.1. Das Gebet Jeremias

Nachdem deutlich geworden ist, daß die erzählerischen Elemente in 9,1-9 sich gut in den Kontext der ParJer einfügen, ist nun besonders auf den Inhalt des Gebetes Jeremias in 9,3-6 einzugehen, das den Schluß entscheidend prägt und ihm theologisches Gewicht verleiht.

"(3) Heilig, heilig, heilig - (du) Räucherwerk für die lebendigen Bäume, wahres Licht, das mich erleuchtet, bis ich aufgenommen werde zu dir. Um der lieblichen Stimme der beiden Seraphim willen (4) bitte ich um einen anderen Wohlgeruch des Räucherwerkes, (5) und meine Sorge ist Michael, der Erzengel der Gerechtigkeit, bis er die Gerechten hineinführt. (6) Ich bitte dich, Herr, Allherrscher der ganzen Schöpfung, Ungezeugter und Unbegreiflicher, in welchem die ganze Schöpfung verborgen ist, bevor dieses geschieht."

Zwei Beobachtungen lassen hinsichtlich des Gebetes Jeremias in ParJer 9,3-7 die Frage aufkommen, ob hier eine geprägte Tradition aufgenommen ist. Zunächst ist zu bemerken, daß Jeremia in diesem Gebet nicht für die Rückführung des Volkes aus dem Exil dankt.[549] Das verwundert auch insofern, als das Gebet gleichsam das Schlußwort Jeremias, sein Vermächtnis, darstellt, mit dem die ParJer enden. Die zweite Beobachtung ist, daß die Tempelgeräte und die Tempelschlüssel nicht erwähnt werden, obwohl sie in Kap. 3 und 4 eine wichtige Rolle gespielt haben.[550] So unverständlich zunächst diese Beobachtungen sind, so deutlich sprechen sie u.E. dafür, daß hier der Autor der ParJer wiederum selbst am Werk war. Denn schon des öfteren konnte diese Art des Vorgehens festgestellt werden, daß nämlich der Verfasser, den Gang der Erzählung vorantrei-

---

ῥαδιδόναι τὰς ψυχάς); vgl. G. Delling, Lehre S. 58; J. Riaud, Destinée S. 264 mit Anm. 45. Daß J. Riaud 4Makk 12,20 und Joh 19,30 als Parallelen zu ParJer 9,7 anführt, ist insofern bemerkenswert, als hier vom tatsächlichen Tod die Rede ist. Um die Auffassung von der Entrückung aufrecht erhalten zu können, hatte J. Riaud ParJer 9,7 schon der christlichen Redaktion zugewiesen (s.o. S. 30f.). Von daher ist auch der Satz verständlich: "Mais, ce faisant, il n'a pas prêté attention à l'un des thèmes essentiels de l'œuvre de son prédécesseur: le juste ne saurait mourir; le Puissant l'emporte dans sa tente auprès de lui" (Destinée S. 265). Diese Tatsache erklärt sich u.E. daraus, daß das jüdische Werk eben gerade nicht die Entrückung im Blick hat; offensichtlich hat der christliche Redaktor dies ebenso verstanden. Andernfalls wäre die Nichtaufnahme des Entrückungsmotivs in der christlichen Redaktion in der Tat unverständlich.

548 Zum Ende der ParJer in 9,9 s.o. S. 30ff.
549 Vgl. C. Wolff, Heilshoffnung S. 156.
550 Im Jeremia-Apokryphon dagegen wird die Rückgabe der Tempelschlüssel berichtet (188,12ff.; vgl. 189,3ff.; vgl. auch Esr 1,7-11; vgl. G. Delling, Lehre S. 68 Anm. 1). In den Gebeten des Apokryphons ist auch der Dank an Gott ein wesentliches Element; vgl. P. R. Ackroyd, Vessels S. 55: "Clearly restoration of the vessels implies re-establishment of that continuity of the cultus which was in some measure interrupted by the disaster of 597. The vessels are a symbol of this."

bend, keinen direkten Bezug auf bereits Geschehenes nimmt; so vor allem im Brief Baruchs hinsichtlich der Bewahrung Abimelechs[551] und im
Brief Jeremias als Antwort darauf.[552] Auch hier in Jeremias Gebet kommt
es nicht auf rückblickende Reflexionen an, sondern Gegenstand ist am
Schluß der ParJer wiederum das Ergehen des Gottesvolkes.[553] Um dies
ein letztes Mal zu entfalten, schöpft der Verfasser der ParJer aus dem
großen Schatz der alttestamentlich-jüdischen Bildwelt und der Gottesprädikate. So muß in 9,3-6 nicht mit einer übernommenen Tradition gerechnet werden, sondern auch hier ist der Autor selbst gestaltend tätig.

Er beginnt das Gebet mit dem aus Jes 6,3 bekannten Trishagion[554],
das dort im Munde der "Seraphim"[555] begegnet. Wohl von daher erklärt
sich auch die Wendung περὶ τῆς φωνῆς τῆς γλυκείας τῶν δύο Σεραφίμ.
Die Zweizahl der Seraphim erschließt sich aus der Wechselrede der Seraphim (Jes 6,3a).[556] Mit dem Trishagion und der Erwähnung der Seraphim
ist ein Rahmen für die Gottesprädikate geformt, dessen zweiter Teil jedoch, im Anschluß an G. Delling[557], zur Fortsetzung des Gebetes in 9,4
gehört, weshalb die von J. R. Harris gebotene Satzkonstruktion zu verändern ist.[558] Jeremia bittet um einen "anderen Wohlgeruch" um der
Stimme der Seraphim willen[559], wobei φωνή nicht auf das Rufen der Seraphim als solches, sondern auf dessen Inhalt[560], die Heiligkeit Gottes, zu

---

[551] S.o. S. 117f.

[552] S.o. S. 124f.

[553] Vgl. C. Wolff, Heilshoffnung S. 156f.

[554] Vgl. dazu O. Keel, Jahwe-Visionen S. 116-121; vgl. auch äthHen 39,12; TestAbr I,3,3;
Apk 4,8; vgl. J. R. Harris, Rest S. 22; G. Delling, Lehre S. 33.62f.; J. Riaud, Paralipomena I S.
130. Auch der Kehrvers in Ps 99 nimmt diese Tradition auf, vgl. dazu R. Scoralick, Trishagion passim; O. Keel, Jahwe-Visionen S. 117.

[555] Zu den Seraphim in Jes 6 vgl. O. Keel, Jahwe-Visionen S. 70-79.114f.

[556] Vgl. G. Delling, Lehre S. 63, der auf PRE 4 hinweist, wo ebenfalls von zwei Seraphim die Rede ist (vgl. G. Friedlander, Eliezer S. 24), u.z. auch im Kontext einer Reflexion
über die Schöpfung; dazu s.u. S. 153 Anm. 584. Die Hinzufügung περὶ τοῦ ἐλέώς σου, παρακαλῶ durch *arm* und *P* in ParJer 9,4, die R. A. Kraft - A.-E. Purintun, Paraleipomena S.
44f., übernehmen, ist wohl sekundär, s.o. S. 18. Zur Zwei-Zahl der Seraphim in Jes 6 s. O.
Keel, Jahwe-Visionen S. 114f.

[557] G. Delling, Lehre S. 62f.; anders P. Riessler, Schrifttum S. 917; J. Riaud, Paralipomènes S. 1760.

[558] G. Delling, a.a.O. S. 62 Anm. 46.

[559] Vgl. G. Delling, a.a.O. S. 63. Zur Bedeutung von περί mit Gen. = "um ... willen" vgl.
J. H. Moulton - G. Milligan, Vocabulary S. 504 s.v. περί; H. G. Liddell - R. Scott, Lexicon S.
1366 s.v. περί AII2; W. Bauer - K. u. B. Aland, Wörterbuch Sp. 1298f. s.v. περί 1b. Zum Be-
zug der mit περί eingeleiteten Wendung vgl. auch die Übersetzungen aus dem Äthiopischen
bei F. Prätorius, Baruch S. 244: "... und bitte dich bei der süßen Stimme der Seraphim"; E.
König, Rest S. 335: "Ich flehe dich an wegen deines Volkes und bitte dich um der süßen
Stimme der Seraphim ... willen ..."; vgl. weiterhin S. E. Robinson, 4 Baruch S. 424; R. A.
Kraft - A.-E. Purintun, Paraleipomena S. 45.

[560] Zu dieser Bedeutung von φωνή vgl. W. Bauer - K. u. B. Aland, Wörterbuch Sp. 1736f.
s.v. φωνή 2c.

beziehen ist. Dieses Inhaltes wegen kann ihre Stimme τῆς γλυκείας[561] genannt werden, weil durch sie Gott gepriesen wird. Darüber hinaus ist mit der Erwähnung des Rufens der Seraphim die Heiligkeit Gottes Ausgangspunkt der Bitte Jeremias um einen "anderen Wohlgeruch".[562] Jeremia appelliert an die Heiligkeit Gottes, von dem er die Erfüllung seiner Bitte erhofft.[563]

Die folgenden Gottesprädikate sind ganz auf den Frommen ausgerichtet: Gott ist "Räucherwerk der lebendigen Bäume" (θυμίαμα[564] τῶν δένδρων τῶν ζώντων) und damit als Lebensspender der Gerechten bezeichnet.[565] Die Verwendung des Wortes θυμίαμα weist wiederum auf eine Bezugnahme auf die Jom Kippur-Feier hin.[566] Dieser Terminus wird auch in LXX Lev 16,12f. verwendet: "(12) Und er (sc. Aaron) soll eine Räucherpfanne voll glühender Kohlen vom Altar nehmen, der vor dem Herrn steht und seine Hände füllen (mit) zerkleinertem, duftendem Räucherwerk (θυμίαμα), und er soll (es) hineinbringen hinter den Vorhang (13) und das Räucherwerk (θυμίαμα) auf das Feuer vor dem Herrn legen. Dann wird der Rauch des Räucherwerkes (ἡ ἀτμὶς τοῦ θυμιάματος) den Sühnedeckel (τὸ ἱλαστήριον), der sich über den Zeugnissen befindet, verhüllen, und (auf diese Weise) wird er nicht sterben."[567] Die durch das Ver-

---

[561] Dies ist attributives Adjektiv, vgl. F. Blaß - A. Debrunner - F. Rehkopf, Grammatik S. 221 § 270. Zur übertragenen Bedeutung von γλυκύς in Verbindung mit der Stimme vgl. bes. Hld 2,14: die süße Stimme ist die, die angenehme und wohlgefällige Worte spricht; vgl. in anderem Zusammenhang auch Ps 19,11; 119,103; JosAs 12,14f.; grBar 4,15; dazu G. Delling, Lehre S. 63 Anm. 49. Zur Veranschaulichung unserer Interpretation des Preisens Gottes durch die Stimme von Engelwesen sei auf TestHiob 50,1f. hingewiesen, wo von einer Tochter Hiobs gesagt wird: "(1) ... und ihr Mund begann begeistert zu reden in der Sprache der oberen Wesen, (2) ... Sie sprach in der Sprache der Cherubim und pries den Herrscher der (himmlischen) Mächte und kündete von ihrer Herrlichkeit" (zit. nach B. Schaller, Testament Hiobs S. 370; vgl. G. Delling, Diasporasituation S. 30 Anm. 165).

[562] Dies spricht erneut für den sekundären Charakter der von den Hss. *arm* und *P* gebotenen Wendung περὶ τοῦ ἔλεός σου (s.o. S. 148 Anm. 556), wonach sich die Bitte Jeremias nicht auf Gottes Heiligkeit, sondern auf dessen Erbarmen beziehen würde, wodurch die Aussage verständlicher wird.

[563] Vgl. unten S. 151f. die Interpretation des "anderen Wohlgeruchs" im Zusammenhang mit der Heimführung des Gottesvolkes. Der Bezug zwischen Volk und der "Stimme der Seraphim" wird in *äth* ausdrücklich hergestellt (s.o. S. 148 Anm. 559).

[564] Zur Übersetzung von θυμίαμα als "Räucherwerk" vgl. H. G. Liddell - R. Scott, Lexicon S. 801 s.v. 1.

[565] Vgl. G. Delling, Lehre S. 33f.; vgl. ders., Art. ὀσμή S. 494; C. Wolff, Heilshoffnung S. 156. Die *Identifizierung* Gottes mit dem Räucherwerk ist auch durch V. 6 deutlich, wo Gott ausdrücklich mit der Bezeichnung "Herr" angeredet wird.

[566] Vgl. P. Bogaert, Apocalypse I S. 213; J. Riaud, Paralipomena I S. 101; vgl. Lev 16,12f.; auch TestAbr I,16,8; äthHen 24,3-25,6, bes. 25,6: "Da werden sie sich freuen voller Freude und fröhlich sein, am heiligen (Ort) werden sie [eintreten], seinen Wohlgeruch in ihren Gebeinen, und sie werden ein langes Leben auf Erden leben ..." (zit. nach S. Uhlig, Henochbuch S. 561).

[567] Übersetzt nach J. W. Wevers (Hg.), Leviticus S. 187f.

brennen des Räucherwerkes entstehende[568] (Rauch-)Wolke (ἡ ἀτμίς)[569] ist nach Lev 16,13 Ort der Gottesgegenwart. Dies geht aus einem Vergleich dieser Stelle mit 16,2 hervor. K. Aartun sieht in Lev 16 zwei verschiedene Bedeutungen von עָנָן vorliegen: In V. 2 bedeute עָנָן "Zeichen der Gegenwart Jahves", in V. 13 dagegen "Weihrauchwolke".[570] Zwar übersetzt auch LXX verschieden (V. 2: νεφέλη; V. 13: ἀτμίς; vgl. Ez 8,11), dennoch ist diese Differenzierung problematisch, denn nachdem es in Lev 16,2 ausdrücklich hieß: "... in der Wolke über dem Sühnedeckel werde ich erscheinen", wird in V. 13 eben dieses Geschehen mit dem Begriff עָנָן/ἀτμίς beschrieben. Die Wolke ist gleichzeitig der Schutz des Priesters, damit er nicht durch die Begegnung mit Gott sterben muß. Wenn in ParJer 9,3 Gott als "Räucherwerk für die lebendigen Bäume"[571] bezeichnet wird, so könnte man dies als eine Auslegung dieser Beschreibung des Räucheropfers aus Lev 16 verstehen. Weil Gott in der Wolke des verbrennenden Räucherwerkes begegnet, kann er symbolisch mit dem Räucherwerk identifiziert werden. Der lebensspendende Aspekt kommt dadurch zum tragen, daß es in Lev 16 Gott selbst ist (Gottesrede!), der die Anweisungen über das Räucherwerk gibt und so den Priester vor dem Sterben bewahrt. Von hier aus ergibt sich auch ein Bezug zum in ParJer verwendeten Trishagion aus Jes 6,3, denn auch dort ist (mit anderen Worten) die Rede davon, daß das Haus voll Rauch ist (עָשָׁן/ κάπνος, Jes 6,4), bevor Jesaja sagen kann, er habe Gott gesehen (6,5).[572] Der Rauch ist aber im Zusammenhang von Jes 6 das einzige, worauf sich die Vision Jesajas beziehen kann. Damit ist eine indirekte Identifizierung mit dem Rauch vollzogen, wie es in ParJer mit dem Räucherwerk in Anlehnung an Lev 16,12f. geschieht.

---

568 Vgl. K. Elliger, Leviticus S. 213; anders J. Milgrom, Leviticus S. 1030f., der zwischen der Wolke, die die Lade einhüllt und dem Räucherdampf unterscheidet: "The cloud ... must be distinguished from the qᵉtōret (incense), whose function is not to act as a screen but ... to placate God for the high priest's presumtion in entering before his presence."

569 Hebr. עָנָן; zur Wolke als Ort der Gottesgegenwart vgl. Ex 13,21; 16,10; 33,9f.; Num 11,25; 12,5; 1Kön 8,10f. = 2Chr 5,13f. u.ö.; vgl. auch Sifra 16,12f. (Achare mot; 3. Jh. n. Chr., s. H. L. Strack - G. Stemberger, Einleitung S. 247). "'Wolke' und 'Feuer' symbolisieren göttliches Sein und Dasein, während sie gleichzeitig sein Wesen verhüllen" (D. N. Freedman - B. E. Willoughby, Art. עָנָן Sp. 273; vgl. A. Oepke, Art. νεφέλη S. 908).

570 K. Aartun, Studien S. 77.

571 Die Verbindung τῶν δένδρων τῶν ζώντων ist u.E. als adnominaler genitivus objektivus zu verstehen, vgl. dazu F. Blaß - A. Debrunner - F. Rehkopf, Grammatik S. 134f. § 163. Sie als genitivus subjektivus aufzufassen, wonach es sich um Räucherwerk handeln würde, das von "lebendigen Bäumen" stammt (etwa Baumharz o.ä.; vgl. dazu J. Milgrom, Leviticus S. 1026ff.), ist zwar auch möglich, ergibt aber im Zusammenhang von ParJer 9 keinen Sinn. Zur Bezeichnung der Frommen als δένδρα τὰ ζῶντα vgl. bes. PsSal 14,3: ὁ παράδεισος τοῦ κυρίου, τὰ ξύλα τῆς ζωῆς, ὅσιοι αὐτοῦ; Ps 92,13ff.

572 Vgl. dazu B. Janowski, Sühne S. 124f. mit Anm. 96, der gegen O. H. Steck, Bemerkungen S. 195 Anm. 22, die Verbindung zwischen dem Motiv der Wolke für die Gotteserscheinungen mit dem Motiv des Erfülltsein des Heiligtums mit Rauch in Jes 6 hervorhebt; kritisch auch O. Keel, Jahwe-Visionen S. 122 Anm. 271.

Die zweite Bezeichnung Gottes als das "wahre Licht", das den Gerechten erleuchtet, hat eine Parallele in ParJer 5,34, wo Abimelech dem alten Mann wünscht, Gott möge seinen Weg ins himmlische Jerusalem erleuchten[573]; auch in 6,9 war von dem Licht die Rede, das als Gesetz aus Gottes Mund kommt und den Gerechten auf seinem Weg begleitet.[574] Somit zeigt sich an diesem Punkt wiederum, daß in Jeremias Gebet der Verfasser der ParJer selbst gestaltet. Der motivische Unterschied zwischen 5,34 und 6,9 auf der einen sowie 9,3 auf der anderen Seite, wo vom direkten Erleuchtetwerden des Gerechten gesprochen wird, bildet keine Widerspruch zum bisherigen Wegmotiv, denn auch im Zusammenhang von 9,3 ist vom Weg des Gerechten zu Gott die Rede (ἕως οὗ ἀναληφθῶ πρὸς σέ).[575] Auffällig ist, daß zunächst von den Gerechten im Plural gesprochen, in der Fortsetzung aber zur 1. Person Singular übergegangen wird: "Licht, das mich erleuchtet, bis ich aufgenommen werde".[576] In 9,4f. wird das Ziel näher bestimmt: Michael wird die Gerechten hineinführen, d.h., wie schon in 5,34, zu Gott in das himmlische Jerusalem.[577]

Auf dem Hintergrund der Interpretation von θυμίαμα im Licht von Lev 16,12f. wird auch die Wendung παρακαλῶ ὑπὲρ ἄλλης εὐωδίας θυμιάματος· καὶ ἡ μελέτη μου Μιχαήλ ... erhellt. Nachdem Gott als θυμίαμα angeredet wurde, ist es nunmehr Michael, der Erzengel, auf den

---

[573] S.o. S. 109f. Anm. 351. J. R. Harris, Rest S. 22, sieht jedoch darin eine christologische Aussage.

[574] Vgl. TestAbr II,7,6; TestLev 14,4; 19,1; TestSeb 9,8f.; TestAss 5,3; äthHen 1,8 und bes. 5,8: καὶ ἔσται ἐν ἀνθρώπῳ πεφωτισμένῳ φῶς; 1QS 2,3; 4,2; 1QH 4,5. Daher muß man nicht, wie J. R. Harris, Rest S. 26, mit einer christlichen Aussage rechnen, die sich an Joh 1,9 anlehnt, vgl. G. Delling, Lehre S. 35 Anm. 25. Traditionsgeschichtlich (nicht historisch!) dürfte eine Aussage wie Joh 1,9 schon aus dem Grund später als die hinter ParJer 9,3 stehende Tradition anzusetzen sein, da φῶς in Joh 1,9 bereits christologisch definiert, in ParJer 9,3 hingegen ein Gottesprädikat ist (vgl. G. Delling, ebd.).

[575] J. Riaud, Destinée S. 263 (vgl. ders., Paralipomena IV S. 60), sieht durch die Verwendung des Wortes ἀναλαμβάνεσθαι in ParJer 9,3 wieder eine Anspielung auf die Entrückung des Propheten, wie sie nach seiner Auffassung in allgemeinerer Form schon in 6,3-6 vorlag. Mußte dies dort schon zurückgewiesen werden (s.o. S. 62ff.), so ist das hier erst recht notwendig durch die unmittelbare Nähe zum Tod des Jeremia. Zu ἀναλαμβάνεσθαι in Verbindung mit dem Tod vgl. auch PsSal 4,18, wo ἀνάλημψις sogar für den Tod des Frevlers verwendet wird: ἐν μονώσει ἀτεκνίας τὸ γῆρας αὐτοῦ εἰς ἀνάλημψιν; vgl. TestAbr II,7; Weish 4,10f., dort zwar ἡρπάγη, aber auch dies ist ein "Entrückungsterminus" (vgl. Ez 18,7.12 u.ö; Apg 8,39; 2Kor 12,2.4; O. Betz, Art. Entrückung S. 685f.; G. Strekker, Art. Entrückung Sp. 461f.; C. Wolff, Zweiter Korintherbrief S. 244), der aber ebenfalls auf den Tod bezogen ist; vgl. O. Betz, Art. Entrückung S. 685: "Gemeint ist dabei der Tod des von Gott Geliebten und früh Vollendeten, der vor der Verführung in der bösen Welt bewahrt und den Engeln zugesellt werden soll ..."

[576] Dazu s.u. S. 152f. Anm. 583.

[577] Vgl. C. Wolff, Heilshoffnung S. 156f.; zu dieser Funktion Michaels vgl. auch VitAd 37: Gott übergibt Adam dem Erzengel Michael mit den Worten: "Erheb ihn bis zum dritten Himmel in das Paradies ..." (zit. nach P. Riessler, Schrifttum S. 152; vgl. oben S. 136). Die Vorstellung, daß Michael die Frommen ins Paradies hineinführt, hat sich auch in der christlichen Tradition erhalten, vgl. ApkPaul 14.22.27 (Zählung nach H. Duensing - A. de Santos Otero, Apokalypse des Paulus, in: W. Schneemelcher, Apokryphen II S. 653.658.660).

sich als den "anderen Wohlgeruch" jenes "Räucherwerkes", nämlich Gottes[578], die "Sorge" (μελετή) des Propheten richtet.[579] Damit ist Michael wiederum als Gottes Bote qualifiziert, dessen Aufgabe es ist, die Gerechten in das himmlische Jerusalem zu führen, wie es bereits in ParJer 8,9 im Blick auf die Samaritaner ähnlich formuliert wurde.[580] Diese Zielsetzung erklärt auch das Wort ἄλλη, denn es wird nicht ausdrücklich gesagt, wovon die ἄλλη εὐωδία zu unterscheiden ist. Die Erklärung liegt u.E. in der bereits erwähnten Unausgeglichenheit zwischen Singular und Plural des V. 3.[581] Da nämlich dadurch der Prophet von den Gerechten (= dem Volk) unterschieden wird, muß folglich das "Räucherwerk" zwei "Wohlgerüche" haben, d.h. daß Gott in zweifacher Hinsicht wirksam wird: Zunächst ist er, obwohl nicht explizit ausgedrückt, Wohlgeruch für Jeremia, bis er ihn (nach seinem Tod) aufnehmen wird. Dann aber ist er ein "anderer Wohlgeruch" für die Gerechten durch Michael, der sie ins himmlische Jerusalem führen wird. Damit bereitet der Autor schon im Gebet Jeremias dessen vom Volk verschiedenes Schicksal vor. Michael ist daher auch die "Sorge" (μελέτη) des Propheten[582], weil Jeremia vor seinem Tod seine Verantwortung als Führer des Volkes an Michael abgeben muß.

Der erste Teil des Gebetes Jeremias zeigt deutlich die Hand des Verfassers der ParJer, dem es im wesentlichen durch die Wahl der Gottesprädikationen gelingt, die eschatologische Botschaft seines Werkes zusammenzufassen. In Anlehnung an alttestamentliche und in anderen frühjüdischen Schriften belegte Gottesvorstellungen und unter verschiedenen Bezugnahmen zu anderen Teilen seines Werkes formuliert er dieses Gebet und verdeutlicht dabei wiederum den Aspekt der Transparenz zwischen nationaler und eschatologisch-individueller Heilshoffnung: Der nach Jerusalem zurückgekehrte Jeremia betet zu Gott in der Hoffnung und der Erwartung des Aufgenommenwerdens aller Gerechten in das himmlische Jerusalem.[583]

---

[578] Das Wort θυμίαμα ist daher nicht, wie G. Delling, Lehre S. 62 Anm. 44, vermutet, in ParJer 9,3 und 9,4 "in etwas verschiedenem Sinn" verwendet, sondern ist in beiden Fällen auf Gott zu beziehen. Zur Verwendung des Wortes εὐωδία in LXX zur Bezeichnung des Gott wohlgefälligen Geruches vgl. Gen 8,21; Lev 1,9.13.17; 2,2.9.12; 3,5; Num 15,3.5.7 u.ö.; vgl. A. Stumpff, Art. εὐωδία S. 808. Vgl. auch VitAd 29,4f., wo Adam bei der Vertreibung aus dem Paradies um Räucherwerk bittet und Gott daraufhin anordnet, "δοθῆναι τῷ Ἀδὰμ θυμιάματα εὐωδίας ἐκ τοῦ παραδείσου" (zit. nach A.-M. Denis, Concordance S. 421).

[579] So ist u.E. der Zusammenhang zwischen 9,4 und 9,5 zu verstehen, den G. Delling, Lehre S. 62, nur vorsichtig herzustellen wagte. Das καί in ParJer 9,4 ist daher als καί-explikativum zu verstehen, vgl. F. Blaß - A. Debrunner - F. Rehkopf, Grammatik S. 368 § 442,6.

[580] Dazu s.o. S. 136.

[581] S.o. S. 151.

[582] Das in ParJer 9,5 gebrauchte Wort μελέτη hat daher nicht nur den Akzent des Nachsinnens oder Überlegens, so G. Delling, Lehre S. 63; J. Riaud, Destinée S. 263 (in Anlehnung an L. Vegas-Montaner, Paralipomenos S. 381).

[583] Vgl. C. Wolff, Heilshoffnung S. 157: "Die Heimkehr des Gottesvolkes weist ... über sich hinaus." Daß die Hineinführung ein Geschehen ist, das *alle* Gerechten zugleich betrifft,

Das Ende des Gebetes bilden in 9,6 weitere Gottesanreden. Mit einem erneuten παρακαλῶ eingeleitet, sind sie die Bekräftigung der vorangegangenen Bitte um einen "anderen Wohlgeruch". Die Bitte wird "dem Herrn und Allherrscher der Schöpfung" anvertraut, in welchem "die ganze Schöpfung[584] verborgen ist, bevor dies (sc. die eschatologische Vollendung des Gottesvolkes) geschieht". Auch in diesen Aussagen läßt sich die Hand des Verfassers erkennen. κύριε παντοκράτωρ wurde schon in 1,5 von Jeremia als Gottesanrede gebraucht.[585] Gott als der Allherrscher ist damit als derjenige gekennzeichnet, der für Gericht (1,5) und endgültige Rettung (9,6) gleichzeitig verantwortlich ist.[586] Gottes Schöpfersein hat schon in 3,8 eine wichtige Rolle gespielt, und zwar wie in 9,6 in der Perspektive des Anfangs und der Vollendung.[587] Dadurch ergibt sich ein Grund mehr, in 9,6 κτίσις statt κρίσις zu lesen[588], denn auch hier hat die eschatologische Perspektive des Schöpferseins Gottes Bedeutung: Gott ist nicht nur der Schöpfer des Anfangs, sondern wird in der eschatologischen Erlösung das Wesen seiner Schöpfung offenbaren.[589] Dieser Aspekt ist u.E. in der Aussage vom Verborgensein der Schöpfung "bis dies geschieht" enthalten und fügt sich besser in die eschatologische Intention der ParJer als die Vorstellung vom Gericht als "Stichwort" für die endzeitlichen Erfüllung.[590] Darüber hinaus ist fraglich, welchen Sinn die Rede von einem "*verborgenen* Gericht" angesichts der Tatsache haben kann, daß in den ParJer das Gericht Gottes keineswegs verborgen, son-

---

u.z. eschatologisch und nicht in der Stunde des Todes, wird durch die Formulierung ἕως ἂν εἰσενέγχῃ τοὺς δικαίους besonders deutlich, da es bezeichnenderweise nicht heißt: "der *mich* hineinführt" oder "bis er *mich* hineinführt". Auch hier erweist sich Jeremia wieder als Interzessor für das Volk. In ParJer 9,3, wo es um *Jeremias individuellen Tod* geht, ist die äußerlich gesehen ähnliche Wendung ἕως οὗ ἀναληφθῶ πρὸς σέ im Unterschied zu V. 5 auch nur auf Jeremia selbst bezogen. Diese Beobachtung bestätigt u.E. unsere Auslegung, daß ParJer Jeremias tatsächlichen Tod voraussetzen.

584 Gegen die Bevorzugung von κρίσις in *a* und *b* (vgl. auch J. R. Harris, Rest S. 62; R. A. Kraft, M.-E. Purintun, Paraleipomena S. 44f.) ist hier u.E. κτίσις zu lesen (mit *äth*); vgl. auch oben S. 19; anders G. Delling, Lehre S. 38f.; J. Riaud, Paralipomena IV S. 61 zu 9,6. Für die Bevorzugung von κτίσις spricht u.E. vor allem der Gesamtzusammenhang der ParJer, in dem an keiner Stelle von κρίσις die Rede ist. Vielmehr ist Gott als Allherrscher der ganzen Schöpfung (9,6), der die Erde geschaffen hat (3,8), hier in 9,6 als derjenige bezeichnet, der das Werk seiner Schöpfung vor allem Geschehen in sich birgt, ähnlich der Aussage vom Versiegeln der Erde in 3,8; s.o. S. 50 Anm. 72.

585 Aus den vielfältigen Belegen im Alten Testament (s. Konkordanz) sind bes. Am 4,13; 5,27; 9,6 hervorzuheben, wo es sogar heißen kann: "Allherscher ist sein Name" (κύριε [ὁ θεός ὁ] παντοκράτωρ ὄνομα αὐτοῦ); vgl. Jer 50(27),34; 51(28),57; 31(38),35 u.ö.; Test Abr I,8,3; 15,12; 16,2; grBar 1,3; Arist 185,2; OrMan 2,22,12 (κύριε παντοκράτορ ... ὁ ποιήσας τὸν οὐρανὸν καὶ τὴν γῆν σὺν παντὶ τῷ κόσμῳ αὐτῶν; zit. nach A.-M. Denis, Concordance S. 905); syrBar 6,8; 7,1; 13,2.4; Jdt 9,12; 3Makk 2,2.7; vgl. dazu G. Delling, Lehre S. 36; P. Bogaert, Apocalypse I S. 392f.

586 Vgl. J. Riaud, Paralipomena IV S. 11 zu 1,5.

587 Dazu s.o. S. 50 Anm. 72.

588 S.o. Anm. 584.

589 Ähnlich C. Wolff, Heilshoffnung S. 157.

590 So G. Delling, Lehre S. 39.

dern am Volk tatsächlich vollzogen wurde. Somit war nicht das Gericht verborgen, sondern der eschatologische Heilswille Gottes, der aber nunmehr *nach* dem vollzogenen Gericht in der Erwartung des himmlischen Jerusalem inhaltlich offenbar wird. Das Motiv des Gerichtes ist traditionell auch nicht mit dem Jom Kippur, sondern dem Rosch Haschana verbunden.[591]

Auffallend in den Gottesanreden des Gebetes Jeremias sind die beiden Attribute ἀγέννητος καὶ ἀπερινόητος, die in der frühjüdischen Literatur nur schwer zu belegen sind.[592] Bei Philon findet sich ἀγένητος - ungeworden[593], und auch Josephus verwendet es in Ap II,167. Allerdings steht dieses Wort nicht in ParJer; es sei denn, man schließt sich der Überlegung G. Dellings an: "Natürlich ist es nicht unmöglich, daß in par 96 früher ἀγένητος 'ungeworden' gestanden hat, das weit gebräuchlicher ist ..."[594] Die Problematik einer solchen Vermutung ist deutlich, zumal dafür in keinem Textzeugen ein Anhaltspunkt zu finden ist. Man wird u.E. daher von der Ursprünglichkeit des ἀγέννητος ausgehen müssen, das sich in dieser Form fast ausschließlich[595] in christlicher Literatur seit dem 2. Jh. findet.[596] Ähnlich verhält es sich mit dem Wort ἀπερινόητος, das bei den Apostolischen Vätern, aber auch bei Philon vorkommt.[597]

Welche Konsequenzen sind aus diesem Befund zu ziehen? Da die Belege dieser Wendungen in jüdischen Traditionen sehr wenige sind und sie vor allem in christlicher Literatur verwendet werden, könnte man zu dem Schluß kommen, daß sie einen Einschub von christlicher Hand darstellen[598], der dann auf der Stufe der christlichen Rezeption anzusetzen wäre, auf der auch der Schluß der ParJer angefügt worden ist.[599] Doch dagegen spricht zunächst ein formaler Gesichtspunkt: Nachdem bereits für

---

[591] Vgl. bRHSh 32b u.ö.; W. Grundmann, Gerichtstag S. 195; J. Magonet, Versöhnungstag S. 139.

[592] Vgl. G. Delling, Lehre S. 36.38; in LXX begegnet keines von beiden.

[593] Vgl. G. Delling, a.a.O. S. 37, mit den Belegen bei Philon, Sacr 57.60.66; Det 124.158 u.ö.

[594] G. Delling, a.a.O. S. 37.

[595] G. Delling, ebd., erwähnt einen Thales von Milet zugeschriebenen Satz, in dem Gott als ἀγέννητος bezeichnet wird, was aber nicht sicher zu deuten ist: "τί πρεσβύτατον; θεός, ἔφη Θαλῆς· ἀγέννητον γάρ ἐστι, Plut. sept. sap. conv. 9 p. 153c; wahrscheinlich ist indessen hier ἀγένητον zu lesen" (ebd.).

[596] Vgl. Justin, Apol I 14,1f.; 25,2; 49,5; 53,2; II 6,1; 12,4; 13,4; Dial 5,1.4-6; 114,3; 126,2; 127,1; Clemens Alexandrinus, Ecl 25,3; ExcTheod 45,1; Strom II 5,4; 51,5; V 82,3; VI 58,1; 165,5; vgl. G. Delling, a.a.O. S. 37f.; vgl. auch die α-privativum-Formen im Kerygma Petrou Frgm. 2 (Anfang des 2. Jh. n. Chr.; vgl. E. v. Dobschütz, Kerygma S. 67 [Text a.a.O. S. 19]; W. Schneemelcher, in: ders., Apokryphen II S. 35).

[597] Philon, Fug 141; Mut 15; Clemens Alexandrinus, Ecl 21; vgl. G. Delling, a.a.O. S. 38 (weitere Belege dort).

[598] P. Bogaert, Apocalypse I S. 212f., hatte das Gebet, zwar als mit jüdischen Elementen versehen, aber im Ganzen als gnostische bzw. christliche Spekulation über das Ritual der jüdischen Liturgie verstanden (bes. a.a.O. S. 213).

[599] Dazu s.u. S. 159ff.

einige Stellen innerhalb der ParJer die Vermutung eines christlichen Einflusses abgewiesen wurde[600], scheint sich die christliche Arbeit an den ParJer auf die Anfügung des Schlusses ab 9,10 zu beschränken. Aber dieser formale Grund reicht keineswegs aus, denn die Wendung in 9,6 könnte auch der einzige christliche Einschub außerhalb des Schlusses sein, da er sich immerhin im gleichen Kapitel befindet, das durch 9,10ff. ohnehin stark bearbeitet wurde. Zu dieser formalen Überlegung kommt jedoch eine inhaltliche. Auch wenn man der Vermutung G. Dellings[601] nicht folgt, daß in 9,6 ursprünglich ἀγένητος gestanden habe, so muß man doch die inhaltliche Nähe von ἀγέννητος und ἀγένητος in Rechnung stellen.[602] Die Belege bei Philon zeigen, daß derartige Wortbildungen mit α-privativum in Gottesaussagen des griechischsprechenden Judentums nicht unbekannt waren.[603] Und Philon ist es auch, der die Schöpfertätigkeit Gottes als γεννᾶν bezeichnen kann (All III,219). "Alles ist von Gott gezeugt, der λόγος Conf Ling 63, aber auch Tiere und Pflanzen Mut Nom 63."[604] Die Zeugungstätigkeit Gottes begegnet auch an anderen Stellen, vgl. bes. Ps 2; PsLXX 109; Spr 8,25; Jos., Ant IV,319.[605] Der Schritt von der Vorstellung Gottes als dem "Zeuger" von Weisheit, Logos und Schöpfungswelt zur Vorstellung des θεὸς ἀγέννητος scheint auf diesem Hintergrund nicht groß zu sein und ist dadurch u.E. keineswegs eine spezifisch christliche Denkweise.[606] Die gut bezeugte Redeweise vom "Ungewordensein" Gottes wird auf diesem Hintergrund gleichsam durch das Attribut "ungezeugt" konkretisiert und interpretiert. Gerade im Zusammenhang der Schöpfungsaussagen von ParJer 9,6 ist dieses Gottesattribut also durchaus aus der Hand eines jüdischen Verfassers zu erklären, ebenso wie auch das Attribut ἀπερινόητος[607], das sich inhaltlich gut an

---

[600] S.o. S. 49f. Anm. 69; S. 120f.; weiterhin s.u. S. 171ff.

[601] S.o. S. 154.

[602] Erwähnenswert ist z.B., daß Justin in Apol I,14,2 für Gott ἀγέννητος verwendet, etwas später jedoch in I,25,2 zu ἀγένητος wechseln kann; vgl. auch seine Argumentation in Dial 5,1. Dies ist zwar ein christliches Beispiel, aber im Blick auf die *sprachliche* Problematik, die hier im Vordergrund steht, erhellend.

[603] Vgl. auch die Wortbildungen mit α-privativum in ApkAbr 17,8ff., ein vermutlich griechisch geschriebener Text, der wahrscheinlich nicht christlicher Herkunft ist, vgl. B. Philonenko-Sayar - M. Philonenko, Apokalypse Abrahams S. 417.

[604] F. Büchsel, Art. γεννάω S. 667.

[605] Vgl. ebd.

[606] Vgl. bes. Philon, VitMos 2,171 (dazu L. Cohn, Philon IV S. 240 App. z.St.), sowie die Varianten der Hss. *V O K* zu dieser Stelle (vgl. dazu die Einleitung von L. Cohn, a.a.O. IV, bes. S. I-XIX). Zur Vorstellung vom Ungezeugtsein Gottes vgl. auch ApkAbr 17,8 (s.o. Anm. 603).

[607] Vgl. zur Vorstellung der Unbegreiflichkeit Gottes bes. LXX Jes 40,13; Jer 23,18; Hiob 5,9; 9,10; 15,8; Ps 147,5; Philon, Fug 165; OrMan 2,22,12 (ConstApost 2,22,12 [= Or Man 6 nach der Zählung von E. Oßwald, Gebet S. 23]); HCal 2,28,14. Hinzuweisen ist auch auf Röm 11,34 und 1Kor 2,16, beides zwar christliche Belege, aber Stellen, in denen Paulus Jes 40,13 zitiert; das christliche Reden von der Unbegreiflichkeit Gottes will also ausdrücklich auf dem alttestamentlichen Hintergrund verstanden werden.

die Rede vom "Verborgensein der Schöpfung" anschließt und von daher gefüllt wird.

7.2. Der Tod des Jeremia

Die Erzählung über den Tod Jeremias war von J. Riaud bereits der christlichen Schicht zugewiesen worden, weil sie nicht der von ihm vertretenen, auf eine Entrückung bezogenen Interpretation von ParJer 6,3-6 und 9,3 (ἀναλαμβάνεσθαι) entsprach.[608] Dagegen wurde bereits in der literarkritischen Untersuchung versucht nachzuweisen, daß der christliche Schluß der ParJer erst in 9,10 beginnt.[609] Wenn dagegen am Ende des jüdischen Werkes Jeremia mit den Worten des Gebetes 9,3-6 stirbt, so fügt sich das gut in das Bild, das die ParJer von Jeremia als neuer Mose zeichnen: Mose starb vor dem Betreten des verheißenen und erhofften Landes[610]; in ähnlicher Weise ist es nun Jeremia, der den Exodus aus Babylon geführt hatte und mit dem Volk zwar in Jerusalem ist, aber in der eschatologischen Ausrichtung seiner Hoffnung sozusagen noch vor dem Betreten des verheißenen Landes, des himmlischen Jerusalem, steht.[611] Der Tod Jeremias als neuer Mose hat insofern, anders als der des Mose in der biblischen Tradition von Dtn 34, eschatologischen Charakter. Mit der Hoffnung, daß Michael die Gerechten in das verheißene himmlische Jerusalem führt, stirbt Jeremia wie Mose in der Hoffnung auf das verheißene Land.[612]

Sieht man auch an dieser Stelle den Autor der ParJer am Werk, so ist nun zu fragen, ob er sich auf eine bereits vorhandene Tradition über den

---

608 Vgl. J. Riaud, Destinée S. 264; ders., Paralipomena IV S. 62; ders., Paralipomènes S. 1760 (anders dagegen in Paralipomena I S. 102!); vgl. dazu oben S. 30f.; 62ff.; 151 Anm. 575.

609 S.o. S. 31f.

610 In der Midrasch-Literatur gibt es eine Diskussion über die Frage, warum Mose sterben mußte und nicht wie Elia oder Henoch entrückt wurde, vgl. bes. M Petirat Mosche; vgl. dazu J. Jeremias, Art. Μωυσῆς S. 858ff.; J. Goldin, Death of Moses S. 220.240f. (weitere Belege dort); S. E. Loewenstamm, Death of Moses S. 192-208. Josephus hatte beide Traditionen in eigentümlicher Weise verbunden (Ant IV,320-331; vgl. J. D. Tabor, Returning passim; S. E. Loewenstamm, Death of Moses S. 197).

611 Während aber Mose *nicht* das verheißene Land betreten durfte, geht Jeremia dem Volk schon voraus.

612 Eine eschatologische Interpretation des Todes des Mose findet sich auch bei Pseudo-Philon, AntBibl 19,10-13: "Und er [sc. Gott] zeigte ihm den Ort, woher das Manna für das Volk (herab-)regnete, bis zu den Pfaden des Paradieses ... Keiner von den Engeln, auch nicht von den Menschen, wird dein Grab kennen, in dem du begraben sein wirst, sondern du wirst in ihm ruhen, bis ich die Welt heimsuche. Und ich werde dich und deine Väter erwecken ..., und ihr werdet zugleich finden und bewohnen eine unsterbliche Wohnstatt, die nicht von der Zeit festgehalten wird." ("Nullus autem angelorum nec hominum scient sepulchrum tuum in quo incipies sepeliri, sed in eo requiesces donec visitem seculum. Et excitabo te et patres tuos ..., et invenietis simul et inhabitabitis habitationem immortalem que non tenetur in tempore." 19,12; zit. nach C. Dietzfelbinger, Antiquitates S. 153; lat. nach G. Kisch, Pseudo-Philo S. 165; vgl. dazu M. Wadsworth, Death passim).

Tod des Jeremia stützt, oder ob er selbst diese Geschichte vom "natürlichen" Tod Jeremias formt unter der oben beschriebenen Intention.

Die Traditionen über den Tod Jeremias, der im alttestamentlichen Jeremiabuch nicht berichtet wird[613], hat C. Wolff zusammengestellt.[614] Dabei wird deutlich, daß die Vorstellung von der Steinigung Jeremias zwar verbreitet war, wohl aber erst sekundär in der Absicht entstand, Jeremia zum Märtyrer zu machen.[615] Die ältere Überlieferung des natürlichen Todes findet sich sich neben ParJer in syrBar, Seder Olam 26, syr. Schatzhöhle, Hieronymus, sowie in dem christlichen Adambuch.[616] Syr. Schatzhöhle 50,24ff.[617] erzählt vom Tod Jeremias in Samaria zwanzig Jahre nach der Zerstörung Jerusalems und von seinem Begräbnis in Jerusalem.[618] Christl. Adam 130,31f.[619]; Hieronymus, In Iesajam IX,30,6[620] (vgl. Seder Olam 26[621]), wissen von einem Tod Jeremias in Ägypten[622], der aber lediglich konstatiert wird und von dem Wissen um die Deportation Jeremias (Jer 43,4ff.) hergeleitet ist.[623] Obwohl diese Überlieferungen wahrscheinlich relativ spät anzusetzen sind[624], erscheint immerhin bemerkenswert, daß sie, entgegen der Tendenz, Propheten zu Märtyrern[625]

---

[613] Im Jeremia-Apokryphon wird der Tod Jeremias wohl bewußt weggelassen; vgl. J. R. Harris, Introduction I, in: A. Mingana, Jeremiah Apocryphon S. 130; C. Wolff, Jeremia S. 91 Anm. 1.

[614] C. Wolff, Jeremia S. 89-95.

[615] A.a.O. S. 91; vgl. K. Kohler, Haggada S. 413.

[616] C. Wolff, Jeremia S. 93; auch bei einigen Kirchenvätern ist ein natürlicher Tod Jeremias vorausgesetzt (a.a.O. S. 92).

[617] Nach der Zählung P. Riesslers 42,5; vgl. C. Bezold, Schatzhöhle S. 50.

[618] Vgl. C. Wolff, Jeremia S. 60.

[619] Zählung nach Seiten- und Zeilenzahl der Ausgabe von A. Dillmann.

[620] MPL 24 Sp. 353.

[621] Vgl. dazu P. Bogaert, Apocalypse I S. 110.

[622] Vgl. T. Schermann, Propheten- und Apostellegenden S. 124; C. Wolff, Jeremia S. 91f.

[623] Vgl. christl. Adam 130,31f: "... darnach ging dieser Profet Jeremia in das Land Aegypten und starb dort" (zit. nach A. Dillmann, Adambuch S. 130).

[624] Zur Schatzhöhle vgl. C. Bezold, Schatzhöhle S. X; A. Götze, Schatzhöhle S. 34f.91; C. Wolff, Jeremia S. 59. Nach C. Bezold ist das Werk im 6. Jh. n. Chr., nach A. Götze zwischen 350 und den Anfang des 6. Jh. (Endredaktion) entstanden; vgl. A. Dillmann, Adambuch S. 11. Ob sie der Schule Ephraim des Syrers (gest. 373) zugeschrieben werden kann (so C. Bezold, Schatzhöhle S. X; P. Riessler, Schrifttum S. 1325), ist jedoch unsicher, vgl. A. Dillmann, Adambuch S. 10f.; A. Götze, Schatzhöhle S. 90f. Das christliche Adambuch ist eine mit syr. Schatzhöle verwandte Schrift, vgl. A. Dillmann, Adambuch S. 2.9f.; C. Bezold, Schatzhöhle S. VIIIf.

[625] Zur Vorstellung vom Propheten als Märtyrer vgl. A. Schlatter, Märtyrer S. 18-22; O. H. Steck, Israel passim, bes. S. 252-264, der den Begriff "Märtyrer" für das Frühjudentum und Frühchristentum aber ablehnt (a.a.O. S. 263f.): "(D)ie Vorstellung von den Propheten generell als Märtyrern hat es im Spätjudentum und Urchristentum überhaupt nicht gegeben" (a.a.O. S. 318). Mag dies zwar als generelle Aussage zutreffen, so erlangte doch das Martyrium alttestamentlicher Propheten spätestens dann besondere Bedeutung, als es als Schicksal der Christen relevant wurde; vgl. bes. Hebr 11,35ff.

zu machen, die Tradition über den natürlichen Tod Jeremias bewahrt haben, die auf ältere Überlieferungen zurückgehen muß.[626]

Für die ParJer sind diese späten Überlieferungen traditionsgeschichtlich nicht ertragreich. Von Interesse ist jedoch eine Stelle aus syr Bar, wo im Brief Baruchs in 85,3 die Rede davon ist, daß die Propheten bereits gestorben sind. Daraus kann man indirekt schließen, daß damit auch der Tod Jeremias im Exil vorausgesetzt wird.[627] Darauf hin deutet auch 77,12, da der hier genannte Brief Baruchs an die Deportierten in Babylon in dieser Form unnötig wäre, wenn Jeremia dort noch wirksam sein könnte.[628] Tatsächlich übernimmt dieser Brief Baruchs in syrBar die Funktion, die in ParJer Jeremia hat.[629] Dennoch hilft diese Stelle aus syr Bar nicht weiter in der Frage nach der Tradition des natürlichen Todes Jeremias in ParJer 9,7, weil ein solcher eben nicht berichtet wird und eine implizite Andeutung späteren Autoren allenfalls Anlaß hätte geben können, eigene Entwürfe zu formulieren. So bot die im Blick auf Jeremias Tod unbestimmte biblische Überlieferung für den Verfasser der ParJer die Möglichkeit, ihn nach Jerusalem zu verlegen. Man wird daher auch für ParJer 9,7 zu dem Schluß kommen müssen, daß der Verfasser selbst traditionsbildend gewirkt hat, in der schon erwähnten Weise, daß er in seiner bisherigen Darstellung Jeremias als zweiten Mose konsequent bleibt und auch sein Ende mit dem des Mose parallelisiert.[630] Wie Mose in der Hoffnung auf das Hineingelangen des Volkes in das verheißene Land unter seinem Nachfolger Josua auf dem Nebo starb (Dtn 34), so stirbt auch Jeremia in der Hoffnung auf das himmlische Jerusalem, in das Michael die Gerechten führen wird.[631] Dem Nebo des Mose entspricht dabei in ParJer das irdische Jerusalem, der Zion. Anders als in der alttestamentlichen Mosetradition tritt beim Jeremia der ParJer die eschatologische Ausrichtung in den Vordergrund.

---

626 Vgl. C. Wolff, Jeremia S. 61.

627 Vgl. C. Wolff, Jeremia S. 93.

628 Vgl. ebd.

629 Vgl. dazu oben S. 66.

630 Vgl. auch C. R. Seitz, Mose S. 240f.: "So wie es Mose im Dtn ergangen war, so muß auch Jeremia in seiner Generation ein Schicksal auf sich nehmen, für das er nicht verantwortlich ist ..."; vgl. a.a.O. S. 242.

631 ParJer vermeiden jedoch eine heroisierende Darstellung Jeremias angesichts seines Todes, wie dies in der dtn. Mosetradition oder bei Josephus, Ant IV,320ff., zu finden ist, vgl. z.B. G. W. Coats, Motifs passim; J. D. Tabor, Returning passim, bes. S. 230-238. Zur eschatologischen Interpretation des Todes des Mose s.o. S. 156 Anm. 612; weiterhin AssMos 10,11ff.; SifDev Piska 356 (3. Jh. n. Chr.; vgl. H. L. Strack - G. Stemberger, Einleitung S. 254).

8. Der christliche Schluß der ParJer (ParJer 9,10-32)[632]

Ausgehend von der literarkritischen Abgrenzung des ursprünglichen Schlusses der ParJer in 9,9 und des christlichen Anhanges in 9,10-32[633], hat nun eine genauere Untersuchung des letzteren zu erfolgen. Er schließt literarisch geschickt an das Ende der ParJer in 9,9 an mit der Erwähnung des Beginns der Bestattungszeremonie für Jeremia (9,10). Eine nicht näher definierte Stimme verhindert das Begräbnis durch die Ankündigung, Jeremias Seele werde wieder in seinen Leib zurückkehren (9,11). Dies geschieht nach drei Tagen (9,12). Der auferweckte Jeremia beginnt, Gott und Jesus Christus zu preisen (9,13). Der Lobpreis mündet in eine apokalyptische Vision (9,14-18). Wegen dieser Vision empört sich das Volk (9,19). Es beschließt Jeremias Tod in Verbindung mit der Reminiszenz an den Tod des Jesaja, der aufgrund einer ähnlichen Aussage verurteilt wurde (9,20f.). Das Martyrium des Jesaja ist offensichtlich in den Kreisen der christlichen Redaktion der ParJer bekannt gewesen, da man Jeremia bewußt auf eine andere Weise töten will (9,21). Baruch und Abimelech sind entsetzt, aber Jeremia sagt ihnen, wie sie ihn (vorläufig) retten können, denn er will ihnen noch mitteilen, was er gesehen hat (9,22f.). Sie sollen einen Stein bringen, der die Gestalt Jeremias annimmt und statt seiner gesteinigt wird (9,24-27). Dadurch bekommt Jeremia Gelegenheit, Baruch und Abimelech "alle Geheimnisse, die er sah" zu vermitteln (9,28). Als das Volk auf seinen Irrtum aufmerksam wird, steinigt es den "richtigen" Jeremia (9,30f.). Der Stein wird ihm als Grabmal gesetzt mit der Inschrift: "Dies ist der Stein, der Helfer[634] Jeremias" (9,32).

Es gibt verschiedene Anhaltspunkte, den Textabschnitt ParJer 9,10-32 als christlich zu identifizieren: Das wichtigste Indiz ist zunächst die ausdrückliche Erwähnung des Namens "Jesus Christus" in 9,13. Dieser Vers spricht außerdem von der Wiederbelebung Jeremias nach drei Tagen, was eine Parallele zur Auferweckung Jesu Christi nach drei Tagen darstellt.[635] Dazu erinnert u.E. die Wendung μὴ κηδεύετε τὸν ἔτι ζῶντα inhaltlich an den Satz der beiden Männer in Lk 24,6: τί ζητεῖτε τὸν ζῶντα μετὰ τῶν νεκρῶν; allerdings unterscheidet das Wort ἔτι die Jeremia- von der Jesus-Tradition, denn während es sich bei den Berichten von der Auferweckung Jesu um die eines Toten handelt, ist Jeremia als einer angesehen, der *noch* lebt, und dessen Seele sich nur vorübergehend vom Körper gelöst hat, um himmlische Dinge zu schauen (vgl. 9,22f.).[636] Im Unter-

---

632 Zu den als christliche Interpolationen angesehenen Stücken der ParJer s.u. S. 171ff.

633 Dazu s.o. S. 29-32.

634 ὁ βοητός ist als Apposition zu verstehen.

635 Vgl. Mk 8,31; 9,31; 10,34 par.; vgl. 1Kor 15,4; Apg 10,40; J. Riaud, Jérémie S. 235; ders., Paralipomena I S. 103.

636 Dahinter steht wahrscheinlich die Vorstellung von der Himmelsreise der Seele, wie sie in der christlichen Tradition bes. in 2Kor 12,2ff. belegt ist: "Ich weiß, daß ein Mensch in Christus vor vierzehn Jahren - ob im Leibe, ich weiß (es) nicht, ob außerhalb des Leibes, ich

schied zu Jesus[637] wird Jeremia auch nicht begraben. Dies ist insofern konsequent, als Jeremia schließlich zum Zeugen des Christus wird. Weitere Hinweise auf den christlichen Ursprung dieses Textabschnittes sind die Bezeichnung Jesu als υἱὸς θεοῦ (9,13; vgl. 9,20), seine verheißene Wiederkunft (9,14), die Wahl von zwölf Aposteln durch den Christus, die den Heiden das Evangelium verkünden (9,18).

Damit enden jedoch die ausdrücklich christlichen Aussagen, und es beginnt die Geschichte des Martyriums Jeremias. Der Schluß der ParJer wird dadurch in zwei Teile gegliedert: Der erste Teil besteht aus der Einleitung, dem Lobpreis und der Vision Jeremias, der zweite aus dem Bericht seines Martyriums.

8.1. Der Lobpreis und die Vision Jeremias

Nach der redaktionell formulierten Einleitung ist der Gegenstand des Lobpreises und der Vision Jeremias der "Sohn Gottes, Jesus Christus", obwohl Jeremia mit der Aufforderung zum Gotteslob begonnen hat. Aber schon die Attribute des Lobpreises in ParJer 9,13 beziehen sich ausschließlich auf den Sohn Gottes, τὸν ἐξυπνίζοντα ἡμᾶς ..., τὸ φῶς τῶν αἰώνων πάντων, ὁ ἄσβεστος λύχνος, ἡ ζωὴ τῆς πίστεως. Auch die 3. Pers. Sing. der Verse 14-18 ist bis auf die V. 16f. auf Jesus Christus bezogen. Am Ende von V. 16 wird Gott genannt, der in V. 17 zum Subjekt des εὐλογήσει wird. Das αὐτός von V. 18 bezieht sich wiederum auf Christus (vgl. V. 17 Ende: "seines Christus"). Das Verhältnis zwischen dem Vater und "seinem Christus" wird schließlich in V. 18 mit der Wendung κεκοσμημένου ὑπὸ τοῦ πατρός beschrieben.

Das erste Attribut Christi, "der Auferweckende" (Pt. Präs. Akt.), ist insofern bemerkenswert, als damit Christus und nicht Gott als Subjekt der Auferweckung gekennzeichnet wird. Das gibt einen ersten, wenn auch noch kleinen Hinweis darauf, in welche Richtung der christlichen Tradition man hinsichtlich des Lobpreises und der Vision Jeremias zu suchen hat, denn im Neuen Testament ist ausschließlich in der johanneischen Literatur neben Gott auch Christus als Subjekt der Auferweckung zu finden (vgl. Joh 2,19(21); 6,39.40.44.54; 10,18; 11,25; 12,1.17).[638] Das Wort ἐξυπνίζω ist ein Hapaxlegomenon in Joh 11,11 für die Auferweckung des Lazarus durch Jesus.[639]

---

weiß (es) nicht, Gott weiß (es) -, daß dieser bis zum dritten Himmel entrückt wurde" (V. 2). Zu dieser Vorstellung vgl. G. Lohfink, Himmelfahrt S. 32ff.51ff.; C. Wolff, Zweiter Korintherbrief S. 240.

637 Vgl. 1Kor 15,4; Mk 15,46 par. u.ö.

638 Vgl. anders z.B. 2Kor 1,9: ὁ θεὸς ὁ ἐγείρων τοὺς νεκρούς; vgl. Röm 4,17; 8,11; 1Kor 6,14; 15,22; 2Kor 4,14 u.ö.; vgl. dazu C. Wolff, Zweiter Korintherbrief S. 95f.

639 Vgl. H. R. Balz, Art. ὕπνος S. 554f. In Apg 16,27 begegnet noch das Wort ἔξυπνος, aber nicht in eschatologischer Intention, vgl. a.a.O. S. 553.

Das zweite Christusattribut "Licht aller Zeiten" erinnert an Joh 8,12; 9,5; 12,46 (vgl. Joh 1,9), wo Christus als "Licht der Welt" bezeichnet wird.[640] Nirgends sonst begegnet im Neuen Testament das Attribut "Licht" in solch direkter Weise auf Christus bezogen. Es ist in ParJer durch die Verwendung von αἰών statt κόσμος in eschatologischer Hinsicht ausgeweitet.[641]

Die Verbindung ἄσβεστος λύχνος begegnet so zwar nicht im Johannesevangelium, aber in Joh 5,35 wird Johannes durch Jesus ὁ λύχνος ὁ καιόμενος καὶ φαίνων genannt, die einzige Stelle der Evangelien, wo λύχνος auf eine einzelne, konkrete Person angewandt wird.[642] In Apk 21,23 ist λύχνος dann auf den Christus selbst bezogen, der die eschatologische Stadt erleuchtet. Insofern könnte man die Wendung in ParJer als eine terminologische Weiterführung dieser endzeitlichen Vorstellung der Apk verstehen. Ähnliches kann auch für die letzte Christusbezeichnung "ζωὴ τῆς πίστεως" gesagt werden, denn die Verknüpfung des Begriffes ζωή mit dem Wortstamm πιστ- ist typisch vor allem für das Johannesevangelium[643], vgl. Joh 3,15f.36; 5,24; 6,40.47.68f.; 11,25 u.ö.[644]; besonders deutlich in Joh 20,31: "... damit ihr als Glaubende Leben habt."

Nachdem die Christusbezeichnungen in 9,13 eine Verbindung zur johanneischen Tradition andeuten, ist zu fragen, ob dies auch für die Vision in 9,14-18 festgestellt werden kann. Dabei sind verschiedene Motive und Vorstellungen zu betrachten: Die bestimmte Zeit (477 Jahre), nach der Christus auf die Erde kommen wird; der Baum des Lebens in der Mitte des Paradieses, der alle unfruchtbaren Bäume fruchtbar macht; das Gericht über die "Stolzen"; die Umkehrung der Verhältnisse; das Segnen der Inseln; die Erwählung von zwölf Aposteln zur Verkündigung unter den Heiden; das Kommen Christi auf dem Ölberg.

Die Zahl 477[645] ist singulär. Sie begegnet weder im Alten noch im Neuen Testament, auch in der pseudepigraphen und apokryphen Literatur ist sie nicht zu finden.[646] Überlegungen zu ihrer Herkunft wären da-

---

[640] Vgl. J. R. Harris, Rest S. 25; J. Riaud, Jérémie S. 234.

[641] Der christologische Bezug von φῶς steht auch im Gegensatz zu den bisherigen Licht-Aussagen der ParJer (5,34; 6,9), vgl. dazu oben S. 109f. Anm. 351.

[642] Vgl. dagegen Mt 5,15; 6,22; Lk 12,35; 15,8 u.a.

[643] Vgl. J. R. Harris, Rest S. 26; R. Bultmann, Art. πιστεύω S. 224-227; ders., Art. ζάω S. 872f.

[644] Vgl. W. Loader, Christology S. 78f.; in anderer Weise auch Röm 1,17; 3,26; 4,16; 2Kor 5,7; Gal 3,11; Hebr 10,38.

[645] So der Text von *a* und *b*. Die Textüberlieferung der ParJer ist an dieser Stelle unterschiedlich. Der Kodex Barberini, die slawische Versionen T1 (vgl. C. Wolff, Jeremia S. 235) und *P* haben 377 Jahre, die slawische Version T2 (vgl. a.a.O. S. 223) hat 677 Jahre, S (vgl. a.a.O. S. 223) spricht von 387 Zeiten, N (vgl. ebd.) von 307 Zeiten, die äthiopische Übersetzung bietet 333, 330 oder 303 Wochen, vgl. dazu E. König, Rest S. 336 Anm. 1, und schließlich liest *arm* 375 Jahre, vgl. J. Issaverdens, Uncanonical Writings S. 203.

[646] Ob für die Zahl 477 der Hinweis von J. R. Harris, Rest S. 17, auf Jos., Bell VI,439, hilfreich ist, ist u.E. fraglich und schon von J. R. Harris selbst, ebd., als nicht entscheidend angesehen worden. Josephus gibt dort die Zeit zwischen David und dem Beginn des babylo-

her spekulativ. Wichtiger ist die dahinter stehende Aussage, daß der Christus nach einer bestimmten Zeit kommt, wie sie ohne konkrete Zeitangabe etwa in 1Thess 4,15f.; Mt 24,30f. u.a. zu finden ist.[647] Diese Vorstellung ist durch die Angabe der genauen Zahl der Jahre apokalyptisch ausgeweitet und präzisiert, eine Weise, die sich auch sonst in apokalypti-

---

nischen Exils mit 477 Jahren an, vgl. auch C. Wolff, Jeremia S. 50 Anm. 4; J. Riaud, Paralipomena IV S. 63. Diese Übereinstimmung dürfte eher zufällig sein, da am Ende der 477 Jahre einmal das Exil als negatives Schicksal Israels, zum anderen aber die erwartete Wiederkunft des Christus steht, ein Umstand, der eine Verbindung beider Stellen unwahrscheinlich macht. So mußte auch J. R. Harris, a.a.O., schreiben: "... it is just possible that the Apocalyptist made an error in taking a number from Josephus' tables." Darüber hinaus ist in Bell VI,439 genauer von 477 Jahren und 6 Monaten die Rede. Trotz dieser Bedenken gegen den Verweis auf Josephus wird man einen Zusammenhang erwägen können. Wenn Josephus die Zeit zwischen *David* und dem Exil mit 477 Jahren ansetzt, dann könnte man, ausgehend von der Überlegung von J. R. Harris, vermuten, der christliche Redaktor der ParJer habe die Zeit zwischen dem Exil und dem Kommen des *Davidssohnes Jesus* mit derselben Zeitspanne bemessen wollen; vgl. L. Gry, Date S. 344 Anm. 2. Die oben gemachten Einwände jedoch lassen sich auch dadurch nicht entkräften.

[647] J. R. Harris, Rest S. 26, sieht in den Worten ἐρχόμενον εἰς τὸν κόσμον (ParJer 9,18) eine Reminiszenz an die gleichlautende Stelle Joh 1,9. Da auch sonst das Johannesevangelium dem Verfasser des christlichen Schlusses bekannt gewesen zu sein scheint, ist diese Annahme ebenfalls wahrscheinlich. Man muß allerdings hinzufügen, daß die heilsgeschichtlich auf die Inkarnation des Christus bezogene Stelle Joh 1,9 in ParJer 9,18 endzeitlich bezogen und interpretiert wird. Hieran wird ein Problem sichtbar, auf das an dieser Stelle einzugehen ist. Im christlichen Schluß der ParJer wird nämlich nicht klar gesagt, um welches Kommen Christi es sich handelt, das erste, irdische Kommen oder seine zweite Ankunft zum Gericht. Aus dem Blickwinkel des *Jeremia* müßte es sich zunächst um das erste Kommen Christi handeln. Der Bezug zu Joh 1,9 z.B. deutet ebenfalls in diese Richtung. Andererseits lassen die eschatologischen Bezüge eher an die endzeitliche Ankunft des Erhöhten denken. Die Frage ist, ob man beides trennen sollte? Gerade auf dem Hintergrund des Johannesevangeliums wird die eschatologische Relevanz des irdischen Kommens Christi deutlich, wenn es etwa in Joh 5,24f. heißt: "Wer mein Wort hört und dem glaubt, der mich gesandt hat, der hat das ewige Leben und kommt nicht ins Gericht, sondern er ist vom Tod zum Leben hinübergeschritten. Amen, amen, ich sage euch: Es kommt die Stunde und ist schon jetzt, daß die Toten die Stimme des Sohnes Gottes hören werden, und die sie hören, werden leben"; vgl. auch Joh 16,11 u.a. Gerade das Motiv des Gerichtes spielt auch in ParJer 9 eine Rolle (vgl. 9,15f.), das der in die Welt gekommene Christus (9,18) ausführt. Schließlich ist u.E. auch der Ort des Kommens Christi bedeutsam, das nach ParJer 9,18 auf dem Ölberg lokalisiert wird. Der Ölberg aber ist in der christlichen Tradition nach Apg 1,12 der Berg der Himmelfahrt Christi, der von daher auch für seine Wiederkunft bedeutsam ist. Nach alledem wird man zu dem Schluß kommen, daß im christlichen Schluß der ParJer wahrscheinlich beides ineinandergeschaut wird: Die erste Ankunft Christi hat entscheidende Bedeutung für sein endzeitliches Kommen, und der Ausgang des Gerichtes (9,15f.) wird dadurch schon vorgezeichnet (an diesen Überlegungen wird erneut die Notwendigkeit der Differenzierung des Begriffes "eschatologisch" deutlich, s.o. S. 112 Anm. 358). Die christlichen Teile der AscJes sind in dieser Hinsicht noch ausführlicher, indem Jesaja, der in AscJes 10f. ebenfalls das Kommen Christi schaut, mit dem Descensus Christi aus dem Paradies beginnt (Kap. 10), sein irdisches Dasein berichtet (11,1-21) und schließlich mit dem Wiederaufstieg Christi in den siebenten Himmel zur Rechten Gottes endet. Eine ähnliche Struktur hatte bereits AscJes 9.

scher Literatur findet.[648] Der "Baum des Lebens in der Mitte des Paradieses", hier als Bild für den Christus, ist aus der Vision vom neuen Jerusalem in Apk 22,2.14.19 bekannt (vgl. 2,7), gleichwohl auch hier alttestamentlich-jüdische Vorstellungen den Hintergrund bilden (vgl. Gen 2,9;
Spr 11,30; 13,12; 15,4; äthHen 24,8; 25,4f.; 4Esr 8,52; TestLev 18,11).[649]
   Während in den bisher untersuchten Aussagen verschiedene Berührungspunkte mit neutestamentlichen, insbesondere Vorstellungen der johanneischen Tradition festgestellt werden konnten[650], treten diese Bezüge im folgenden zurück. Vor allem zum Motiv von den sprossenden
Bäumen (9,14) ist äthHen 26,1 zu vergleichen: "Von dort ging ich zu der
Mitte der Erde, und ich sah einen gesegneten, fruchtbaren Ort, [wo es
Bäume gab] mit treibenden Zweigen, und sie sproßten aus einem abge-
hauenen Baum."[651] Die Intention von ParJer 9,14f. ist aber eine andere,
indem die Bäume, die ihre Fruchtbarkeit vom Baum des Lebens empfangen und eine zum himmlischen Lohn gereichende Frucht tragen (9,14)[652],
den Bäumen gegenübergestellt werden, die sich ihrer eigenen Fruchtbarkeit rühmen (μεγαλαυχοῦντα) und vom "fest verwurzelten Baum", also
dem Baum des Lebens[653], dem Gericht übergeben werden (9,15).[654] Das
Bild vom "Roten", das "wie weiße Wolle" wird (9,15), ist eine deutliche
Anspielung auf Jes 1,18[655], die das Gegensatzpaar Rot-Weiß aufgreift:
"Wenngleich eure Sünde blutrot ist, so soll sie doch schneeweiß werden,
und wenngleich sie rot wie Scharlach ist, so soll sie doch wie Wolle werden." Das Stichwort "weiß" wird in ParJer unmittelbar mit "Wolle" verknüpft. Die Fortsetzung vom schwarz werdenden Schnee (9,16) könnte
von daher als Stichwortassoziation aus der Anspielung an Jes 1,18 gebil-

---

648 Vgl. Dan 9,24ff.; 12,11f.; Apk 20,2-6; äthHen 21,6; 90,5; 93,1-10; 91,11-17; 4Esr 7,28;
syrBar 28,2; AscJes 4,14.
649 Vgl. J. Schneider, Art. ξύλον S. 40; G. Delling, Lehre S. 34; J. Riaud, Jérémie S. 234.
650 Vgl. auch J. Riaud, Jérémie S. 234.
651 Zit. nach S. Uhlig, Henochbuch S. 562; vgl. auch PsSal 14,3f.: "(3) Die Frommen des
Herrn werden durch das (Gesetz) ewig leben, der Lustgarten [παράδεισος] des Herrn, die
Bäume des Lebens (sind) seine Frommen. (4) Ihre Pflanzung ist verwurzelt für die Ewigkeit, sie werden nicht ausgerissen alle Tage des Himmels ..." (zit. nach S. Holm-Nielsen,
Psalmen S. 91).
652 Hierbei hat man aber zu bedenken, daß die Worte: καὶ ὁ καρπὸς αὐτῶν μετὰ τῶν
ἀγγέλων μενεῖ nur durch äth belegt sind und daher als erläuternder Zusatz gelten müssen,
vgl. oben S. 19. Auch die slawischen Übersetzungen enthalten diese Worte nicht, vgl. C.
Wolff, Jeremia S. 223 (zu N, T2 und S) und S. 235 (zu T1).
653 Der Auffassung J. Riauds, Jérémie S. 235 (vgl. ders., Paralipomena IV S. 64), bei
dem "fest verwurzelten Baum" handle es sich um den römischen Kaiser, können wir nicht
folgen. Sie steht im Zusammenhang der zeitlichen Einordnung des christlichen Schlusses,
den J. Riaud, ebd., in die Zeit der Verfolgungen um 155 n. Chr. legt, paßt aber u.E. nicht zur
Vision vom Triumph des wiederkommenden *Christus*.
654 Zur Diskussion des Wortlautes von ParJer 9,15 vgl. oben S. 19. Äth hat die Gerichtsaussage der positiven Ausrichtung von 9,14 angeglichen. J. R. Harris, Rest S. 46, bezieht die
Gerichtsaussage von 9,15 auf "the extreme section of the Jews", also auf die, die dem - nach
J. R. Harris - "Eirenicon" der Kirche an die Synagoge nicht folgen.
655 Vgl. J. Riaud, Paralipomena IV S. 64.

det sein.[656] ParJer 9,17 erinnert an Jes 42,4: "Er wird nicht verlöschen noch zerbrechen, bis er auf Erden das Recht aufrichte, und die Inseln warten auf seine Weisung", eine Aussage, die nun christologisch interpretiert wird.[657] In diesem Zusammenhang ist auch die Erwählung der zwölf Apostel für die Heidenmission[658] zu verstehen. Die Inseln, die nach Jes 42,4 auf die Weisung des Gottesknechtes warten, werden sie in Gestalt des Evangeliums von den Aposteln empfangen. Die Verbindung zu den "Heiden" ist auch in Jes 42 gegeben, da die "Inseln" Synonym für die Heidenwelt sind, vgl. Jes 42,1 in der Parallele zu 42,4. Schließlich ist die Aussage vom Kommen des Christus auf dem Ölberg (ParJer 9,18) eine ebenfalls christologische Interpretation von Sach 14,4[659], wo vom Tag des Herrn gesagt wird: "Und seine Füße werden stehen zu der Zeit auf dem Ölberg, der vor Jerusalem nach Osten hin liegt. Und der Ölberg wird sich in der Mitte spalten, vom Osten bis zum Westen ..." Der Hintergrund dieser Auslegung ist darin zu suchen, daß nach Apg 1,12 die *Himmelfahrt* Christi auf dem Ölberg stattgefunden hat.[660]

Der Lobpreis und die Vision des Jeremia erweisen sich im Ergebnis als eine Komposition, die mit Motiven johanneischer Herkunft und christologischen Interpretationen alttestamentlicher Vorstellungen eine apokalyptische Vision über das Kommen Christi gestaltet. Die literarische Stellung dieser Vision vor dem Martyrium des Jeremia hat ihre Parallele in der Vision des Stephanus vor seinem Martyrium (Apg 7,55) sowie der

---

[656] Zum Motiv vgl. Apokryphon Ezechielis Frgm. 3 (= 1Clem 8,3): "Wenn eure Sünden von der Erde bis an den Himmel reichten, wenn sie röter wären als Scharlachbeeren oder schwärzer als ein Sack, ihr euch aber zu mir bekehrtet von ganzem Herzen und sagtet: 'Vater!', so würde ich euch erhören als ein heiliges Volk" (zit. nach K.-G. Eckart, Apokryphon Ezechiel S. 53). Die Aussage vom süßen Wasser, das salzig wird (ParJer 9,16), hält J. R. Harris, Rest S. 20, für eine Übernahme aus 4Esr 5,9, wo vom salzigen Wasser, das im süßen gefunden wird, die Rede ist; vgl. J. Riaud, Paralipomena IV S. 64; M. E. Stone, Ezra S. 112f. Dieser Bezug ist insofern wahrscheinlich, als trotz des verschiedenen Wortlautes die Intention dieselbe ist. Hinzu kommt, daß 4Esr 5,9 die einzige vergleichbare Parallele zu ParJer 9,16 ist, die ihr historisch vorausliegt.

[657] J. Riaud, Paralipomena IV S. 65, denkt an Ps 72,10, was aber u.E. unwahrscheinlich ist, da in ParJer 9,17 vom "Fruchtbringen durch den Mund seines Christus" die Rede ist, was eine gute Verbindung zu Jes 42,4 ermöglicht: "Die Inseln warten auf seine Weisung." Auch von daher wird man dem Urteil von J. R. Harris, Rest S. 45f. (vgl. auch J. Riaud, Jérémie S. 234), zustimmen, daß es nicht die Juden sind, auf die sich das Gericht von 9,15 bezieht, sondern die Heiden.

[658] Zum Begriff der "zwölf Apostel" vgl. Mk 3,14; par. Lk 6,13; Mt 10,2; auch AscJes 3,17; 4,3 ("Pflanzung der zwölf Apostel"); Kerygma Petrou, Frgm. 3b (Clemens Alexandrinus, Strom VI,6,48,2): "Ich habe euch Zwölf auserwählt, weil ich euch für meiner würdige Jünger hielt ... Und ich sende die, von denen ich überzeugt war, daß sie treue Apostel sein werden, in die Welt, um den Menschen in der ganzen Welt die frohe Botschaft zu verkünden ..." (zit. nach W. Schneemelcher, in: ders., Apokryphen II S. 40; s. dazu E. v. Dobschütz, Kerygma S. 22ff.54-57); vgl. J. Riaud, Paralipomena I S. 103f. Zu Geschichte und Tradition der Zwölfzahl im Alten Testament vgl. U. v. Arx, Studien passim.

[659] Vgl. P. Bogaert, Apocalypse I S. 214; J. Riaud, Jérémie S. 234; ders., Paralipomena IV S. 65. Zur traditionellen Bedeutung des Ölberges vgl. J. B. Curtis, Investigation passim.

[660] S.o. S. 162 Anm. 647.

des Jesaja in AscJes 5,7[661], ist aber umfangreicher gestaltet. Der letzte Vers der Vision des Jeremia (ParJer 9,18) läßt die Beziehung zur johanneischen Tradition in zweierlei Hinsicht nochmals deutlich werden. Zum einen klingen mit den Worten: ὂν ἐγὼ ἑώρακα κεκοσμημένον ὑπὸ τοῦ πατρός Motive aus Joh 12,41; 17,5.24 an, wo von der Verherrlichung Christi durch den Vater gesprochen wird. Die Herrlichkeit des Vaters ist in ParJer als Schmuck des Christus verstanden. Zum anderen könnte in der Aussage: καὶ ἐμπλήσει τὰς πεινώσας ψυχάς eine Anspielung an das Wort Jesu vom Lebensbrot (Joh 6,35) zu finden sein.[662] Gleichzeitig wird damit die paränetische Intention der christlichen Redaktion deutlich.

8.2. Die Steinigung Jeremias

An die Vision Jeremias schließt sich der Bericht seines Martyriums an. Diese christliche Version seines gewaltsamen Todes steht neben der des natürlichen Todes der jüdischen Tradition in 9,7ff. ParJer 9,19ff. berichten vom Grund des Todesbeschlusses, vom Todesbeschluß und der Art und Weise, wie Jeremia getötet werden soll. V. 20 zieht eine deutliche Linie zum Martyrium Jesajas, wie es in AscJes 3,9-12; 5,1-14 berichtet wird:[663]

---

661 Vgl. C. Wolff, Jeremia S. 51 Anm. 7.

662 Vgl. auch Mt 5,6 par. Lk 6,21.

663 Die Frage nach der Entstehung und der Zeit der Abfassung der in vorliegender Gestalt christlichen AscJes ist problematisch. Hatte noch V. Burch, Unity passim, die literarische Einheit von AscJes vertreten, so rechnet man nunmehr mit drei Schichten: einer jüdischen vom Martyrium Jesajas; einer christlichen mit der Vision des Propheten und schließlich einer christlichen Bearbeitung, vgl. G. Beer, Martyrium, in: E. Kautzsch, Apokryphen II S. 121; ähnlich H.-W. Surkau, Martyrien S. 30; O. Eissfeldt, Einleitung S. 825; L. Rost, Apokryphen S. 113; O. H. Steck, Israel S. 245ff. (der aber nur die hagiographischen Elemente der christlichen Schicht zuweist); R. G. Hall, Ascension S. 289-292; zur Problematik vgl. auch G. W. E. Nickelsburg, Literature S. 142ff.; M. A. Knibb, Martyrdom and Ascension, in: J. H. Charlesworth, Pseudepigrapha II S. 143.147ff.; E. Schürer, History III/1 S. 335-341; E. Hammershaimb, Martyrium S. 18f., der für diese Schrift als ganze mit einer Abfassungszeit im letzten Drittel des 1. Jh. n. Chr. rechnet (a.a.O. S. 19). G. Beer, Martyrium, in: E. Kautzsch, Apokryphen II S. 121, hält dagegen eine zeitliche Definition der Gesamtredaktion nicht für möglich; P. Vielhauer, Geschichte S. 526, datiert die christlichen Bearbeitungen ins 2. Jh. n. Chr.; so auch C. D. G. Müller, Himmelfahrt, in: W. Schneemelcher, Apokryphen II S. 548; R. G. Hall, Ascension passim, setzt die christliche Endredaktion aufgrund ihrer Nähe zu den johanneischen Schriften und den Ignatiusbriefen Ende des ersten bis Anfang des zweiten Jh. n. Chr. an. Wichtig für unser Anliegen ist aber vor allem, daß die Geschichte des *Martyriums* Jesajas, die zusammen mit der Bemerkung in AscJes 3,9 über das Sehen Gottes der jüdischen Legende zugerechnet wird (vgl. G. Beer, Martyrium, in: E. Kautzsch, Apokryphen II S. 121; O. Eissfeldt, Einleitung S. 825f.; C. D. G. Müller, Himmelfahrt, in: W. Schneemelcher, Apokryphen II S. 548; O. H. Steck, Israel S. 245 u.a.), mindestens zur Zeit der Abfassung des Hebräerbriefes bekannt und verbreitet gewesen sein mußte (Hebr 11,37; vgl. L. Rost, Apokryphen S. 114, der die Abfassung von MartJes im 2. Jh. v. Chr. für möglich hält [ebd.]; vgl. O. Eissfeldt, Einleitung S. 826; C. Wolff, Jeremia S. 60-95; H. Hegermann, Hebräer S. 241; C. D. G. Müller, Himmelfahrt, in: W. Schneemelcher, Apokryphen II S. 548; anders H.-F. Weiß, Hebräer S. 621, der Hebr 11,37 allein mit 2Chr 24,20f. in Verbindung bringt). Für M. A. Knibb, Martyrdom and Ascension, in: J. H. Charlesworth, Pseudepigrapha

"'Mose sagte: ›Es gibt keinen Menschen, der Gott sehen kann und leben.‹ Aber Jesaja hat gesagt: ›Ich habe Gott gesehen, und siehe: ich bin am Leben.‹ ...' So brachte er [Balkira] viele Anklagen gegen Jesaja und die Propheten bei Manasse vor" (AscJes 3,9f.).[664] Jesajas Aussage, er hätte Gott gesehen[665], führt zu seinem Martyrium. Die Bezugnahme von ParJer 9,20 auf AscJes 3,9f.[666] ist insofern deutlich, als hier wie dort der Anklagepunkt des Sehens Gottes zur Verurteilung führt[667], in ParJer 9 jedoch ergänzt durch die Wendung "und den Sohn Gottes". Diese Hinzufügung könnte aus dem Zusammenhang von AscJes 3,13ff. hergeleitet werden, wo auch von "der Ankunft des Geliebten"[668], nämlich Jesus Christus, die Rede ist (3,13), der dem Jesaja offenbart wurde.[669] Auch die Erwähnung der zwölf Apostel (ParJer 9,18) hat ihre Entsprechung in AscJes (3,17; 11,22).[670] Ausdrücklich erwähnt schließlich AscJes 4,13, daß Jesaja den Gekreuzigten gesehen habe (vgl. 11,19f.). Der Zusammenhang des Sehens Gottes und des Christus mit der Hinrichtung des Propheten stammt in beiden Schriften von der christlichen Redaktion. In ParJer ist gleichzeitig die Kenntnis der Todesart des Jesaja beim Leser vorausgesetzt, da sie nur negativ angedeutet wird, indem Jeremia ausdrücklich nicht auf dieselbe Weise getötet werden soll.[671]

II S. 149, ist u.a. der Bezug von AscJes 3,17 auf ParJer 9 Anlaß, die Komposition von AscJes 3,13-4,22 an das Ende des 1. Jh. n. Chr. zu datieren. Für die Endgestalt der AscJes ist nach M. A. Knibb das Ende des 3. Jh. terminus ad quem (a.a.O. S. 150); ähnlich O. Eissfeldt, Einleitung S. 826.

664 Zit. nach E. Hammershaimb, Martyrium S. 30.

665 Vgl. Jes 6,5.

666 Vgl. dazu J. R. Harris, Rest S. 21; G. Delling, Lehre S. 14; C. Wolff, Jeremia S. 51; J. Riaud, Paralipomena I S. 104. Zu den Verbindungen zwischen christlichen und jüdischen Märtyrervorstellungen vgl. auch E. Bammel, Märtyrerkult passim; H. A. Fischel, Martyr passim.

667 Dieser Zusammenhang ist auch in bYev 49b bekannt; vgl. H.-W. Surkau, Martyrien S. 32; A. Caquot, Commentaire S. 83.

668 Eine Verbindung dieser Wendung zu ParJer 3,8 (συνέλευσις τοῦ ἠγαπημένου) ist jedoch u.E. nicht möglich, da erstens die Ausrichtung je eine andere und zweitens der Wortlaut verschieden ist (zu ParJer 3,8 s.o. S. 49f. mit Anm. 69; zum griechischen Wortlaut in AscJes 3,13 vgl. das griech. Fragment AscJes 2,4-4,4 bei B. P. Grenfell - A. S. Hunt, Amherst-Papyri S. 10: καὶ ὅ[τι δι'α]ὐτοῦ ἐφανε[ρώθη ἡ] ἐξέλευσις [τοῦ ἀγα]πητοῦ ἐκ [τοῦ ἑβδ]όμου οὐρα[νοῦ καὶ ἡ] μεταμόρφωσις αὐτοῦ ...

669 AscJes 3,13ff. gehört zur christlichen Redaktion; vgl. O. Eissfeldt, Einleitung S. 826; R. G. Hall, Ascension S. 290ff.; M. A. Knibb, Martyrdom and Ascension, in: J. H. Charlesworth, Pseudepigrapha II S. 147.

670 Vgl. J. Riaud, Paralipomena I S. 103f.; A. Caquot, Martyr S. 84f.; M. A. Knibb, Martyrdom and Ascension, in: J. H. Charlesworth, Pseudepigrapha II S. 149.

671 Nach AscJes 5,1ff. (vgl. 11,41) wird Jesaja zersägt, vgl. VitJes 1; bYev 49b; ySan 10,28c; bSan 103b; PesR 14; Hebr 11,37; syr. Schatzhöhle 40,4; vgl. H. A. Fischel, Martyr S. 276f.; H. J. Schoeps, Prophetenmorde S. 128f.; C. Wolff, Jeremia S. 59f. Wann diese Legende von der Zersägung Jesajas entstanden ist, läßt sich nur schwer ausmachen; Josephus, Ant X,38, scheint sie jedenfalls noch nicht zu kennen; vgl. H. J. Schoeps, a.a.O. S. 130. Zur Tradition insgesamt vgl. E. Yassif, Folk Traditions S. 216-220.

Beruht die Parallelisierung der Todes*ursache* Jeremias mit der des
Jesaja auf der Kenntnis von AscJes 3,9 bzw. der hier verarbeiteten Tradition[672], so muß man ebenfalls annehmen, daß der Verfasser von ParJer
9,20ff. auch eine Tradition von der Steinigung des Jeremia kannte, wie
sie etwa hinter VitJer 1 oder Hebr 11,37 steht.[673] Daß ParJer 9,20ff. sich
direkt auf VitJer 1 beziehen, die wahrscheinlich im 1. Jh. n. Chr. entstand[674], ist nicht anzunehmen. Man wird vielmehr mit einer Tradition zu
rechnen haben, wie sie in VitJer ihren Niederschlag gefunden und auch
auf Hebr 11 eingewirkt hat.[675] Hinsichtlich der Lokalisierung des Todes

---

[672] S.o. S. 165f. Anm. 663.

[673] Vgl. J. R. Harris, Rest S. 23f.; G. Delling, Lehre S. 15; C. Wolff, Jeremia S. 60.95;
M. A. Knibb, Martyrdom and Ascension, in: J. H. Charlesworth, Pseudepigrapha II S. 180;
D. S. Russell, Pseudepigrapha S. 116. G. Delling sieht Hebr 11,37 nicht als Beleg an, da
diese Stelle "sich völlig von II Chr 24 20-22 her" erklären lasse (a.a.O. S. 17 Anm. 63; vgl.
H.-F. Weiß, Hebräer S. 621). Dieser Zusammenhang besteht ausdrücklich in Mt 23,35-39
(par. Lk 11,51), vgl. H. J. Schoeps, Prophetenmorde S. 138-141. Aber Hebr 11,37 stellt u.E.
eine spätere und mit der Legendenbildung um einzelne Propheten vertraute Überlieferung
dar, wie z.b. die Anspielung auf die Zersägung Jesajas deutlich macht. M. Gaster, Studies II
S. 1292f., hatte hinsichtlich VitJer ebenfalls auf 2Chr 24 als Entstehungshintergrund hinge-
wiesen; vgl. dazu die Kritik bei C. Wolff, Jeremia S. 89f. Die Steinigung Jeremias ist später
auch bei Kirchenvätern bekannt: Tertullian, Scorp VIII,3; Hippolyt, Antichr 31 u.a.; vgl. H. J.
Schoeps, Prophetenmorde S. 128; O. Michel, Hebräer S. 419 Anm. 1; G. Delling, Lehre S. 17;
E. Turdeanu, Légende S. 313; vgl. auch ApkPaul 49: "Ich bin Jeremia, der von den Kindern
Israel gesteinigt und getötet wurde" (zit. nach H. Duensing - A. de Santos Otero, in: W.
Schneemelcher, Apokryphen II S. 671). H. J. Schoeps, Prophetenmorde S. 126f., hat in diesem Zusammenhang darauf aufmerksam gemacht, daß im Alten Testament nur zwei konkrete Prophetenmorde erwähnt sind: Uriah, der unter Jojakim durch das Schwert hingerich-
tet wurde (Jer 26,20-24; vgl. O. H. Steck, Israel S. 61 Anm. 3, der aber gegen H. J. Schoeps,
a.a.O., Jer 26,20-24 nicht mit der allgemeinen Äußerung Jeremias in Jer 2,30 in Verbindung
bringen will), sowie den bereits erwähnten Fall des Sacharja ben Jojada, der nach 2Chr
24,20ff. unter König Joas gesteinigt wurde, vgl. H. J. Schoeps, a.a.O. S. 138f. Zu erwähnen ist
auch die Äußerung Elias in 1Kön 19,10(14); vgl. H. J. Schoeps, a.a.O. S. 127f. Nach O. H.
Steck, Israel S. 77ff., ist der älteste Beleg für die in dtr. Tradition entwickelte Vorstellung
vom gewaltsamen Geschick der Propheten Neh 9,26 (zum Ganzen vgl. O. H. Steck, a.a.O. S.
60-80). Auch Josephus und rabbinische Überlieferungen nehmen diese Tradition auf, vgl.
Ant IX,265ff.; X,38f. (vgl. O. H. Steck, a.a.O. S. 82ff.); PesR 138a; 146a; ShemR 7 zu 6,13;
SifBam 91 zu Num 11,11f. u.a. (vgl. O. H. Steck, a.a.O. S. 86-96). Die Tradition der Steinigung
Jeremias ist letztlich wahrscheinlich eine Ausformung von Jer 43,8ff., vgl. R. Bernheimer,
Vitae Prophetarum S. 202; J. Jeremias, Heiligengräber S. 108; O. H. Steck, Israel S. 249
Anm. 7; C. Wolff, Jeremia S. 89.

[674] Vgl. C. C. Torrey, Lives S. 11; O. H. Steck, Israel S. 248; T. Schermann, Propheten-
und Apostellegenden S. 118; M. Philonenko, Art. Prophetenleben Sp. 1512f.; D. R. A. Hare,
Lives, in: J. H. Charlesworth, Pseudepigrapha II S. 380f.; R. F. Surburg, Introduction S. 134;
A. M. Schwemer, Septuaginta S. 64 und 86 Anm. 99. Zur Textausgabe von C. C. Torrey vgl.
G. Delling, Perspektiven S. 157 Anm. 177.

[675] Dies ist umso wahrscheinlicher, wenn bereits Hebr 11,37 auf VitJer bzw. deren Tradition zurückgreifen sollte, vgl. z.B. R. Bernheimer, Vitae Prophetarum S. 200. R. Bernheimer, ebd., vermutet auch, daß Joh 6,37 auf VitProph anspielt. Daß die Vorstellung von der
Steinigung Jeremias "is in some way connected with the stoning of Onias (= Honi) narrated
by Josephus, Antiqui., XIV,2,1" (L. Ginzberg, Legends VI S. 410; so auch J. Riaud, Paralipomena I S. 107), ist u.E. unwahrscheinlich, da keine näheren Übereinstimmungen festzustellen sind.

Jeremias wird VitJer mit Ägypten die ältere Tradition erhalten haben, denn in ParJer war die Verlegung nach Jerusalem aufgrund des Handlungsablaufes notwendig geworden.[676]

Während für ParJer 9,20f. die Aufnahme geprägter Traditionen über den Tod des Jesaja und des Jeremia festzustellen war, ist ParJer 9,22-32 vom Verfasser des christlichen Schlusses legendarisch ausgestaltet. Der Zorn des Volkes entlädt sich zunächst an einem Stein mit der Gestalt Jeremias[677], damit Jeremia Gelegenheit hat, Baruch und Abimelech seine Geheimnisse[678] mitzuteilen[679], ein Motiv, das sich in ähnlicher Weise (ohne Zuhilfenahme des Stein-Motivs) auch in AscJes 5,7 findet[680], als Jesaja in einem bewußtlosen Zustand eine Vision hat, die er dann den anderen anwesenden Propheten mitteilte.[681] In ParJer muß der Stein erst das "törichte Volk" aufklären[682], damit es den richtigen Jeremia in seiner Mitte erkennt und sein tödliches Werk vollenden kann. Die negative Darstellung des Volkes in diesem christlichen Kontext ist hier hervorzuheben als Gegensatz zu seiner Funktion in ParJer 1,1 - 9,9.[683] Die christliche

---

[676] Vgl. J. R. Harris, Rest S. 24; J. Jeremias, Heiligengräber S. 108ff.; K. Kohler, Haggada S. 413; C. Wolff, Jeremia S. 95.

[677] Das Motiv des schützenden Wunders ist des öfteren anzutreffen, vgl. A. Schlatter, Märtyrer S. 35ff.: "Dem kirchlichen Märtyrerbericht war das Schutzwunder von Anfang an eigen ..." (a.a.O. S. 36).

[678] Zum Begriff "Geheimnis" (μυστήριον/ןזר) als "Zentralbegriff der Apokalyptik" vgl. I. Willi-Plein, Geheimnis passim, bes. S. 78ff.

[679] Die Auseinandersetzung zwischen Baruch und Abimelech und dem Volk ist in der äthiopischen Übersetzung noch ausführlicher erzählt, vgl. E. König, Rest S. 337; C. Wolff, Jeremia S. 51 Anm. 6.

[680] Vgl. auch Apg 7,55f.; C. Wolff, Jeremia S. 51 Anm. 7.

[681] S. AscJes 6,10-17; vgl. J. R. Harris, Rest S. 22; G. Delling, Lehre S. 14 Anm. 46. Allerdings steht dies in AscJes nicht in unmittelbarem Zusammenhang mit dem Martyrium des Jesaja. AscJes 6,10-17 gehört wahrscheinlich auch nicht in jene christliche Schicht, durch deren Einfügung in Kap. 5 sich der Anachronismus erklärt, daß nach dem Martyrium des Jesaja (5,11-14) noch dessen Vision in Kap. 6f. berichtet werden kann. Sein Tod wird daher in AscJes 11,41ff. (christlich) wiederholt; zur Problematik von AscJes 6 vgl. R. G. Hall, Ascension S. 290f.

[682] J. R. Harris, Rest S. 20, sieht im Motiv des sprechenden Steines eine Abhängigkeit der ParJer von 4Esr 5,5 (vgl. auch 4,33): "Et de ligno sanguis stillabit, et lapis dabit vocem suam ..." (zit. nach A. F. J. Klijn, Apokalypse des Esra S. 33). Dieser Bezug ist u.E. aufgrund der Kenntnis anderer frühjüdischer Schriften durch den christlichen Redaktor nicht unwahrscheinlich, vgl. C. Wolff, Jeremia S. 51. Nach J. R. Harris, Rest S. 45, hatte P. Bogaert, Apocalypse I S. 214 (vgl. C. Wolff, Jeremia S. 51 Anm. 8; J. Riaud, Paralipomena IV S. 66), auf Hab 2,11 verwiesen, wo das Motiv des Schreiens der Steine ebenfalls vorkommt (vgl. auch Lk 19,40). Jedoch liegen die Unterschiede zu ParJer auf der Hand, so daß bis auf das nicht singuläre Motiv selbst keine weitere Verbindung zu Hab 2,11 herzustellen ist. Gleiches gilt auch für die von P. Bogaert, ebd., und J. Riaud, ebd., erwähnte Legende vom schreienden Stein in VitJon 8 (vgl. C. C. Torrey, Lives S. 28).

[683] J. Riaud, Jérémie S. 235, versteht die Darstellung des Volkes als offensichtlichen Antijudaismus (H. J. Schoeps, Prophetenmorde S. 143, geht sogar so weit zu sagen, die Aussage vom Töten der Propheten sei "die Krone des 'Schriftbeweises' contra Judaeos"). Muß man auf der einen Seite dem Urteil J. Riauds insofern zustimmen, als das Volk im christlichen Schluß negativer dargestellt ist als im jüdischen Teil der ParJer, so muß man

Sicht des jüdischen Volkes als desjenigen, das den Propheten töten, erinnert an den Spruch im Munde Jesu über Jerusalem (Mt 23,37): "Jerusalem, Jerusalem, die du tötest die Propheten und steinigst, die zu dir gesandt sind!"[684]

Nach seiner Steinigung wird Jeremia begraben und man setzt ihm einen Grabstein, der erstaunlicherweise nicht zuerst auf *Jeremia* und seine Taten verweist, sondern der *selbst* durch die Inschrift hervorgehoben wird: "Dies ist der Stein, der Helfer des Jeremia."[685]

8.3. Zusammenfassung

Die Vielschichtigkeit des christlichen Schlusses macht den Entwurf eines Gesamtbildes schwierig. Zusammenfassend ist aber soviel festzuhalten, daß hier ein christlicher Verfasser einen Text an die ParJer anfügt, den er selbst mit den verschiedensten Motiven alt- und neutestamentlicher sowie apokalyptischer Überlieferungen gestaltet hat. Neben Anspielungen und Motiven sind aber auch bereits geformte Traditionen über den Tod des Jesaja und des Jeremia verwendet worden. Da die *Ursache* für die Tötung des Jeremia mit der des Jesaja identisch ist, letztere aber nur in Asc Jes 3,9 enthalten ist, dürfte in ParJer die gleiche Tradition über den Tod des Jesaja verwendet worden sein wie in der christlichen Bearbeitung von AscJes. Welche Jeremia-Tradition benutzt wurde, ist nicht auszumachen,

dennoch mit dem Begriff "Antijudaismus" vorsichtig sein. J. Riauds Hinweis auf Joh 16,2 (ebd.): "Ja, es kommt die Stunde, daß, wer euch tötet, meinen wird, er tue damit Gott einen Dienst ...", ist u.E. zum Vergleich nicht geeignet, da dieser Zusammenhang in ParJer nicht reflektiert wird; zum Problem des "Antijudaismus" vgl. K. H. Rengstorf, Testament S. 69f.; Y. Amir, Judenfeindschaft passim; für Joh vgl. P. v. d. Osten-Sacken, Leistung S. 165-169; W. Loader, Christology S. 225; K. Wengst, Gemeinde S. 45f.; T. Okure, Mission S. 117ff.; F. Hahn, Heil passim. Unter Berücksichtigung der Problematik ist aber das zitierte Urteil J. Riauds auch gegen J. R. Harris anzuführen, denn gerade der dargestellte Zusammenhang widerspricht dessen Auffassung von den ParJer als "Church's Eirenicon to the Synagogue" (J. R. Harris, Rest S. 14). Ein "Eirenicon" mit einem solchen Schluß hätte sicher seine Wirkung in Richtung Synagoge verfehlt.

[684] Vgl. dazu oben S. 167 Anm. 673; vgl. Lk 13,34; Apg 7,52; 1Thess 2,15, dazu H. J. Schoeps, Prophetenmorde passim; E. Fascher, Untergang Sp. 85; O. H. Steck, Israel S. 45-58; C. Wolff, Jeremia S. 94f.; J. Riaud, Paralipomena I S. 104; vgl. auch die Bemerkung Lk 13,33: "... denn es geht nicht an, daß ein Prophet umkomme außerhalb von Jerusalem", ein Stück, das wahrscheinlich auf die Ebene der lukanischen Redaktion gehört und keine übernommene Tradition darstellt, vgl. W. Wiefel, Lukas S. 264; O. H. Steck, Israel S. 45f. Man muß dabei berücksichtigen, daß in Mt 23,37 ursprünglich wahrscheinlich nicht an alttestamentliche, sondern an christliche Propheten gedacht ist, vgl. O. H. Steck, Israel S. 292; C. Wolff, Jeremia S. 95.

[685] P. Bogaert, Apocalypse I S. 199f., sieht hierin eine ätiologische Legende unter Hinweis auf 1Sam 7,12 und in Palästina gefundene Inschriften. Aber u.E. sind diese Parallelen insofern zweifelhaft, als in den von P. Bogaert zitierten Stellen von Gott als dem Helfer die Rede ist und nicht vom Stein selbst, wie in ParJer; vgl. die bei B. Lifshitz, Inscriptions S. 99, gebotene Inschrift aus Cäsarea: Εἷς Θεὸς βοηθῶν [Μ]αρίνῳ; vgl. auch LXX 1Sam 7,12: καὶ ἐκάλεσεν τὸ ὄνομα αὐτοῦ Αβενεζερ, Λίθος τοῦ βοηθοῦ, καὶ εἶπεν· Ἕως ἐνταῦθα ἐβοήθησεν ἡμῖν Κύριος.

wahrscheinlich handelt es sich, ähnlich wie in VitJer[686], Hebr 11 oder bei
den Kirchenvätern, lediglich um die Kenntnis der Tradition von der Steinigung des Jeremia, da die Geschichte selbst vom Verfasser des christlichen Schlusses der ParJer gestaltet wurde und keine weiteren erkennba-
ren traditionellen Motive verarbeitet worden sind.[687] Ohne dies mit Sicherheit sagen zu können, läßt ein solches Ergebnis jedoch die Vermutung zu, daß der Verfasser des christlichen Schlusses der ParJer vielleicht
in der Nähe jener Kreise zu suchen ist, die AscJes bearbeitet haben.[688]
Nachdem Jesaja als christlicher Märtyrer beansprucht wurde und dazu
jüdische Überlieferungen aufgenommen worden sind, verwendete man
die ParJer dazu, dies ebenfalls mit Jeremia zu tun. Daraus erklärt sich
auch gut, warum man Jeremias Todesart ausdrücklich von der des Jesaja
unterschieden hat und die des letzteren gar nicht zu erwähnen brauchte,
da sie ohnehin in jenen Kreisen bekannt war. Damit wäre also die christliche Bearbeitung der ParJer in die Zeit der Bearbeitung der AscJes oder
kurz danach anzusetzen.

Die gleichzeitigen Bezüge zu johanneischen Traditionen und Vorstellungen bestimmen den oder die christlichen Bearbeiter der ParJer traditionsgeschichtlich und theologisch näher. Die Kenntnis von Aussagen aus
dem Johannesevangelium und der Johannesapokalypse durch den Bearbeiter der ParJer zeugt auch von der Verbreitung jener Schriften bis zur
Mitte des 2. Jh. n. Chr.[689] Ob man jedoch den Verfasser des christlichen
Schlusses der ParJer in die sog. johanneische Schule[690] einordnen kann,

---

[686] Vgl. C. C. Torrey, Lives S. 35 Anm. 8; J. Jeremias, Heiligengräber S. 108; G. Delling,
Lehre S. 16; O. H. Steck, Israel S. 249 Anm. 7; C. Wolff, Jeremia S. 89 u.a.; s.o. S. 167f.

[687] Im Blick auf AscJes und VitProph schreibt O. H. Steck, Israel S. 244: "Man kann
höchstens fragen, ob diese Legenden nicht als Konkretionen der generellen Aussage [sc.
über das Töten der Propheten; d. Vf.] entstanden sind, so daß sie als Anschauungshinter-
grund bei deren Überlieferung hinzukämen. Aber nach eingehender Untersuchung haben
sich mir aus MartJes und VitProph kaum Anhaltspunkte dafür ergeben. Die Entstehung der
Legenden scheint vielmehr ganz andere traditionsgeschichtliche Hintergründe als Element
C der dtrPA [d.i. die Halsstarrigkeit des Volkes in der dtr. Prophetenaussage; d. Vf.] zu haben; vielleicht besteht teilweise Zusammenhang mit der Prophetengrabverehrung."

[688] Einen Versuch der Charakterisierung des Redaktionskreises von AscJes hat R. G.
Hall, Ascension passim, unternommen, der vor allem AscJes 3,13-31 und 6,1-7,1 der christlichen Redaktion zuschreibt (a.a.O. S. 289-292). Er spricht von einer prophetischen Schule,
deren Anhänger an Himmelfahrten der alten Propheten geglaubt hätten (a.a.O. S. 295). Aus
dem Konflikt zwischen Jesaja und Bezekia auf der einen und Belkira und Manasse auf der
anderen Seite folgert er, daß AscJes einen Schulkonflikt zweier christlicher Gruppen re-
flektierte (a.a.O. S. 295ff.302).

[689] Vgl. C. K. Barrett, Johannes S. 124-130, der damit zugleich sein eigenes Urteil relativiert: "Es würde mehr als die Arbeit eines Lebens erfordern, den Einfluß des vierten
Evangeliums auf die christliche Theologie aufzuzeigen; es ist jedoch leicht, seinen Einfluß
auf das Denken der ersten Hälfte des 2. Jh. zu zeigen: denn es hatte keinen" (a.a.O. S. 78).

[690] Zur Problematik der sog. johanneischen Schule vgl. z.B. O. Cullmann, Der johanneische Kreis S. 41-66; R. A. Culpepper, School S. 261-290; E. Ruckstuhl, Antithese S.
227ff.229-231; G. Reim, Lokalisierung passim, und jetzt vor allem die umfangreiche Auseinandersetzung mit diesem Problemkreis durch M. Hengel, Die johanneische Frage passim,
bes. S. 219-224 und 298-306, der die Einheit der johanneischen Schule besonders hervor-

wird unsicher, wenn nicht gar zweifelhaft bleiben; auf jeden Fall stand er ihr nahe.[691] Allerdings zeigt die Gestaltung und Akzentsetzung zugleich die Eigenständigkeit des Verfassers. Der christliche Schluß der ParJer gehört damit in die Rezeptionsgeschichte von Johannesevangelium und Johannesapokalypse. Für die Bearbeitung von AscJes kann man dies nicht so klar feststellen. Die christlichen Stücke in AscJes haben grundlegenderen konzeptionellen Charakter, da sie die Christusgeschichte in der Vorausschau des Propheten als ganze reflektieren, inklusive dessen Wirkung durch die Apostel: Menschwerdung, Erwählung der Zwölf, Tod und Grablegung (AscJes 3,13), Auferstehung (3,16), Aussendung der Jünger (3,17), Bekehrung der Völker (3,18f.), der Abfall vom Glauben (3,20-30), das Kommen des Satans in die Welt für eine kurze Zeit (4,1-13) und schließlich das Gericht Christi, in apokalyptischen Bildern beschrieben (4,14-18).[692] Einige dieser Motive (Erwählung und Aussendung der zwölf Apostel, ParJer 9,18; Auferstehung, 9,13; Bekehrung der Völkerwelt, 9,17; Gericht Christi, 9,14ff.) waren auch im christlichen Schluß der ParJer zu finden.

8.4. Christliche Interpolationen in den ParJer?

Nach der Untersuchung des christlichen Schlusses der ParJer ist abschließend die Frage nach christlichen Interpolationen außerhalb von Kap. 9,10-32 aufzugreifen. Die bisher als solche vermuteten Stellen faßt S. E. Robinson zusammen: "...(T)he description of the waters of the Jordan as a test for the people (6:25) is an obvious Christian Interpolation referring to baptism, especially since there is no mention of a test by water, when the people actually do cross the Jordan (8:4-6). The christian redactor emloys some terms and phrases that are similar to but not necessarily influenced by gnostic ideas, especially in chapters 6 and 9. Some examples are 'virgin faith' (6:7), 'O great name which no one can know' (6:13), 'the sign of the graet seal' (6:25), and 'Jesus Christ the light of all the aeons' (9:14,26)."[693] Darüber hinaus ist der Vorschlag S. E. Ro-

---

hebt. E. Ruckstuhl, a.a.O. S. 229, hört z.B. im "Wir" von 1Joh 1,1-4 den johanneischen Zeugenkreis sprechen, anders M. Hengel, a.a.O. S. 152. Eigentümlich ist der Entwurf von C. K. Barrett, Johannes S. 148f.

691 Ähnliches hat R. G. Hall, Ascension S. 300-306, in AscJes beobachtet.

692 Vgl. die ähnliche Struktur in AscJes 11. Ausführlich ist hier vom Aufstieg Christi durch die Himmel erzählt (11,25ff.), bis er im siebenten Himmel von den Gerechten und den Engeln gepriesen wird und sich zur Rechten Gottes setzt. In 11,41 ist diese Vision nochmals ausdrücklich als Todesursache Jesajas beschrieben. Trotz dieser Ähnlichkeiten zwischen AscJes 3 und 11 gibt es dennoch Unterschiede, die die Frage entstehen lassen, ob diese Abschnitte von derselben Hand stammen, oder ob vielleicht der Schluß von AscJes eine jüngere Schicht darstellt, die sich an die ältere anlehnt.

693 S. E. Robinson, 4 Baruch S. 415, im Anschluß an O. S. Wintermute, Rez. G. Delling S. 443. Zu Kap. 6 schreibt S. E. Robinson, a.a.O. S. 422 Anm. 6g: "Note that the language of this ch[apter] (6:7,12f,25) is reminiscent of Gnosticism."

binsons, den christlichen Schluß bereits mit ParJer 8,9(12) beginnen zu lassen[694], nochmals zu prüfen.[695]

Auf ParJer 6,23(25) wurde bereits im Zusammenhang der Behandlung des Baruchbriefes ausführlich eingegangen.[696] Es hat sich gezeigt, daß die Wendung "Zeichen des großen Siegels" nicht als Anspielung auf die christliche Taufe interpretiert werden kann, sondern auf dem Hintergrund von ParJer 3,8 als Ausdruck der beginnenden Heilszeit als letztes ("großes") der dort erwähnten sieben Siegel zu verstehen ist, deren Anbruch nunmehr von Baruch den Exulanten mitgeteilt wird.[697] Die Begründung, die S. E. Robinson für den christlichen Ursprung von 6,23(25) anführte[698], daß in 8,4ff. von einem "test by water" nicht die Rede sei[699], spricht u.E. im Gegenteil dafür, daß 6,23 *nicht* christlich zu verstehen ist, denn anderenfalls würde man gerade in 8,1-5 eine erneute christliche Anspielung auf die Taufe erwarten, wenn die Taufe hier am Jordan geschehen sollte.[700] Versteht man jedoch σημεῖον(!) τῆς μεγάλης σφραγῖδος als *Zeichen* für den Beginn der Heilszeit, so ist ein erneuter Bezug darauf in Kap. 8 nicht mehr erforderlich, denn das 'Zeichenhafte' des Beginns der Heilszeit ist der Jordanübergang selbst. Nach der Parallelisierung von Babylon und Ägypten und der als zweiten Exodus verstandenen Rückkehr aus Babylon fügt sich die Erwähnung des Jordan in diese geschichtstheologische Reflexion ein, denn auch nach dem Exodus aus Ägypten ist die Jordanpassage als Eintritt in das Land Zeichen für die Erfüllung von Gottes Verheißung.[701]

Die Wendung ἡ παρθενική μου πίστις in 6,4(7)[702] ist u.E. ebenfalls keine spezifisch christliche. Im Neuen Testament findet sich das Wort παρθενικός nicht. Auch ist der Wortstamm παρθεν- im Neuen Testament nicht in Verbindung einer Charakterisierung des Glaubens verwendet.[703] Ob Apk 14,4 als Parallele zu ParJer 6,4 für das Verständnis des "jungfräulichen Glaubens" als "reine(n), an Gott festhaltende(n) Glaube(n)"[704]

---

694 S. E. Robinson, a.a.O. S. 414.
695 Vgl. schon oben S. 31f.
696 S.o. S. 120ff.
697 S.o. S. 121.
698 In Anlehnung an J. R. Harris, Rest S. 14f.
699 S. E. Robinson, 4 Baruch S. 415.
700 Ähnliches ist auch gegen die Auffassung des "großen Siegels" als Beschneidung anzuführen, s.o. S. 120 Anm. 407.
701 Vgl. bes. Jos 4,1-9, wo die 12 Steine als *Erinnerungszeichen* (σημεῖον/אות) für den Jordandurchzug und die Erfüllung der Verheißung errichtet werden (4,6f.); vgl. oben S. 122.
702 Zur Textüberlieferung von ParJer 6,4 s.o. S. 15f.
703 Vgl. dazu G. Delling, Art. παρθένος S. 832-835; vgl. jedoch die Kennzeichnung der *Gemeinde* als παρθένος ἁγνή in 2Kor 11,2; s. C. Wolff, Zweiter Korintherbrief S. 211f.; vgl. ferner die Verwendung des Wortes παρθένος in JosAs 1,4f.; 2,6f.; 7,7ff.; 8,9; 10,4 u.ö. und bes. 15,1-11, wo Aseneth als παρθένος im Blick auf ihre Bekehrung zum jüdischen Glauben bezeichnet wird. In 15,8 kann die Umkehr selbst παρθένος καθαρά genannt werden; in 4,7 und 8,1 ist παρθένος attributiv auf Joseph bezogen.
704 G. Delling, Lehre S. 9; ähnlich J. Riaud, Paralipomènes S. 1752 Anm. z.St.

herangezogen werden kann, ist insofern fraglich, als in Apk 14,4 nicht der *Glaube* als "jungfräulich" charakterisiert wird.[705] Man wird vielmehr das Attribut παρθενικός aus dem Zusammenhang der ParJer in der Weise inhaltlich füllen können, daß damit der trotz der Klage im Grab bewahrte Glaube Baruchs beschrieben wird (vgl. 7,2: Baruch ist der "Haushalter [οἰκονόμος] des Glaubens"). "Glaube" ist hier als Vertrauen auf Gott näher zu bestimmen, daß er das Schicksal des Volkes wenden wird. Die Aufforderung ἀνάψυξον, die ja an den Glauben gerichtet ist, bestärkt diese Deutung: Das Vertrauen auf Gott, das nach der Zerstörung Jerusalems durch die Klage überdeckt war (4,6-11)[706], kann nun, nachdem Baruch die Bedeutung der Abimelech widerfahrenen Bewahrung verstanden hat, wieder neu aufleben. Somit fügt sich der "jungfräuliche Glaube", d.h. der Glaube, der gerade wieder neu auflebt, in den Kontext der ParJer ein und braucht nicht einer (gnostisch-)christlichen Redaktion[707] zugewiesen werden.

Daß auch das Gottesprädikat "großer Name, den keiner kennen kann", das Baruch neben anderen in 6,9(13) verwendet, auf dem Hintergrund alttestamentlich-jüdischer Vorstellungen verstanden werden kann, darauf hat schon G. Delling hingewiesen.[708] Bereits die Wendung "großer Name" findet sich vielfach im Alten Testament, vgl. Jos 7,9; 2Chr 6,32; Ps 76(75),2; 99(98),3; Jer 44(51),26; Ez 36,23 u.ö.[709] Vor allem aber ist auch hier auf syrBar 5,1 hinzuweisen, wo Baruch im Gespräch mit Gott über dessen Vorhaben der Zerstörung Jerusalems fragt: "Und was hast du damit deinem großen Namen (ܠܫܡܟ ܪܒܐ) angetan?"[710]

Das Nicht-Kennen-Können des Gottesnamens läßt sich ebenfalls von jüdischen Vorstellungen ableiten. G. Delling[711] hat vor allem Philon, Vit

---

[705] In Apk 14,4 heißt es: "Diese sind es, die sich nicht mit Frauen befleckten, denn sie sind jungfräulich (παρθένοι γάρ εἰσιν); diese folgen dem Lamm, wohin es auch geht."

[706] Der Vers 4,8 zeigt, daß das Vertrauen bzw. der Glaube Baruchs an die Rückführung des Volkes durch Gott auch in der Trauer präsent, gleichwohl aber von ihr überlagert war.

[707] Vgl. auch P. Bogaert, Apocalypse I S. 210: "Elle a, de prime abord, une saveur gnostique." Jedoch gibt es keine Belege dafür, daß es sich um einen gnostischen Terminus handelt. Bei Origenes, Hom in Lev XII,5, findet sich die Aussage: "(H)aec 'nubere Christo' non poterit, quae libertatis lascuram quaesierit, non fidei virginalis et simplicis cultum" (zit. nach GCS 29 S. 464; vgl. auch Origenes, Hom in Lev XII,7: "'virgines' in simplificate fidei, quae in Christo est"; a.a.O. S. 466). Vielleicht kann man auch ein bei Euseb, HE III,32,7, überliefertes Wort von Hegesipp anführen: ἐπιλέγει ὡς ἄρα μέχρι τῶν τότε χρόνων παρθένος καθαρὰ καὶ ἀδιάφθορος ἔμεινεν ἡ ἐκκλησία (GCS 9/1 S. 270). Jedoch sind diese Belege für ParJer nicht relevant.

[708] G. Delling, Lehre S. 32.

[709] Vgl. weiterhin z.B. Mal 1,11; Spr 18,10; Sir 39,15; 46,1; 3Makk 2,9; grHen 9,4; vgl. G. Delling, Lehre S. 32.

[710] Zit. nach A. F. J. Klijn, Baruchapokalypse S. 125. P. Bogaert Apocalypse II S. 18, übersetzt zunächst: "illustre Nom", fügt aber hinzu: "littéralement: *grand* Nom"; vgl. auch 4Esr 4,25; 10,22; dazu M. E. Stone, Ezra S. 89. Zur Kenntnis von syrBar 5,1 in ParJer s.o. S. 43f. Zur Verbreitung des Terminus הַשֵּׁם הַגָּדוֹל in der rabbinischen Tradition vgl. z.B. C. Thoma, Art. Gott S. 629f.

[711] G. Delling, Lehre S. 32.

Mos 2,114, angeführt: "Ferner wurde ein Goldblatt ... verfertigt, das die vier Buchstaben des (Gottes-)Namens trug, den nur solche, deren Ohr und Zunge durch Weisheit geläutert sind, im Heiligtum hören und aussprechen dürfen, sonst überhaupt kein anderer an keinem Ort."[712] Die Auffassung von der Unaussprechbarkeit des Gottesnamens, der nur am Versöhnungstag vom Hohenpriester genannt werden durfte, ist eine verbreitete Vorstellung.[713] Selbst dabei gab es oft noch Einschränkungen.[714] Von Interesse dürfte auch die bereits erwähnte Stelle aus Jer 44,26 sein: "Siehe, ich schwöre bei meinem *großen Namen*, spricht der Herr, daß *mein Name nicht mehr genannt wird* durch den Mund eines Menschen aus Juda in ganz Ägyptenland." Hier finden sich beide Motive: sowohl das des "großen Namens" als auch das des Nicht-Aussprechens.

Jedoch muß man einräumen, daß an den genannten Stellen lediglich vom *Nicht-Aussprechen* des Gottesnamens die Rede ist, nicht vom *Nicht-Kennen-Können*, wie in ParJer, denn wenn der Hohepriester ihn aussprechen darf und anderen dieses verboten werden muß, so wird immerhin vorausgesetzt, daß der Name Gottes bekannt ist. Aber es lassen sich noch andere Belege anführen, die der Intention von ParJer näher kommen. Vor allem ist zunächst auf Ex 3,13ff. und die Auslegung hinzuweisen, die Philon, VitMos 1,74f., gibt: "Aber Moses wusste sehr wohl, dass seine Stammesgenossen wie auch alle andern seiner Rede keinen Glauben schenken würden, er sagte daher: 'Wenn sie nun fragen, wie der Name dessen sei, der mich gesandt hat, werde ich nicht als ein Betrüger erscheinen, wenn ich ihn selber nicht zu nennen weiss?' Und Gott erwiderte: 'Zuerst sage ihnen, dass ich der Seiende bin, damit sie, über den Unterschied zwischen dem Seienden und dem Nichtseienden belehrt, auch die Lehre vernehmen, dass es für mich, dem allein das Sein zukommt, überhaupt keinen mein Wesen treffenden Namen gibt (ὡς οὐδὲν ὄνομα τὸ παράπαν ἐπ᾽ ἐμοῦ κυριολογεῖται)."[715] Hier ist vorausgesetzt,

---

712 Zit. nach L. Cohn, Philo Werke I S. 323.

713 Vgl. mTam 7,2; yYom 3,7; 6,2; SifBem 39 u.ö.; vgl. C. Thoma, Art. Gott S. 629f. Besonders drastisch formuliert mSan 10,1: "Und das sind die, die keinen Anteil haben an der zukünftigen Welt: ... 2 Abba Saul sagt: Auch wer den Gottesnamen mit seinen Buchstaben ausspricht" (zit. nach S. Krauß, Sanhedrin S. 267.271).

714 Vgl. bQid 71a; SifZ 15f.39 u.a.; vgl. C. Thoma, Art. Gott S. 629; zum (Nicht-)Gebrauch des Gottesnamens im Judentum vgl. G. Dalman, Gottesname S. 43-62. G. Dalman kommt zu dem Ergebnis, "dass dem alexandrinischen ebenso wie dem palästinschen Judentum jener Zeit eine besondere Scheu vor dem mündlichen Gebrauche des Gottesnamen überhaupt eigen war, welche sich besonders an 2 Mose 20,7 knüpfte. Eine ausdrückliche biblische Motivierung des als Volkssitte längst feststehenden Nichtgebrauch des Jahvenamens ... findet sich nirgends" (a.a.O. S. 62). Erwähnenswert ist in diesem Zusammenhang auch die Überlieferung vom Tod des Hohenpriesters Simon des Gerechten (um 200 v. Chr.) sieben Tage nach dem Versöhnungstag, an dem er den Gottesnamen ausgesprochen hatte, bYom 39b; tSot 13,8.

715 Zit. nach L. Cohn, Philo Werke I S. 239; griech. nach ders., Philonis Opera IV S. 137; vgl. H. Gese, Name Gottes S. 76; C. Thoma, Art. Gott S. 628f. Vgl. weiterhin z.B. Jes 52,6, wo das Kennen bzw. Wissen des Gottesnamens einen *eschatologischen* Aspekt erhält: "Darum

daß den Namen Gottes niemand kennen kann, denn nach Philon wird Mose kein Gottesname mitgeteilt. Man wird also auch für das Verständnis von ParJer 6,9 davon ausgehen können, daß hier der jüdische Autor und nicht der (gnostisch-)christliche Interpolator am Werk war.[716]

Die ebenfalls als christliche Interpolation verstandene Aussage "laß Erkenntnis in mein Herz kommen" (γενοῦ γνῶσις ἐν τῇ καρδίᾳ μου; 6,10[13]) ist wiederum aus ihrem Kontext heraus am besten zu verstehen. Γνῶσις bezieht sich auf den Wunsch Baruchs, von Gott zu erfahren, wie er Jeremia die Botschaft von der bevorstehenden Rückkehr übermitteln kann (6,10b). Dafür wurde bereits in 6,8 derselbe Wortstamm verwendet: εὐξώμεθα, ἵνα γνωρίσῃ ἡμῖν ὁ κύριος τὸ, πῶς δυνησώμεθα ἀποστεῖλαι τὴν φάσιν τῷ Ἱερεμίᾳ ... ParJer 6,10 wiederholt dies mit anderen Worten. Die Erwähnung des Herzens (καρδία) steht hier, wie schon in 6,3, im Zusammenhang mit der Botschaft der Rückkehr, die für das Herz einmal Grund zum Jubel ist (6,3), zum anderen Gegenstand der "Erkenntnis des Herzens" (6,10), nämlich wie sie weiterzuvermitteln sei. "Herz" steht für die Person des Baruch.[717]

Den Vorschlag, den christlichen Schluß der ParJer bereits mit 8,9(12) beginnen zu lassen, hat S. E. Robinson nicht näher begründet[718]. Daher kann an dieser Stelle auf die Untersuchung von Kap. 8[719] und 9,1-9[720] verwiesen werden, in denen deutlich geworden ist, daß sowohl der letzte Vers von Kap. 8 als auch ParJer 9,1-9 in den Kontext des jüdischen Werkes gehören. Besonders offensichtlich ist dies u.E. an der Aufnahme und Interpretation von Motiven aus Lev 16 und Jes 6 für die Beschreibung des *jüdischen Versöhnungstages* nach der Rückkehr aus dem Exil. Aber auch die Verheißung an die Samaritaner, sie würden vom Engel der Gerechtigkeit in das himmlische Jerusalem geführt, ist Bestandteil der Botschaft des Verfassers und seiner Konzeption der Transparenz des irdischen zum

---

soll mein Volk *an jenem Tag* meinen Namen erkennen ..." Zu erwähnen ist schließlich ShemR zu Ex 3,14: "Der Heilige, gepriesen sei er, sagte zu Mose: Meinen Namen willst du wissen? Entsprechend meinen Taten werde ich genannt" (zit. nach C. Thoma, Art. Gott S. 631; vgl. MekhY zu Ex 20,2; bBer 9b).

[716] Im Blick auf Philon, VitMos 1,74f., schreibt H. Gese, Name Gottes S. 76, Philon gehe "am ursprünglichen Sinn des Textes vorbei". H. Gese weist demgegenüber auf die Kontinuität hin, die von Ex 3,13ff. bis ins Neue Testament zu Joh 17,6 ("Ich habe deinen Namen den Menschen offenbart, die du mir aus der Welt gegeben hast") führt. Allerdings ist gerade der Unterschied zwischen der christlichen Auffassung von Joh 17,6 und der des Philon hinsichtlich der Interpretation von ParJer 6,9 bezeichnend. Daß sich auch die christliche Tradition hinsichtlich der Offenbarung des Gottesnamens auf alttestamentliche Aussagen stützen konnte (vgl. H. Gese, a.a.O.), bleibt davon unberührt; vgl. z.B. Hebr 2,12, wo Ps 21,23 zitiert wird.

[717] Zur Bedeutung von καρδία als "Person" und Ort der Erkenntnis vgl. J. Behm, Art. καρδία passim, bes. S. 612ff.; H.-J. Fabry, Art. לֵב Sp. 425f.432f.

[718] S. S. E. Robinson, 4 Baruch S. 414.

[719] S.o. S. 129ff.

[720] S.o. S. 159ff.

himmlischen Jerusalem.[721] Im eigentlichen christlichen Schluß ab 9,10 spielt dagegen weder das irdische noch das himmlische Jerusalem eine Rolle, so daß ein Beginn des christlichen Schlusses vor 9,10 nicht wahrscheinlich ist.[722]

Abschließend kann festgehalten werden, daß sich die christliche Redaktion der ParJer u.E. ausschließlich auf die Anfügung des Schlusses in ParJer 9,10-32 beschränkt. Alle anderen, als christliche Interpolationen gedeuteten Stellen lassen sich auf dem Hintergrund alttestamentlich-jüdischer Vorstellungen bzw. im Kontext der ParJer selbst erklären.

Wenn man zwischen der christlichen Redaktion und jenen vermuteten Interpolationen einen Zusammenhang herstellen will, so kann dies nur in dem Sinne geschehen, daß diese Stellen (u.a.) Anlaß für die Rezeption der ParJer durch christliche Hand gewesen sein könnten.[723]

---

[721] S.o. S. 31f.136. In einer Anmerkung zu ParJer 8,9(12) schreibt S. E. Robinson, 4 Baruch S. 423 Anm. 8b: "The Christian redactor has changed the original Jewish polemic against the Samaritans into a promise of exaltation by adding this vs." Daß aber in Kap. 8 von einer antisamaritanischen *Polemik* nicht die Rede sein kann, wurde oben dargelegt (s.o. S. 138ff.).

[722] Zu J. Riauds Ansatz ab 9,6 s.o. S. 30f.

[723] Das Problem, das hieran sichtbar wird, ist auch ein grundsätzlich sprachgeschichtliches hinsichtlich des Bedeutungswandels von Vorstellungen und Begriffen in sich verändernden Kontexten, auf das hier nur am Rande hingewiesen werden kann (vgl. dazu z.B. J. Barr, The Semantics of Biblical Language, bes. S. 246ff.; B. Kedar, Biblische Semantik passim, bes. S. 134ff.; J. P. Louw, Semantics of the New Testament Greek passim, bes. S. 39ff.). Doch gerade im Blick auf die Untersuchung christlicher Interpolationen in frühjüdischen Schriften sollte methodisch u.E. dem Grundsatz gefolgt werden, daß ein Begriff, eine Wendung oder eine Vorstellung zunächst aus ihrem unmittelbaren Kontext heraus erklärt werden muß, der im Falle der ParJer konkret sowohl aus der Erzählung selbst als auch aus der alttestamentlich-frühjüdischen Tradition besteht. Erst wenn dies nicht mehr möglich ist, bzw. wenn die Evidenz des christlichen Ursprunges offen zutage tritt, wie z.B. im Schluß der ParJer ab 9,10, kann man die Frage nach möglichen Interpolationen sinnvoll stellen. Daß Begriffe und Wendungen jüdischer Provenienz assoziative Bedeutung für einen Redaktor haben, der sie auf dem Hintergrund christlicher Tradition liest, ist dabei unbestritten. Das erklärt jedoch nicht deren *Herkunft*, sondern ihre *Wirkung*. Die Tatsache nämlich, daß die christliche Gemeinde Begriffe und Vorstellungen aus der jüdischen Tradition entnommen und neu interpretiert bzw. mit neuen Bedeutungen gefüllt hat (vgl. im Fall der ParJer vor allem Begriffe wie εὐαγγελίζεσθαι, ParJer 3,11; 5,21; vgl. 9,18!; der Stamm ἐλευσ-, 3,8; vgl. 9,18; die Aufforderung μετανοήσατε, 8,12; oder auch die Wendung μονογενὴς υἱός, 7,24; Gott als φῶς, 6,9; vgl. 9,13; der Terminus ἐξυπνίζω, 5,1.5; vgl. 9,13; die Wendung πίστευσον ὅτι ζήσεις, 6,4; vgl. 9,13), bietet u.E. vielmehr die Möglichkeit dafür, daß jüdische Schriften durch christliche Kreise rezipiert wurden. Um diesen Vorgang nachvollziehen zu können, ist es jedoch wichtig, die rezipierte jüdische Schrift auch zunächst als solche zu verstehen. Erst wenn dies geleistet ist, wird die Frage nach dem Wie und Warum christlicher Rezeption und Redaktion sinnvoll. Darauf ist später zurückzukommen, wenn das Problem der Datierung der ParJer sowie ihrer christlichen Bearbeitung hinreichend beleuchtet wurde.

V. Die historische Einordnung der ParJer und die Frage nach der Absicht ihres Verfassers und der christlichen Redaktion

Aus der traditionsgeschichtlichen Untersuchung konnte bereits ein größerer Zeitraum abgeleitet werden, der für die Abfassung der ParJer in Frage kommt. Terminus a quo ist syrBar, von der ParJer literarisch abhängig sind, d.h. das Ende des 1. Jh. n. Chr.[1] Terminus ad quem für die ParJer in ihrer Gesamtgestalt ist wahrscheinlich die Mitte des 2. Jh. n. Chr., was sich aus der Beziehung zwischen AscJes und der christlichen Redaktion ergibt. Danach ist aus traditionsgeschichtlicher Sicht für das jüdische Werk der ParJer der terminus ad quem spätestens um 140 n. Chr. anzusetzen, da es einige Jahre älter sein muß als die christliche Bearbeitung. Für die jüdische Schrift ergibt sich daher zunächst ein möglicher Abfassungszeitraum von etwa 40 bis 50 Jahren.[2]

Auf den wohl präzisesten Datierungsvorschlag von J. R. Harris ist im Zusammenhang der Deutung der Zahl 66 bereits eingegangen worden.[3] Mit der Addition der 66 zum Datum der Zerstörung Jerusalems (70 n. Chr.) kam J. R. Harris auf das Jahr 136 n. Chr. als Termin der Entstehung der ParJer, die er als ganze für eine christliche Schrift hielt, ein "Eirenicon" der Kirche an die Synagoge[4], verfaßt durch einen Judenchristen.[5] Zu dieser Charakteristik paßte die errechnete Jahreszahl, denn ein solches "Eirenicon" konnte natürlich erst geschaffen werden, nachdem die Juden ihre Stadt 135 n. Chr. an die Römer verloren hatten.[6]

Die Datierung der ParJer von J. R. Harris hat in der Forschung bisher wenig Zustimmung gefunden[7], obwohl das Jahr 136 auch von anderen als möglicher Entstehungszeitpunkt in Betracht gezogen wurde.[8] Abgesehen

---

1 Zur Datierung von syrBar s.o. S. 72f.

2 Dies allein zeigt schon, daß eine Spätdatierung ins 3./4. Jh., wie sie A. Dillmann, Chrestomathia S. X, vorgeschlagen hatte, nicht zu halten ist. Auch die Verwendung des Namens "Agrippa" (vgl. ParJer 3,10.15) weist in frühere Zeit, da er zur Zeit der Abfassung noch bekannt gewesen sein muß, vgl. K. Kohler, Haggada S. 409.

3 S.o. S. 95 Anm. 273; vgl. J. Riaud, Paralipomena I S. 170.

4 J. R. Harris, Rest S. 14.

5 A.a.O. S. 12.

6 Vgl. A.-M. Denis, Paralipomènes S. 74f.; S. E. Robinson, 4 Baruch S. 414, der das Jahr 136 als obere Grenze annimmt, ebenfalls aufgrund der Zahlen 70 und 66, jedoch wegen des Bezuges zu syrBar die ParJer im ersten Drittel des 2. Jh. ansetzt und die christliche Redaktion in der Mitte des 2. Jh.

7 Vgl. P. Bogaert, Apocalypse I S. 220.

8 Vgl. G. W. E. Nickelsburg, Literatur S. 315 ("between 135 and 136"); J. Licht, Paralipomena S. 70; S. B. Saylor, Analysis S. 139.

von der zweifelhaften Konstruktion der Jahreszahl 136 aus 70+66 ist weiterhin zu fragen, ob die Entstehung einer jüdischen Schrift wie ParJer im
Jahre 136 n. Chr. vorstellbar ist. Schon E. Schürer hatte in seiner Rezension zu J. R. Harris' Textausgabe der ParJer darauf hingewiesen, daß
"man, wenn das Büchlein in so bewegter Zeit geschrieben wäre, stärkere
zeitgeschichtliche Spuren darin erwarten" dürfte.[9] Gilt dies schon, wenn
man, wie J. R. Harris, in ParJer eine rein christliche Schrift sieht, so u.E.
noch viel mehr für ParJer als jüdisches Werk. Daß sie auf die kurz vorher
geschehenen und für Israel katastrophalen Ereignisse des Krieges gegen
die römische Herrschaft nicht eininge, ist sehr unwahrscheinlich.[10]
Diese Tatsache führt eine Reihe von Autoren dazu, die Abfassungszeit
der ParJer noch vor den Ausbruch des Bar Kochba-Krieges zu legen, womit der terminus ad quem etwa um 130 anzusetzen wäre.[11] Abgesehen
von dem Vorschlag von J. R. Harris hat bisher u.W. nur J. Riaud eine relativ enge Eingrenzung für den Zeitraum der Entstehung der ParJer vorge-
nommen, u.z. zwischen 118 und 130 n. Chr.[12] Die christliche Rezeption
liegt nach J. Riaud noch vor 132 n. Chr.[13]

Die Zeit, in der die ParJer entstanden sind, ist historisch nur schwer
zu beurteilen und zu rekonstruieren, da die Quellenlage sehr dürftig ist.[14]
Da während des Bar Kochba-Aufstandes (132-135 n. Chr.[15]) eine Abfassung unwahrscheinlich ist, muß die Zeit davor näher betrachtet werden.

Zunächst ist zu bedenken, daß die Zerstörung Jerusalems und des
Tempels im Jahre 70 für das jüdische Volk schwere Konsequenzen sowohl
sozialer und politischer, als auch religiöser Art nach sich zog. Der Verlust
des Tempels veränderte das religiöse Leben des Volkes in Palästina von
Grund auf.[16] Damit verbunden war, daß "das 'Faustpfand' der jüdischen

---

9   E. Schürer, Rez. J. R. Harris, Rest Sp. 83.

10   Es sei denn, man nähme an, die in ParJer geschilderte Eroberung Jerusalems reflek-
tiere nicht die Ereignisse um 70 n. Chr., sondern den Bar Kochba-Krieg. Dies ist aber u.E.
nicht möglich. Vgl. G. D. Kilpatrick, Acts S. 141: "Why, if the book was written at this time, is
there no allusion to the rising of Barkochba? If the work were Christian, we would expect a
reference to him and his supporters as persecutors of the Church who had been overthrown,
but no such references are to be found. If the work is Jewish, the difficulties are greater.
There is no example of a Jewish book passing into Christianity after 132 A.D., nor could a
Jewish writer in the period of Barkochba's rising or immediatly after it fail to make some allusion to it, especially when he maintained that deliverance was coming in the years
136-40." Vgl. auch J. Riaud, Paralipomena I S. 175f.; S. E. Robinson, 4 Baruch S. 414; ebenso
G. Delling, Lehre S. 3.

11   Vgl. G. D. Kilpatrick, Acts S. 141: "before 132 A.D."; A.-M. Denis, Paralipomènes S. 75:
70-130; E. Turdeanu, Légende S. 306: 70-132; S. E. Robinson, 4 Baruch S. 414: erstes Drittel
des 2. Jh.

12   J. Riaud, Paralipomena I S. 178.

13   Ebd., im Anschluß an G. D. Kilpatrick, Acts S. 141; anders jedoch J. Riaud, Jérémie S.
235.

14   Vgl. P. Schäfer, Geschichte S. 159.

15   Zur Datierung vgl. ausführlich P. Schäfer, Aufstand S. 10-28.

16   Vgl. J. Neusner, Judaism S. 34ff.; G. Stemberger, Judentum S. 15f.; P. Schäfer, Geschichte S. 145f.

Selbstverwaltung"[17], der Sanhedrin, mit dem Tempel verloren ging.[18] Die wesentliche Kraft für eine Neuorientierung und Neukonsolidierung nach dem Jahre 70 lag offenbar bei den Rabbinen pharisäischer Provenienz.[19] Hervorzuheben ist hier vor allem R. Johanan ben Zakkai, ein Schüler aus dem Haus Hillel[20] und ehemaliges Mitglied des Sanhedrin[21], der nach verschiedenen Überlieferungen während des Krieges Jerusalem verließ und nach Jabne ging, um dort ein neues Zentrum des geistigen Lebens zu gründen.[22] Nachdem das Volk eine politische Niederlage größten Ausma-

---

[17] P. Schäfer, a.a.O. S. 146.

[18] Vgl. P. Schäfer, a.a.O. S. 147; vgl. auch S. Safrai, Volk S. 72; J. Maier, Grundzüge S. 95. J. Neusner, Judaism S. 35, mahnt aber eine differenzierte Sicht an: "The Jews continued to govern themselves, much as they had in procuratorial times, though through different institutions ..."; vgl. auch H. Bietenhard, Freiheitskriege S. 60.

[19] Vgl. G. Baumbach, Aufstandsgruppen S. 283: "Die Zukunft gehörte dem Pharisäismus ..., der sich gerade durch seine Nichtbeteiligung an 'revolutionären' Aktionen gegen die römische Weltmacht als 'progressiv' erwies." Es ist aber wahrscheinlich, daß am Prozeß der Umgestaltung nicht nur die Gruppe der Pharisäer beteiligt war, vgl. G. Stemberger, Pharisäer S. 132: "Schon während des Aufstandes gegen Rom verloren die Grenzen zwischen den einzelnen Schulrichtungen ihre Bedeutung. Ebenso ist wohl auch der Neubeginn in Jabne nicht als Triumph der allein übrig gebliebenen pharisäischen Gruppe zu verstehen, sondern als bewußte Sammelbewegung, die im Interesse nationaler Einheit verschiedensten Strömungen Raum gewährte." Zum Einfluß der Pharisäer vgl. J. Neusner, Life S. 126ff.147ff.; ders., Judentum S. 26-32; D. Goodblatt, Pharisees passim.

[20] Vgl. mAv 2,8; A. Schlatter, Jochanan Ben Zakkai S. 9f.; J. Neusner, Life S. 16-27; zur historischen Problematik vgl. bes. J. Neusner, a.a.O. S. 22f.

[21] Ob R. Johanan ben Zakkai selbst Pharisäer war, ist unsicher, vgl. G. Stemberger, Pharisäer S. 132.

[22] Vgl. bes. P. Schäfer, Flucht passim; weiterhin H. Bietenhard, Freiheitskriege S. 62; H. J. Schoeps, Tempelzerstörung S. 168f.; C. Thoma, Auswirkungen S. 188-193; J. Neusner, Life S. 105.126.152-171; S. Safrai, Volk 122ff.; G. Stemberger, Judentum S. 16f.56ff.; P. Schäfer, Geschichte S. 150ff. Die Geschichte um R. Johanan ben Zakkai wird unter verschiedenen Gesichtspunkten erzählt, vgl. bGit 56b; ARN A 4, B 6; EkhaR I,5; dazu J. Neusner, Life S. 114-121; S. Safrai, Volk S. 122; P. Schäfer, Flucht S. 57-62; ders., Geschichte S. 151f. S. J. D. Cohen, Yavneh S. 50, hatte Jabne als "a grand coalition of different groups and parties" bezeichnet. Der Geist dieses Neubeginns wird anschaulich durch ein Wort aus ARN A 4 (vgl. zu diesen Traktat P. Lenhardt - P. v. d. Osten-Sacken, Akiva S. 72ff.): "Once as Rabban Johanan ben Zakkai was coming forth from Jerusalem, Rabbi Joshua followed after him and beheld the Temple in ruins. 'Woe unto us!' Rabbi Joshua cried, 'that this, the place where the iniquities of Israel were atoned for, is laid waste!' 'My son,' Raban Johanan said to him, 'be not grieved; we have another atonement as effective as this. And what is it? It is acts of loving-kindness, as it is said, *For I desire mercy and not sacrifice*' (Hos. 6:6)" (zit. nach J. Goldin, Fathers S. 34; vgl. A. Schlatter, Jochanan Ben Zakkai S. 39f.; J. Neusner, Life S. 142f.; ders., Judaism S. 47f.; C. Thoma, Pharisäismus S. 272; S. Safrai, Volk S. 20). Der Vers aus Hos 6 wird auch in neutestamentlichen Überlieferungen aufgegriffen: Mt 9,13; 12,7; vgl. Mk 12,33; Mt 23,33; J. Neusner, Life S. 143f. Interessant ist die Einleitung des Zitates in Mt 9,13: πορευθέντες δὲ μάθετε τί ἐστιν, "eine Wiedergabe eines palästinischen Schulausdrucks" (W. Grundmann, Matthäus S. 270). Nach U. Luz, Matthäus S. 41.44f. u.a., ist die Einfügung des Zitats von Hos 6,6 in Mt 9,13 einer Redaktion zuzuordnen. Es liegt die Vermutung nahe, daß die neutestamentliche Tradition mit der Einleitungsformel bewußt an jüdische Auslegungen dieser Hoseastelle anknüpft, wie sie etwa von R. Johanan ben Zakkai überliefert werden. U. Luz, a.a.O. S. 44 Anm. 38, sieht allerdings keinen Zusammenhang

ßes hinnehmen und sich den Römern unterwerfen mußte, war die Konzentration auf das geistig-religiöse Fortbestehen die vordringlichste Aufgabe und einzige Möglichkeit, das Judentum vor dem völligen Untergang zu bewahren. In der politischen Unterwerfung unter die römische Herrschaft und der Bewahrung der Traditionen und des Gesetzes lag für R. Johanan ben Zakkai und seine Schule die Zukunft des jüdischen Volkes.[23] Die Entwicklungen im Judentum nach 135 n. Chr. sollten diese Auffassung bestätigen.[24] Aus jener Haltung heraus ist auch die kritische Einstellung R. Johanan ben Zakkais gegenüber messianischen Bewegungen zu verstehen.[25] In ARN B 31 ist folgendes Wort von ihm überliefert: "If there were a plant in your hand and they should say to you: 'Look, the Messiah is here!' Go and plant your plant and after that go forth to receive him. If the young men say to you: 'Let us go and build the temple', do not listen to them, but if the old men say to you: 'Come and let us tear down the temple', do as they say."[26] Die Tradition des R. Johanan ben Zakkai[27] in Jabne wurde dann von R. Gamaliel II. fortgeführt, einem Sohn

---

zwischen Mt 9,13 und ARN A 4: "Die ethische Akzentuierung durch Mt und Johanan aufgrund (jesuanischen und) prophetischen Erbes geschieht unabhängig voneinander."

[23] Vgl. P. Schäfer, Flucht S. 80ff. Die Nähe des Schicksals R. Johanan ben Zakkais zu dem des Josephus ist bemerkenswert, vgl. A. Schlatter, Johanan Ben Zakkai S. 64; J. Neusner, Life S. 116; P. Schäfer, Geschichte S. 152f. Auch Josephus hat durch die Unterwerfung unter die Römer den Krieg überlebt und, wenn auch in anderer Weise als R. Johanan ben Zakkai, für die Bewahrung der jüdischen Traditionen Entscheidendes geleistet; zur Geschichte des Josephus vgl. Bell III,340-408. Vgl. dazu ARN A 4: Als Vespasian dem Johanan ben Zakkai erlaubte, nach Jabne zu gehen, sagte dieser: "'By thy leave, may I say something to thee?' 'Speak.' Vespasian said to him. Said Rabban Johanan to him: 'Lo, thou art about to be appointed king.' 'How dost thou know this?' Vespasian said. Rabban Johanan replied: 'This has been handed down to us, that the Temple will not be surrendered to a commoner, but to a king; as it is said, *And he shall cut down the thickets of the forest with iron, and Lebanon shall fall by a mighty one*' (Isa. 10:34). It was said: No more than a day or two or three days, passed before messengers reached him for his city (announcing) that the emperor was dead and that he had been elected to succeed as king" (zit. nach L. Goldin, Fathers S. 36; vgl. auch bGit 56a.b; EkhaR I,5). A. Schlatter, Jochanan Ben Zakkai S. 64, vertritt die Auffassung, daß die Geschichte in ARN von der des Josephus beeinflußt ist (vgl. P. Schäfer, Flucht S. 84f.) und R. Johanan ben Zakkai nicht Vespasian, sondern Titus traf, vgl. dazu aber J. Neusner, Life S. 113f. Anm. 2. G. Stemberger, Synode S. 15, bezeichnet die Überlieferung über Johanan ben Zakkai als "'Gründungslegende' des rabbinischen Judentums". "Den geschichtlichen Kern der Erzählungen herauszuschälen ist kaum noch möglich" (ebd.). Es wäre aber immerhin zu fragen, welche der beiden verwandten Legenden über Josephus und Johanan ben Zakkai die ursprünglichere sei. U.E. ist es jedoch kaum wahrscheinlich, daß man sich in der Legendenbildung um den für das rabbinische Judentum so bedeutenden Johanan ben Zakkai etwa an Josephus angelehnt hätte.

[24] Vgl. P. Schäfer, Geschichte S. 153: "Die Torah ist zwar das einzige, was den Juden nach der Zerstörung Jerusalems und des Tempels geblieben ist, aber sie ist auch das Entscheidende, das Wesen und die eigentliche Macht des Judentums, von der sich letztlich sogar erweisen wird, daß sie stärker ist als Rom."

[25] Vgl. J. Neusner, Life S. 134.

[26] Zit. nach A. J. Saldarini, Fathers S. 182. Unbestritten ist ohne Frage die hier dennoch vorhandene Messiaserwartung, vgl. A. Schlatter, Jochanan Ben Zakkai S. 45.

[27] Gestorben um 80 n. Chr., vgl. J. Neusner, Life S. 172.

des letzten Vorstehers des Sanhedrin.[28] Unter R. Gamaliel II. wuchs der
Einfluß der Jabne-Schule weiter an.[29] "Die Weisen in Jabne vermochten
nicht nur das Vakuum zu schließen, das mit der Zerstörung des Tempels
aufgebrochen war, sondern auch eine Blütezeit jüdischen Lebens auf allen Gebieten herbeizuführen."[30]
Der Versuch der geistig-religiösen Konzentration des sich nach 70
konsolidierenden rabbinischen Judentums steht aber einer nicht aufhö-
renden Bewegung gegen die römische Herrschaft gegenüber[31], die ihren
deutlichsten Ausdruck in den Aufständen der Jahre 115-117 n. Chr. unter
Trajan (98-117 n. Chr.) und schließlich dem Krieg Bar Kochbas 132-135 n.
Chr. unter Hadrian (117-138 n. Chr.) fanden. Die Aufstände von 115-117
waren Erhebungen in der Diaspora während eines Feldzuges des Trajan
im Orient[32]; der Bar Kochba-Krieg konzentrierte sich auf das palästinische Mutterland.[33] Die Ursachen, Hintergründe und Folgen dieser letzten
großen Erhebung des jüdischen Volkes eingehender zu beleuchten, ist
hier nicht der Ort.[34] Wichtig für unsere Fragestellung nach der Entstehungszeit der ParJer ist vielmehr die Haltung der verschiedenen Strömungen im Judentum dieser Zeit hinsichtlich ihres Verhältnisses zur römischen Herrschaft. In der Zeit nach R. Johanan ben Zakkai und R. Gamaliel II. gewann wahrscheinlich die Bewegung um R. Akiba an Einfluß[35],
der den Aufstieg Bar Kochbas[36] gleichsam theologisch unterstützte.[37] Ein

[28] R. Simon ben Gamaliel I., Urenkel Hillels, vgl. J. Neusner, Life S. 22; S. Safrai,
Volk S. 124.
[29] Vgl. H. Bietenhard, Freiheitskriege S. 62f.; C. Thoma, Auswirkungen S. 192f.; S. Safrai, Volk S. 125; P. Schäfer, Geschichte S. 153ff.; in anderer Akzentsetzung J. Neusner, Life
S. 154f.; ders., Judaism S. 62ff.
[30] S. Safrai, Volk S. 126; vgl. auch S. J. D. Cohen, Significance passim, bes. S. 50f., nach
dem die Bedeutung Jabnes vor allem in der Überwindung des jüdischen "sectarianism" lag.
[31] Vgl. S. Safrai, Volk S. 127ff.; P. Schäfer, Geschichte S. 155.
[32] Vgl. H. Bietenhard, Freiheitskriege S. 66-69; S. Safrai, Volk S. 130; G. Stemberger, Judentum S. 19; B. Isaak - A. Oppenheimer, Revolt S. 49; M. Hengel, Hoffnung S. 658-668; P.
Schäfer, Geschichte S. 155ff.; dazu auch die Dokumente bei V. A. Tcherikover - A. Fuks,
Corpus Papyrorum Judaicarum II S. 225-260.
[33] Vgl. P. Schäfer, Geschichte S. 171f.
[34] Nach wie vor gilt u.E. die Feststellung von H. Bietenhard, Freiheitskriege S. 84, über
den Bar Kochba-Krieg: "Es gibt trotz intensiver Arbeit auf diesem Gebiet bis auf den heuti-
gen Tag zahlreiche ungelöste Probleme. Das spiegelt sich in der Tatsache, daß fast jeder
Forscher ein im einzelnen von anderen verschiedenes Bild der Ereignisse zeichnet."
[35] Vgl. P. Schäfer, Geschichte S. 155.
[36] Zur Person und zur Namensform Bar Kochbas vgl. P. Schäfer, Bar Kokhba S. 51-55.
[37] Vgl. dazu S. Zeitlin, Assumption S. 21; H. Bietenhard, Freiheitskriege S. 167ff.; P.
Schäfer, Studien S. 64-121, bes. 90-95; ders., Bar Kokhba S. 55ff.; ders., Geschichte S. 163ff.;
yTaan 4,5: "R. Simeon b. Yochai taught, Aqiba, my master, would interpret the following
verse: ›A star (kokhab) shall come forth out of Jacob‹ (Num. 24:17) - ›A disappointment (kozeba) shall come forth out of Jacob.‹ R. Aqiba: When he saw Bar Kozeba, he said, 'This is the
King Messiah.' Said to him R. Yohanan ben Toreta, 'Aqiba! Grass will grow on your cheeks,
and the Messiah will not yet have come!'" (zit. nach J. Neusner, Taanit S. 275). Vgl. dazu P.
Lenhardt - P. v. d. Osten-Sacken, Akiva S. 307-317; A. Reinhartz, Perceptions S. 178ff. Kritisch zur Beurteilung Akibas als Unterstützer der Bar Kochba-Bewegung äußert sich dage-

großer Stein des Anstoßes für diesen letzten Krieg der Juden gegen die Römer[38] war die Errichtung von Aelia Capitolina in Jerusalem, die Kaiser Hadrian während eines Aufenthaltes in Palästina 129/130[39] angeordnet hatte.[40] Für den römischen Historiker Dio Cassius (2. Hälfte des 2. Jh. n. Chr.[41]) war dies der eigentliche Grund für den Krieg Bar Kochbas: "In Jerusalem ließ Hadrian für die bis auf den Grund zerstörte Stadt eine neue anlegen und gab ihr den Namen Aelia Capitolina. Wie er nun an dem Platze, wo der Tempel des Gottes gestanden hatte, einen anderen zu Ehren Iuppiters errichtete, kam es zu einem weder geringfügigen noch kurzen Krieg. Denn die Juden konnten sich damit nicht abfinden, daß Fremdstämmige in ihrer Stadt angesiedelt und fremde Heiligtümer dort errichtet würden [131 n. Chr.]. Solange Hadrian nahe in Ägypten und wiederum

gen J. Neusner, Akiba S. 147: "Die Geschichte über die Beziehung zu Bar Kochba ist jedoch spät und findet in den älteren Überlieferungen keine Bestätigung, jedenfalls nicht vor Abschluß des palästinischen Talmuds, und genügt nicht als Beweis dafür, daß Akiba den Aufstand befürwortet oder gar Bar Kochba zum Messias proklamiert hat." Demgegenüber ist jedoch zu fragen, warum man in späterer Zeit R. Akiba eine derartige Fehleinschätzung Bar Kochbas hätte zuschreiben sollen. Zur Ambivalenz der Beurteilung Bar Kochbas durch seine Zeitgenossen vgl. A. Reinhartz, Perceptions passim, bes. S. 191ff.: "These positive and negative statements are irrefutable evidence for the messianic identification of Bar Kosiba. Such identifiction, criticized as it was in the post-revolt period, could only have had its origins during the time of the revolt ..." (a.a.O. S. 192). Auf die Bedeutung der messianischen Erwartung sowohl in der Diaspora als auch in Palästina am Anfang des 2. Jh. hat bes. M. Hengel, Hoffnung passim, bes. S. 674-683, hingewiesen: "Es lassen sich so in der Entwicklung des palästinischen Judentums von der makkabäischen Erhebung und der hasmonäischen Expansion bis hin zu den Katastrophen der Jahre 70 und 132-135 einerseits und der ägyptischen Diaspora andererseits durchaus Parallelen aufweisen. In beiden Bereichen ist eine Intensivierung der messianisch-politischen Hoffnung zu beobachten, die sich schließlich in Vernichtungskriegen entlud ..." (a.a.O. S. 680). Ein wichtiges Zeugnis dafür sind im Bereich der Apokalyptik die sibyllinischen Orakel, vgl. M. Hengel, a.a.O. S. 668ff.

38 Zu den Ursachen vgl. ausführlich H. Mantel, Causes passim; P. Schäfer, Bar Kokhba S. 29-50; ders., Geschichte S. 159-162; L. Mildenberg, Coinage S. 102-109.

39 Vgl. W. Weber, Untersuchungen S. 234; W. F. Stinespring, Hadrian S. 360 und passim; H. Bietenhard, Freiheitskriege S. 86; K. Wengst, Tradition S. 112f.; F. Millar, Study S. 68; G. Stemberger, Judentum S. 19; M. Mor, Samaritans S. 28f. H. Schwier, Tempel S. 343f., führt für diese Datierung auch numismatische Belege an, vgl. auch a.a.O. S. 346; L. Mildenberg, Coinage S. 98f.103.

40 Daneben wird in der Historia Augusta des Pseudo-Spartian (5./6. Jh. n. Chr.; vgl. R. Hanslik, Art. Historia Augusta Sp. 1192), VitHadr 14,2, das Beschneidungsverbot als Kriegsursache genannt, vgl. H. Mantel, Causes S. 231-236; G. Stemberger, Judentum S. 19; M. Mor, Samaritans S. 28f.; B. Isaak - A. Oppenheimer, Revolt S. 38; K. Christ, Geschichte S. 327; kritisch P. Schäfer, Bar Kokhba S. 38-43; L. Mildenberg, Coinage S. 104ff. M. Hengel, Politik S. 172f., spricht von einer "*Strafaktion* zu Beginn des Aufstandes" (S. 173). Nach F. Kolb, Beziehungen passim, ist die Historia Augusta von Dio Cassius abhängig. Wahrscheinlich ist daher u.E., daß das Beschneidungsverbot erst nach dem jüdischen Aufstand als Strafe verhängt wurde, vgl. Tacitus, Hist 5,5, dazu die Überlegungen von M. E. Smallwood, Legislation S. 335.339; vgl. dagegen aber H. Mantel, Causes S. 232ff.

41 Vgl. G. Wirth, in: O. Veh, Cassius Dio I S. 7f., der die Lebensdaten des Dio Cassius mit 155/60-235 angibt und erste Studien zu dessen HistRom gegen Ende des 2. Jh. n. Chr. vermutet (a.a.O. S. 10; vgl. F. Millar, Study S. 193). Die Endfassung des Werkes ist wahrscheinlich Anfang des 3. Jh. anzusetzen, vgl. F. Millar, ebd.

in Syrien weilte, hielten die Juden Ruhe; nur die Waffen, deren Anferti-
gung ihnen anbefohlen war, stellten sie absichtlich mangelhaft her, damit
die Römer diese zurückwiesen und sie dann selber sich ihrer bedienen
könnten. Als nun der Kaiser sich weiter entfernte, kam es bei ihnen zur
offenen Empörung. Zwar wagten sie es nicht, sich mit den Römern in einer Feldschlacht zu messen, doch besetzten sie die günstigen Punkte im
Land und verstärkten sie durch unterirdische Gänge und durch Mauern.
Damit wollten sie sich für Zeiten der Bedrängnis Zufluchtsorte und außerdem die Möglichkeit schaffen, um unbeobachtet unter der Erde gegenseitige Verbindungen aufzunehmen ... Die Römer kümmerten sich zunächst nicht weiter um die Juden, doch als ganz Judäa vom Aufruhr erfaßt
war ... und darüber fast die ganze Erde in Bewegung geriet, da erst [132 n.
Chr.] schickte Hadrian seine besten Generale gegen sie ins Feld."[42]

Der historische Wert dieser Stelle ist häufig in Frage gestellt worden.[43] Nach Euseb,
HE IV,6,1-4 war die Umwandlung Jerusalems in Aelia Capitolina nicht Ursache, sondern
Folge des Krieges: "The war reached its height in the eighteenth year of the reign of
Hadrian in Beththera, which was a strong citadel not very far from Jerusalem; the sie-
ges lasted a long time before the rebels were driven to final destruction by famine and
thirst and the instigator of their madness paid the penalty he deserved. Hadrian then
commanded that by a legal decree and ordinances the whole nation should be absolutely
prevented from entering from the thenceforth even the district round Jerusalem, so
that not even from a distance could it see its ancestral home. Ariston of Pella tells the
story. Thus when the city came to be bereft of the nation of the Jews, and its ancient in-
habitants had completely perished, it was colonized by foreigners, and the Roman city
which afterwards arose changed its name, and in honour of the reigning emperor
Aelius Hadrian was called Aelia." (ἡ μετέπειτα συστᾶσα ῾Ρωμαϊκὴ πόλις τὴν
ἐπωνυμίαν ἀμείψασα, εἰς τὴν τοῦ κρατοῦντος Αἰλίου ῾Αδριανοῦ τιμὴν Αἰλία προσ-
αγορεύεται.)[44] Neben Dio Cassius ist wahrscheinlich auch Barn 16,1-4 ein Beleg für
den (heidnischen) Tempelbau in Jerusalem vor dem Bar Kochba-Krieg: "(1) Weiter will
ich auch (noch) vom Tempel euch sagen, wie die Unglücklichen in ihrem Irrtum auf den
Bau ihre Hoffnung gesetzt haben - und nicht auf ihren Gott, der sie geschaffen hat - als
ob er ein Haus Gottes sei ... (2) ... Ihr habt erkannt, daß ihre Hoffnung eitel ist. (3) Des
weiteren sagt er wiederum: 'Siehe, *die diesen Tempel zerstört haben, sie* werden ihn
(wieder) bauen.' Es geschieht (jetzt) [Γίνεται ...]"[45] Jedoch ist die Textüberlieferung
dieser Stelle problematisch und damit auch die Entscheidung, um welchen Tempel es
sich handelt, welche Zeit angesprochen und wer als Erbauer gemeint ist.[46] H. Windisch[47] sieht in Barn 16 eine Anspielung auf den heidnischen Tempel.[48] Die von A.

---

[42] Dio Cassius, HistRom 69,12,1-13,2 (= Xiphilinus 248f.), zit. nach O. Veh, Cassius Dio
V S. 233f.; griech. in: U. P. Boissevain (Hg.), Cassii Dionis Cocceiani Historiarum Romanorum III S. 654f.
[43] Vgl. dazu H. Mantel, Causes S. 226-231.236.
[44] HE IV,6,3f.; zit. nach K. Lake, Eusebius S. 313; griech. nach GCS 9/1 S. 308; vgl. H.
Mantel, Causes S. 277-285; A. Schlatter, Geschichte S. 373f.; H.-P. Kuhnen, Palästina S. 176f.
[45] Zit. nach H. Windisch, Barnabasbrief S. 386f. (Hervorh. v. Vf.); griech. nach F. S. Barcellona, Epistola di Barnaba S. 116.
[46] Vgl. H. Windisch, Barnabasbrief S. 388; H. Bietenhard, Freiheitskriege S. 95-99; K.
Wengst, Tradition S. 107f.; P. Schäfer, Bar Kokhba S. 33f.
[47] H. Windisch, Barnabasbrief S. 388ff.
[48] Vgl. auch K. Wengst, Tradition S. 107-113; P. Schäfer, Bar Kokhba S. 33; H. Schwier,
Tempel S. 345f. u.a.

Schlatter vertretene Auffassung, in Jerusalem wäre der Bau des jüdischen Tempels vor dem Aufstand begonnen worden[49], stützt sich neben Barn 16,1-4 auch auf andere, vorwiegend christliche Zeugnisse, z.B. Hieronymus, In Zachariam 8; ChronPasch (ed. L. Dindorf I S. 474); Kallistos, HistEccl III,24; Chrysostomus, AdvJud V,10f.; vgl. auch ShemR 51,4 u.a. Abgesehen von der Tatsache, daß diese Belege in eine relativ späte Zeit fallen und in ihrer Datierung des Tempelbaus z.T. keineswegs eindeutig sind[50], ist es u.E. unwahrscheinlich, daß Hadrian einen solchen Tempelbau erlaubte oder gar anordnete[51], denn man kann ihn sicher nicht als Judenfreund bezeichnen; vgl. z.B. einen Brief Hadrians an Servian[52], in dem Hadrian die Juden (neben anderen) als "eine rebellische, nichtswürdige, schmähsüchtige Menschenklasse" bezeichnet.[53] Dies ist auch gegen H. Mantel einzuwenden, der als Argument gegen die Annahme der Gründung Aelia Capitolinas die Tatsache anführte, daß dies der üblichen römischen Politik gegenüber dem Judentum als religio licita widersprechen würde: "It is difficult to imagine ... that Hadrian who was distinguished by his understanding of other nations, should depart from his principles and methods when it came to the Jews."[54] H. Mantel favorisiert daher die Eusebius-Version.[55] Für ihn war der Grund für die Rebellion "the desire of the Jews for freedom and salvation - a desire which to the Romans and Christians appeared as nothing but a spirit of madness and suicide ..."[56] Dabei stellt sich aber die Frage, welchen Grund dann Dio Cassius und (Pseudo-)Spartian gehabt haben sollen, einen *konkreten* Anlaß zu benennen, denn wenn ein solcher nicht gegeben gewesen wäre, hätte dies sicher zu einer positiveren Darstellung des Kaisers beigetragen, der den Juden gerade keinen Grund zur Rebellion gegeben hätte und sie es dennoch taten.[57] H. Bietenhard[58] versucht schließlich eine Kombination: Die Juden hätten gehofft, daß mit Aelia Capitolina auch ihr Tempel wieder gebaut würde, während Hadrian aber den römischen Tempel errichten wollte. Die Enttäuschung der Juden darüber habe schließlich zum Krieg geführt.[59] P. Schäfer kommt zu dem Ergebnis: "Mit Sicherheit zu entscheiden ist die Frage, welche Rolle die Gründung von Aelia Capitolina für den akuten Ausbruch des Bar Kokhba Krieges spielte, letztlich nicht."[60] "Die Ursachen des Krieges sind somit viel differenzierter zu sehen, als dies bisher in der Forschung geschah und werden sich erst dann genauer beschreiben lassen, wenn wir ein klareres Bild von den politischen und vor allem sozialen Verhältnissen des Judentums in der ersten Hälfte des 2. Jh. n. Chr. gewonnen haben."[61] Man muß jedoch berücksichtigen, daß hinsichtlich des Tem-

---

49 A. Schlatter, Tage Trajans S. 50-67; ders., Geschichte S. 375f.; H. Bietenhard, Freiheitskriege S. 89f. u.a.

50 Vgl. P. Schäfer, Bar Kokhba S. 95-101; H. Schwier, Tempel S. 346.

51 Vgl. K. Wengst, Tradition S. 108-113.

52 Zit. bei H. Bietenhard, Freiheitskriege S. 82f.

53 Vgl. dazu aber die spekulative Interpretation von A. Schlatter, Tage Trajans S. 67 Anm. 1: "Der Kaiser steht in erhabener Höhe über Juden und Christen und Serapis; warum soll er es den Juden nicht gönnen, daß sie ihren heißbegehrten Tempel wiedererhalten?" Zur "antijüdischen Wende in der Politik Hadrians" vgl. M. Hengel, Politik S. 171-182.

54 H. Mantel, Causes S. 229.

55 A.a.O. S. 296 u.ö.

56 A.a.O. S. 278.

57 H. Mantel, Causes S. 236, schreibt lediglich: "Our point is that Dio and Spartianus confused here cause and effect."

58 H. Bietenhard, Freiheitskriege S. 101.

59 Vgl. dagegen H. Schwier, Tempel S. 348 Anm. 58. Ähnlich problematisch ist auch BerR 64,10, wonach Hadrian vorhatte, den Tempel wieder aufzubauen, aber von den Cuthäern davon abgehalten wurde (erzählt auf dem Hintergrund von Esr/Neh); vgl. P. Schäfer, Bar Kokhba S. 30ff.; R. Egger, Samaritaner S. 337; M. Mor, Samaritans S. 19ff.

60 P. Schäfer, Bar Kokhba S. 37; vgl. L. Mildenberg, Coinage S. 103 Anm. 286.

61 P. Schäfer, Bar Kokhba S. 50.

pelbaus in Jerusalem die Darstellung des Dio Cassius durch andere Überlieferungen gestützt wird, vgl. Joh. Zonares, Chronicon XI,23[62], und auch Epiphanius, Mens 14[63] berichtet, daß Hadrian 47 Jahre nach der Zerstörung Jerusalems durch Titus den Befehl zur Gründung von Aelia Capitolina gegeben habe, also etwa im Jahre 117 n. Chr. Zwar scheint dieses frühe Datum ein Irrtum zu sein[64], doch bezeugt diese Stelle dennoch die Gründung bzw. die Anordnung der Gründung von Aelia Capitolina *vor* 135 n. Chr. Im Blick auf die von Dio Cassius und Epiphanius abweichende und von P. Schäfer als "eine der wichtigsten Quellen für den ganzen Komplex des Bar Kokhba-Aufstandes"[65] bezeichnete Version des Eusebius ist zu sagen, daß sie u.e. zumindest hinsichtlich des Datums der Ereignisse um den Bau von Aelia Capitolina und des Tempels die Tendenz aufweist, sie *nach* den Bar Kochba-Krieg zu legen als Strafe und Gericht über Israel, dessen Schicksal damit endgültig besiegelt ist.[66] Obwohl die Problematik hier nicht weiter erörtert werden kann, läßt sich nach alldem zwar nicht mit Sicherheit, aber doch mit gutem Grund resümieren, daß Hadrian wahrscheinlich um 129/130 den Bau von Aelia Capitolina anordnete, der dann durch den Ausbruch des Bar Kochba-Krieges unterbrochen wurde.[67] L. Mildenberg kann sogar schreiben: "Eine römische Stadt auf dem Boden Jerusalems zu gründen, mag für Hadrian auf seiner Reise im Jahre 130 eine Routineangelegenheit gewesen sein, aber daß er sie Aelia Capitolina genannt hat, weist schon auf die sich anbahnende Verblendung des bedeutenden Kaisers hin. Für Dio war die Gründung der Kolonie die Ursache des Krieges."[68] Die Anordnung zum Bau der römischen Stadt impliziert u.e. auch den Bau des Zeus/Jupiter-Tempels. Die Münzfunde aus der Regierungszeit Hadrians sind für die Datierung von Aelia Capitolina ebenfalls ein wichtiger Beleg, gibt es doch etliche Münzen mit der Aelia Capitolina-Prägung, die in diese Zeit zu datieren sind[69], und die in der Vielfalt ihrer Prägungen nicht in der kurzen Zeit zwischen 135 und 138 (dem Ende der Regierungszeit Hadrians) geprägt worden sein können.[70] Schließlich kommt hinzu, daß Hadrian etwa zur gleichen Zeit

---

[62] Ed. M. Pinder S. 517ff.; vgl. W. Weber, Untersuchungen S. 241; H. Bietenhard, Freiheitskriege S. 85.

[63] MPG XLIII,260f.

[64] Vgl. H. Bietenhard, Freiheitskriege S. 86; K. Wengst, Tradition S. 109; P. Schäfer, Bar Kokhba S. 16.

[65] P. Schäfer, Bar Kokhba S. 36.

[66] So urteilte letztlich auch H. Bietenhard, Freiheitskriege S. 174f. Vgl. auch die Beurteilung der Eusebius-Version bei L. Mildenberg, Coinage S. 100 Anm. 277. Zur Frage der Zuverlässigkeit der Überlieferung des Dio Cassius vgl. F. Millar, Study passim; F. Kolb, Beziehungen passim. In diesem Zusammenhang ist vor allem bemerkenswert, was F. Millar über das 69. Kapitel der HistRom des Dio Cassius schreibt: "The only part of the text as it stands where a coherent source seems to underlie Dio's account is on the Jewish revolt of 132-5. It is possible that Dio's information here was derived, directly or indirectly, from Hadrian's report to the Senate, for mentions the wording of one of the letters explicitly ..." (Study S. 62).

[67] Vgl. S. Krauss, Art. Bar Kokba S. 507.

[68] L. Mildenberg, Bar-Kochba-Krieg S. 365; vgl. ders., Coinage S. 100f.104ff.; W. Weber, Untersuchungen S. 240f.; F. Millar, Study S. 68; K. Christ, Geschichte S. 327; Y. Meshorer, Coinage S. 21. Daß zwischen Hadrians Aufenthalt in Judäa und dem Ausbruch des Aufstandes ca. 2 Jahre liegen, ist dabei nicht problematisch, vgl. B. Isaak - A. Oppenheimer, Revolt S. 46; M. Hengel, Politik S. 173f.

[69] Vgl. L. Mildenberg, Coinage S. 99ff.; Y. Meshorer, Coinage S. 21f.71f.; M. Hengel, Politik S. 172.

[70] Vgl. M. Hengel, Politik S. 172. Darüber hinaus ist eine Aelia Capitolina-Prägung in einem Münzschatz gefunden worden, der wahrscheinlich von einem Anhänger des Bar Kochba noch während des Krieges vergraben wurde (für diesen Hinweis habe ich Prof. Dr. Wolfgang Orth, Wuppertal, zu danken); vgl. L. Mildenberg, Coinage S. 100; M. Hengel a.a.O. Selbst

auch auf dem Garizim einen solchen Tempel erbauen ließ.[71] Der Bau von Aelia Capitolina ist dann wahrscheinlich zwischen 130 und 132 bereits begonnen worden (vgl. Barn 16,1ff.), was letztlich zum Krieg führte, wie Dio Cassius berichtet. Da die Fertigstellung aber innerhalb zweier Jahre sicher nicht erfolgen konnte[72], kommen auch Euseb u.a. zu ihrem Recht, wenngleich sie die Fakten, soweit wir sie nachvollziehen können, in ihrem Sinne anführen und interpretieren.

Der Text des Dio Cassius wird deshalb so ausführlich erwogen, weil aus ihm drei Sachverhalte für die Zeit zwischen 117 und 132 n. Chr. zu entnehmen sind: 1. Die Gründung von Aelia Capitolina und des Zeus/Jupiter-Tempels in Jerusalem war Hauptanstoß der Unruhen; 2. der Aufstand wurde durch Sabotage und andere Vorkehrungen über längere Zeit vorbereitet; 3. die Römer haben diese Vorbereitungen als solche nicht erkannt.

Die Niederschlagung der Diasporaaufstände im Jahre 117 stellte das Judentum erneut vor die Frage, wie man mit der römischen Herrschaft weiter umzugehen hatte. Durch den Baubeginn von Aelia Capitolina und des Zeus/Jupiter-Tempels wurde nicht nur dieser Konflikt verschärft, sondern auch das bisherige Stadtbild verändert. Im Blick auf ParJer ist dieser sonst wenig beachtenswerte Gesichtspunkt insofern interessant, als in ParJer 5,7 von Abimelech gesagt wird, daß er nach seinem Schlaf nach Jerusalem zurückkehrt, aber die Stadt nicht mehr erkennt. Dieses Nicht-Erkennen wird auch nicht auf die Zerstörung der Stadt zurückgeführt. Könnte man dies auf der einen Seite ohne weiteres als rein literarisches Element verstehen, das zu einer solchen Schlafgeschichte gehört[73], so ist doch die Wiederholung in 5,12 besonders auffällig, weil sie in literarischer Hinsicht keineswegs nötig gewesen wäre: "Er ging aber hinaus aus der Stadt, und als er aufmerkte, sah er die Zeichen der Stadt und sprach: 'Dies ist zwar die Stadt, aber ich habe mich (dennoch) verirrt.'" Die Diskrepanz zwischen der Innen- und Außenansicht der Stadt, die nur noch von außen an ihren Umrissen zu erkennen ist, könnte u.E. eine Anspielung auf die architektonische Veränderung der Stadt durch Hadrian sein - Jerusalem ist nicht mehr Jerusalem, wie Abimelch es verlassen hatte, obwohl ihre "Zeichen" (σημεῖα) noch wahrzunehmen sind.[74] Die ParJer nehmen mit dem Aspekt der veränderten Stadt und der Trauer und Verwirrtheit des Abimelech u.E. eine für die Zeit zwischen 117 und 132 wichtige Empfindung des jüdischen Volkes auf. Gleichzeitig weiß

---

wenn die Münzprägungen eher programmatisch zu verstehen wären (vgl. B. Isaak - A. Oppenheimer, Revolt S. 46), so sind sie doch Indikatoren der Hadrianischen Entscheidung über Jerusalem.

[71] Vgl. H. Kippenberg, Garizim S. 102ff.; R. Egger, Samaritaner S. 336; M. Hengel, Politik S. 171: "Die Gründung von Aelia war so an sich nichts Auffälliges." A. Schlatter, Geschichte S. 378, legt den Tempelbau auf dem Garizim in die Zeit nach 135.

[72] Vgl. H. Windisch, Barnabasbrief S. 389.

[73] Vgl. dazu oben S. 89ff.

[74] Zur Bedeutung von σημεῖον als "optisches Zeichen, an dem man jemand oder etwas erkennt" vgl. K. H. Rengstorf, Art. σημεῖον S. 202ff., Zit. S. 202.

aber der Verfasser der ParJer von der brodelnden messianischen Stim-
mung im Land, die auf eine erneute Auseinandersetzung hinauslaufen
muß. Dies wird zwar nicht expliziert, aber durch die eschatologische Ausrichtung deutlich. In der Betonung des Gesetzes Gottes als Weg zum Heil
des Volkes und in der Perspektive der eschatologischen Auferstehungshoffnung und der Erwartung des himmlischen Jerusalem gibt er u.E. eine
nicht mißzuverstehende Antwort auf die drängenden Fragen seiner Zeit
und war ihr damit im Grunde schon voraus: Eine "Wende" des Schicksals
des jüdischen Volkes ist allein von Gott zu erwarten (vgl. ParJer 6,13-22;
8,1f.), dessen letztes Ziel die eschatologische Zusammenführung im
himmlischen Jerusalem ist.[75] Der Weg des Volkes ist daher vor allem in
der Konzentration auf das Gesetz Gottes zu suchen, das den Weg ins
himmlische Jerusalem weist (vgl. ParJer 5,34).[76] Diese zweifache Ausrichtung paßt u.E. gut in die Zeit zwischen den Aufständen, näherhin in
die Jahre vor dem Bar Kochba-Krieg um 130, in denen der Verfasser der
ParJer die Warnung vor einseitig politisch-kultrestaurativer Hoffnung
einflußreicher Teile des Volkes für geboten hielt. Immerhin hat ihm die
Geschichte Recht gegeben. Insofern ist es nur konsequent, wenn in Kap.
9 die Relativität des Tempelkultes zum Ausdruck kommt.[77] Zwar werden
Opfer erwähnt (9,1f.), aber die zu Beginn so umsorgten Tempelgeräte
(Kap. 3) und die Tempelschlüssel (Kap. 4) werden nicht zurückgegeben,
und das Opfer Jeremias besteht nach ParJer 9,3ff. vor allem im Gebet des
Gerechten für sich und das Volk. Damit rückt ParJer theologisch in die
Nähe jener Tradition, die R. Johanan ben Zakkai in Jabne eröffnet hatte

---

[75] Vgl. ParJer 5,34; 8,9; 9,5; C. Wolff, Heilshoffnung S. 154-158. Hinzuweisen ist auch
auf die Tatsache, daß es bereits im ersten Jahrhundert (vor 70 n. Chr.) verschiedene Gruppen im Judentum gab, die dem Tempel und dem Kult in Jerusalem kritisch gegenüberstanden. "For them, piety was fully expressed through Synagogue worship. In a very real sense,
therefore, for the Christian Jews, who were indifferent to the Temple cult, for the Jews at
Qumran, who rejected the Temple, for the Jews of Leontopolis, in Egypt, who had their own
Temple, but especially for the masses of diasporan Jews who never saw the Temple to begin
with, but served God through synagogue worship alone, the year 70 cannot be said to have
marked an important change" (J. Neusner, Judaism S. 35). Diese Tendenzen setzten sich
fort und hatten Auswirkungen auf den Ausgang des Bar Kochba-Krieges, vgl. J. Neusner,
a.a.O.

[76] S.o. S. 109f. Anm. 351. Damit ist auch S. E. Robinson, 4 Baruch S. 414, zu widersprechen, der die Auffassung vertritt, daß ParJer "may have contributed to, or even been produced by, the resurgend hope for a restauration of Jewish institutions that led ultimately to the
second revolt". Die Behauptung, ParJer würden auf die Wiederherstellung des Tempelkultes und die Sammlung Israels im *irdischen* Jerusalem hoffen, ist verbreitet, vgl. J. Riaud,
Paralipomena I S. 171 mit II S. 138 Anm. 7 (Zusammenstellung der Autoren). Dagegen hat C.
Wolff, Heilshoffnung passim, die "Doppelschichtigkeit der Heilshoffnung" (a.a.O. S. 155)
hervorgehoben. Dies unterscheidet ParJer auch von syrBar, in welcher die Wiedererrichtung des irdischen Tempels noch eine weitaus größere Rolle spielte, vgl. F. J. Murphy, Temple passim, bes. S. 682f.; ders., Structure S. 104f. Eine ähnliche Haltung wie in ParJer beschreibt J. Neusner, Life S. 145, im Blick auf R. Johanan ben Zakkai: "He provided an interim
ethic, by which the people might live while they awaited the coming redemption."

[77] Vgl. J. Licht, Paralipomena S. 70; J. Riaud, Paralipomena I S. 177f.

und die oben skizziert wurde.[78] Vielleicht wird man den Verfasser aufgrund seiner breiten Schriftgelehrtheit sogar in jener Schule oder deren Umfeld zu suchen haben.[79] Die oft u.E. zu Recht angenommene, vor allem aus seiner Ortskenntnis abgeleitete palästinische Herkunft des Verfassers, näherhin aus dem Jerusalemer Raum[80], dürfte damit eine weitere Bestätigung erfahren. Die gleichzeitige Nähe zur frühjüdischen Apokalyptik, wie sie besonders deutlich durch die Abhängigkeit der ParJer von syrBar zu Tage tritt, zeigt darüber hinaus die Tendenz, die resignative Gefahr apokalyptischer Gedanken (aufgenommen z.B. in ParJer 4,9f.[81]) durch die eschatologische Heilshoffnung zu überwinden.[82]

An dieser Stelle ist nochmals die Frage nach der Bedeutung von Par Jer 8 aufzunehmen, inwiefern dieses so eigentümliche Kapitel über die Samaritaner[83] für die Datierung der ParJer eine Rolle spielen könnte. Es wurde bereits festgestellt[84], daß ParJer keine den Samaritanern feindliche Haltung einnehmen, sondern sie vielmehr als Teil des Gottesvolkes verstehen, der auch in die eschatologische Verheißung einbezogen bleibt. In der Tat finden sich ähnliche Tendenzen in der Zeit vor dem Bar Kochba-Krieg, u.z. wiederum im Bereich rabbinischer Traditionen, zu dem bereits eine gewisse Nähe der ParJer sichtbar wurde. Hierhin gehört vor allem das Wort R. Akibas[85] sowie R. Simon ben Gamaliels.[86] So fügen

---

[78] S.o. S. 179ff.; vgl. M. Hengel, Hoffnung S. 681: "Freilich muß man gleichzeitig hervorheben, daß dieser militante Messianismus, der in Palästina wie in Ägypten zur Katastrophe führte, durchaus nicht die einzige Verhaltensweise war. Das in Palästina entstehende Urchristentum, der nach 70 bzw. 135 allein überlebende hillelitische Flügel der Pharisäer und die überwiegend sadduzäische Oberschicht lehnten den Weg der eschatologisch motivierten gewaltsamen Erhebung als einen Gottes Willen widersprechenden Selbstbetrug ab."

[79] Erwähnenswert ist an dieser Stelle ein R. Johanan ben Zakkai zugeschriebenes Wort, das in Midrasch TanB Debarim Ia §7 überliefert ist: "Als der gottlose Hadrian Jerusalem erobert hatte, erhob er sich und sagte: Ich habe Jerusalem mit Gewalt eingenommen! Rabban Jo'hanan ben Zakkai sagte zu ihm: Überhebe dich nicht! Wenn es nicht vom Himmel (gefügt) wäre, hättest du sie nicht erobert" (zit. Nach H. Bietenhard, Midrasch Tan'huma S. 444). Der offensichtliche Anachronismus dieses Textes macht ihn zwar historisch "wertlos" (P. Schäfer, Bar Kokhba S. 81), aber er bildet in seiner Aussage eine interessante Parallele zu ParJer 1,5ff.; 4,7 (vgl. oben S. 43ff.).

[80] Vgl. J. R. Harris, Rest S. 12; S. E. Robinson, 4 Baruch S. 414f.; E. Turdeanu, Légende S. 306; A.-M. Denis, Paralipomènes S. 74; J. Riaud, Introduction I S. 172 u.a.

[81] Dazu s.o. S. 59f.

[82] Vgl. bBB 60b; J. Neusner, Judaism S. 38f. J. Neusner vertritt die Auffassung (Life S. 145f.), daß die Schule um R. Johanan ben Zakkai mit apokalyptischem Gedankengut konfrontiert war, wie es sich etwa in syrBar darstellt, vgl. syrBar 10,6f.9-12; 11,6f. mit bBB 60b; J. Neusner, Life S. 145f.; ders., Judentum S. 20f. Die Nähe von syrBar zum Kreis um R. Johanan ben Zakkai ist schon von R. H. Charles, Apocrypha II S. 574, vermutet worden, der den Verfasser von syrBar im Umkreis von R. Johanan ben Zakkai in Jabne sucht (vgl. dazu kritisch J. Neusner, Life S. 133 Anm. 1). F. Rosenthal, Bücher S. 93-103, hatte für syrBar u.a. die Schule Akibas als Verfasserkreis angenommen.

[83] Vgl. oben S. 129ff.

[84] S.o. S. 135-138.143.

[85] S.o. S. 141f. Anm. 524.

[86] S.o. S. 143 Anm. 526.

sich ParJer u.E. auch hinsichtlich der Stellung zu den Samaritanern in die Zeit vor dem Bar Kochba-Krieg ein.[87] Im Gegensatz dazu verschlechterte sich das Verhältnis zwischen Juden und Samaritanern nach dem Krieg zusehends, nicht zuletzt deshalb, weil die Samaritaner die Niederlage der Juden zu ihren Gunsten auszunutzen versuchten.[88]

Schwieriger noch als die Datierung und Ortsbestimmung des jüdischen Werkes ist die Datierung der christlichen Bearbeitung der ParJer.[89] Sie wird im allgemeinen kurz nach der Entstehung der ParJer angesetzt, entweder noch vor dem Beginn des Bar Kochba-Krieges[90] oder nur unbestimmt in der Mitte des 2. Jh.[91] Die oben beschriebene Sicht des jüdischen Volkes im christlichen Schluß der ParJer[92] scheint u.E. für eine Datierung der christlichen Bearbeitung in die Jahre nach 135 n. Chr. zu sprechen, u.z. aus folgendem Grund: Zwar wird das Volk in ParJer 9,10-32 negativer dargestellt als in 1,1-9,9, aber u.E. stellt die christliche Bearbeitung eine positive und konstruktive Aufnahme der Intention der ParJer in der Zeit nach der Katastrophe von 135 dar: So wie das Volk schon früher nicht auf seine Propheten gehört hat, so hat es auch nicht auf solche Stimmen wie die der ParJer gehört, sondern ist in sein Verderben gegangen. In der Meinung, das Richtige zu tun, betrieb das Volk seinen Untergang. Diese Darstellung des christlichen Schlusses ist, wie beschrieben[93], keine judenfeindliche Haltung[94], sondern die Sicht der jüdischen Geschichte durch den christlichen Bearbeiter der ParJer. Gleichzeitig ist u.E. auch ein missionarisches Element enthalten, was sich allein schon aus der Tatsache der Aufnahme einer jüdischen Schrift andeutet: Das jüdische Volk sollte aus seiner Vergangenheit lernen und den Stimmen folgen, wie sie ein Verfasser der ParJer laut werden ließ, die, nach

---

[87] Vgl. M. Mor, Samaritans S. 22: "The Sages during this period, have a very positive attitude toward the Samaritans and considered them as a part of Israel." Vgl. H. G. Kippenberg, Garizim S. 138f.; J. Riaud, Paralipomena I S. 178.

[88] Vgl. M. Mor, Samaritans S. 30f.; H. G. Kippenberg, Garizim S. 137-143.

[89] Der traditionsgeschichtliche Bezug zur christlichen Bearbeitung der AscJes (s.o. S. 165ff.169ff.) bietet einen ungefähren Anhaltspunkt.

[90] Vgl. G. D. Kilpatrick, Acts S. 141; J. Riaud, Paralipomena I S. 178.

[91] Vgl. S. E. Robinson, 4 Baruch S. 414 u.a.

[92] S.o. S. 168f.

[93] S. ebd.

[94] Umgekehrt muß an dieser Stelle auch auf die Birkat Ham-Minim und deren Aufnahme in das Achzehnbittengebet aufmerksam gemacht werden, die oft als Beispiel für die Christenfeindschaft der Juden in jener Zeit gewertet wird. Aber diese Einfügung hatte keineswegs nur die Christen im Blick, sondern richtete sich auch gegen andere *jüdische* Gruppen, vgl. G. Stemberger, Synode S. 17ff.; ders., Judentum S. 18; J. Maier, Auseinandersetzung S. 137-141; P. Schäfer, Studien S. 46-52; ders., Geschichte S. 154; H. Thyen, Art. Johannesevangelium S. 215. J. Maier, Auseinandersetzung S. 141, kommt zu dem Ergebnis: "... (E)s ist möglich, daß die Rabbinen auch Judenchristen zu den Minim rechneten, doch weisen die meisten *minîm*-Stellen darauf hin, daß nichtchristliche Personen gemeint waren, vor allem antirabbinisch eingestellte und synkretistisch-assimilatorisch orientierte Juden." Vgl. auch J. H. Charlesworth, OT-Pseudepigrapha S. 82f.

Auffassung der christlichen Redaktion, auf das Kommen des Christus
verweisen. Die Hoffnung auf die Auferstehung und das eschatologische
Heil in der kommenden Gottesstadt verbindet die jüdische Erwartung mit
der christlichen Heilshoffnung. Vielleicht war dies auch der entscheidende Aspekt für die Möglichkeit der Rezeption dieser jüdischen Schrift
in christlichen Kreisen. Aber eine christliche Bearbeitung dieser gemeinsamen Hoffnung wäre nicht christlich zu nennen, wenn sie nicht die Auf-
merksamkeit auf den Christus Gottes lenken würde, der den Weg zu diesem eschatologischen Heil bereitet, das der ganzen Völkerwelt gilt. Diese
christliche Perspektive ist aber ihrerseits durch alttestamentliche Traditionen geprägt.[95] Gerade im Kontrast zum gescheiterten Pseudo-Messias
Bar Kochba mußte diese Ausrichtung besonders wirksam sein.[96] Die In-
anspruchnahme des Jeremia als christlichen Zeugen des Messias soll
wohl diese Ausrichtung verstärken, da Jeremia auch schon in ParJer als
eschatologischer Heilsprophet aufgetreten ist (vgl. bes. ParJer 8,9).[97] Die

---

[95] Vgl. dazu bes. den oben S. 164 dargestellten Zusammenhang mit Jes 42.

[96] Ähnliches ist z.B. auch für die Petrusapokalypse festzustellen, deren Entstehung
wahrscheinlich ebenfalls in die Jahre nach 135 n. Chr. fällt (vgl. C. D. G. Müller, Offenbarung
des Petrus, in: W. Schneemelcher, Apokryphen II S. 563f.), wenn man das Feigenbaum-
gleichnis in ApkPetr 2 als Anspielung auf Bar Kochba verstehen kann: "Wahrlich ich sage
dir, wenn seine Zweige getrieben haben am Ende, *werden lügnerische Messiasse kommen* und
die Hoffnung erwecken: *'Ich bin der Christus*, der ich (einst) in die Welt gekommen bin.' Und
wenn sie die Bosheit *seines* (des jeweiligen falschen Messias) Tuns sehen, werden sie sich
abwenden hinter ihnen her und den verleugnen, dem unsere Väter Lobpreis sagten (?), die
den ersten Christus kreuzigten und damit schwer sündigten. Dieser Lügnerische ist aber
nicht Christus. Und wenn sie ihn verschmähen, wird er mit Schwertern ... morden, und es
wird viele Märtyrer geben" (zit. nach C. D. G. Müller, a.a.O. S. 567). Der Bezug dieses
Textes auf Bar Kochba ist von P. Schäfer, Bar Kokhba S. 61f., abgelehnt worden: "Der Text
arbeitet so sehr mit dem stereotypen Arsenal des endzeitlichen falschen Messias, der der
Offenbarung des wirklichen Messias vorausgeht, daß hier schwerlich eine konkrete Person
Pate gestanden hat." Tatsächlich nimmt der Text sogar wörtlichen Bezug auf Evangelien-
texte (vgl. Mk 13,22; Mt 24,5). Das spricht jedoch nicht gegen einen konkreten Bezug, der
im Gegenteil für einen christlichen Schriftsteller die Zitation von traditionell als Jesusworte
bekannten Stellen geradezu nahelegen würde. Wenn ApkPetr um 135 n. Chr. entstanden ist,
dann ist es u.E. sehr unwahrscheinlich, daß der Verfasser, wie auch seine Leser, diese
Worte *nicht* auf Bar Kochba bezogen hätten, zumal wenn Justin, Apol I,31,6 Recht hat, daß
die Aufständischen auch Christen verfolgt haben; vgl. S. Zeitlin, Assumption S. 19; K. H.
Rengstorf, Testament S. 69; P. Schäfer, Bar Kokhba S. 59f.; J. Maier, Auseinandersetzung S.
134f. Interessant ist auch der Hinweis von P. Lenhardt - P. v. d. Osten-Sacken, Akiva S. 310:
"Die Situation derer, die - wahrscheinlich wie Akiva - auf Bar Kochba als Messias Israels gesetzt hatten, nach der Niederschlagung des Aufstandes und dem Tod des Heerführers läßt
sich kaum treffender als mit den Worten der Emmausjünger Lk. 24,21 beschreiben: 'Wir
aber hofften, daß er es sei, der Israel erlösen würde.'" Wenn der christliche Schluß der Par
Jer, wie u.E. wahrscheinlich, nach 135 zu datieren ist, dann dürfte die Gegenüberstellung
des gescheiterten Bar Kochba mit dem kommenden Messias Jesus Christus ebenfalls in der
Absicht des Bearbeiters gelegen haben.

[97] Auf diesem Hintergrund ist die Verbindung fraglich, die J. Riaud, Jérémie S. 235, zu
christlichen Autoren des 2. Jh. n. Chr., insbesondere Justin, Dial 136,6 und MartPol 13,1,
zieht. Die Juden werden in diesen Schriften als extreme Eiferer beschrieben, die die Verfolgungen der Christen forciert haben, für die in ParJer 9 die Steinigung Jeremias als Beispiel

christliche "Erinnerung" an die den ParJer wichtige Hoffnung auf die eschatologische Gottesstadt bekommt dann angesichts des Hadrianischen Ediktes gegen die Juden zusätzlich Gewicht.[98]

Zusammenfassend ist festzuhalten, daß die ParJer in Auseinandersetzung mit aktuellen Fragen ihrer Zeit und als Versuch einer ihnen angemessenen Lösung wahrscheinlich in den Jahren zwischen 125 und 132 n. Chr., also vor dem Ausbruch des Bar Kochba-Krieges, in Palästina entstanden sind, nachdem Hadrian den Bau von Aelia Capitolina mit dem Zeus/Jupiter-Tempel angeordnet und dadurch die Problematik des Schicksals Israels aufs äußerste verschärft hatte. Der Verfasser der Par

---

dient: "... il avait préfiguré les souffrances que, pour la même raison, leur foi au Fils de Dieu, Jésus-Christ, les chrétiens enduraient présentement" (J. Riaud, a.a.O.; vgl. J. Maier, Auseinandersetzung S. 132). Immerhin aber waren es nicht die Juden selbst, die die Christen verfolgten, sondern die Römer, vgl. MartPol 8,2ff.: καὶ ὑπήντα αὐτῷ [sc. Polykarp] ὁ εἰρήναρχος ʿ Ἡρώδης καὶ ὁ πατὴρ αὐτοῦ Νικήτης, οἳ καὶ μεταθέντες αὐτὸν ἐπὶ τὴν καροῦχαν ἔπειθον παρακαθεζόμενοι καὶ λέγοντες· τί γὰρ κακόν ἐστιν εἰπεῖν· Κύριος Καῖσαρ ... (zit. nach H. Musurillo, Christian Martyrs S. 8). Daß vor allem Justin tendenziös verallgemeinert, dürfte ebenfalls deutlich sein. Daß sich die Beziehungen zwischen "Kirche und Synagoge" nach dem Bar Kochba-Krieg immer weiter verschärften (vgl. H. J. Schoeps, Tempelzerstörung S. 146-149), steht dabei außer Frage, vgl. Euseb, HE IV,8,4: "For in the present Jewish war it was only Christians whom Bar Chocheba, the leader of the rebellion of the Jews, commanded to be punished severely, if they did not deny Jesus as the Messiah and blaspheme him" (zit. nach K. Lake, Eusebius S. 323; s. auch Justin, Apol I,31,6; dazu H. Bietenhard, Freiheitskriege S. 170f.; K. H. Rengstorf, Testament S. 69; P. Schäfer, Bar Kokhba S. 59f.; ders., Geschichte S. 165). Will man jedoch den Schluß der ParJer darin einordnen, so gehört er u.E. ganz an den Anfang dieser zu jener Zeit noch anders ausgerichteten Entwicklung. Bemerkenswert ist in diesem Zusammenhang auch, was J. Jervell, Interpolator S. 60f., zur christlichen Redaktion der TestXII schreibt: "Das bearbeitete Werk ist keine volkstümliche Literatur, die zur Erbauung oder 'Unterhaltung' einer christlichen Gemeinde diente, sondern eine theologische Arbeit, die eine Geschichtsdeutung liefern will, indem es sowohl das Heil der Völkerwelt als die Rettung Israels in der Endzeit darstellt. Wenn man hier von einem 'Sitz im Leben' reden darf, ist es die kirchliche Diskussion, die sich entzündet an der Frage 'Quid sibi videatur Israel?', und die Bemühung, das Judentum zu überzeugen, daß es eine Heilszukunft des Volkes gibt, falls es sich zu Christus bekehrt. Es ist kaum zufällig, daß die Kirche früh gerade solche jüdische Schriften aufnahm, die Sünde, Fall und Wiederaufrichtung Israels beschrieben, d.h. vor allem eine apokalyptisch-pseudepigraphe Literatur. In erster Linie hängt das sicherlich weder mit einem Interesse an dem nahen Weltende oder mit Spekulationen über das Jenseits, sondern mit dem Israelproblem zusammen, das für die frühe Kirche einer [sic] Anfechtung war. Daß diese Literatur in der Kirche später ihre Bedeutung verlor und schließlich vergessen wurde, ist u.a. daraus zu erklären, daß die Frage 'Israel und die Heiden' kein Problem mehr darbot oder nur von 'akademischer' Bedeutung war."

[98] Daß es sich dabei um die eschatologische Stadt handelt, die im christlichen Schluß aufgenommen wird, und nicht um das irdische Jerusalem, spricht erneut gegen J. R. Harris' Auffassung vom "Eirenicon", das den Juden im Falle ihrer Bekehrung den Zutritt zur heiligen Stadt verhieß (Rest S. 12). Zum Edikt Hadrians vgl. Justin, Apol I,47; Euseb, HE IV,6,3 u.a. Im jüdischen Werk der ParJer war davon noch nichts zu spüren, gegen J. R. Harris, Rest S. 13ff.; G. W. E. Nickelsburg, Literature S. 315f.; S. B. Saylor, Analysis S. 139. In Euseb, HE IV,6,3, sah E. Fascher, Untergang Sp. 88, einen Beleg dafür, daß dieses Verbot Hadrians auch für Judenchristen galt. Dies geht aber u.E. nicht daraus hervor.

Jer ist als palästinischer Jude ein Schriftgelehrter gewesen, der sowohl mit dem Alten Testament als auch mit den nachbiblischen, vor allem apokalyptischen und pharisäischen Traditionen seines Volkes vertraut war und sie in eigenständiger Weise für sein Werk verwendete. Seine geistige Heimat wird man in jenen Kreisen des Frühjudentums zu suchen haben, die der politisch-messianischen Bewegung kritisch gegenüberstanden, und die dem sich nach 70 n. Chr. konsolidierenden rabbinischen Judentum zuzurechnen sind, wie es durch R. Johanan ben Zakkai und seine Schule repräsentiert wird. Als Sprache für seine Schrift verwendete er u.E. das Griechische, was an verschiedenen Stellen der ParJer, insbesondere alttestamentlichen Bezügen, deutlich wurde.[99] Die mit der Verheißung der Rückkehr gegebene Ausrichtung auf das Judentum der Diaspora dürfte als ein entscheidendes Moment hinzukommen.[100]

Die Anfügung des christlichen Schlusses ist u.E. in den Jahren kurz nach dem Bar Kochba-Krieg (um 135/136 n. Chr.) anzusetzen. Die verschiedenen Berührungspunkte zu Traditionen johanneischer Provenienz[101] legen den Schluß nahe, daß der Bearbeiter im Umfeld jener christlichen Gemeinden zu suchen ist. Ob in diesem Bereich auch die Rezeption von AscJes anzusetzen ist, bleibt dabei offen; zumindest kannte der Bearbeiter von ParJer diese Schrift bereits in ihrer christlichen Gestalt.[102] Die Frage, ob es sich um einen Juden- oder Heidenchristen handelt, ist u.E. nicht zu beantworten und hat auch kein besonderes Gewicht.

---

[99] Vgl. dazu oben S. 46f.; 48f. Anm. 67; 49f. Anm. 69; 76f.; 90f. Anm. 256.257; 131 Anm. 462; vgl. bes. die Verwendung der Septuaginta; s. dazu A. M. Schwemer, Septuaginta passim, bes. S. 78f.91, die den Gebrauch der Septuaginta in den VitProph nachweist.

[100] Demgegenüber halten z.B. G. D. Kilpatrick, Acts S. 141; J. Licht, Paralipomena S. 71; S. E. Robinson, 4 Baruch S. 414 u.a., das Hebräische für die Ursprache der ParJer, vor allem wegen der zu beobachtenden Semitismen; J. Licht, Paralipomena S. 72-80, bietet eine (neu-)hebr. Übersetzung; vgl. zur Diskussion J. Riaud, Paralipomena I S. 173ff. Unbestimmt äußert sich A.-M. Denis, Paralipomènes S. 75: "La langue originale apu le grec, ou peut-être mieux l'hebru." G. Delling, Lehre S. 72f., spricht von "einer palästinischen Landessprache" (a.a.O. S. 72), zu der im 1./2. Jh. n. Chr. auch das Griechische gehörte, vgl. dazu M. Hengel, Judentum S. 108-114.193ff. u.ö.; zum Sprachmilieu Palästinas vgl. auch R. Riesner, Jesus S. 382-392. G. Delling rechnet die Beziehungen der ParJer zur LXX der Arbeit eines Übersetzers zu (Lehre S. 73). Zum Gebrauch und der Bedeutung der LXX im griechischsprachigen Judentum vgl. u.a. H. Hegermann, Schrifttum S. 164f.; G. Delling, Diasporasituation S. 33. An dieser Stelle ist nochmals die Ausrichtung der ParJer auf das Diasporajudentum hervorzuheben, die u.E. vor allem für die Abfassung in griechischer Sprache spricht. Daß das Griechisch eines palästinischen Verfassers von Semitismen geprägt ist, dürfte nicht ungewöhnlich erscheinen, vgl. J. Riaud, Paralipomena I S. 175: "Son grec est si proche de celui, populaire et sémitisé, de la κοινή palestinienne que l'on est en droit de se demander si ce n'est pas dans cette langue que les Paralipomena Jeremiae ont été composés." Vgl. auch L. Vegas-Montaner, Paralipomenos S. 358. Vgl. schon F. Rosenthal, Bücher S. 101, für syrBar: Es "ist ... die ... griechische Ursprache unseres Buches als die für einen weiten Kreis jener Zeit angemessenste zu erachten"; vgl. A. M. Schwemer, Septuaginta S. 91.

[101] S.o. S. 160f.

[102] S.o. S. 169f.

VI.Tradition und Redaktion in den ParJer - Zusammenfassung der Ergebnisse

Aufgabe der vorliegenden Untersuchung war es, das Verhältnis von Tradition und Redaktion in den ParJer herauszuarbeiten: Tradition als Summe der vorgegebenen Überlieferungen und Redaktion als Vorgang von deren Verarbeitung durch den Verfasser nach einem zu bestimmenden Konzept. Aufgrund der Vielfalt der Beziehungen des Verfassers der ParJer zu den Traditionen des Alten Testaments und den nachalttestamentlichen frühjüdischen Überlieferungen, die im Laufe der Untersuchung deutlich geworden ist, sollen an dieser Stelle die Grundzüge der Arbeit des Verfassers zusammengefaßt werden.

Um die drei Größen Tradition, Redaktion und das Konzept des Verfassers abschließend darzustellen, erscheint es sinnvoll, mit dem letzteren zu beginnen, um von hier aus die Schritte nachzuzeichnen, die zum Gesamtwerk führten. Das Konzept der ParJer hatte sich bereits während der Beobachtungen zur äußeren literarischen Gestaltung angedeutet.[1] In den neun Kapiteln seiner Schrift erzählt der Verfasser das Schicksal des Volkes Israel von der Zeit kurz vor der Zerstörung Jerusalems bis zur Rückkehr aus dem Exil. In ParJer 5,1-6,7 setzt er kompositorisch die Geschichte über den Schlaf Abimelechs in die Mitte des Werkes, womit er gleichzeitig die Schlüsselfunktion dieses Abschnittes, der an die Stelle eines Berichtes vom Exil des Volkes tritt[2], hervorhebt: Wie der Schlaf Abimelechs einem kurzen Traum vergleichbar verfliegt, so vergehen auch die Jahre der Fremdlingschaft des Volkes, das schließlich sein Ziel in der "oberen Stadt Jerusalem" (5,34) finden wird. Der Ausdruck "obere Stadt Jerusalem" aus dem zentralen Kap. 5 ist zunächst ein Wunsch Abimelechs an den alten Mann, welcher Abimelech die Ereignisse erklärt, die dem Volk und Abimelech selbst widerfahren sind. Gleichzeitig aber geschieht damit eine Wendung der Erzählrichtung. Die Hoffnung auf die "Zusammenkunft des Geliebten" (3,8)[3] erhält nun eine neue Dimension: Neben das Schicksal des Volkes tritt das Schicksal des Einzelnen, der in seinem Glauben und seinen Erwartungen auf das himmlische Jerusalem orientiert wird (5,34-6,7).[4] Diese Orientierung des Einzelnen wird aber

---

1 S.o. S. 21ff., bes. S. 23ff.26.
2 S.o. S. 25f.89.
3 S.o. S. 49ff.58f.
4 S.o. S. 104-114.

gleichzeitig für das Volk als Ganzes entscheidend. Die Vorbereitungen zur Rückkehr, der Briefwechsel zwischen Baruch und Jeremia[5] und die Gesetzespredigt des Jeremia im Exil[6] stehen damit unter dem Zeichen der Hoffnung auf die Heimkehr ins himmlische Jerusalem. Die berichtete Rückkehr des Volkes in das irdische Jerusalem[7] wird somit zum Symbol und Unterpfand der letztlichen Heimkehr und "Zusammenkunft des Geliebten" im himmlischen Jerusalem.[8] Während dies bereits denen in Samaria, sofern sie zur Umkehr bereit sind, verheißen wird (8,9)[9], macht der Verfasser in Kap. 9 die Symbolkraft bzw. die Transparenz[10] des Geschehens vollends deutlich: Der mit dem Volk nach Jerusalem zurückgekehrte Prophet Jeremia befiehlt das Volk, das er bisher begleitet hat, in einem das Opfer des Versöhnungstags ersetzenden Gebet[11] Gott an (9,3-6), der das Volk durch den Erzengel Michael in das himmlische Jerusalem führen soll (9,5f.).[12]

In einer Zeit, in der die Erwartungen auf die nationale Restauration des Volkes Israel und seines seit 70 n. Chr. zerstörten Tempels geschürt wurden[13], werden die ParJer mit diesem Konzept und der dargestellten Intention der Ausrichtung sowohl des Einzelnen als auch des ganzen Volkes auf das himmlische Jerusalem zu einem Mahn- und Trostbuch: Eine Mahnung ist es an das Volk, die Wendung seines Schicksals allein von Gott zu erwarten, dessen Verheißungen weit über das hinausgehen, was ein Bar Kochba vermag, und für den das himmlische und nicht das irdische Jerusalem letztes Ziel ist.[14] So wird z.B. in konsequenter Weise von einem Tempelbau oder der Rückgabe der in Kap. 3 verborgenen Tempelgeräte[15] nach der Rückkehr des Volkes nichts berichtet, obwohl die Tempelgeräte ausdrücklich nur "bis zur Zusammenkunft des Geliebten" (3,8) verborgen bleiben sollten; mit der Rückkehr in das irdische Jerusalem ist also die eigentliche "Zusammenkunft" noch nicht geschehen, zu der schließlich auch die aus Samaria gehören, deren Umkehr (noch) aussteht (8,9), und ohne die das Volk nach Auffassung des Verfassers nicht vollständig wäre.[16] Ein Trost und eine Orientierung ist das Werk für das einzelne Mitglied des Gottesvolkes, das in den Wirrnissen der Zeit die rechte Orientierung zu verlieren droht. Für jeden persönlich ist es Gott allein, der den Weg zum himmlischen Ziel durch das Gesetz erleuchtet

---

5   S.o. S. 116-128.
6   S.o. S. 61f.127.130f.
7   S.o. S. 129ff.144ff.152f.158.
8   S.o. S. 152f.158.
9   S.o. S. 136f.
10 C. Wolff, Heilshoffnung passim, bes. S. 157.
11 S.o. S. 147ff.
12 S.o. S. 151f.
13 S.o. S. 181f.
14 S.o. S. 187.
15 S.o. S. 48ff.187.
16 S.o. S. 136f.144.

(5,34; 6,9)[17], und auf den der Einzelne sein Vertrauen besonders angesichts des Todes, der ihn vor der Erfüllung jenes letzten Ziels ereilt (6,1-7)[18], setzen soll. Für ihn ist Gott die Ruhe (5,32), in der er bewahrt wird[19], bis das ganze Gottesvolk versammelt ist.

Um diese Botschaft seinen Lesern zu vermitteln, stützt sich der Verfasser auf Traditionen seines Volkes, die er durch die Aufnahme in sein Konzept gleichzeitig interpretiert. Wichtigste Quelle war für ihn die syrische Baruchapokalypse.[20] Diese Schrift, die sich in ihrer Rahmenhandlung ebenfalls mit den Ereignissen und Folgen der Tempelzerstörung des Jahres 70 n. Chr. auf dem Hintergrund der biblischen Traditionen über die Katastrophe von 587 v. Chr. auseinandersetzt, ist vom Verfasser der ParJer als direkte Vorlage verwendet worden.[21] Nur so lassen sich u.E. sowohl die Gemeinsamkeiten als auch die charakteristischen Unterschiede erklären.[22] Die Hypothese eines "Legendenzyklus" über Jeremia, der verschiedenen Schriften als gemeinsame Quelle gedient haben soll[23], eröffnet neue Probleme und ist zu kompliziert, als daß sie überzeugend sein könnte.[24] Aus syrBar entnehmen die ParJer sowohl die Rahmenhandlung als auch einzelne Motive außerhalb des Erzählrahmens, die oft der weiteren Ausgestaltung dienen und auf dem Hintergrund der verfolgten Intention gestaltet werden. Obwohl äußerlich wesentlich kürzer als syrBar, gehen die ParJer jedoch weit über den vorgegebenen Rahmen hinaus. Während syrBar vor allem theologische Fragen reflektiert, die sich aus der Zerstörung Jerusalems und des Tempels ergeben und schließlich mit dem Brief Baruchs (syrBar 78ff.) endet, führen die ParJer die Handlung weiter bis zur Rückkehr des Volkes. Um dies tun zu können, wird in den aus syrBar übernommenen Rahmen zunächst die Geschichte über Abimelech eingeflochten, der in syrBar nicht vorkommt.[25] Dazu führt der Verfasser in Kap. 3 Abimelech ein unter Verwendung einer Anspielung an die Abimelechtradition des Jeremiabuches.[26] Die Verheißung an Abimelech in Jer 39(46),16ff. bildet den Ausgangspunkt der Bewahrungsgeschichte.[27] Ebenfalls dem Jeremiabuch (Jer 24) wird das Feigenmotiv entnommen, das im Zusammenhang der Schlafgeschichte von großer Bedeutung ist:[28] Die Feigen werden zum Zeichen sowohl für die individuelle

17 S.o. S. 109f. Anm. 351.
18 S.o. S. 112ff.
19 S.o. S. 107-111.
20 S.o. S. 33-77.
21 S.o. S. 72-77.
22 S.o. S. 73-75.
23 S.o. S. 75f.87f.
24 S.o. S. 88.
25 S.o. S. 23f.25f.72.89.115f.
26 S.o. S. 90ff.
27 S.o. S. 91.
28 S.o. S. 104ff.

Heilshoffnung als auch für die des Volkes.[29] Nachdem Kap. 5 in dieser
Weise vorbereitet ist, lehnt sich der Verfasser im Blick auf das Schlafmo-
tiv selbst an eine Überlieferung über Honi den Kreiszeichner an, wie sie
sich in schriftlicher Form in yTaan 3,9 findet.[30] Diese Geschichte, die
wahrscheinlich bereits in der zweiten Hälfte des 1. Jh. v. Chr. entstanden
ist[31], lag vermutlich in einer mündlichen Version vor, die sowohl von Par
Jer als auch von yTaan 3 verwendet wurde[32] und später in bTaan 23a
ebenfalls einen Niederschlag gefunden hat.[33] Der diesen Überlieferungen
gemeinsame Grundgedanke findet sich in Ps 126: Das Exil vergeht wie
ein kurzer Traum.[34] Die Interpretation dieses Psalms durch die Honi-Ge-
schichte übertragen die ParJer auf Abimelech, der als 'Wohltäter' des Jeremia (ParJer 3,9) aus der biblischen Tradition bekannt ist. Da es in den
ParJer nicht mehr um die Auslegung des Psalmes geht, sondern diese
Auslegung vielmehr eschatologisch weitergeführt werden soll, kann der
Psalm selbst, im Unterschied zur rabbinischen Tradition, unerwähnt bleiben. So wird die Abimelechgeschichte auch zu einem Beispiel, wie mit
den unterschiedlichsten Überlieferungen, die ursprünglich nicht aufeinander bezogen waren, eine neue Tradition gebildet wird, die die vorgegebenen Elemente zu einem neuen Konzept verbindet.

Der Fortgang der Erzählung nach dem Schlaf Abimelechs ist vom
Verfasser der ParJer in ähnlicher Weise selbst gestaltet. Für die inhaltliche Gestaltung des Briefwechsels zwischen Baruch und Jeremia sind literarische Vorlagen nicht auszumachen. Die Vorgabe eines Briefes Baruchs
an die Gola aus syrBar ist Ausgangspunkt für die Kap. 6 und 7.[35] Besonders deutlich ist der Bezug zu syrBar durch das Motiv des Adlers, das die
ParJer der Vorlage entnehmen und auf dem Hintergrund der biblischen
Noah-Überlieferung (Gen 8) umgestalten.[36]

Der Abschnitt über die Trennung der Mischehen und die Gründung
Samarias durch die dem Gebot Jeremias Ungehorsamen (ParJer 8) ist in
Anlehnung an alttestamentliche Traditionen (2Kön; Esr; Neh) gebildet[37],
wobei die positive Auffassung des Verfassers über die Samaritaner Parallelen in rabbinschen Traditionen seiner Zeit aufweist.[38] Die Erwähnung
Samarias macht deutlich, daß die Samaritanerfrage im Blick auf die Zukunft des Volkes Israel in der Sicht des Verfassers der ParJer von Bedeutung war und einer Reflexion bedurfte, denn für sein Konzept selbst wäre

---

29 S.o. S. 105f.
30 S.o. S. 93-96.
31 S.o. S. 92 Anm. 264.
32 S.o. S. 96.
33 S.o. S. 92ff.
34 S.o. S. 91f.94.
35 S.o. S. 64-71.
36 S.o. S. 69ff.
37 S.o. S. 132-135.
38 S.o. S. 138f.; 141f. Anm. 524; 143 mit Anm. 526.527.

sie nicht unbedingt erforderlich gewesen.[39] Durch Kap. 8 werden die Samaritaner als zum Volk Israel zugehörig angesehen, obwohl sie (noch) durch ihren Ungehorsam getrennt sind.[40] Aber auch ihnen gilt die Verheißung des himmlischen Jerusalem (8,9).[41] Daß aus der Esr/Neh - Tradition die Frage der Mischehen als nachexilisches Problem vorgegeben war, bot dem Verfasser der ParJer den Ausgangspunkt für seine eigene Darstellung.[42]

In Kap. 9, mit dem der Verfasser sein Werk abschließt, sind nochmals alttestamentliche Traditionen aufgenommen. Mit Motiven aus Jes 6 sowie der Überlieferung vom Versöhnungstag in Lev 16 wird vom Opferfest und dem Gebet Jeremias in Jerusalem berichtet.[43] Das Gebet des Propheten faßt die Botschaft des Verfassers der ParJer zusammen und ersetzt das eigentliche "Opfer".[44] Der im Anschluß daran berichtete Tod Jeremias steht in der Linie der Überlieferungen, die einen natürlichen Tod des Propheten kennen, ohne daß ein gegenseitiger Einfluß erkennbar wäre.[45] Auch hier gestaltet daher der Verfasser nach seiner eigenen Intention.[46]

Es ergibt sich ein Gesamtbild der Arbeit des Verfassers der ParJer, das ihn als Redaktor vorgegebenen Materials erweist, welches er nach seinem eigenen Konzept und seiner eigenen Intention gestaltet. Trotz der vor allem im Blick auf syrBar und das Alte Testament festzustellenden literarischen Beziehungen werden Traditionen nicht einfach übernommen, sondern verändert, miteinander verbunden, erweitert, umgeschrieben oder neu formuliert. Dadurch wird der redaktionell tätige Verfasser gleichzeitig zum Autor einer neuen Erzählung, deren Einzelkomponenten sich als einheitliche und durchdachte Komposition verstehen lassen, die konsequent ihr vorgegebenes Ziel verfolgt. Es besteht daher u.E. kein Anlaß, verschiedene Redaktionsstufen zu vermuten und etwa die Abimelechgeschichte einer zweiten Hand zuzuweisen.[47] Im Gegenteil hat jeder Abschnitt der ParJer eine Funktion innerhalb des Gesamtkonzeptes, so daß man die ParJer als Werk eines Verfassers verstehen kann.[48]

Dies gilt auch hinsichtlich der christlichen Bearbeitung, die sich u.E. auf die Hinzufügung der Schlußverse 9,10-32 beschränkt. Die übrigen, als

---

[39] S.o. S. 142f.
[40] S.o. S. 136f.141.
[41] S.o. S. 136f.144.
[42] S.o. S. 134f.142.
[43] S.o. S. 144ff.147ff.
[44] S.o. S. 144ff. Auch daran war eine Nähe zu rabbinischen Traditionen festzustellen; s.o. S. 145f. Anm. 540.
[45] S.o. S. 156ff..
[46] S.o. S. 158.
[47] Vgl. oben S. 115f.
[48] Die einzige Ausnahme bildet wahrscheinlich das Zitat aus Ps 137(136),3f. in ParJer 7,29; s.o. S. 123f.

(gnostisch-)christliche Interpolationen vermuteten Stellen lassen sich demgegenüber aus dem literarischen und traditionellen Kontext der Par Jer erklären.[49] Der christliche Schluß kennt die Tradition der AscJes über den Tod Jesajas[50] sowie die Überlieferung von der Steinigung Jeremias, wie sie etwa in VitJer zu finden ist oder auch den Hintergrund von Hebr 11,37 bildet.[51] Darüber hinaus wird man den oder die christlichen Bearbeiter aufgrund der zahlreichen sprachlichen Berührungen im Umfeld des johanneisch-apokalyptisch geprägten Christentums zu suchen haben.[52]

Während die ParJer selbst noch vor dem Bar Kochba-Krieg entstanden[53], ist die christliche Bearbeitung wahrscheinlich kurz nach diesem Ereignis anzusetzen. Sie ist u.E. am besten als Reaktion auf das Scheitern des "Messias"[54] Bar Kochba zu verstehen, da mit den ParJer eine Schrift rezipiert wird, die jener politischen Bewegung kritisch gegenüberstand.

Sowohl die ParJer als auch ihre christliche Bearbeitung sind Zeugnisse einer aufs äußerste gespannten Zeit mit unterschiedlichsten Hoffnungen und Erwartungen. Für die ParJer ist Gott die Hoffnung und die "Ruhe" (5,32), auf den das Volk und jeder Einzelne sich auszurichten hat, um den Weg zum Heil im himmlischen Jerusalem zu finden. Vielleicht nimmt der christliche Schluß gerade diesen Gedanken nach der Katastrophe des Jahres 135 auf, wenn die Vision Jeremias mit den Worten über den "vom Vater geschmückten" Christus schließt (9,18): "Und er wird die hungrigen Seelen sättigen."

---

[49] S.o. S. 171-176.
[50] S.o. S. 165f.169ff..
[51] S.o. S. 167.170.
[52] S.o. S. 160f.170f..
[53] S.o. S. 175-189.
[54] S.o. S. 189-191.

Literaturverzeichnis

Die Literatur wird mit Verfasser- bzw. Herausgebernamen und abgekürztem Titel zitiert.

1. Texte, Übersetzungen

Achelis, H., Hippolytus, De Antichristo, in: ders., Hippolyt's kleinere exegetische und homiletische Schriften, GCS I,1,2, Leipzig 1897

Amélineau, E., Contes et Romans de l'Egypte Chrétienne, Bd. II, Collections des Contes et Chançons populaires 13.14, Paris 1888, S. 97-151

Apelt, O., Diogenes Laertius, Leben und Meinungen berühmter Philosophen, Leipzig 1921

Baehrens, W. A., Origenes Werke, Bd. VI: Homilien zum Hexateuch in Rufins Übersetzung, Teil 1, GCS 29, Leipzig 1920

Barcellona, F. S., Epistola di Barnaba, CPS.G, Turin 1975

Becker, J., Die Testamente der zwölf Patriarchen, JSHRZ III/1, Gütersloh 1974, S. 15-163

Berger, K., Das Buch der Jubiläen, JSHRZ II/3, Gütersloh 1981, S. 273-575

Bezold, C., Die Schatzhöhle "ME'ARATH GAZZE". Eine Sammlung biblischer Geschichten aus dem sechsten Jahrhundert jemals *Ephraem Syrus* zugeschrieben, syrischer Text und arabische Version, Amsterdam 1981 (Neudruck der zweibändigen Ausgabe von 1883-1888)

Biblia Hebraica Stuttgartensia, ed. K. Elliger - W. Rudolph, Stuttgart 1967/1977

Boissevain, U. P., Cassii Dionis Cocceiani Historiarum Romanorum Quae Supersunt, Bd. III, Berlin 1955[2]

Brandenburger, E., Himmelfahrt Moses, JSHRZ V/2, Gütersloh 1976, S. 57-84

Braude, W. G., The Midrasch on Psalms. Translated from the Hebrew and Aramaic, Bd. 1.2, YJS XIII,2, New Haven 1959

Burchard, C., Joseph und Aseneth, JSHRZ II/4, Gütersloh 1983, S. 577-735

Nicephori Callisti Xanthopuli Ecclesiasticae Historiae I, MPG 145, Paris 1865

Ceriani, A. M., Apocalypsis Baruch Syriace, MSP V/2, Mailand 1871 , S. 113-180

Ceriani, A. M., Paralipomena Jeremiae Prophetae quae in Aethiopica Versione dicuntur Reliqua Verborum Baruchi, MSP V/1, Mailand 1868, S. 9-18

Charles, R. H., The Apocalypse of Baruch. Translated from the Syriac, London 1896

Charlesworth, J. H., The Old Testament Pseudepigrapha, Bd. I.II, Garden City - New York 1983-1985

S. P. N. Joannis Chrysostomi Archiepiscopi Constantinopolitani Opera omnia quae extant I, MPG 48, Paris 1862

Clemens Alexandrinus, Stromata Buch VII.VIII, GCS 17, Leipzig 1909

Cohn, L. - Wendland, P., Philonis Alexandrini Opera quae supersunt, Vol. I-VII, Berlin 1896-1926

Cohn, L. u.a., Philo von Alexandrien. Die Werke in deutscher Übersetzung, Bd. 1-7, Berlin 1962-1964[2]

Correns, D., Taanijot. Fastentage, in: K. H. Rengstorf - L. Rost (Hg.), Die Mischna. Text, Übersetzung und ausführliche Erklärung, Berlin - New York 1989

Dedering, S. (Hg.), Apocalypse of Baruch, in: The Old Testament in Syriac According the Peshitta Version IV,3, Leiden 1973, S. I-IV.1-50

Denis, A.-M., Fragmenta Pseudepigraphorum quae supersunt Graeca, PVTG 3, Leiden 1970

Dietzfelbinger, C., Pseudo-Philo: Antiquitates Biblicae (Liber Antiquitatum Biblicarum), JSHRZ II/2, Gütersloh 1975, S. 89-271

Dillmann, A., Das christliche Adambuch des Morgenlandes, JBW 5, Göttingen 1852-1853, S. 1-144

Dillmann, A., Liber Baruch, Chrestomathia Aethiopica, Leipzig 1866

Dindorf, L., Chronicon Paschale, Bd. 1, CSHB 9, Bonn 1832

v. Dobschütz, E., Das Kerygma Petri kritisch untersucht, TU 11, Leipzig 1894

Eckart, K.-G., Das Apokryphon Ezechiel, JSHRZ V/1, Gütersloh 1974, S. 45-55

S. P. N. Epiphanii Constantiae in Cypro Episcopi Opera quae reperiri poterunt omnia III, MPG 43, Paris 1864

Fiebig, P., Rosch ha-Schana (Neujahr), in: G. Beer - O. Holtzmann (Hg.), Die Mischna. Text, Übersetzung und ausführliche Erklärung, Gießen 1914

Freedmann, H. - Simon, M., Midrash Rabbah, Bd. III-VI, London 1939

Frey, J.-B., Corpus Inscriptionum Iudaicarum. Recueil des Inscriptions Juives qui vont du IIIe siècle avant Jésus-Christ au VIIe siècle de notre Ère, Bd. I.II, Sussi di allo studio delle Antichità Cristiane I.III, Rom 1936-1952

Friedlander, G., Pirkê de Rabbi Eliezer. The Chapters of Rabbi Eliezer the Great According to the Text of the Manuscript Belonging to Abraham Epstein of Vienna, London 1916

v. Gebhardt, O., Paralipomena Jeremiae, Abschrift aus dem Codex Petropolitanus XCVI fol. 78ᵇ-89, in: ders., Nachlaß XII/2

Georgi, D., Weisheit Salomos, JSHRZ III/4, Gütersloh 1980, S. 389-478

Goldin, J., The Fathers According to Rabbi Nathan, New Haven 1955 (= New York 1974)

Goldschmidt, L., Der Babylonische Talmud mit Einschluß der vollständigen Mishnah, Haag 1933-1935

Grenfell, B. P. - Hunt, A. S., The Amherst Papyri. Being an Account of the Greek Papyri, Part I: The Ascension of Isaiah and other Theological Fragments, London 1900

Gulkowitsch, L., Der kleine Talmudtraktat über die Samaritaner, übersetzt und erklärt, in: ΑΓΓΕΛΟΣ. Archiv für neutestamentliche Zeitgeschichte und Kulturkunde, hg. v. J. Leipoldt u.a., Bd. I/1.2, Leipzig 1925, S. 48-56

Gunneweg, A. H. J., Das Buch Baruch, JSHRZ III/2, Gütersloh 1975, S. 165-181

Gunneweg, A. H. J., Der Brief Jeremias, JSHRZ III/2, Gütersloh 1975, S. 183-192

Habicht, C., 2. Makkabäerbuch, JSHRZ I/3, Gütersloh 1976, S. 167-285

Hage, W., Die griechische Baruchapokalypse, JSHRZ V/1, Gütersloh 1974, S. 15-44

Hammer, R., Sifre. A Tannaitic Commentary on the Book of Deuteronomy, YDS 24, New Haven - London 1986

Hammershaimb, E., Das Martyrium Jesajas, JSHRZ II/1, Gütersloh 1973, S. 15-34

Harris, J. R., The Rest of the Words of Baruch. A Christian Apocalypse of the Year 136 A.D. The Text Revised with an Introduction, London 1889

Heubner, H., P. Cornelii Taciti Libri qui supersunt, Bd. II,1: Historiarum Libri, BiTeu, Stuttgart 1978

S. Eusebii Hieronymi Stridonensis Presbyteri Opera omnia IV.VI, MPL 24, Paris 1845-1884

Holladay, C. R., Fragments from Hellenistic Jewish Authors, Bd. 1: Historians, SBL TT Pseudepigrapha Series 20/10, Chico 1983

Holm-Nielsen, S., Die Psalmen Salomos, JSHRZ IV/2, Gütersloh 1977

Holtzmann, O., Berakot (Gebete), in: Die Mischna. Text, Übersetzung und ausführliche Erklärung, hg. v. G. Beer - O. Holtzmann, Bd. I,1, Gießen 1912

Holtzmann, O., Tamid (Vom täglichen Gemeinopfer), in: Die Mischna. Text, Übersetzung und ausführliche Erklärung, hg. v. G. Beer - O. Holtzmann - S. Krauß, Bd. V,9, Gießen 1928

Horowitz, C., Berakhoth, Der Jerusalemer Talmud in deutscher Übersetzung, Bd. I, Tübingen 1975

Hüttenmeister, F. G., Sheqalim. Sheqelsteuer, in: M. Hengel u.a. (Hg.), Übersetzung des Talmud Yerushalmi, Bd. II,5, Tübingen 1990

Irving, T. B., The Qur'an. The First American Version, Translation and Commentary, Brattleboro 1985

Issaverdens, J., The Uncanonical Writings of the Old Testament, Found in the Armenian MSS. of the Library of St. Lazarus, Translated into English, Venedig 1907

Janssen, E., Testament Abrahams, JSHRZ III/2, Gütersloh 1975, S. 193-256

S. P. N. Justini Philosophi Martyris Opera quae extant omnia, MPG 6, Paris 1857

Kautzsch, E., Die Apokryphen und Pseudepigraphen des Alten Testaments, Bd. I.II, Hildesheim 1962, S. 404-446

Kisch, G., Pseudo-Philo's Liber Antiquitatum Biblicarum, PMS 10, Notre Dame 1949

Klauck, H. J., 4. Makkabäerbuch, JSHRZ III/6, Gütersloh 1989, S. 645-763

Klijn, A. F. J., Der Lateinische Text der Apokalypse des Esra (mit einem Index Grammaticus von G. Mussies), TU 131, Berlin 1983

Klijn, A. F. J., Die syrische Baruchapokalypse, in: JSHRZ V/2, Gütersloh 1976, S. 101-191

Klostermann, E., Reste des Petrusevangeliums, der Petrus-Apokalypse und des Kerygma Petri, Apokrypha I, KlT I/3, Bonn 1908[2]

Kmosko, M., Liber Apocalypseos Baruch Filii Neriae translatus de Graeco in Syriacum et Epistola Baruch Filii Neriae, PS I.II, Paris 1907, S. 1056-1306

König, E., Der Rest der Worte Baruchs. Aus dem Aetiopischen übersetzt und mit Anmerkungen versehen, ThStKr 50 (1877), S. 318-338

König, R. u.a., C. Plinius Secundus d. Ä., Naturalis Historiae - Naturkunde, Lateinisch-Deutsch, Darmstadt 1975

Der Koran. Aus dem Arabischen, Übersetzung von M. Henning, Einleitung von E. Werner und K. Rudolph, Textdurchsicht, Anmerkungen, Register von K. Rudolph, Leipzig 1983

Kraft, R. A. - Purintun, A.-E., Paraleipomena Jeremiou, SBL TT 1 Pseudepigrapha Series 1, Missoula 1972

Krauß, S., Sanhedrin (Hoher Rat) - Makkōṯ (Prügelstrafe), in: Die Mischna. Text, Übersetzung und ausführliche Erklärung, hg. v. G. Beer - O. Holtzmann - S. Krauß, Bd. IV,4,5, Gießen 1933

Kuhn, K. G., Der taanitische Midrasch Sifre zu Numeri, in: Rabbinische Texte II,3, Stuttgart 1959

Lake, K., Eusebius. The Ecclesiastical History with an English Translation, Bd. 1, LCL 153, Cambridge/Mass. - London 1925

Leipoldt, J., Das Thomas-Evangelium, in: J. Leipoldt - H.-M. Schenke (Hg.), Koptisch-Gnostische Schriften aus den Papyrus-Codices von Nag-Hamadi, Theologische Forschung 20, Hamburg 1960, S. 7-30

Lifschitz, B., Inscriptions de Césarée en Palestine (PL. VIII), RB 72 (1965), S. 98-107

Lindemann, A. - Paulsen, H., Die Apostolischen Väter. Griechisch-Deutsche Parallelausgabe auf der Grundlage der Ausgaben von F. X. Funk/K. Bihlmeyer und M. Whittaker mit Übersetzungen von M. Dibelius und D.-A. Koch, Tübingen 1992

Lohse, E., Die Texte aus Qumran. Hebräisch und Deutsch, München 1981[3] (= Texte)

Long, H. S., Diogenes Laertii Vitae Philosophorum, Bd. I, OCT, Oxford 1964

Magie, D., The Scriptores Historiae Augustae, with an English Translation, Bd. I, LCL, London New York 1922

Maier, J., Die Texte vom Toten Meer, Bd. I.II, München - Basel 1960

Marti, K. - G. Beer, 'Aḇôṯ (Väter), in: Die Mischna. Text, Übersetzung und ausführliche Erklärung, hg. v. G. Beer - O. Holtzmann, Bd. IV,9, Gießen 1927

Meinhold, J., Joma (Der Versöhnungstag). Text, Übersetzung und Erklärung, in: Die Mischna. Text, Übersetzung und ausführliche Erklärung, hg. v. G. Beer - O. Holtzmann, Gießen 1913

Meisner, N., Aristeasbrief, JSHRZ II/1, Gütersloh 1973, S. 35-87

Meshorer, Y., The Coinage of Aelia Capitolina, Tel Aviv - Jerusalem 1989

Michel, O. - Bauernfeind, O., Josephus Flavius, De Bello Judaico - Der jüdische Krieg. Zweisprachige Ausgabe der sieben Bücher, Bd. I-III, Darmstadt 1963-1969

Mildenberg, L., The Coinage of the Bar Kokhba War, Typos VI, Aarau - Frankfurt/M. - Salzburg 1984

Mingana, A. - Harris, J. R., A Jeremiah Apocryphon, in: WoodSt, Vol. I,2, Cambridge 1927, S. 125-191

Müller, U. B., Die griechische Esra-Apokalypse, JSHRZ V/2, Gütersloh 1976, S. 85-102

Musurillo, H., The Acts of the Christian Martyrs, Texts and Translations, OECT, Oxford 1972

Nemoy, L. (Hg.), Pesikta Rabbati. Discours for Feasts, Fasts and Special Sabbaths, Translated from the Hebrew by W. G. Braude, YJS XVIII, New Haven - London 1968

Neusner, J., Genesis Rabbah. The Judaic Commentary to the Book of Genesis. A New American Translation, Bd. I-III, Brown Judaic Studies 104-106, Atlanta 1985

Neusner, J., Mekhilta According to Rabbi Ishmael. An Analytical Translation, Bd. I.II, Brown Judaic Studies 148.154, Atlanta 1988

Neusner, J., The Mishnah. A New Translation, New Haven - London 1988

Neusner, J., Lamentations Rabbah. An Analytical Translation, Brown Judaic Studies 193, Atlanta 1989

Neusner, J., Pesiqta de Rab Kahana. An Analytical Translation, B. I.II, Brown Judaic Studies 122.123, Atlanta 1987

Neusner, J., Sifré to Numbers. An American Translation and Explanation, Bd. I.II, Brown Judaic Studies 118.119, Atlanta 1986

Neusner, J., The Talmud of the Land of Israel. A Preliminary Translation and Explanation, Chicago Studies in the History of Judaism, Chicago - London: Vol. 1: Berakhot (1989); Vol. 14: Yoma (1990); Vol. 16: Rosh Hashanah (1988); Vol. 18: Besah and Taanit (1987); Vol. 26: Qiddushin (1984)

Neusner, J., The Tosefta. Translated from the Hebrew, Third Division: Nashim (The Order of Women), New York 1979

Niese, B., Flavii Josephi Opera, Bd. I-VII, Berlin 1887-1955

Novum Testamentum Graece, hg. v. K. Aland - B. Aland, Stuttgart 1983[26]

Oßwald, E., Das Gebet Manasses, JSHRZ IV/1, Gütersloh 1974, S. 15-27

Philonenko-Sayar, B. - Philonenko, M., Die Apokalypse Abrahams, JSHRZ V/5, Gütersloh 1982, S. 413-460

Pinder, M., Johannes Zonares, Bd. II, CSHB, Bonn 1844

Pohlmann, K.-F., 3. Esra-Buch, JSHRZ I/5, Gütersloh 1980, S. 375-425

Prätorius, F., Das Apokryphische Buch Baruch im Aetiopischen, ZWTh 15 (1872), S. 230-247

Prijs, L., Die Jeremia-Homilie Pesikta Rabbati Kapitel 26. Eine synagogale Homilie aus nachtalmudischer Zeit über den Propheten Jeremia und die Zerstörung des Tempels. Kritische Edition nebst Übersetzung und Kommentar, Stuttgart - Berlin - Köln - Mainz 1966

Reifferscheid, A. - Wissowa, G., Quintus Septimius Florentius Tertullianus, Scorpiace, Opera Pars II: Opera Montanistica, CCSL II,II, XXII, Turnholt 1954, S. 1067-1097

Riaud, J., Paralipomènes de Jérémie, Bibliothéque de la Pléiade XVII, S. 1733-1763

Riessler, P., Altjüdisches Schrifttum außerhalb der der Bibel, Heidelberg 1975

Saldarini, A. J., The Fathers According to Rabbi Nathan (Aboth de Rabbi Nathan) Version B. A Translation and Commentary, Leiden 1975

Sauer, G., Jesus Sirach, JSHRZ II/5, Gütersloh 1981, S. 481-644

Schaller, B., Das Testament Hiobs, JSHRZ III/3, Gütersloh 1979, S. 301-387

Schenke, H.-M., Das Evangelium nach Philippus. Ein Evangelium aus dem Funde von Nag-Hamadi, in: J. Leipoldt - H.-M. Schenke (Hg.), Koptisch-Gnostische Schriften aus den Papyrus-Codices von Nag-Hamadi, Theologische Forschung 20, Hamburg 1960, S. 31-65

Schermann, T., Prophetarum vitae fabulosae indices apostolorum disci-
pulorumque Domini Dorotheo, Epiphanio, Hippolyto aliisque vindi-
cata, Leipzig 1907

Schermann, T., Propheten- und Apostellegenden nebst Jüngerkatalogen
des Dorotheus und verwandter Texte, TU 31,3, Leipzig 1907

Schneemelcher, W. (Hg.), Neutestamentliche Apokryphen in deutscher
Übersetzung, Bd. I.II, Tübingen 1990[6] und 1989[5]

Schrage, W., Die Elia-Apokalypse, JSHRZ V/3, Gütersloh 1980, S.
193-288

Schreiner, J., Das 4. Buch Esra, JSHRZ V/4, Gütersloh 1981

Schunk, K.-D., 1. Makkabäerbuch, JSHRZ I/4, Gütersloh 1980, S.
287-373

Schwartz, E., Eusebius Werke, Bd. 2: Kirchengeschichte I.II, GCS 9,1.2,
Leipzig 1903-1908

Septuaginta, Bd. I u. II, ed. A. Rahlfs, Stuttgart 1935

Septuaginta. Vetus Testamentum Graecum, auctoritate Societatis Litte-
rarum Gottingensis editum, Vol. II,1: Exodus, ed. J. W. Wevers, Göttingen 1991; Vol. II,2: Leviticus, ed. J. W. Wevers, Göttingen 1986;
Vol. X: Psalmi cum Odis, ed. A. Rahlfs, Göttingen 1979[3]; Vol. XII,1:
Sapientia Salomonis, ed. J. Ziegler, Göttingen 1980[2]; Vol. XII,2: Sapientia Iesu Filii Sirach, ed. J. Ziegler, Göttingen 1980[2]; Vol. XV: Ie-
remias. Baruch. Threni. Epistula Ieremiae, ed. J. Ziegler, Göttingen
1976[2]

Stählin, O., Clemens Alexandrini Opera, Bd. 2: Stromata Buch I-VI, in
dritter Auflage neu hg. v. L. Früchtel, GCS 52/15, Berlin 1960

Stiefenhofer, D., Des heiligen Johannes von Damaskus genaue Darlegung
des Orthodoxen Glaubens, BKV 4, München 1923

Tcherikover, V. A. - Fuks, A., CPJ, Bd. II, Cambridge/Mass. 1960, S.
225-260

Tixonravov, N., Povœst o plœnenii Jerusalima, in: Pamjatniki otrecennoj
russkoj literaturœ, Bd. I, London 1973 (= St. Petersburg 1863), S.
273-297

Torrey, C. C., The Lives of the Prophets. Greek Text and Translation,
JBL MS 1, Philadelphia 1946

Uhlig, S., Das äthiopische Henochbuch, JSHRZ V/6, Gütersloh 1985, S.
585-594

Veh, O., Cassius Dio, Römische Geschichte, Bd. I+V, BAW, Zürich - München 1985-1987

Violet, B., Die Apokalypsen des Esra und des Baruch in deutscher Gestalt, GCS 32, Leipzig 1924

Walter, N., Fragmente jüdisch-hellenistischer Historiker, JSHRZ I/2, Gütersloh 1976, S. 89-163

Winter, J., Sifra. Halachischer Midrasch zu Leviticus, Schriften der Gesellschaft zur Förderung der Wissenschaft des Judentums 42, Breslau 1938

Winter, J. - Wünsche, A., Die Jüdische Literatur seit Abschluß des Kanons. Eine prosaische und poetische Anthologie mit biographischen und literaturgeschichtlichen Einleitungen, Bd. 1: Die jüdisch-hellenistische und talmudische Literatur, Hildesheim 1965 (= 1894)

Wünsche, A., Midrasch Tehillim, Bd. 1.2, Trier 1892-1893

Zenger, E., Das Buch Judit, JSHRZ I/6, Gütersloh 1981, S. 427-534

2. Hilfsmittel

Bauer, W., Griechisch-Deutsches Wörterbuch zu den Schriften des Neuen Testaments und der frühchristlichen Literatur, hg. v. K. u. B. Aland, Berlin - New York 1988[6]

Benselers Griechisch - Deutsches Wörterbuch, bearb. v. A. Kaegi u.a., Leipzig 1981[17]

Berger, K., Synopse des Vierten Buches Esra und der Syrischen Baruchapokalypse, Texte und Arbeiten zum neutestamentlichen Zeitalter 8, Tübingen - Basel 1992

Berkowitz, L. - Squitier, K. A., Thesaurus Linguae Graecae. Canon of Greek Authors and Works, New York - Oxford 1986[2]

Blass, F. - Debrunner, A. - Rehkopf, F., Grammatik des neutestamentlichen Griechisch, Göttingen 1979[15]

Brockelmann, C., Lexicon Syriacum, Halle 1928[2]

Brockelmann, C., Syrische Grammatik mit Paradigmen, Literatur, Chrestomathie und Glossar, PLO V, Berlin - London - New York 1912[3]

Charlesworth, J. H. u.a. (Hg.), Graphic Concordance to the Dead Sea Scrolls, Tübingen - Louisville 1991

Charlesworth, J. H., New Testament Apocrypha and Pseudepigrapha: A Guide to Publications, with Excurses on Apocalypses, ATLA BS 17, Metuchen - London 1987

Charlesworth, J. H., The Pseudepigrapha and Modern Research, SBL Septuagint and Cognate Studies 7, Missoula 1976

Crown, A. D., A Bibliography of the Samaritans, ATLA BS 10, Metuchen-London 1984

Delling, G. u.a. (Hg.), Bibliographie zur jüdisch-hellenistischen und intertestamentarischen Literatur 1900-1965, TU 106, Berlin 1969

Denis, A.-M., Concordance Grecque des Pseudépigraphes d'Ancien Testament. Concordance, Corpus des Textes Indices, Leiden 1987

Frisk, H., Griechisches Etymologisches Wörterbuch, Bd. I.II, Heidelberg 1973[2]

Gesenius, W. - Buhl, F., Hebräisches und Aramäisches Handwörterbuch über das Alte Testament, Berlin - Göttingen - Heidelberg 1962[17]

Hatch, E. - Redpath, H. A., A Concordance to the Septuagint and the Other Greek Versions of the Old Testament I-III, Graz 1954

Lechner-Schmidt, W., Wortindex der lateinisch erhaltenen Pseudepigraphen zum Alten Testament, Texte und Arbeiten zum neutestamentlichen Zeitalter 3, Tübingen 1990

Liddell, H. G. - Scott, R., A Greek-English Lexicon, Oxford 1968

Lisowsky, G., Konkordanz zum Hebräischen Alten Testament, Stuttgart 1981

Moulton, J. H. - Milligan, G., The Vocabulary of the Greek Testament. Illustrated from the Papyri and Other Non-Literary Sources, London 1952

Moulton, W. F. - Geden, A. S., A Concordance to the Greek Testament, Edinburgh 1963[4]

Pape, W., Handwörterbuch der griechischen Sprache, Bd. 1-3, Braunschweig 1842-1843

Purvis, J. D., Jerusalem, the Holy City. A Bibliography, Bd. II, ATLA BS 20, Metuchen - London 1991

Rengstorf, K. H., A Complete Concordance to Flavius Josephus, Bd. I-IV, Leiden 1973-1983 mit Suppl. 1: A. Schalit, Namenwörterbuch zu Flavius Josephus, Leiden 1968

Schneider, J. G., Griechisch-Deutsches Wörterbuch, beym Lesen der griechischen profanen Scribenten zu gebrauchen, Bd. 1.2, Leipzig 1819[3]

Thackeray, H. S. J. - Marcus, R., A Lexicon to Josephus, Part I-IV, Publications of the Alexander Kohut Memorial Foundation, Paris 1930-1955

Ubigli, L. R., Gli Apocrifi (o Pseudepigrafi) dell'Antico Testamento. Bibliografia 1979-1989, Henoch 12 (1990), S. 259-321

3. Literatur zu den ParJer

Baars, W., Rez. zu G. Delling, Jüdische Lehre und Frömmigkeit in den Paralipomena Jeremiae, BZAW 100, Berlin 1967, in: VT 17 (1967), S. 487f.

Bogaert, P., Rez. zu G. Delling, Jüdische Lehre und Frömmigkeit in den Paralipomena Jeremiae, BZAW 100, Berlin 1967, in: RB 78 (1968), S. 345f.

Delling, G., Jüdische Lehre und Frömmigkeit in den Paralipomena Jeremiae, BZAW 100, Berlin 1967

Denis, A.-M., Les Paralipomènes de Jérémie, in: ders., Introduction aux Pseudépigraphes Grecs d'Ancien Testament, SVTP I, Leiden 1970, S. 70-78

Herzer, J., Alttestamentliche Traditionen in den Paralipomena Jeremiae als Beispiel für den Umgang frühjüdischer Schriftsteller mit 'Heiliger Schrift', in: M. Hengel - H. Löhr (Hg.), Schriftauslegung im antiken Judentum und im Urchristentum, WUNT 73, Tübingen 1994, S. 114-132

Kohler, K., The Pre-Talmudic Haggada. B - The Second Baruch or Rather the Jeremiah Apocalypse, JQR 5 (1893), S. 407-419

Licht, J., ספר מעשי ירמיהו מן הספרים התיצונים (Paralipomena Jeremiae), Annual of Bar-Ilan University I, Jerusalem 1963, S. XXIf.66-80

Meyer, R., Art. Paralipomena Jeremiae, RGG³ V (1961), Sp. 102f.

Nickelsburg, G. W. E., Narrative Traditions in the Paralipomena of Jeremiah and 2 Baruch, CBQ 35 (1973), S. 60-68

Philonenko, M., Les *Paralipomènes de Jérémie* et la Traduction de Symmaque, RHPhR 64 (1984), S. 143-145

Riaud, J., Abimélech, Personnage-Clé des Paralipomena Jeremiae?, DHA 7 (1981), S. 163-178

Riaud, J., La figure de Jérémie dans les *Paralipomena Jeremiae*, in: FS Cazelles, AOAT 212 (1981), S. 373-385

Riaud, J., Jérémie, martyr chrétien. Paralipomènes de Jérémie, IX,7-32, in: ΚΕΧΑΡΙΤΩΜΕΝΗ. Mélanges R. Laurentin, Paris 1990, S. 231-235

Riaud, J., Paraleipomena Jeremiou, in: M. de Jonge (Hg.), Outside the Old Testament. Cambridge Commentaries on Writings of the Jewish and Christian World 200 BC to AD 200, Vol. 4, Cambridge 1985, S. 213-230

Riaud, J., Les Paralipomena Jeremiae dépendent-ils de II Baruch? in: Sileno-Anno IX, 1983, S. 105-128

Riaud, J., Paralipomena Jeremiae Prophetae. Introduction, Texte, Traduction et Commentaire (Tome I-IV), Diss. masch., Paris 1984

Riaud, J., "Le Puissant t'emportera dans ta Tente". La Destinée ultime du Juste selon les *Paralipomena Jeremiae Prophetae*, in: A. Caquot - M. Hadas-Lebel - J. Riaud (Hg.), Hellenica et Judaica. Hommage à V. Nikiprowetzky, Leiden - Paris 1986

Riaud, J., Les Samaritains dans les "Paralipomena Jeremiae", in: La Littérature Intertestamentaire, Colloque de Strasbourg (1983), Paris 1985, S. 133-152

Robinson, S. E., 4 Baruch. A New Translation and Introduction, in: J. H. Charlesworth, The Old Testament Pseudepigrapha II, London 1985, S. 413-425

Schürer, E., Rez. zu J. R. Harris, The Rest of the Words of Baruch: A Christian Apocalypse of the Year 136 A.D. The Text Revised with an Introduction, London 1889, in: ThLZ 15 (1890), S. 81-83

Stone, M. E., Art. Baruch, Rest of the Words of, in: EJ IV, S. 276f.

Stone, M. E., Some Observations on the Armenian Version of the Paralipomena of Jeremiah, CBQ 35 (1973), S. 47-49

Thornhill, R., The Paraleipomena of Jeremiah, in: H. F. D. Sparks (Hg.), The Apocryphal Old Testament, Oxford 1984, S. 813-833

Turdeanu, E., La Légende du Prophète Jérémie en Roumain, in: Apocryphes Slaves et Roumains de l'Ancien Testament, SVTP V, Leiden 1981, S. 307-347

Turdeanu, E., Les *Paralipomènes de Jérémie* en Slave, in: ders., Apocryphes Slaves et Roumains de l'Ancien Testament, SVTP V, Leiden 1981, S. 348-363

Vegas-Montaner, L., Paralipomenos de Jeremias, in: Apocrifos del Antiguo Testamento II, hg. v. A. Diez Macho u.a., Madrid 1983, S. 353-383

Wintermute, O. S., Rez. zu G. Delling, Jüdische Lehre und Frömmigkeit in den Paralipomena Jeremiae, BZAW 100, Berlin 1967, in: CBQ 30 (1968), S. 442-445

Wolff, C., Irdisches und himmlisches Jerusalem - Die Heilshoffnung in den Paralipomena Jeremiae, ZNW 82 (1991), S. 147-158

4. Weitere Sekundärliteratur

Aalen, S., Heilsverlangen und Heilsverwirklichung. Studien zur Erwartung des Heils in der apokalyptischen Literatur des antiken Judentums und im ältesten Christentum, hg. v. K. H. Rengstorf, ALGHJ XXI, Leiden - New York - Kopenhagen - Köln 1990

Aartun, K., Studien zum Gesetz über den großen Versöhnungstag. Lv 16 mit Varianten. Ein ritualgeschichtlicher Beitrag, StTh 34 (1980), S. 73-109

Abel, F.-M., Deir Senneh ou le domaine d'Agrippa, RB 44 (1935), S. 61-68

Ackroyd, P. R., The Temple Vessels - a Continuity Theme, in: ders., Studies in the Religion of Ancient Israel, VT Suppl. XXII, Leiden 1972, S. 166-181

Alon, G., The Origin of the Samaritans in the Halakhic Tradition, in: ders., Jews, Judaism and the Classical World. Studies in Jewish History in the Times of the Second Tempel and Talmud, Jerusalem 1977, S. 354-373

Amir, Y., Das jüdische Paradox auf dem Grunde der hellenistischen Judenfeindschaft, in: ders., Studien zum Antiken Judentum, Beiträge zur Erforschung des Alten Testaments und des Antiken Judentums 2, Frankfurt/Main - Bern - New York 1985, S. 114-123

Applebaum, S., Judaea in Hellenistic and Roman Times. Historical and Archaeological Essays, SJLA 40, Leiden - New York - Kopenhagen - Köln 1989

Arnold-Döben, V., Die Bildersprache der Gnosis, Arbeitsmaterialien zur Religionsgeschichte 13, Köln 1986

v. Arx, U., Studien zur Geschichte des alttestamentlichen Zwölfersymbolismus, Bd. 1, EHS.T XXIII/397, Bern - Frankfurt/M. - New York - Paris 1990

Auerbach, E., Neujahrs- und Versöhnungs-Fest in den biblischen Quellen, VT 8 (1958), S. 337-343

Bacher, W., Die Agada der Tannaiten, Bd. I, Straßburg 1903²; Bd. II, Straßburg 1890; mit Anhang, Straßburg 1902

Balentine, S. E., The Prophet as Intercessor: A Reassessment, JBL 103 (1984), S. 161-173

Balz, H. R., Art. ὕπνος κτλ., ThWNT 8 (1969), S. 545-556

Bammel, E., Zum jüdischen Märtyrerkult, ThLZ 78 (1953), Sp. 119-126

Barr, J., The Semantics of Biblical Language, Oxford 1975

Barrett, C. K., Das Evangelium nach Johannes, Berlin 1990

Baumbach, G., Die antirömischen Aufstandsgruppen, in: J. Maier - J. Schreiner (Hg.), Literatur und Religion des Frühjudentums. Eine Einführung, Würzburg - Gütersloh 1973, S. 273-283

Baumbach, G., Art. Herodes/Herodeshaus, TRE 15 (1986), S. 159-162

Becking, B., The Fall of Samaria. An Historical and Archeological Study, Studies in the History of Ancient Near East II, Leiden - New York - Köln 1992

Behm, J., Art. καρδία κτλ., ThWNT 3 (1938), S. 609-616

Berger, K., Art. Gnosis/Gnostizismus I, TRE 13 (1984), S. 519-535

Bergmeier, R., Zur Frühdatierung samaritanischer Theologumena, JSJ 5 (1974), S. 121-153

Bernheimer, R., Vitae Prophetarum, JAOS 55 (1935), S. 200-203

Bertram, G., Art. ἔργον κτλ., ThWNT 2 (1935), S. 631-653

Bertram, G., ἹΚΑΝΟΣ in den griechischen Übersetzungen des ATs als Wiedergabe von *schaddaj*, ZAW 70 (1958), S. 20-31

Betz, O., Art. Entrückung II, TRE 9 (1982), S. 683-690

Betz, O., Der Tod des Choni-Onias im Licht der Tempelrolle von Qumran. Bemerkungen zu Josephus, Antiquitates 14,22-24, in: ders., Jesus. Der Messias Israels. Aufsätze zur Biblischen Theologie I, WUNT 42, Tübingen 1987, S. 59-74

Bietenhard, H., Die Freiheitskriege der Juden unter den Kaisern Trajan und Hadrian und der messianische Tempelbau, Jud. 4/3 (1948), S. 57-77.81-108.161-185

Bietenhard, H., Art. Haggada, TRE 14 (1985), S. 351-354

(Strack, H. L. -) Billerbeck, P., Kommentar zum Neuen Testament aus Talmud und Midrasch, Bd. I-VI, München 1922-1928.1956-1961

Blenkinsopp, J., Ezra-Nehemia. A Commentary, The Old Testament Library, Philadelphia 1988

Bogaert, P., Apocalypse de Baruch, Introduction, Traduction du Syriaque et Commentaire, Bd. 1.2, SC 144.145, Paris 1969

Bogaert, P., Le Nom de Baruch dans la Littérature Pseudépigraphique: l' Apocalypse Syriaque et le Livre Deutéronomique, in: W. C. v. Unnik (Ed.), La Littérature Juive entre Tenach et Mischna, RechBibl IX, Leiden 1974, S. 56-72

Böhl, F., Die Legende vom Verbergen der Lade, FJB 4 (1976), S. 63-80

Böhlig, A., Der jüdische Hintergrund in gnostischen Texten von Nag Hammadi, in: ders., Mysterion und Wahrheit. Gesammelte Beiträge zur spätantiken Religionsgeschichte, AGSU VI, Leiden 1968, S. 80-101

Broich, U., Formen der Markierung von Intertextualität, in: ders. - M. Pfister (Hg.), Intertextualität. Formen, Funktionen, anglistische Fallstudien, Konzepte der Sprachwissenschaft 35, Tübingen 1985, S. 31-47

Büchler, A., La Révelation de Josèphe concernant Alexandre le Grand, REJ 36 (1898), S. 1-26

Büchler, A., Types of Jewish-Palestinian Piety from 70 B.C.E. to 70 C.E. The Ancient Pious Men, JCP 8, London 1922

Büchsel, F., Art. ἄνω κτλ., ThWNT 1 (1933), S. 376f.

Büchsel, F., Art. μονογενής, ThWNT 4 (1942), S. 745-750

Büchsel, F. - Rengstorf, K. H., Art. γεννάω, ThWNT 1 (1933), S. 663-674

Bultmann, R., Das Evangelium des Johannes, KEK NT, Göttingen 1968[19]

Bultmann, R., Art. ζάω κτλ., ThWNT 2 (1935), S. 856-877

Bultmann, R., Art. πιστεύω κτλ., ThWNT 6 (1959), S. 197-230

Burch, V., The literary Unity of the Ascensio Isaiae, JThS 20 (1919), S. 17-23

Caquot, A., Bref Commentaire du "Martyre d'Isaïe", Sem. 23 (1973), S. 65-93

Carmichael, C. M., Marriage and the Samaritan Woman, NTS 26 (1980), S. 332-346

Cavallin, H. C. C., Life after Death. Paul's Argument for the Resurrection of the Dead in I Cor 15, Part I: An Enquiry into the Jewish Background, CB.NT 7/1, Lund 1974

Charles, R. H., The Apocalypse of Baruch, TED 1, London - New York 1917

Charles, R. H., II Baruch, I. The Syriac Apocalypse of Baruch. Introduction, in: ders., The Apocrypha and Pseudepigrapha of the Old Testament in English with Introductions and Critical Explanatory Notes to the Several Books, Vol. II, Oxford 1913, S. 470-480

Charles, R. H., The Syriac Apocalypse of Baruch (revised by L. H. Brokkington), in: H. F. D. Sparks, The Apocryphal Old Testament, Oxford 1984, S. 835-841

Charlesworth, J. H., The Old Testament Pseudepigrapha and the New Testament. Prolegomena for the Study of Christian Origins, MS SNTS 54, Cambridge u.a. 1985

Ben-Chorin, S., Narrative Theologie des Judentums anhand der Pessach-Haggada. Jerusalemer Vorlesungen, Tübingen 1985

Christ, K., Geschichte der römischen Kaiserzeit. Von Augustus bis zu Konstantin, München 1988

Coats, G. W., Legendary Motifs in the Moses Death Reports, CBQ 39 (1977), S. 34-44

Coggins, R. J., Samaritans and Jews. The Origins of Samaritanism Reconsidered, Atlanta 1975

Cohen, S. J. D., The Significance of Yavneh: Pharisees, Rabbis, and the End of Jewish Sectarism, HUCA 55 (1984), S. 27-53

Cohn, E. W., New Ideas about Jerusalem's Topography, Jerusalem 1987

Collins, M. F., The Hidden Vessels in Samaritan Traditions, JSJ 3 (1972), S. 97-116

Cross, F. M., Die antike Bibliothek von Qumran und die moderne biblische Wissenschaft. Ein zusammenfassender Überblick über die Handschriften vom Toten Meer und ihre einstigen Besitzer, NStB 5, Neukirchen 1967

Cullmann, O., Der johanneische Kreis. Sein Platz im Spätjudentum, in der Jüngerschaft Jesu und im Urchristentum - Zum Ursprung des Johannesevangeliums, Tübingen 1975

Culpepper, R. A., The Johannine School. An Evaluation of the Johannine-School Hypothesis Based on an Investigation of the Nature of Ancient Schools, SBL DS 26, Missoula 1975

Curtis, J. B., An Investigation of the Mount of Olives in the Judaeo-Christian Tradition, HUCA 28 (1957), S. 137-180

Dalgish, E. R., Art. Ebed-Melech, The Ancor Bible Dictionary II, New York 1992, S. 259

Dalman, G., Der Gottesname Adonaj und seine Geschichte. Studien zur Biblischen Theologie, Berlin 1889

Dalman, G., Jerusalem und sein Gelände. Mit 40 Abbildungen und einer Karte, Schriften des Deutschen Palästina-Instituts 4, BFChTh 2/19, Gütersloh 1930

Davies, W. D., Torah in the Messianic Age and/or the Age to Come, JBL MS 7, Philadelphia 1952

Le Déaut, R., Introduction à la Littérature Targumique 1, Rom 1966

Delcor, M., Hinweise auf das samaritanische Schisma im Alten Testament, ZAW 74 (NF 33) (1962), S. 281-291

Delling, G., Die Bewältigung der Diasporasituation durch das hellenistische Judentum, Berlin 1987

Delling, G., Art. παρθένος, ThWNT 5 (1954), S. 824-835

Delling, G., Perspektiven der Erforschung des Hellenistischen Judentums, HUCA 45 (1974), S. 133-176

Denis, A.-M., Les Genres Littéraires dans les Pseudépigraphes d'Ancien Testament, JSJ 13 (1982), S. 1-5

Denis, A.-M., Les Genres Littéraires des Pseudépigraphes d'Ancien Testament. Essai de Classification, FolOr 25 (1988), S. 99-112

Desjardins, M., Law in 2 Baruch and 4 Ezra, SR 14 (1985), S. 25-37

Dexinger, F., Das Garizimgebot im Dekalog der Samaritaner, in: G. Braulik (Hg.), Studien zum Pentateuch, FS W. Kornfeld, Wien - Freiburg - Basel 1977, S. 111-133

Dexinger, F., Der "Prophet wie Mose" in Qumran und bei den Samaritanern, in: A. Caquot - S. Légasse - M. Tardieu (Hg.), Mélanges bibliques et orientaux en l'honneur de M. Delcor, AOAT 215, Neukirchen 1985, S. 97-111

Dexinger, F., Samaritan Eschatology, in: A. D. Crown, The Samaritans, Tübingen 1989, S. 266-292

Dexinger, F., Der Taheb. Ein "messianischer" Heilsbringer der Samaritaner, Kairos (ST) 3, Salzburg 1986

Dithmar, R., Die Fabel. Geschichte - Struktur - Didaktik, UTB, Paderborn 1971

v. Dobschütz, E., Das Kerygma Petri kritisch untersucht, TU 11,1, Leipzig 1894

Dommershausen, W., 1 Makkabäer. 2 Makkabäer, Leipzig 1988

Donner, H., Pilgerfahrt ins Heilige Land. Die ältesten Berichte christlicher Palästinapilger (4.-7. Jahrhundert), Stuttgart 1979

Dörrfuß, E. M., "Wie eine Taube". Überlegungen zum Verständnis von Mk 1,10, Biblische Notizen 57 (1991), S. 7-13

Dörrie, H., Art. Diogenes 12, Der Kleine Pauly, Bd. 2, Sp. 45f.

Draisma, S. (Hg.), Intertextuality in Biblical Writings. Essays in Honour of B. v. Iersel, Kampen 1989

Dschulnigg, P., Rabbinische Gleichnisse und das Neue Testament. Die Gleichnisse der PesK im Vergleich mit den Gleichnissen Jesu und dem Neuen Testament, Judaica et Christiana 12, Bern - Frankfurt/ M. - New York - Paris 1988

Egger, R., Josephus Flavius und die Samaritaner. Eine terminologische Untersuchung zur Identitätsklärung der Samaritaner, NTOA 4, Freiburg/Schweiz - Göttingen 1986

Ego, B., Im Himmel wie auf Erden. Studien zum Verhältnis von himmlischer und irdischer Welt im rabbinischen Judentum, WUNT 2/34, Tübingen 1989

Eissfeldt, O., Einleitung in das Alte Testament unter Einschluß der Apokryphen und Pseudepigraphen sowie der apokryphen- und pseudepigraphenartigen Qumran- Schriften, Tübingen 1964[3]

Elbogen, I., Der jüdische Gottesdienst in seiner geschichtlichen Entwicklung, Hildesheim 1962[4]

Elliger, K., Leviticus, HAT 1,4, Tübingen 1966

Enßlin, W., Art. Theodosius 70, RECA 2/10 (1934), Sp. 1951

Fabry, H.-J., Art. יָחַר, ThWAT 3 (1982), Sp. 595-603

Fabry, H.-J., Art. לֵבָב/לֵב, ThWAT 4 (1984), Sp. 413-451

Fascher, E., Jerusalems Untergang in der urchristlichen und altkirchlichen Überlieferung, ThLZ 89 (1964), Sp. 81-98

Fischel, H. A., Martyr and Prophet. A Study in Jewish Literature, JQR NS 37 (1946/47), S. 265-280.363-386

Fischer, U., Eschatologie und Jenseitserwartung im hellenistischen Diasporajudentum, BZNW 44, Berlin - New York 1978

Fitzer, G., Art. σφραγίς κτλ., ThWNT 7 (1964), S. 939-954

Fossum, J., Sects and Movements, in: A. D. Crown, The Samaritans, Tübingen 1989, S. 293-389

v. Fox, M., The Identification of Quotations in Biblical Literature, ZAW 92 (1980), S. 416-431

Freedman, D. N. - Willoughby, B. E., Art. עָנָן, ThWAT 6 (1989), Sp. 270-275

Gaster, M., Beiträge zur vergleichenden Sagen- und Märchenkunde XI: Choni hamagel, MGWJ 30 (NF 13), Krotoschin 1881, S. 78-82. 130-138.368-374.413-423

Gaster, T. H., Festivals of the Jewish Year, New York 1978

Gese, H., Der Name Gottes im Alten Testament, in: H. v. Stietencron (Hg.), Der Name Gottes, Düsseldorf 1975, S. 75-89

Ginzberg, L., The Legends of the Jews, Bd. 1-7, Philadelphia 1909-1938

Goldin, J., The Death of Moses: An Exercise in Midrashic Transposition, in: J. H. Marks - R. M. Good (Hg.), Love and Death in the Ancient Near East. Essays in Honor of M. H. Pope, Guilford 1987, S. 219-225

Goodblatt, D., The Place of the Pharisees, in: First Century Judaism: The State of the Debate, JSJ 20 (1989), S. 12-30

Goppelt, L., Art. ὕδωρ, ThWNT 8 (1969), S. 313-333

Görg, M., Die "ehernen Säulen" (I Reg 7,15) und die "eiserne Säule" (Jer 1,18). Ein Beitrag zur Säulenmetaphorik im Alten Testament, in: FS S. Herrmann, hg. v. R. Liwak und S. Wagner, Stuttgart - Berlin - Köln 1991, S. 137-154

Götze, A., Die Schatzhöhle, SHAW.PH 4, Heidelberg 1922

Gowan, D. E., The Exile in Jewish Apocalyptic, in: A. L. Merrill - T. W. Overholt (Hg.), Scripture in History and Theology. Essays in Honor of J. C. Rylaarsdam, Pittsburgh Theological Monograph Series 17, Pittsburgh 1977, S. 205-223

Graf, G., Geschichte der christlichen arabischen Literatur, Bd. 1, StT 118, Vatikanstadt 1944, S. 213f.

Grözinger, K.-E. - Hahn, H., Die Textzeugen der Pesiqta Rabbati, FJB 1, Frankfurt/M. 1973, S. 68-104

Grundmann, W., Das Evangelium nach Matthäus, ThHK 1, Berlin 1986[6]

Grundmann, W., Das palästinische Judentum im Zeitraum zwischen der Erhebung der Makkabäer und dem Ende des jüdischen Krieges, in: J. Leipoldt - W. Grundmann (Hg.), Umwelt des Urchristentums I, Berlin 1985[7], S. 143-291

Gry, L., La Date de la Fin des Temps, selon les Révélations ou les Calculs du Pseudo-Philon et de Baruch (Apocalypse Syriaque), RB 48 (1939), S. 337-356

Gry, L., La Ruine du Temple par Titus. Quelques traditions juives plus anciennes et primitives à la base de *Pesikta Rabbathi* XXVI, RB 55 (1948), S. 215-226

Gunneweg, A. H. J., Geschichte Israels bis Bar Kochba, ThW 2, Stuttgart - Berlin - Köln - Mainz 1972

Gunneweg, A. H. J., Leviten und Priester. Hauptlinien der Traditionsbildung und Geschichte des israelitisch-jüdischen Kultpersonals, FRLANT 89, Göttingen 1965

Hadot, J., La Datation de l'Apocalypse Syriaque de Baruch, Sem. 15 (1965), S. 79-95

Haenchen, E., Die Apostelgeschichte, KEK NT III[16], Göttingen 1977[7]

Hahn, F., "Das Heil kommt von den Juden." Erwägungen zu Joh 4,22b, in: Wort und Wirklichkeit, FS E. L. Rapp, Bd. 1, Weisenheim 1976, S. 67-84

Hall, R. G., The Ascension of Iesajah: Community, Situation, Date, and Place in Early Christianity, JBL 109 (1990), S. 289-306

Halpern, B., Art. Abimelech 3, The Ancor Bible Dictionary I, New York 1992, S. 21f.

Hanslik, R., Art. Historia Augusta, Der Kleine Pauly Bd. 2 (1967), Sp. 1191-1193

Harnisch, W., Verhängnis und Verheißung der Geschichte. Untersuchungen zum Zeit- und Geschichtsverständnis im 4. Buch Esra und in der syr. Baruchapokalypse, FRLANT 97, Göttingen 1969

Harrelsom, W., Life, Faith and the Emergence of Tradition, in: D. A. Knight (Hg.), Tradition and Theology in the Old Testament, Sheffield 1990, S. 11-30

Hartberger, B., "An den Wassern von Babylon ..." Psalm 137 auf dem Hintergrund von Jeremia 51, den biblischen Edom-Traditionen und babylonischen Originalquellen, BBB 63, Frankfurt/M. - Bonn 1986

Hartmann, L., Survey of the Problem of Apocalyptic Genre, in: D. Hellholm (Hg.), Apocalypticism in the Mediterranean World and the Near East, Tübingen 1983, S. 329-344

Hauck, F., Art. μακάριος κτλ., ThWNT 4 (1942), S. 365-367

Hauck, F., Art. παραβολή, ThWNT 5 (1954), S. 741-759

Hebel, U., Intertextuality, Allusion and Quotation, New York - Greenwood 1989

Hegermann, H., Der Brief an die Hebräer, ThHK 16, Berlin 1988

Hegermann, H., Griechisch-jüdisches Schrifttum, in: Literatur und Religion des Frühjudentums. Eine Einführung, hg. v. J. Maier - J. Schreiner, Würzburg 1973, S. 163-180

Helderman, J., Die Anapausis im Evangelium Veritatis. Eine vergleichende Untersuchung des valentinianisch-gnostischen Heilsgutes der Ruhe im Evangelium Veritatis und in anderen Schriften der Nag Hammadi-Bibliothek, Nag Hammadi Studies XVIII, Leiden 1984

Heller, B., Éléments, Parallèles et Origine de la Légende des Sept Dormants, REJ 49 (1904), S. 190-218

Hempel, J., Die althebräische Literatur und ihr hellenistisch-jüdisches Nachleben, Potsdam 1930 (= Berlin 1968)

Hengel, M., Hadrians Politik gegenüber Juden und Christen, Journal of the Ancient Near Eastern Society 16/17 (1984/85), S. 153-182

Hengel, M., Die johanneische Frage. Ein Lösungsversuch; mit einem Beitrag zur Apokalypse von J. Frey, WUNT 67, Tübingen 1993

Hengel, M., Judentum und Hellenismus, Studien zu ihrer Begegnung unter besonderer Berücksichtigung Palästinas bis zur Mitte des 2. Jh.s v. Chr., WUNT 10, Tübingen 1988[3]

Hengel, M., Messianische Hoffnung und politischer Radikalismus, in: D. Hellholm (Hg.), Apocalypticism in the Mediterranean World and the Near East, Tübingen 1983, S. 655-686

Hengel, M. Die Zeloten. Untersuchungen zur jüdischen Freiheitsbewegung in der Zeit von Herodes I. bis 70 n. Chr., AGSU 1, Leiden - Köln 1976[2]

Hermisson, H.-J., Sprache und Ritus im altisraelitischen Kult. Zur "Spiritualisierung" der Kultbegriffe im Alten Testament, WMANT 19, Neukirchen-Vluyn 1965

Herrmann, S., Jeremia, BK XII/2, Neukirchen-Vluyn 1990 (= Jeremia)

Herrmann, S., Geschichte Israels in alttestamentlicher Zeit, München 1980[2]

Hobbs, T. R., 2 Kings, World Biblical Commentary 13, Waco 1985

Hofius, O., Katapausis. Die Vorstellung vom endzeitlichen Ruheort im Hebräerbrief, WUNT 11, Tübingen 1970

Holladay, W. L., The Background of Jeremiah's Self-Understanding: Moses, Samuel and Psalm 22, JBL 83 (1964), S. 153-164

Holladay, W. L., Jeremiah 1.2. A Commentary on the Book of the Prophet Jeremiah, Hermeneia - A Critical and Historical Commentary on the Bible, Philadelphia 1986 - Minneapolis 1989

Holladay, W. L., Jeremiah and Moses: Further Observations, JBL 85 (1965), S. 17-27

Holtz, T., Die Bedeutung des Apostelkonzils für Paulus, in: ders., Geschichte und Theologie des Urchristentums. Gesammelte Aufsätze, hg. v. E. Reinmuth - C. Wolff, WUNT 57, Tübingen 1991, S. 140-170 (= NT 16 [1974], S. 110-148)

Huber, M., Die Wanderlegende von den Siebenschläfern. Eine literargeschichtliche Untersuchung, Leipzig 1910

Isaak, B. - Oppenheimer, A., The Revolt of Bar Kokhba: Ideology and Modern Scholarship, JJS 36 (1985), S. 33-60

Janowski, B., Sühne als Heilsgeschehen. Studien zur Sühnetheologie der Priesterschrift und zur Wurzel KPR im Alten Orient und im Alten Testament, WMANT 55, Neukirchen-Vluyn 1982

Jepsen, A., Mose und die Leviten. Ein Beitrag zur Frühgeschichte Israels und zur Sammlung alttestamentlichen Schrifttums, VT 31 (1981), S. 318-323

Jeremias, J., Art. ᾅδης, ThWNT 2 (1933), S. 146-150

Jeremias, J., Die Gleichnisse Jesu, Göttingen 1965[7]

Jeremias, J., Heiligengräber in Jesu Umwelt (Mt. 23,29; Lk. 11,47). Eine Untersuchung zur Volksreligion der Zeit Jesu, Göttingen 1958

Jeremias, J., Jerusalem zur Zeit Jesu. Kulturgeschichtliche Untersuchung zur neutestamentlichen Zeitgeschichte, Berlin 1963[3]

Jeremias, J., Art. Μωυσῆς, ThWNT 4 (1942), S. 852-878

Jeremias, J., Art. Σαμάρεια κτλ., ThWNT 7 (1964), S. 88-94

Jervell, J., Ein Interpolator interpretiert. Zu der christlichen Bearbeitung der Testamente der Zwölf Patriarchen, in: C. Burchard - J. Jervell - J. Thomas, Studien zu den Testamenten der Zwölf Patriarchen, hg. v. W. Eltester, BZNW 36, Berlin 1969, S. 30-61

Johnson, N. B., Prayer in the Apocrypha and Pseudepigrapha. A Study of the Jewish Concept of God, JBL MS 2, Philadelphia 1948

Kabisch, R., Die Quellen der Apokalypse Baruchs, Jahrbücher für protestantische Theologie 18, Braunschweig 1892, S. 66-107

Karrer, M., Rez. zu I. Taatz, Frühjüdische Briefe. Die paulinischen Briefe im Rahmen der offiziellen religiösen Briefe des Frühjudentums, NTOA 16, Freiburg - Göttingen 1991, in: ThLZ 117 (1992), Sp. 193f.

Käsemann, E., Das wandernde Gottesvolk. Eine Untersuchung zum Hebräerbrief, FRLANT NF 37, Göttingen 1939

Kedar, B., Biblische Semantik. Eine Einführung, Stuttgart - Berlin - Köln - Mainz 1981

Keel, O., Jahwe-Visionen und Siegelkunst. Eine neue Deutung der Majestätsschilderungen in Jes 6, Ez 1 und 10 und Sach 4. Mit einem Beitrag von A. Gutbub über die vier Winde in Ägypten, SBS 84/85, Stuttgart 1977

Keel, O., Das Vergraben der "Fremden Götter" in Genesis XXXV 4b, VT 23 (1973), S. 305-336

Keel, O., Vögel als Boten. Studien zu Ps 68,12-14, Gen 8,6-12, Koh 10,20 und dem Aussenden von Botenvögeln in Ägypten. Mit einem Beitrag von U. Winter zu Ps 56,1 und zur Ikonographie der Göttin mit der Taube, OBO 14, Freiburg/Schweiz - Göttingen 1977

Kellermann, U., Nehemia. Quellen, Überlieferung und Geschichte, BZAW 102, Berlin 1967

Kern, O., Art. Epimenides, RAC 6 (1909), Sp. 173-178

Kilpatrick, G. D., Acts VII.52 *ΕΛΕΥΣΙΣ*, JThS 46 (1945), S. 136-145

Kippenberg, H. G., Garizim und Synagoge, RVV 30, Berlin - New York 1971

Kirschner, R., Apocalyptic and Rabbinic Responses to the Destruction of 70, HthR 78 (1985), S. 27-46

Klein, G., Art. Eschatologie IV, TRE 10 (1982), S. 271-299

Klijn, A. F. J., The Sources and the Redaction of the Syriac Apocalypse of Baruch, JSJ 1 (1970), S. 65-76

Knibb, M. A., The Martyrdom of Isaiah, in: M. de Jonge (Hg.), Outside the Old Testament, Cambridge Commentaries on Writings of the Jewish and Christian World 200 BC to AD 200, Bd. 4, Cambridge 1985, S. 178-192

Knight, D. A., Tradition and Theology, in: ders., Tradition and Theology in the Old Testament, Sheffield 1990, S. 1-8

Koch, J., Die Siebenschläferlegende, ihr Ursprung und ihre Verbreitung, Leipzig 1883

Koch, K., Ratlos vor der Apokalyptik. Eine Streitschrift über ein vernachlässigtes Gebiet der Bibelwissenschaft und die schädlichen Auswirkungen auf Theologie und Philosophie, Gütersloh 1970

Koester, C. R., The Dwelling of God. The Tabernacle in the Old Testament, Intertestamental Jewish Literature and the New Testament, CBQ.MS 22, Washington 1989

Kolb, F., Literarische Beziehungen zwischen Cassius Dio, Herodian und der Historia Augusta, Antiquitas 4,9, Bonn 1972

v. Konigsveld, P., An Arabic Manuscript of the Apocalypse of Baruch, JSJ 6 (1975), S. 205-207

Kornfeld, W., Der Symbolismus der Tempelsäulen, ZAW 74 (NF 33) (1962), S. 50-57

Kosmala, H., Jom Kippur, Jud. 6 (1950), S. 1-19

Kraabel, A. T., New Evidence of the Samaritan Diaspora has been Found on Delos, BA 47 (1984), S. 44-46

Kraft, R. A. - Nickelsburg, G. W. E. (Hg.), Early Judaism and its Modern Interpreters, SBL, Philadelphia - Atlanta 1986

Krauss, S., Art. Bar Kokba, JE II (1916), S. 505-509

Kuhn, K. H., A Coptic Jeremia-Apocryphon, Muséon 83 (1970), S. 95-135.291-350

Kuhnen, H.-P., Palästina in griechisch-römischer Zeit. Mit Beiträgen von L. Mildenberg und R. Wenning, Handbuch der Archäologie. Vorderasien Bd. 2, München 1990

Landersdorfer, S., Studien zum biblischen Versöhnungstag, ATA 10,1, Münster 1924

Langer, B., Gott als "Licht" in Israel und Mesopotamien. Eine Studie zu Jes 60,1-3.19f., Österreichische Bibelstudien 7, Klosterneuburg 1989

Lebram, J. C. H., Art. Apokalyptik II, TRE 3 (1978), S. 192-202

Lebram, J. C. H., Rez. zu U. Kellermann, Nehemia. Quellen, Überlieferung und Geschichte, BZAW 102, Berlin 1967, in: VT 18 (1968), S. 564-570

Lenhardt, P. - v. d. Osten-Sacken, P., Rabbi Akiva. Texte und Interpretationen zum rabbinischen Judentum und Neuen Testament, ANTZ (Arbeiten zur neutestamentlichen Theologie und Zeitgeschichte) 1, Berlin 1987

Levi, G. B., Art. Abimelech, JE I (1916), S. 62

Licht, J., An Analysis of Baruch's Prayer (Syr. Bar. 21), JJS 33 (1982), S. 327-331

Limbeck, M., Die Ordnungen des Heils. Untersuchungen zum Gesetzesverständnis des Frühjudentums, KBANT, Düsseldorf 1971

Lipiński, E., Macarismes et Psaumes de Congratulation, RB 75 (1968), S. 321-367

Liwak, R., Der Prophet und die Geschichte. Eine literarhistorische Untersuchung zum Jeremiabuch. BWANT 7, Stuttgart - Berlin - Köln - Mainz 1987

Loader, W., The Christology of the Fourth Gospel. Structure and Issues, BET (Beiträge zur biblischen Exegese und Theologie) 23, Frankfurt/Main - Bern - New York - Paris 1989

Lods, A., L'Apocalypse Syriaque de Baruch et les autres Écrits se rapportant à Baruch, in: ders., Histoire de la Littérature Hébraique et Juive. Depuis les Origines jusqu'à la Ruine de l'État Juif (135 après J.-C.), Paris 1950, S. 998-1005

Loewenstamm, S. E., The Death of Moses, in: G. W. E. Nickelsburg (Hg.), Studies on the Testament of Abraham, SBL Septuagint and Cognate Studies 6, Missoula 1976, S. 185-217

Lohfink, G., Die Himmelfahrt Jesu. Untersuchungen zu den Himmelfahrts- und Erhöhungstexten bei Lukas, StANT 26, München 1971

Lohfink, N., Kerygmata des deuteronomistischen Geschichtswerkes, in: FS H. W. Wolff, Neukirchen-Vluyn 1981, S. 87-100

Louw, J. P., Semantics of New Testament Greek, SBL Semeia Studies, Philadelphia - Chico 1982

Lueken, W., Michael. Eine Untersuchung und Vergleichung der jüdischen und der morgenländisch-christlichen Tradition vom Erzengel Michael, Göttingen 1898

Luz, U., Das Evangelium nach Matthäus (Mt 8-17), EKK I/2, Neukirchen-Vluyn 1990

Macdonald, J., The Theology of the Samaritans, London 1964

Magonet, J., Der Versöhnungstag in der jüdischen Liturgie, in: H. Heinz u.a. (Hg.), Versöhnung in der jüdischen und christlichen Liturgie, QD 124, Freiburg - Basel - Wien 1990, S. 133-154

Mahler, E., Handbuch der jüdischen Chronologie, Hildesheim 1967 (= Frankfurt/Main 1916)

Maier, J., Grundzüge der Geschichte des Judentums im Altertum, Grundzüge Bd. 40, Darmstadt 1981

Maier, J., Jüdische Auseinandersetzung mit dem Christentum in der Antike, EdF 177, Darmstadt 1982

Maier, J., Jüdische Faktoren bei der Entstehung der Gnosis? in: K.-W. Tröger (Hg.), Altes Testament, Frühjudentum, Gnosis. Neue Studien zu "Gnosis und Bibel", Gütersloh 1980, S. 239-258

Maier, J., Die Sonne im religiösen Denken des antiken Judentums, ANRW II,19,1, Berlin - New York 1979, S. 346-412

Maier, J., Zwischen den Testamenten. Geschichte und Religion in der Zeit des zweiten Tempels, Neue Echter Bibel AT-Ergänzungsband 3, Würzburg 1990

Mallau, H. H., Art. Baruch/Baruchschriften, TRE 5 (1980), S. 269-276

Mantel, H., The Causes of the Bar Kokhba Revolt, JQR 58 (1967/68), S. 224-242.274-296

Marmorstein, A., Die Quellen des neuen Jeremia-Apocryphons, ZNW 27 (1928), S. 327-337

Maser, P., Sonne und Mond. Exegetische Erwägungen zum Fortleben der spätantik-jüdischen in der frühchristlichen Kultur, Kairos 25 (1983), S. 41-67

Masson, D., Le Coran et la Révélation Judéo-Chrétienne, Bd. 1, Paris 1958

Matthews, V. H., Art. Abimelech 1.2, The Ancor Bible Dictionary I, New York 1992, S. 20f.

Michaels, J. R., Jewish and Christian Apocalyptic Letters: 1 Peter, Revelation, and 2 Baruch 78-87, SBL Seminar Papers 26, Atlanta 1987, S. 268-275

Michel, O., Der Brief an die Hebräer, KEK 13, Göttingen 1984[14]

Mildenberg, L., Der Bar-Kochba-Krieg im Lichte der Münzprägungen, in: Kuhnen, H.-P., Palästina in griechisch-römischer Zeit. Mit Beiträgen von L. Mildenberg und R. Wenning, Handbuch der Archäologie. Vorderasien Bd. 2, München 1990, S. 357-366

Milik, J. T., Notes d'Épigraphie et la Topographie Palestiniennes, RB 66 (1959), S. 550-575

Milik, J. T., Le Rouleau de Cuivre de Qumrân (3Q15), RB 66 (1959), S. 321-357

Millar, F., A Study of Cassius Dio, Oxford 1966

Mor, M., The Persian, Hellenistic and Hasmonean Period, in: A. D. Crown, The Samaritans, Tübingen 1989, S. 1-18

Mor, M., The Samaritans and the Bar-Kokhbah Revolt, in: A. D. Crown, The Samaritans, Tübingen 1989, S. 19-31

Morawe, G., Aufbau und Abgrenzung der Loblieder von Qumran. Studien zur gattungsgeschichtlichen Einordnung der Hodajôth, ThA XVI, Berlin 1960

Morgenstern, J., Two Prophecies from the Fourth Century B. C. and the Evolution of Yom Kippur, HUCA 24 (1952/53), S. 1-74

Müller, K., Art. Apokalyptik III, TRE 3 (1978), S. 202-251

Müller, P.-G., Der Traditionsprozeß im Neuen Testament. Kommunikationsanalytische Studien zur Versprachlichung des Jesusphänomens, Freiburg - Basel - Wien 1982

Murphy, F. J., *2 Baruch* and the Romans, JBL 104 (1985), S. 663-669

Murphy, F. J., The Structure and Meaning of Second Baruch, SBL DS 78, Atlanta 1984

Murphy, F. J., The Temple in the Syriac *Apocalypse of Baruch*, JBL 106 (1987), S. 671-683

Naumann, W., Untersuchungen über den apokryphen Jeremiasbrief, BZAW 25, Gießen 1913

Neusner, J., Art. Akiba ben Joseph, TRE 2 (1978), S. 146-147

Neusner, J., Early Rabbinic Judaism. Historical Studies in Religion, Literature and Art, SJLA 13, Leiden 1975

Neusner, J., A Life of Rabban Yohanan ben Zakkai. Ca. 1-80 C. E., StPB 6, Leiden 1962

Neusner, J., Das pharisäische und talmudische Judentum. Neue Wege zu seinem Verständnis. Mit einem Vorwort von M. Hengel hg. v. H. Lichtenberger, Texte und Studien zum Antiken Judentum 4, Tübingen 1984

Nickelsburg, G. W. E., Jewish Literature between the Bible and the Mishnah. A Historical and Literary Introduction, Philadelphia 1981

Oepke, A., Art. νεφέλη κτλ., ThWNT 4 (1942), S. 904-912

Okure, T., The Johannine Approach to Mission. A Contextual Study of John 4:1-42; WUNT II/31, Tübingen 1988

v. d. Osten-Sacken, P., Leistung und Grenze der johanneischen Kreuzestheologie, in: EvTh 36 (1976), S. 154-176

Overholt, T. W., King Nebuchadnezzar in the Jeremiah Tradition, CBQ 30 (1968), S. 39-48

Perlitt, L., Mose als Prophet, EvTh 31 (1971), S. 588-608

Perrin, N., What is Redaction Cristicism?, Philadelphia 1978[7]

Pestalozzi-Pfyffer, E. (Hg.), Exkursionskarte von Jerusalem und Mittel-Judäa, bearb. v. F. Becker - G. Dalman, Bern o.J.

Petuchowski, J. J., Zur Dialektik der Kappara. Einführung in das jüdische Verständnis von Umkehr und Versöhnung, in: H. Heinz u.a. (Hg.), Versöhnung in der jüdischen und christlichen Liturgie, QD 124, Freiburg - Basel - Wien 1990, S. 184-196

Pfister, M., Konzepte der Intertextualität, in: U. Broich - M. Pfister (Hg.), Intertextualität. Formen, Funktionen, anglistische Fallstudien, Konzepte der Sprachwissenschaft 35, Tübingen 1985, S. 1-30

Philonenko, M., La Littérature Intertestamentaire et le Nouveau Testament, RSR 47 (1973), S. 270-279

Philonenko, M., Art. Prophetenleben, BHH 3 (1966), Sp. 1512

Philonenko, M., Un titre messianique de Bar Kokheba, ThZ 17 (1961), S. 434-435

Pohlmann, K.-F., Studien zum dritten Esra. Ein Beitrag zur Frage nach dem ursprünglichen Schluß des chronistischen Geschichtswerkes, FRLANT 104, Göttingen 1970

Pummer, R., Antisamaritanische Polemik in jüdischen Schriften aus der intertestamentarischen Zeit, BZ 26 (1982), S. 224-242

Pummer, R., Aspects of Modern Samaritan Research, EeT 7 (1976), S. 171-188

Pummer, R., The Book of Jubilees and the Samaritans, EeT 10 (1979), S. 147-178

v. Rad, G., Art. οὐρανός κτλ., ThWNT 5 (1954), S. 501-509

v. Rad, G., Es ist noch eine Ruhe vorhanden dem Volke Gottes (Eine biblische Begriffsuntersuchung), in: ders., Gesammelte Studien zum Alten Testament, TB 8, München 1958, S. 101-108

Rehm, M., Das zweite Buch der Könige. Ein Kommentar, Neue Echter Bibel, Würzburg 1982

Reicke, B., Neutestamentliche Zeitgeschichte. Die biblische Welt 500 v. - 100 n. Chr., Sammlung Töpelmann II/2, Berlin 1965

Reim, G., Zur Lokalisierung der johanneischen Gemeinde, BZ NF 32 (1988), S. 72-86

Reinhartz, A., Rabbinic Perceptions of Simeon Bar Kosiba, JSJ 20 (1989), S. 171-194

Rendtorff, R., Das überlieferungsgeschichtliche Problem des Pentateuch, BZAW 147, Berlin 1977

Rengstorf, K. H., Art. Ἰορδάνης, ThWNT 6 (1959), S. 608-623

Rengstorf, K. H., Das Neue Testament und die nachapostolische Zeit, in: Kirche und Synagoge. Handbuch zur Geschichte von Christen und

Juden. Darstellung mit Quellen, hg. v. K. H. Rengstorf und S. v. Kortzfleisch, Bd. 1, Stuttgart 1968, S. 23-83

Rengstorf, K. H., Art. σημεῖον κτλ., ThWNT 7 (1964), S. 199-268

Reventlow, H. Graf, Liturgie und prophetisches Ich bei Jeremia, Gütersloh 1963

Riesner, R., Jesus als Lehrer. Eine Untersuchung zum Ursprung der Evangelienüberlieferung, WUNT 2/7, Tübingen 1984²

Robinson, J. A., The Apocalypse of Baruch, in: TaS V, Cambridge 1899, S. LI-LXXI

Rohde, J., Die redaktionsgeschichtliche Methode. Eine Einführung und Sichtung des Forschungstandes, Hamburg 1966

Roloff, J., Die Apostelgeschichte, NTD 5, Berlin 1988 (= Göttingen 1981)

Rosenthal, F., Vier Apokryphische Bücher aus der Zeit und Schule R. Akiba's. Assumptio Mosis, Das vierte Buch Esra, Die Apokalypse Baruch, Das Buch Tobi, Leipzig 1885

Rössler, D., Gesetz und Geschichte. Untersuchungen zur Theologie der jüdischen Apokalyptik und der Pharisäischen Orthodoxie, WMANT 3, Neukirchen 1960

Rost, L., Einleitung in die alttestamentlichen Apokryphen und Pseudepigraphen einschließlich der großen Qumran-Handschriften, Heidelberg 1971

Rowley, H. H., Sanballat and the Samaritan Temple, in: ders., Men of God. Studies in Old Testament History and Prophecy, London u.a. 1964, S. 246-276

Ruckstuhl, E., Zur Antithese Ideolekt - Soziolekt im johanneischen Schrifttum, in: ders., Jesus im Horizont der Evangelien, Stuttgarter Biblische Aufsatzbände 3, Stuttgart 1988, S. 219-264

Rudolph, W., Jeremia, HAT 12, Tübingen 1958²

Russell, D. S., The Old Testament Pseudepigrapha. Patriarchs and Prophets in Early Judaism, London 1987

Safrai, S., Das jüdische Volk im Zeitalter des Zweiten Tempels, Information Judentum 1, Neukirchen-Vluyn 1978

Safrai, S., Der Versöhnungstag in Tempel und Synagoge, in: H. Heinz u.a. (Hg.), Versöhnung in der jüdischen und christlichen Liturgie, QD 124, Freiburg - Basel - Wien 1990, S. 32-55

Sallmann, K., Art. Plinius 1, Der Kleine Pauly, Bd. 4 (1972), Sp. 928-936

Sanders, E. P., The Genre of Palestinian Jewish Apocalypses, in: D. Hellholm (Hg.), Apocalypticism in the Mediterranean World and the Near East, Tübingen 1983, S. 447-459

Saylor, G. B., Have the Promises Failed? A Literary Analysis of 2 Baruch, SBL MS 72, Chico 1984

Schäfer, P., Der Bar Kokhba-Aufstand. Studien zum zweiten jüdischen Krieg gegen Rom, Texte und Studien zum Antiken Judentum 1, Tübingen 1981

Schäfer, P., Die Flucht Joḥanan b. Zakkais aus Jerusalem und die Gründung des 'Lehrhauses' in Jabne, ANRW II,19,2, Berlin - New York 1979, S. 43-101

Schäfer, P., Geschichte der Juden in der Antike. Die Juden Palästinas von Alexander dem Großen bis zur arabischen Eroberung, Stuttgart - Neukirchen-Vluyn 1983

Schäfer, P., Studien zur Geschichte und Theologie des rabbinischen Judentums, AGJU 25, Leiden 1978

Schalit, A., Die frühchristliche Überlieferung über die Herkunft der Familie des Herodes. Ein Beitrag zur Geschichte der politischen Invektive in Judaea, ASTI 1 (1962), S. 109-160

Schart, A., Mose und Israel im Konflikt. Eine redaktionsgeschichtliche Studie zu den Wüstenerzählungen, OBO 98, Freiburg/Schweiz - Göttingen 1990

Schenke, H.-M., Die Gnosis, in: J. Leipoldt - W. Grundmann (Hg.), Umwelt des Urchristentums I, Berlin 1985[7], S. 371-415

Schenke, H.-M., Jakobsbrunnen - Josephsgrab - Sychar. Topographische Untersuchungen und Erwägungen in der Perspektive von Joh. 4,5.6, ZDPV 84 (1968), S. 159-184

Schille, G., Die Apostelgeschichte des Lukas, ThHK 5, Berlin 1984[2]

Schlatter, A., Geschichte Israels von Alexander dem Großen bis Hadrian, Stuttgart 1977 (= 1925[3])

Schlatter, A., Johanan Ben Zakkai, der Zeitgenosse der Apostel, BFChTh 3, Gütersloh 1899, S. 5-75

Schlatter, A., Der Märtyrer in den Anfängen der Kirche, BFChTh 19,3, Gütersloh 1915

Schlatter, A., Die Tage Trajans und Hadrians, BFChTh 1,3, Gütersloh 1897, S. 1-100

Schlatter, A., Die Theologie des Judentums nach dem Bericht des Josephus, BFChTh 2/26, Hildesheim - New York 1979 (Nachdruck der Ausgabe Gütersloh 1932)

Schmid, H., Baruch und die ihm zugeschriebene apokryphe und pseudepigraphe Literatur, Jud. 30 (1974), S. 54-70

Schmitt, A., Entrückung - Aufnahme - Himmelfahrt. Untersuchungen zu einem Vorstellungsbereich im Alten Testament, FzB 10, Stuttgart 1973

Schneider, J., Art. ξύλον κτλ., ThWNT 5 (1954), S. 36-40

Schneider, T. - Stemplinger, E., Art. Adler, RAC I (1950), Sp. 87-94

Schoeps, H. J., Die jüdischen Prophetenmorde, in: ders., Aus frühchristlicher Zeit. Religionsgeschichtliche Untersuchungen, Tübingen 1950, S. 126-143

Schreiner, J., Jeremia 1 - 25,14, Neue Echter Bibel, Würzburg 1981

Schulte, H., Baruch und Ebedmelech. Persönliche Heilsorakel im Jeremiabuche, BZ NF 32 (1988), S. 257-265

Schulte-Middelich, B., Funktionen intertextueller Textkonstitution, in: U. Broich - M. Pfister (Hg.), Intertextualität. Formen, Funktionen, anglistische Fallstudien, Konzepte der Sprachwissenschaft 35, Tübingen 1985, S. 197-242

Schulz, S., Das Evangelium nach Johannes, NTD 4, Berlin 1975

Schur, N., History of the Samaritans, Beiträge zur Erforschung des Alten Testaments und des Antiken Judentums 18, Frankfurt/Main - Bern - New York - Paris 1989

Schürer, E., Geschichte des Jüdischen Volkes im Zeitalter Jesu Christi, Bd. I-III, Leipzig 1886-1909²

Schürer, E., The History of the Jewish People in the Age of Jesus Christ (175 B. C. - A. D. 135). A New English Version Revised and Edited by G. Vermes - F. Millar u.a., Bd. I-III/2, Edinburgh 1973-1987

Schützinger, H., Die arabische Jeremia-Erzählung und ihre Beziehungen zur jüdischen Überlieferung, ZRGG 25 (1973), S. 1-19

Schwartz, D. R., Agrippa I. The Last King of Judaea, Texte und Studien zum Antiken Judentum 23, Tübingen 1990

Schwemer, A. M., Die Verwendung der Septuaginta in den Vitae Prophetarum, in: M. Hengel - A. M. Schwemer (Hg.), Die Septuaginta zwischen Judentum und Christentum, WUNT 72, Tübingen 1994, S. 62-91

Schwier, H., Tempel und Tempelzerstörung. Untersuchungen zu den theologischen und ideologischen Faktoren im ersten jüdisch-römischen Krieg (66 - 74 n. Chr.), NTOA 11, Freiburg/Schweiz - Göttingen 1989

Scoralick, R., Trishagion und Gottesherrschaft. Psalm 99 als Neuinterpretation von Tora und Propheten, SBS 138, Stuttgart 1989

Seitz, C. R., Mose als Prophet. Redaktionsthemen und Gesamtstruktur des Jeremiabuches, BZ 34 (1990), S. 234-245

Seitz, C. R., The Prophet Moses and the Canonical Shape of Jeremiah, ZAW 101 (1989), S. 3-27

Smallwood, E. M., The Legislation of Hadrian and Antonius Pius against Circumcision, Latomus 18 (1959), S. 334-347

Smend, R., Art. Eschatologie II, TRE 10 (1982), S. 256-264

Smith, M. S., The Near Eastern Background of Solar Language for Yahweh, JBL 109 (1990), S. 29-39

Snijders, L. A., Art. זוּר/זָר, ThWAT 2 (1977), Sp. 556-564

Stähli, H.-P., Solare Elemente im Jahweglauben des Alten Testaments, OBO 66, Freiburg/Schweiz - Göttingen 1985

Steck, O. H., Bemerkungen zu Jes 6, BZ NF 16 (1972), S. 188-206

Steck, O. H., Israel und das gewaltsame Geschick der Propheten. Untersuchungen zur Überlieferung des deuteronomistischen Geschichtsbildes im Alten Testament, Spätjudentum und Urchristentum, WMANT 23, Neukirchen-Vluyn 1967

Steiger, J. A., Nathanael - ein Israelit, an dem kein Falsch ist. Das hermeneutische Phänomen der Intertestamentarizität aufgezeigt an Joh 1,45-51, BThZ (Berliner Theologische Zeitschrift) 9 (1992), S. 50-73

Stemberger, G., Der Leib der Auferstehung. Studien zur Anthropologie und Eschatologie des palästinischen Judentums im neutestamentlichen Zeitalter (ca. 170 v. Chr. - 100 n. Chr.), AnBib 56, Rom 1972

Stemberger, G., Das klassische Judentum. Kultur und Geschichte der rabbinischen Zeit (70 n. Chr. bis 1040 n. Chr.), München 1979

Stemberger, G., Pharisäer, Sadduzäer, Essener, SBS 144, Stuttgart 1991

Stemberger, G., Die sogenannte "Synode von Jabne" und das frühe Christentum, Kairos 19 (1977), S. 14-21

Stinespring, W. F., Hadrian in Palestine 129/30 A.D., JAOS 59 (1939), S. 360-365

Stone, M. E., Categorization and Classification of the Apocrypha and Pseudepigrapha, Abr-Nahrain 24 (1986), S. 167-177

Stone, M. E., Features of the Eschatology of IV Ezra, Atlanta 1989

Stone, M. E., Fourth Ezra. A Commentary on the Book of Fourth Ezra, Hermeneia - A Critical and Historical Commentary on the Bible, Minneapolis 1990

Stone, M. E., List of the Revealed Things in the Apocalyptic Literature, in: F. M. Cross u.a. (Hg.), Magnalia Dei, New York 1976, S. 414-452

Strack, H. L.- Stemberger, G., Einleitung in Talmud und Midrasch, München 1982[7]

Strecker, G., Art. Entrückung, RAC V (1962), Sp. 461-476

Strecker, G., Judenchristentum und Gnosis, in: K.-W. Tröger (Hg.), Altes Testament, Frühjudentum, Gnosis. Neue Studien zu "Gnosis und Bibel", Gütersloh 1980, S. 261-282

Stumpff, A., Art. εὐωδία, ThWNT 2 (1935), S. 808-810

Surburg, R. F., Introduction to the Intertestamental Period, St. Louis - London 1975

Surkau, H.-W., Martyrien in jüdischer und frühchristlicher Zeit, FRLANT NF 36, Göttingen 1938 (= Martyrien)

Taatz, I., Frühjüdische Briefe. Die paulinischen Briefe im Rahmen der offiziellen religiösen Briefe des Frühjudentums, NTOA 16, Freiburg/ Schweiz - Göttingen 1991

Tabor, J. D., "Returning to the Divinity": Josephus's Portrayal of the Disappearances of Enoch, Elijah, and Moses, JBL 108 (1989), S. 225-238

Thoma, C., Auswirkungen des jüdischen Krieges gegen Rom auf das rabbinische Judentum, BZ NF 12 (1968), S. 30-54.186-210

Thoma, C., Art. Gott III, TRE 13 (1984), S. 626-645

Thoma, C., Jüdische Apokalyptik am Ende des ersten nachchristlichen Jahrhunderts, Kairos 11 (1969), S. 134-144

Thoma, C., Der Pharisäismus, in: J. Maier - J. Schreiner (Hg.), Literatur und Religion des Frühjudentums. Eine Einführung, Würzburg - Gütersloh 1973, S. 254-272

Thompson, J. A., The Book of Jeremiah, The New International Commentary on the Old Testament, Grand Rapids 1980

Thyen, H., Art. Johannesevangelium, TRE 17 (1988), S. 200-225

Timm, S., Die Dynastie Omri. Quellen und Untersuchungen zur Geschichte Israels im 9. Jahrhundert vor Christus, FRLANT 124, Göttingen 1982

Tissot, Y., Les Prescriptions des Presbytres (Actes XV,41,D). Exégèse et Origine du Décret dans le Texte syro-occidental des *Actes*, RB 77 (1970), S. 321-346

Tröger, K.-W., Gnosis und Judentum, in: ders. (Hg.), Altes Testament, Frühjudentum, Gnosis. Neue Studien zu "Gnosis und Bibel", Gütersloh 1980, S. 155-168

v. Unnik, W. C., Gnosis und Judentum, in: B. Aland (Hg.), FS H. Jonas, Göttingen 1978, S. 65-84

Vanderkam, J. C., Art. Calendars. Ancient Israelite and Early Jewish, The Ancor Bible Dictionary I, New York 1992, S. 814-820

Vielhauer, P., ΑΝΑΠΑΥΣΙΣ. Zum gnostischen Hintergrund des Thomasevangeliums, in: ders., Aufsätze zum Neuen Testament, TB 31, München 1965, S. 215-234

Vieweger, D., Die Spezifik der Berufungsberichte Jeremias und Ezechiels im Umfeld ähnlicher Einheiten des Alten Testaments, Beiträge zur Erforschung des Alten Testaments und des Antiken Judentums 6, Frankfurt/Main - Bern - New York 1986

Volz, P., Die Eschatologie der jüdischen Gemeinde im neutestamentlichen Zeitalter nach den Quellen der rabbinischen, apokalyptischen und apokryphischen Literatur, Tübingen 1934²

Vorster, W. S., Intertextuality and Redaktionsgeschichte, in: S. Draisma (Hg.), Intertextuality in Biblical Writings. Essays in Honour of B. v. Iersel, Kampen 1989, S. 15-26

Wadsworth, M., The Death of Moses and the Riddle of the End of Time in Pseudo-Philo, JJS 28 (1977), S. 12-19

Wallis, G., Jerusalem und Samaria als Königsstädte. Auseinandersetzung mit einer These Albrecht Alts, VT 26 (1976), S. 480-496

Walter, N., "Hellenistische Eschatologie" im Neuen Testament, in: Glaube und Eschatologie, FS W. G. Kümmel, hg. v. E. Gräßer - O. Merk, Tübingen 1985, S. 335-356

Walter, N., Der Thoraausleger Aristobulos. Untersuchungen zu seinen Fragmenten und zu pseudepigraphischen Resten der jüdisch-hellenistischen Literatur, TU 86, Berlin 1964

Weber, W., Untersuchungen zur Geschichte des Kaisers Hadrianus, Leipzig 1907

Weimar, P., Formen frühjüdischer Literatur. Eine Skizze, in: Literatur und Religion des Frühjudentums, hg. v. J. Maier - J. Schreiner, Würzburg 1973, S. 123-162

Weiß, H.-F., Der Brief an die Hebräer, KEK 13 (15. Aufl., 1. Aufl. dieser Auslegung), Göttingen 1991

Welten, P., Geschichte und Geschichtsdarstellung in den Chronikbüchern, WMANT 42, Neukirchen-Vluyn 1973

Welten, P., Art. Mamre, TRE 12 (1991), S. 11-13

Wengst, K., Bedrängte Gemeinde und verherrlichter Christus. Der historische Ort des Johannesevangeliums als Schlüssel zu seiner Interpretation, Biblisch-Theologische Studien 5, Neukirchen-Vluyn 1981

Wengst, K., Tradition und Theologie des Barnabasbriefes, Arbeiten zur Kirchengeschichte 42, Berlin - New York 1971

Wieder, N., The "Law-Interpreter" of the Sect of the Dead Sea Scrolls: The Second Mose, JJS 4 (1953), S. 158-175

Wiefel, W., Das Evangelium nach Lukas, ThHK 3, Berlin 1988

Wilckens, U., Art. στῦλος, ThWNT 7 (1964), S. 732-736

Wilkinson, J., The Road from Jerusalem to Jericho, BA 38 (1975), S. 10-24

Williamson, H. G. M., Ezra. Nehemia, World Biblical Commentary 16, Waco 1985

Willi-Plein, I., Das Geheimnis der Apokalyptik, VT 27 (1977), S. 62-81

Wilson, R. M., Art. Gnosis/Gnostizismus II, TRE 13 (1984), S. 535-550

Windisch, H., Der Barnabasbrief, HNT Ergänzungsband: Die Apostolischen Väter III, S. 299-413, Tübingen 1920

Wißmann, H., Art. Eschatologie I, TRE 10 (1982), S. 254-256

Wolff, C., Der erste Brief des Paulus an die Korinther. Zweiter Teil: Auslegung der Kapitel 8-10, ThHK 7/2, Berlin 1982[2]

Wolff, C., Der zweite Brief des Paulus an die Korinther, ThHK 8, Berlin 1989

Wolff, C., Jeremia im Frühjudentum und Urchristentum, TU 118, Berlin 1976

Wolff, H. W., Das Kerygma des deuteronomistischen Geschichtswerks, ZAW 32 (1961), S. 171-186

Wonneberger, R., Redaktion. Studien zur Textfortschreibung im Alten Testament, entwickelt am Beispiel der Samuel-Überlieferung, FRLANT 156, Göttingen 1992

v. d. Woude, A. S., Die messianischen Vorstellungen der Gemeinde von Qumrân, SSN 3, Assen 1957

Yassif, E., Traces of Folk Traditions of the Second Temple Period in Rabbinic Literature, JJS 39 (1988), S. 212-233

Zeitlin, S., The Assumption of Moses and the Revolt of Bar Kokba. Studies in the Apocalyptic Literature, JQR NS 38 (1947/48), S. 1-45

Zimmerli, W., Der "Neue Exodus" in der Verkündigung der beiden großen Exilspropheten, in: ders., Gottes Offenbarung. Gesammelte Aufsätze, TB (AT) 19, München 1963, S. 192-204

Zimmermann, F., Translation and Mistranslation in the Apocalypse of Baruch, in: M. Ben-Horin - B. D. Weinryb - S. Zeitlin (Hg.), Studies and Essays in Honour of A. A. Neumann, Leiden 1962, S. 580-587

Zobel, H.-J., Art. צְבָאוֹת, ThWAT 6 (1989), Sp. 876-892

Register

1. Stellenregister

1.1. Altes Testament

Gen				
8,7-11	70, 196		2,2	152
8,10f.	69		2,9	152
8,21	152		2,12	152
20f.	90		3,5	152
22,2	125		16,2	150
22,12	125		16,12f.	149ff.
22,16	125		16,17	146
24,3	106		16,32f.	146
25,8f.	32		19,4	120
26,1	90		19,29	145
26,8-11	90		23,27	145
26,16	90		26,1	120
26,26	90			
32,16	127		Num	
35,8	32		11,25	150
35,19	32		12,5	150
35,29	32		15,3	152
37,34f.	45		15,5	152
49,29	59		15,7	152
			29,7	145
Ex			Dtn	
2,1f.	137		2,27	71
2,16ff.	46		7,3f.	120
3,13ff.	174f.		10,6	32
12,2	111		16,1	14
12,8	111		18,15	137
13,4	14, 111		18,18	137
13,21	109, 150		26,15	106
14,5	131		27,15	120
16,10	150		30,19	61
19,4	69, 123		32,11	69, 123
23,15	14, 111		33,5	49
33,9f.	150		33,26	49
34,18	14		34	156, 158
			34,5f.	32
Lev				
1,9	152		Jos	
1,13	152		1,13	121
1,17	152		3,5	121

1.2. Apokryphen und Pseudepigraphen

VitDan
14   50

VitJer
1   167
9ff.   77

12   76
15   137

VitJon
8   168

1.3. Neues Testament

Mt
5,3-10   60
5,6   165
5,15   161
6,22   161
9,13   179f.
10,2   164
12,7   179
23,33   179
23,35-39   167
23,37   169
24,5   190
24,30f.   162

Mk
3,14   164
8,31   159
9,31   159
10,34   159
12,33   179
13,22   190
15,4   160
15,21   106

Lk
6,13   164
6,21   165
11,51   167
12,35   161
13,6   24
13,33   169
13,34   169
15,8   161
19,40   168
24,6   159
24,21   190

Joh
1,9   151, 161f.
1,14   125
2,19   160
3,15f.   161
3,16   125

3,18   125
3,36   161
4,9   135
5,24   161f.
5,35   161
6,35   165
6,37   167
6,39f.   160f.
6,44   160
6,47   161
6,54   160
6,68f.   161
8,12   161
9,5   161
10,18   160
11,11   160
11,25   160f.
11,38   59
11,39   114
12,1   160
12,17   160
12,41   165
12,46   161
15,16   19
16,11   162
17,5   165
17,6   175
17,24   165
19,30   146f.
20,29   60
20,31   161

Apg
1,12   162, 164
4,24   19
7,52   169
7,55ff.   164, 168
8,39   151
10,40   159
15,20   130
15,26   146
15,28f.   130
16,27   160

1.4. Josephus

1.5. Philon

1.6. Pseudo-Philon

1.7. Qumran

1.8. Rabbinica

1.9. Griechisch-römische Quellen

1.11. Sonstige Schriften

2. Sachregister

2.1. Personen/Namen

2.2. Orte

2.3. Sachen

2.4. Griechische Begriffe